高师院校本科学科教学论系列教材

总 主 编 张 波 刘维周
副总主编 陈善卿 李 伟 龙 琪

物理教学论

WU LI JIAO XUE LUN

主编 窦 瑾

河海大学出版社
HOHAI UNIVERSITY PRESS

内容提要

本书根据《中学教师专业标准(试行)》和《教师教育课程标准(试行)》提出的“师德为先”“学生为本”“能力为重”“终身学习”“实践取向”等要求,按实际教学工作的“套路”——课前准备、课堂教学、课外拓展等展开论述,旨在促进未来教师掌握和发展中学物理教学的理论认识和实践能力。“课前准备”包括学习课程标准和教科书、研究教学对象、设计教学方案、应用教育技术、编写教案与学案等五章。“课堂教学”包括引入新课、展开新课、巩固新课、评价教学等四章。“课外拓展”包括开展课外活动、参加教研活动、规划专业发展等三章。本书力求做到说理简洁明了,举例典型鲜活,语言通俗易懂,努力激发读者的理论兴趣和实践兴趣。

本书适合物理教师教育方向的本、专科生使用,也可作为中学物理教师教学和科研的参考用书。

图书在版编目(CIP)数据

物理教学论 / 窦瑾主编. -- 南京 : 河海大学出版社,2018.8

ISBN 978-7-5630-5573-9

Ⅰ. ①物… Ⅱ. ①窦… Ⅲ. ①中学物理课—教学参考资料 Ⅳ. ①G633.73

中国版本图书馆 CIP 数据核字(2018)第 159990 号

书　　名/ 物理教学论
书　　号/ ISBN 978-7-5630-5573-9
责任编辑/ 张　媛
封面设计/ 黄　煜
出版发行/ 河海大学出版社
地　　址/ 南京市西康路 1 号(邮编:210098)
网　　址/ http://www.hhup.com
电　　话/ (025)83737852(总编室)　(025)83722833(营销部)
经　　销/ 江苏省新华发行集团有限公司
排　　版/ 南京布克文化发展有限公司
印　　刷/ 虎彩印艺股份有限公司
开　　本/ 718 毫米×1000 毫米　1/16
印　　张/ 21.25
字　　数/ 420 千字
版　　次/ 2018 年 8 月第 1 版　2018 年 8 月第 1 次印刷
定　　价/ 58.00 元

高师院校本科学科教学论系列教材

编写委员会

本册作者　（以章节为序）

蔡稚梅　窦　瑾　鲍　森　陈维维

张　亮　孟耀俊　蒋　鸣　李云辉

张　敏

序一

从2001年教育部印发《基础教育课程改革纲要(试行)》至今,我国基础教育课程改革已经走过了十多年的历程。十几年来,基础教育的课堂面貌发生了可喜的变化,无论是教学理念层面还是实践层面都有了不小的改观。这些变化的本质是学校教育中教与学关系的改变,也是师生关系的改变。它透射出对传统单向传递的、自上而下控制式的威权文化的挑战。

高等师范教育是新师资培育的摇篮,我国师范教育长期以来有良好的人文传统。近些年,为适应基础教育课程改革不断地做出调适,但总体看课程与教学观念、人才培养模式等还滞后于中小学改革;师范类教材虽在不断新编,但仍不能满足课改对新教师的要求。这是因为在课改中,我们对课程、教学、教师作用的认识都较以往发生了很大的变化:课程不仅是知识的传递,还应该是经验的生成和积累;教学不再是确定知识的传授,也不局限于学习者的经验;教师更不是传统意义上的知识传递者的角色,而是通过教学过程,以知识为媒介来影响学生、引导学生更积极地认识人生、社会和世界,形成相应的价值观和生活态度。

学科教学论是师范教育课程体系中的重要组成部分,其主要任务是教给师范生教育引导学生学习某一门学科的理念、知识和技能的方法。尽管自学科教学法发展成为学科教育学后更强调学科育人的功能,但其长期存在的理论与实践脱节的问题并未得到有效解决,与课改的教育理念和要求更有不小的差距。今天的教师对教学过程及其方法的理解必须转到以学习者的学习为中心上来。其实,苏霍姆林斯基就不止一次地对教师说,“要知道,你不是教物理,你是在教人学物理”。这与陶行知先生所说,教学是教人怎么学,主张“教学做合一”,提倡小先生制等异曲同工。现在,我们必须站在新时代起点上,对师范教育原有的学科教学论课程与教材进行“以人为中心”的调整,使它直面人的学习情境,帮助人在学习中学会学习,在学习中学会关心、学会负责。今日的师范教育绝不能“为明天的教育培养昨天的教师”,那是我们都不愿意看到的。

南京晓庄学院是陶行知先生创办的。作为晓庄学院的前辈、先贤,陶行知先生一直是晓庄学院办学的精神灵魂，一面永不褪色的思想旗帜。一代代晓庄人深受陶行知先生思想的熏陶影响，努力继承陶先生的思想，希望以先生“爱满天下”“教学做合一”等思想为指导，为中国的教师教育做一些事情。现在，面对基础教育课程改革和时代发展的挑战，他们又不满足于以前所做的工作，试图在师范教育的重要课程——学科教学论建设上有新的作为。怀抱这样一种愿望，他们重新修订编写了这套学科教学论丛书，期望对师范生的学科教学论学习有所助益，对从事学科教育学教学工作的同仁改善教学有所助益。

教师的职前教育固然很重要，但是入职后的持续性学习更加重要。因为教师实操性的教育生活是综合性地运用知识，是情境性、场景性地处理知识，也是不断地在使用和处理知识的过程中生成属于自己的、个人化了的教育知识。这一教育知识不是关于教育的知识，也不仅仅是教育学知识，更不是支离破碎、各不相干的知识，而是可以用来解决职场中的问题，自己可以从中感受主体性、自由感和愉悦感的知识。它们已不再是客体化的、外在于教师本人的客观知识，而是主观化的、融入教师身体和精神的生命化的知识。这样的知识系统是需要我们用长时间，甚至一辈子的心血构筑起来的。职前的师范院校学习只是为教师入职提供必要的基础准备，而入职后的职场修炼将持续一生。从这个意义上说，学科教学论不仅仅是关于某一门课程的教法和技法的学习，也不仅仅是学习知识的需要，而是因为人的不同对教法和技法所提出的要求。教学不仅是技能，而且是艺术；不仅是单纯的学科教学，而是循着特定的人，在人的特定场域中根据人的需要进行设置，并不断地加以调整和改变。所以，教师必须在教与学的过程中反思，在教学中与学生结成的人与人的关系中对教学活动和其中发生的事件进行反思，通过这个过程历练自己、调整自己，使自己在教法、观念、师生关系等方面取得新的进步，从新手教师逐渐成长为能够胜任教学的教师，能够有一套自己的教学主张和对学生个性化理解的教师，直至成长为有自己教学信念、教育信念的教师。这是我们对师范教育的教育学课程所抱有的期待。希望有更多优秀的教育学科教材出现，为中国基础教育提供优质资源，以培养更多优秀的教师。

朱小蔓

（朱小蔓，中国陶行知研究会会长，北京师范大学教授，中央教育科学研究所原所长、党委书记）

序二

1988年，教育部将高等师范课程的一种，即学科“教学法”改称学科“教学论”，这样做，顾名思义是要提高理论水平，但是，这样的变动能否解决课程设置和教学中存在的老问题呢？后来的实践表明，情况并未改变，大多数学生对有关的学习仍然不感兴趣，听课提不起精神，不知道教材所述和教师所讲是何物，学来有何用。再过一段时期，当这些对于学科“教学法”不感兴趣的师范生成为教师的时候，情况就不一样了。他们自觉研习教学法的热情逐渐高涨，开始成为熟手，继而成为高手，再成为专家。在他们那里，教学法开始富有生气，理论也一步步建构和充实起来，推进着教学法与教学论的双向转变。同样一位生活于教育领域的人，因为角色不同而发生这样的巨大转变，最根本的原因在于他们积累了必要的实践经验，同时，也拥有了不同的任务感、兴趣、能力等。任务感是异常关键的因素，陶行知先生推行小先生制，几岁的孩子，为了教同伴和成人，也听得进关于怎样教学的建议，从而伴生出了兴趣，所以说“小孩子有不可思议的力量”。教育部原副部长林砺儒先生早年提出，学习教育理论者应该从有教育经验的人中选拔。事实一再证明，他的见解很有道理。对于学习教学法或者教学论的人是不是也应当有这样的要求呢？

如果高等师范院校一定要开设“学科教学论”，就必须重新思考教材的课程设计，对原有的那一套进行有力的改进或者改造，就需要研制设计出新的教材；至于怎样去使用这些教材则属于第二步的事情。如果几岁的孩子都能够学习浅近的教学方法，那么要大学生去掌握教学法和教学论就不应有所怀疑。毕竟，作为师范大学生，在学校不储备有关的知识，不理解相应的技能，既说不过去，也不能满足岗位对于大学生的最初寄望。

南京晓庄学院组织创编的高师院校本科学科教学论系列教材就是这类改进中的一例，其目的就是要为高师本科学生写一套适用和有吸引力的新的学科教学论教材。这套书的指导思想之一是陶行知生活教育理论，特点比较突出。陶行知先生以生活为教与学的本源，以亲知为认识积累的根基，以“教学做合一”为方法。在我们看来，他所主张的这样一套理论能够为师生提供必要的学习兴趣和动力，能够演绎出一种有活力的教与学的实践活动，能够使教师，特别是学生在实践中发生有意义的改变，而这样的改变就是教育和教学的价值。我们坚信，按照陶行知先生的理论去设计和实施学科教学论课程，教师就能够摆脱上课时的尴尬局面，学校也能够避免开课不当的情况，师范类大学生也会在走上工作岗位时及早获得成功感，继而成为有理论准备的教师。

陶行知先生教学理论的核心是“合一”，就是以亲知为基础，在“教学做合一”中继续亲知、闻知和说知，形成具备生活背景和意义的个人经验体系，用新语汇来说就是“建构”。陶行知先生认为这样学到的知识才是“真知识”，而不是“伪知识”，是能够用以“养生”“明生”“保生”的知识，是能够“共富”而不是只富个人的知识。为了“合一”或者“建构”，就必须利用“亲知”和“教学做”。师范生所具有的经验，更多的是当学生的经验而不是当教师的经验，对于编写要他们学习的教学论教材，不能不面对这种特点：他们缺乏同质的教学经验做基础。为此，学科教学论教师必须要注意利用这些经验。师范院校讲究实训，即实习和见习，再加上实验、试验，大学生“做”的功夫，实践的功夫就比较理想了。如果这样一些实训方式与理论学习能够搭配合理，特别在时间上安排恰当，形成良好的程序，在引入和诠释上与亲知契合，在技术手段方面使认知结构得以流畅地顺应或者同化，那么，没有同质经验的师范生也能把学科教学论学好。人总是要学习间接经验的，学习也需要触类旁通、举一反三，以亲知通达未知。为此，只有根据陶行知先生建议的方法来编教材和教学，才能帮助师范大学生在阅读教材和听讲时唤起已有的经验，并且以实践来加以领会和掌握。在这种状态中学习，学习者必然是一个积极的个体，他会主动调整学习思路，进入自动情境。

通观本套书已经写成的部分，作者确实在进行相关的思考和创造，发挥着陶行知先生开辟新边疆的创造精神。本书的主要作者是有志于这门课程教学与改革的南京晓庄学院的教师和省、市教研员以及中学教授级高级教师，他们还从多方面搜集了一线教师的意见。下一步，这套书还要在读者和学生中进行讨论和试用。这种治学态度是严谨的，这个过程是必要的，只要不“率由己性”，不“沿袭陈法”，立足实际，锐意创造，这套丛书就会由成功走向更大的成功。

（姚文忠，中国陶行知研究会副会长兼中学专业委员会理事长，教育部中学教师进修研究中心原小组成员，四川省教育厅继续教育专家组首席专家，成都师范学院教授）

前 言

百年大计，教育为本。教育大计，教师为本。长期以来，作为培养新师资的高等师范院校所开设的教育类课程与基础教育课程改革很“不适应”，尤其是学科教学论的教科书，它原本是教师范生如何上课的，但师范生却不爱上这门课，而中学的领导和教师抱怨刚工作的新教师不会上课。因此，随着教师教育走向职前培养与职后培训一体化，传统意义上的通过高师学科教学论的教学培养教师的模式已经越来越不适应这种变化，这既给学科教学论的改革提出了挑战，也为学科教学论的发展带来了历史机遇。如何从适应、参与甚而引领基础教育课程改革的实际需要出发，对学科教学论进行重新审视和定位，更新陈旧的课程体系、教材内容以及研究范式，培养和造就具有学科教育素养、富有反思意识的合格的师资，是一个亟待解决的重要课题。

南京晓庄学院为了深化学科教学论课程改革，提高教师教育素养，编写了高师院校本科学科教学论系列教材，并专门组成了各学科的编写组，邀请了教育科学以及中国陶行知研究会等方面的专家学者就如何编好这套教材，对它的定位、创新与特色等诸问题进行了多次研讨，组织了写作班子，编写了《思想政治·道德与法治教学论》《历史教学论》《地理教学论》《物理教学论》《化学教学论》《生物学教学论》等系列教材，为教师职业之旅奠基争做贡献。

学科教学论主要是面向没有任何教学经验的师范生，告诉他们怎样合理有效地实施学科教学工作。这就涉及理论层面的“知”与实践层面的“行”。“知”主要是指与课程论、学习论、教学论等有关的学科教育教学理论，“行”主要是将掌握的学科教育教学理论转化为实际教学效果的操作水平。这两者是紧密联系、不可分割的，只有理论没有技能的学科教学论是“纸上谈兵”，而只有技能没有理论的学科教学论是“体力劳动”。学科教学论是研究学科教学规律及其应用的一门科学。对这样的课程进行改革的突破口是学科教学论教材的编制。

树立正确的指导思想是编制学科教学论教材的关键。我们的指导思想是：紧贴国内外教师教育发展和基础教育课程改革的实际，遵循教师专业发展规律，以学生为本，坚持“教学做合一”的实践取向，体现《国家中长期教育改革和发展规划纲要(2010—2020)》的精神，对各学科教学论教科书建设进行一系列的改革探索，注重提高师范生的从教技能和终身学习能力的学科教育素养，精心选取全国范围内典型的、鲜活的教学案例，结合教育原理进行剖析，强调实践案例与理论知识的融合，编写一套具有较强的针对性、可操作性、可读性，让学生喜欢，学得管用，简明生动、富有特色的教育原理应用性本科学科教学论系列教材，旨在改变长期以来传统学科教学论教材内容缺乏与时俱进的教育新理念、理论脱离实际、忽视实践教学的现状，真正达到提高教师的学科教育素养，为培养适应基础教育课程改革及其发展需要的合格师资服务。根据上述指导思想，我们的编制工作注意了以下几点。

首先，目标设计突出针对性、可操作性和实用性的特点。这要求目标设计力求反映各学科的最新成果，展望学科发展前沿，在编写体例上着力以新型教材的形式呈现各学科教学论的新内容，从而充分体现针对性、可操作性和实用性的特点。针对性是指根据师范生毫无教学经验学变先生的需要以及解决传统学科教学论的弊病来设计。可操作性是指师范生使用本教材后，能够清楚地知道怎样备课，怎样上课，怎样在专业方面成长发展。实用性是指有效性，提供有助于师范生学会备课、上课和成长发展的有关学习经验和学习内容，学了管用。因此，本系列各门学科教学论教材的编写以各学科教师实施教学过程为顺序，除了绪论外，分课前准备、课堂教学和课外拓展三篇，共十二章，这构成整本教材的框架结构。

其次，内容的选取及其组织线索以各学科教师的教学工作为顺序，突出教师“做上教”，学生“做上学”。这恰好击中了传统学科教学论内容的选取以及有效地组织这些内容存在问题的要害。为此，各学科教学论教材的编写从“学生发展为本”的理念出发，把教学看作教材、教师、学生和环境互动的知识建构过程。“以学论教”是我们关注的重点，把为师范本科生形成基本的从教能力奠定基础作为内容选择的根本标准，突出“教学做合一”方法论的精神实质。基于这样的认识，教材在结构上实现了从传统的侧重“教”到现在侧重“学”的转移，以“做”为中心，做到教与学、行与知、理论与实践的结合。因此，本系列各学科教学论教材内容的选取及其组织线索分为备课、上课和发展三个环节。

备课环节需要的内容和组织顺序有在课程标准指导下正确使用教科书、研究教学对象、设计教学方案、应用教育技术和编写教案与学案等。

上课环节的内容和组织顺序为课堂教学技巧，包括引入新课、展开新课、巩固新课和评价教学等。

与教师发展这个环节有关的内容及其组织顺序，包括开展课外活动、参加教研活动、规划专业发展等。第一篇前四章理论性较强，可以说是对全书的理论升华，

第九章评价教学是对第二篇的理论升华，第十二章规划专业发展是对第三篇的理论升华。这些理论升华也体现本系列教材为“教学论”的“论”的特点，使其鲜明的实用性、可操作性和针对性不至于演变成教学手册或工作指南，不至于显得“教学”有余而“论”不足。

最后，评判标准。我们认为教材编得好不好、管不管用，应以有没有引导人去做、去想、产生自己的“学识”为标准。本系列各学科教学论教材各章节内容的编排顺序就是教学工作的详细步骤，能引导人产生“做”的力量，这个顺序使师范生明白教学工作中的有序动作可以指导他们的教学行为。为了使这些步骤更容易被师范生理解和运用，在每章节内容的阐述上不是由概念到概念，而是由感性描述或案例导入，然后紧扣案例或情境进行理论分析，引导行动。这样有助于把具体的操作步骤讲深讲透，使师范生的学习注意力集中在教学设计和教案学案编写的具体技能、技巧上，而不被频繁变换的案例分散了学习重点。同时，还用了不少实例来佐证和补充说明一些问题，为缺乏教学经验的师范生提供了很多间接经验，以便他们从别人“做”的经验中学到知识。

练习是指导师范生产生行动的重要手段。本系列各学科教学论的教材每章前设“学习目标”栏。练习围绕学习目标设计，其数量不在多，贵在系统性和层次性。因此，我们设置了“做上学”与“教学做合一”专栏。每章最后设计了体现这一章教学重点和难点的“做上学”，这是学生理论联系实际解决问题的“实学”的保证。每篇最后“教学做合一”的综合性练习，是切实提高教师教育素养的有效途径。

本系列各学科教学论教材的最后一章“规划专业发展”，为师范生走上工作岗位实现新体验、产生新价值奠定基础。第一节提升专业素养，使师范生认识到作为一名合格的中学教师应该承担的角色以及扮演这些角色必须具备的专业素养，从而建立明确的学习目标和创新点。第二节开展教学反思，使师范生进入中学后在教学过程中通过教学内省、教学体验、教学监控等方式，辩证地否定自己的教学观念、教学经验、教学行为的一种积极的认知加工过程，促进自己的专业成长。第三节尝试教育科研方法和科研论文的撰写，为师范生创新教育科研成果提供方法支持，为创造新的教育价值奠定基础。

总之，我们对编写学科教学论的一系列问题的认识尽管还不成熟，但这对于我们看清学科教学论改革的客观必要性，正确地分析、吸收国内外学科教学论前沿问题、合理因素，解决学科教学论中的各种“悖论”和实践困惑，不断增强参与改革的自觉性，让高师院校学科教学论教学贴近学生、贴近实际，植根于学生的生活世界，进一步提高师范生的教师教育素养，培养适应基础教育课程改革发展需要的实践型师资都具有重要的理论意义和应用价值。

在本系列教材编写过程中，中国陶行知研究会会长，中央教育科学研究所原所长、党委书记，北京师范大学教授朱小蔓在百忙中为本书撰写了序一。中国陶行知研究会副会长兼中学专业委员会理事长、江苏省陶行知研究会特别教育专业委员会名誉理事长、成都师范学院教授姚文忠撰写了序二。河海大学出版社吴劭文总编的大力支持使本系列教材得以出版。在本系列教材付梓之际，我们对他们一并表示诚挚的感谢！

诚然，这项工作虽有多年积累，但难免仍存在一些不尽如人意之处，恳请大家批评指正，特别希望使用本系列教材的老师和同学能够提出宝贵意见，以便再版时通过修订更臻完善。

张　波　刘维周

目 录

第二篇　课堂教学

第三篇　课外拓展

绪　论

这里简要地谈三个方面的问题。

一、学习物理教学论的意义

物理教学论是我国高等院校物理教师教育课程体系中的一门基础性专业必修课程，也是一门最能体现物理教师教育特色的课程。学习物理教学论对于物理教师教育方向的学生提高理论联系实际的能力和专业素养，成为合格的中学物理教师具有十分重要的作用。此外，学习物理教学论对指导中学物理教学、促进中学物理教学改革和发展也具有十分重要的价值。

二、物理教学论的任务和研究对象

先谈任务。

物理教学论的主要任务有三项：一是认识教学现象。在教育领域，实践早于理论。教学现象就是教学实践所表现出来的外部形态和联系。在学校教学领域，教学现象一般表现为三个方面：①环境性的，如教室和实验室及其结构、教学设备及其结构、校园组成及其结构等；②活动性的，如课堂教学（包括实验教学）及其结构、校内外活动及其结构、个别教学及其结构等；③关系性的，如师生之间的关系、生生之间的关系、师生与教科书之间的关系、教学过程与教学结果之间的关系等。物理教学论的首要任务就是要从这三个方面认识纷繁的物理教学现象。二是揭示教学规律。由于人的认识不会仅仅停留在认识现象的层面，因此，物理教学论的任务也不会仅仅止步于认识教学现象，必然要深入到教学的内在联系和内在结构中去，发现并提出问题，通过实验、文献、比较、经验总结、行动研究等研究手段和方法，解决问题，揭示教学及其组成成分发展、变化的本质联系和必然趋势。所以，物理教学论的第二项任务便是揭示物理教学规律。三是指导教学实践。德国教育家施莱尔马赫曾经指出："实践的尊严独立于理论，但是，通过理论，实践更加有意识。"教学规律来源于实践，是"为了行动而对行动进行的思考"，属于实践规律，自然要回到实践，对人们的教学行为产生规范作用和指导作用。这也正是教学规律的价值所在。

接着谈物理教学论的研究对象。

一种观点是，物理教学论的研究对象是教学现象。另一种观点是，物理教学论的研究对象是教学规律。然而，教学现象和教学规律作为纯粹的客体存在，是不能直接进入人的大脑成为其思维的对象的。只有面对客观存在，就教学现象和教学规律提出"教什么""为什么教""怎么教""教得怎样"等问题时，人的大脑才有了思维的对象。波普尔说过："科学与知识的增长永远始于问题并且终于问题——越来越深化的问题、越来越能启发大量新问题的问题。”同样，物理教学论的产生和发展是始于问题并终于问题的。因为没有问题，教学研究就失去了作用的对象和方向，也就不能产生，不能发展。因此，物理教学论实质上是以物理教学问题为研究对象来实现和完成认识教学现象、揭示教学规律和指导教学实践的目的和任务的。①物理教学论的基本内容正是众多理论和实践工作者在研究“问题”、实现和完成“目的”和“任务”征程中取得的阶段性研究成果和实践成果。

三、学习物理教学论的注意事项

作为一门课程，物理教学论的主要学习目标是：熟悉中学物理教学的过程；掌握中学物理教学的基本理念、概念和原理、方法和技能；建立对中学物理教学的情感、态度和价值观，为后续课程的学习和今后从事物理教学活动打下较为扎实的基础。基于此，在学习本课程时，要特别注意以下几点：一是要夯实学习物理教学论的理论基础。掌握扎实的物理专业知识和教育学、心理学等基本理论是学好物理教学论的前提。要用物理专业知识和教育学、心理学等理论做指导，以其知识、立场、思想、方法作为基础来理解和把握物理教学论课程所论及的基本理念、概念、过程、原理、观点和思想方法等。二是要加强实践，在“做”中学。从物理教学论的任务和研究对象来看，它是一门具有极强实践性的课程。这种实践性对学习物理教学论提出的要求是：紧密联系中学物理教学实际；在整个学习过程中体现理论和实践相结合，体现主体参与，用自己的教学实践使教学的原理和方法具体化；等等。一句话，实践是物理教学论课程的内容和最终要实现的目标，也是贯穿学习全过程的基础行为。为此，要在认真阅读教科书和参考书，认真听教师讲授的同时，加强实践。例如，自主选择课题进行教学设计、说课、试讲、听课、评课等实践活动，亲身感受和体验物理教学的真实情境，从中体会物理教学，感悟物理教学论课程的精神实质、实践内涵。三是要扩充学习领域和学习方式。古人云“世异则事异”，又云“事异则备变”。我们身处的时代，是一个社会政治、经济、文化、科技等各个方面急剧变革、迅猛发展的时代。在此背景之下，谁采取“鸵鸟政策”（把头埋在沙堆里，使自己看不到周围环境的变化），谁就将被这个时代、这个社会所抛弃。所以，要关心科学技术最新发展和人文社会科学最新动态，关心国内外中学物理教学新情况和新问题，学习和借鉴其他学科的学术成果和思想方法，积累教学资料并不断地分析、归类、总结等，更好地指导自己学习和实践物理教学论。此外，还可以采取去中学观课、观摩中学物理教研活动、听中学物理骨干教师及教研员传授教学和教研经验、举行读书（刊）报告会等形式，汲取营养，开阔视野。值得一提的是，本书每章最后的“资源链接”所提供的参考“资料”是很好的学习资源，值得充分利用。四是要经常反思。教师教育最直接的价值指向主要是两个：促进学生获得关于教育的一

① 黄甫全，王本陆. 现代教学论学程[M]. 北京：教育科学出版社，2000.

般性知识和技能;促进学生获得专业发展的意识和能力,包括自我更新意识和自我更新能力。这种意识和能力是学生最终成为“优秀教师”不可或缺的,而获得这种意识和能力的重要途径就是(教学)反思(见本书第九章第三节相关内容)。要充分利用学习物理教学论的机会,通过写日志、写教(说课、听课)后感等途径,在学中思、在“教”中思,养成(教学)反思的习惯,提高自我更新的意识和能力,增强专业发展的后劲,努力构建属于自己的“物理教学论”。

第一篇

课前准备

做好课前准备是“上好课”的前提。

课前准备包括学习课程标准和教科书、研究教学对象、设计教学方案、应用教育技术、编写教案与学案等，是教师最重要的基本功，也最能反映出教师的责任感和事业心。

第一章　学习课程标准和教科书

学习目标

- 了解物理课程标准的基本框架及其设立的课程内容(内容标准),了解课程标准与教科书的关系,了解基础教育物理课程改革的历程和国外物理课程设置的概况及改革趋势。
- 理解物理课程的性质,理解物理课程标准的地位和作用,理解物理课程标准倡导的基本理念、提出的课程目标,理解研读教科书应注意的问题。
- 在课程标准的指导下,研读教科书,初步确立"用教科书教"的意识。

学习物理课程标准与教科书,对于树立正确的课程理念、把握基本的教学线索具有十分重要的意义。

第一节　学习物理课程标准[①]

这里先对物理课程标准的内涵以及《义务教育物理课程标准》《普通高中物理课程标准(实验)》中明确规定的课程性质、课程基本理念、课程目标和课程内容(内容标准)做一般性的介绍,更具体的学习和贯彻将穿插在后续的相关章节中进行。

一、课程标准的地位和作用

《基础教育课程改革纲要(试行)》指出,国家课程标准是教科书编写、教学、评估和考试命题的依据,是国家管理和评价课程的基础;它体现国家对不同阶段的学生在知识与技能、过程与方法、情感态度与价值观等方面的基本要求,规定各门课程的性质、目标、内容框架,提出教学建议和评价建议。从以上规定可以看出,课程标准具有以下一些内涵:它是按门类制定的,规定本门课程的性质、目标、内容框架;它提出了指导性的教学原则和评价建议,不包括教学重点、难点、时间分配等具体内容;它规定了不同阶段学生在知识与技能、过程与方法、情感态度与价值观等方面所应达到的基本要求。

二、课程标准的结构

《义务教育物理课程标准》与《普通高中物理课程标准(实验)》结构基本相同,

---

① 窦瑾. 中学物理教学设计[M]. 长春:东北师范大学出版社,2017:32-41.

主要由五部分组成：前言，包括课程性质、课程基本理念、课程设计思路；课程目标，包括课程总目标、课程具体目标；课程内容（内容标准），包括科学探究（及物理实验能力要求）、科学内容（义务教育物理课程包括三个主题，普通高中物理课程包括共同必修模块和选修模块）；实施建议，包括教学建议、评价建议、教科书编写建议、课程资源利用与开发建议；附录，《义务教育物理课程标准》的附录包括“学生必做实验说明”“行为动词说明”“科学探究实例”三个部分，《普通高中物理课程标准（实验）》的附录包括“物理实验专题”“物理专题研修”两个部分。

三、课程的性质

物理学是一门基础自然科学，它所研究的是物质的基本结构、最普遍的相互作用、最一般的运动规律以及所使用的实验手段和思维方法。随着人类对物质世界认识的深入，物理学一方面带动了科学和技术的发展；另一方面推动了文化、经济和社会的发展。物理课程应体现物理学自身及其与文化、经济和社会互动发展的时代要求，肩负起提高学生科学素养、促进学生全面发展的重任。为了适应科学技术进步和可持续发展的需求，培养高素质人才，必须构建符合时代要求的中学物理课程。

（一）义务教育课程的性质①

义务教育物理课程应综合反映人类在探索物质、相互作用和运动规律等过程中的成果。物理学不仅含有人类探索大自然的知识成果，而且含有探索者的科学思想、科学方法、科学态度和科学精神等。

义务教育物理课程作为科学教育的组成部分，是以提高全体学生科学素养②为目标的自然科学基础课程。此阶段的物理课程不仅应注重科学知识的传授和技能的训练，而且应注重对学生学习兴趣、探究能力、创新意识以及科学态度、科学精神等方面的培养。

义务教育物理课程是一门注重实验的自然科学基础课程。此阶段的物理课程应注意让学生经历实验探究过程，学习科学知识和科学探究方法，提高分析问题及解决问题的能力。

义务教育物理课程应注重与生产、生活实际及时代发展的联系。此阶段的物理课程应关注学生的认知特点，加强课程内容与学生生活、现代社会和科技发展的联系，关注技术应用带来的社会进步和问题，培养学生的社会责任感和正确的世界观。

---

① 中华人民共和国教育部．义务教育物理课程标准[S]．北京：北京师范大学出版社，2012：1-2.

② 国际上普遍将科学素养（Scientific Literacy）概括为三个部分，即对于科学知识达到基本的了解程度，对于科学的研究过程和方法达到基本的了解程度，对于科学技术对社会和个人所产生的影响达到基本的了解程度。

（二）普通高中课程的性质①

高中物理是普通高中科学学习领域的一门基础课程，与九年义务教育物理或科学课程相衔接，旨在进一步提高学生的科学素养。

高中物理课程有助于学生继续学习基本的物理知识与技能；体验科学探究过程，了解科学研究方法；增强创新意识和实践能力，发展探索自然、理解自然的兴趣与热情；认识物理学对科技进步以及文化、经济和社会发展的影响；为终身发展、形成科学世界观和科学价值观打下基础。

四、教育培养目标

义务教育阶段物理教育培养目标是提高全体学生的科学素养；普通高中阶段物理教育培养目标是进一步提高科学素养，满足全体学生的终身发展需求。

五、课程基本理念

下面分别对《义务教育物理课程标准》和《普通高中物理课程标准》所倡导的课程基本理念做一个简单的介绍。

（一）义务教育课程基本理念②

面向全体学生，提高学生科学素养。以学生终身发展为本，以提高全体学生科学素养为目标，为每个学生的学习与发展提供机会，关注学生的个体差异，使每个学生学习科学的潜能都得到发展。

从生活走向物理，从物理走向社会。贴近学生生活，符合学生认知特点，激发并保持学生的学习兴趣，让学生通过学习和探索掌握物理学的基础知识与基本技能，并能将其应用于实践，为以后的学习、生活和工作打下基础。

注意学科渗透，关心科技发展。让学生了解自然界事物的相互联系，注意学科间的联系与渗透，关心科学技术的新进展，关注科技发展给社会进步带来的影响，逐步树立正确的世界观。

提倡教学方式多样化，注重科学探究。在教学中，根据教学目标、教学内容及教学对象灵活采用教学方式，提倡教学方式多样化。注重采用探究式的教学方法，让学生经历探究过程，学习科学方法，培养其创新精神和实践能力。鼓励在物理教学中合理运用信息技术。

注重评价改革导向，促进学生发展。在新的评价观念指导下，构建多元化、发展性的评价体系，注重形成性评价与终结性评价结合，发展性评价与甄别性评价结合，以促进学生科学素养的提高、教师专业素质的发展和物理教学的改进。

---

① 中华人民共和国教育部. 普通高中物理课程标准（实验）[S]. 北京：人民教育出版社，2003：1.

② 中华人民共和国教育部. 义务教育物理课程标准[S]. 北京：北京师范大学出版社，2012：2-3.

（二）普通高中课程基本理念①

在课程目标上注重提高全体学生的科学素养。普通高中物理课程旨在进一步提高学生的科学素养，从知识与技能、过程与方法、情感态度与价值观三个方面培养学生，为学生终身发展、应对现代社会和未来发展的挑战奠定基础。

在课程结构上重视基础，体现课程的选择性。普通高中教育仍属于基础教育，应注重全体学生的共同基础，同时应针对学生的兴趣、发展潜能和今后的职业需求，设计供学生选择的物理课程模块，以满足学生的不同学习需求，促进学生自主地、富有个性地学习。

在课程内容上体现时代性、基础性、选择性。普通高中物理课程在内容上应精选学生终身学习必备的基础知识与技能，加强与学生生活、现代社会及科技发展的联系，反映当代科学技术发展的重要成果和新的科学思想，关注物理学的技术应用所带来的社会问题，培养学生的社会参与意识和对社会负责任的态度。

在课程实施上注重自主学习，提倡教学方式多样化。普通高中物理课程应促进学生自主学习，让学生积极参与、乐于探究、勇于实验、勤于思考。通过多样化的教学方式，帮助学生学习物理知识与技能，培养其科学探究能力，使其逐步形成科学态度与科学精神。

在课程评价上强调更新观念，促进学生发展。普通高中物理课程应体现评价的内在激励功能和诊断功能，关注过程性评价，注意学生的个体差异，帮助学生认识自我、建立自信，促进学生在原有水平上发展。通过评价还应促进教师的提高以及教学实践的改进等。

六、课程目标

下面分别对《义务教育物理课程标准》和《普通高中物理课程标准（实验）》所提出的课程目标做一个简单的介绍。

（一）义务教育课程目标②

1. 总目标

学习终身发展必需的物理基础知识和方法，养成良好的思维习惯，在分析问题和解决问题时尝试运用科学知识和科学研究方法。经历科学探究过程，具有初步的科学探究能力，乐于参加与科学技术有关的活动，有运用研究方法的意识。保持探索科学的兴趣与热情，在认识自然的过程中获得成就感，能独立思考、敢于质疑、尊重事实、勇于创新。关心科学技术的发展，具有环境保护和可持续发展的意识，树立正确的世界观，有振兴中华、将科学服务于人类的使命感与责任感。

---

① 中华人民共和国教育部. 普通高中物理课程标准（实验）[S]. 北京：人民教育出版社，2003：2.

② 中华人民共和国教育部. 义务教育物理课程标准[S]. 北京：北京师范大学出版社，2012：5-7.

2. 具体目标

涉及知识与技能(5 条)、过程与方法(5 条)、情感态度与价值观(5 条)三个维度计 15 个要点。

(1) 知识与技能。①认识物质的形态和变化、物质的属性、物质的结构与物体的尺度，了解新材料及其应用等内容，关注资源利用与环境保护等问题。②了解自然界多种多样的运动形式，认识机械运动和力、声和光、电和磁等内容，了解相互作用规律及其在生产、生活中的应用。③认识机械能、内能、电磁能、能量的转化和转移、能量守恒等内容，了解新能源的开发与应用，关注能源利用与可持续发展等问题。④了解物理学及其相关技术发展的大致历程，知道物理学不仅含有物理知识，而且还含有科学研究的过程与方法、科学态度与科学精神。⑤有初步的实验操作技能，会用简单的实验仪器，能测量一些基本的物理量，具有安全意识，知道简单的数据记录和处理方法，会用简单图表等描述实验结果，会写简单的实验报告。

(2) 过程与方法。①经历观察物理现象的过程，能简单描述所观察物理现象的主要特征，能在观察和学习中发现问题，具有初步的观察能力及提出问题的能力。②通过参与科学探究活动，学习拟订简单的科学探究计划和实验方案，有控制实验条件的意识，能通过实验收集数据，会利用多种渠道收集信息，有初步的信息收集能力。③经历信息处理过程，有对信息的有效性、客观性做出判断的意识，经历从信息中分析、归纳规律的过程，尝试解释根据调查或实验数据得出的结论，有初步的分析概括能力。④能书面或口头表述自己的观点，能与他人交流，有自我反思和听取意见的意识，有初步的信息交流能力。⑤通过学习物理知识，提高分析问题与解决问题的能力，养成自学能力，学习物理学家在科学探索中的研究方法，并能在解决问题中尝试应用科学研究方法。

(3) 情感态度与价值观。①有学习物理的兴趣，有对科学的求知欲，能保持对自然界的好奇，乐于探索自然，能领略自然界的美妙与和谐，对大自然有亲近、热爱及和谐相处的情感。②有将科学技术应用于日常生活、社会实践的意识，乐于探究日常用品或新产品中的物理学原理，乐于参与观察、实验、制作、调查等科学实践活动，有团队精神。③有克服困难的信心和决心，能总结成功的经验，分析失败的原因，体验战胜困难、解决物理问题时的喜悦。④养成实事求是、尊重自然规律的科学态度，不迷信权威，勇于创新，有判断大众传媒信息是否符合科学规律的初步意识，有将自己的见解与他人交流的意识，敢于提出与别人不同的见解，勇于放弃或修正不正确的观点。⑤关注科学技术对社会发展、自然环境及人类生活的影响，有保护环境及可持续发展的意识，能在个人力所能及的范围内对社会的可持续发展做出贡献，有将科学服务于人类的意识，热爱祖国，有振兴中华的使命感与责任感。

（二）普通高中课程目标①

1. 总目标

学习终身发展必备的物理基础知识和技能，了解这些知识与技能在生活、生产中的应用，关注科学技术的现状及发展趋势。学习科学探究方法，发展自主学习能力，养成良好的思维习惯，能运用物理知识和科学探究方法解决一些问题。保持好奇心与求知欲，发展科学探索兴趣，有坚持真理、勇于创新、实事求是的科学态度与科学精神，有振兴中华，将科学服务于人类的社会责任感。了解科学与技术、经济和社会的互动作用，认识人与自然、社会的关系，有可持续发展意识和全球观念。

2. 具体目标

同样涉及知识与技能（4 条）、过程与方法（5 条）、情感态度与价值观（6 条）三个维度计 15 个要点。

（1）知识与技能。①学习物理学的基础知识，了解物质结构、相互作用和运动的一些基本概念和规律，了解物理学的基本观点和思想。②认识实验在物理学中的地位和作用，掌握物理实验的一些基本技能，会使用基本的实验仪器，能独立完成一些物理实验。③初步了解物理学的发展历程，关注科学技术的主要成就和发展趋势以及物理学对经济、社会发展的影响。④关注物理学与其他学科之间的联系，知道一些与物理学相关的应用领域，能尝试运用有关的物理知识和技能解释一些自然现象和生活中的问题。

（2）过程与方法。①经历科学探究过程，认识科学探究的意义，尝试应用科学探究的方法研究物理问题，验证物理规律。②通过物理概念和规律的学习过程，了解物理学的研究方法，认识物理实验、物理模型和数学工具在物理学发展过程中的作用。③能计划并调控自己的学习过程，能通过自己的努力解决学习中遇到的一些物理问题，有一定的自主学习能力。④参加一些科学实践活动，尝试经过思考发表自己的见解，尝试运用物理原理和研究方法解决一些与生产和生活相关的实际问题。⑤具有一定的质疑能力，信息收集和处理能力，分析、解决问题能力和交流、合作能力。

（3）情感态度与价值观。①能领略自然界的奇妙与和谐，发展对科学的好奇心与求知欲，乐于探究自然界的奥秘，能体验探索自然规律的艰辛与喜悦。②有参与科技活动的热情，有将物理知识应用于生活和生产实践的意识，勇于探究与日常生活有关的物理学问题。③具有敢于坚持真理、勇于创新和实事求是的科学态度和科学精神，具有判断大众传媒有关信息是否科学的意识。④有主动与他人合作的精神，有将自己的见解与他人交流的愿望，敢于坚持正确观点，勇于修正错误，具

① 中华人民共和国教育部. 普通高中物理课程标准（实验）[S]. 北京：人民教育出版社，2003：8-9.

有团队精神。⑤了解并体会物理学对经济、社会发展的贡献，关注并思考与物理学相关的热点问题，有可持续发展的意识，能在力所能及的范围内，为社会的可持续发展做出贡献。⑥关心国内外科技发展现状与趋势，有振兴中华的使命感与责任感，有将科学服务于人类的意识。

信息栏 1-1

中国学生发展核心素养和物理学科核心素养

2016 年 9 月，教育部组织的相关课题组提出了中国学生发展核心素养的指标体系。该体系由三大部分、六个方面、十八个要素组成。该体系将学生发展核心素养界定为学生在接受相应学段教育的过程中逐渐发展起来的适应个人终身发展和社会发展需要的必备品格和关键能力。在此体系的框架及精神指导下，2017 年 8 月教育部《普通高中物理课程标准修订稿》中，对物理核心素养做了如下界定：物理核心素养是物理学科育人价值的集中体现，是学生在接受物理教育的过程中逐步形成的适应个人终身发展和社会发展需要的关键能力和必备品格，是学生科学素养的重要构成。物理核心素养主要由“物理观念”“科学思维”“科学探究”“科学态度与责任”四个方面构成。

资料来源：彭前程《谈对“学生发展核心素养及物理学科核心素养”的理解》，载《中学物理教学参考》，2017 年第 19 期。

七、课程内容(内容标准)

课程内容(内容标准)规定了义务教育(普通高中)物理课程的基本学习内容和应达到的基本要求。义务教育课程内容由科学探究和科学内容两部分组成，普通高中内容标准由科学探究及物理实验能力要求、共同必修模块和选修模块三个部分组成。

(一) 义务教育课程内容①

1. 科学探究

涉及提出问题、猜想与假设、设计实验与制订计划、进行实验和收集证据、分析与论证、评估、交流与合作等七个要素。

2. 科学内容

包括物质、运动和相互作用、能量三个一级主题，14 个二级主题。

(二) 普通高中内容标准②

1. 科学探究及物理实验

其中，科学探究涉及的要素与义务教育阶段“科学探究”的要素相同。

2. 共同必修模块和选修模块

具体课程结构见图 1-1。

---

① 中华人民共和国教育部. 义务教育物理课程标准[S]. 北京：北京师范大学出版社，2012：8-11.

② 中华人民共和国教育部. 普通高中物理课程标准(实验)[S]. 北京：人民教育出版社，2003：4-6.

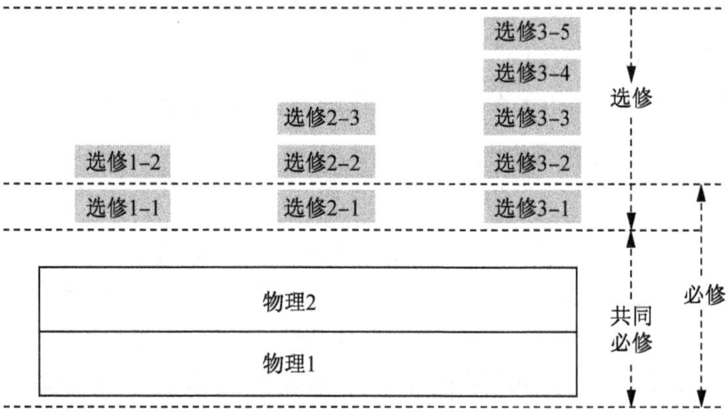

图 1-1　课程结构图

情况说明：

(1) 物理 1 和物理 2 为共同必修模块，修完后可获得 4 个必修学分，余下的 2 个必修学分可通过“三选一”的方式在选修 1-1、选修 2-1、选修 3-1 中修习一个模块获得。

(2) 共同必修——物理 1、物理 2。这是为全体高中学生设计的，旨在引导学生学习基本的物理内容，了解物理学的思想和方法，初步认识物理学对科学技术、经济、社会的影响。在这两个模块中，学生将学习运动描述、相互作用与运动规律、机械能和能源、抛体运动和圆周运动、经典力学的成就与局限性等物理学的核心内容和研究方法，经历一些对自然规律的科学探究过程，学习基本的实验操作技能，并初步了解物理学的特点和研究方法，体会物理学在生活和生产中的应用以及对社会发展的影响，在情感态度与价值观方面受到熏陶，为以后进一步学习打好基础，为后续模块的选择做好准备。

(3) 选修系列 1——选修 1-1、选修 1-2。本系列课程模块以物理学的核心内容为载体，侧重物理学与社会的相互关联和相互作用，突出物理学的人文特色，注重物理学与日常生活、社会科学以及人文学科的融合，强调物理学对人类文明的影响。

(4) 选修系列 2——选修 2-1、选修 2-2、选修 2-3。本系列课程模块以物理学的核心内容为载体，侧重从技术应用的角度展示物理学，强调物理学与技术的结合，着重体现物理学的应用性、实践性。

(5) 选修系列 3——选修 3-1、选修 3-2、选修 3-3、选修 3-4、选修 3-5。本系列课程模块侧重让学生较全面地学习物理学的基本内容，进一步了解物理学的思想和方法，较为深入地认识物理学在技术中的应用以及对经济、社会的影响。

无论哪一组模块，都不仅含有物理学概念、规律和实验，而且含有物理与社会发展、物理与技术应用、物理与生活等方面的内容。

信息栏 1-2

高中物理课程结构

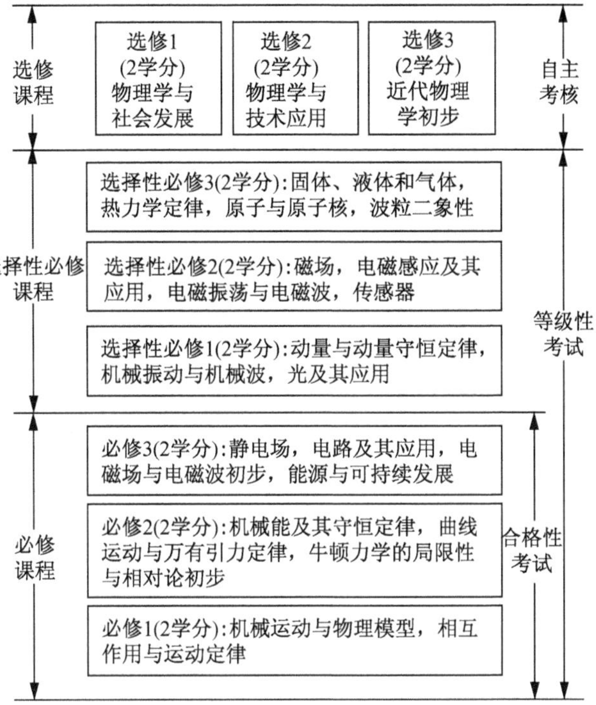

资料来源:中华人民共和国教育部《普通高中物理课程标准(2017 年版)》,人民教育出版社,2018 年。

第二节　研读物理教科书

一、中学教科书简介①

教科书俗称课本,即根据课程标准和教学原则的要求并考虑学生的认知特点,以简明、准确的文字,系统地阐述一门课程具体内容的教学用书。教科书是课程开发的成果,是物化的课程形式,它看似一个静态的文本,却浓缩了课程的丰富内涵(教育的目标、愿景、逻辑、知识、方法、情感等)。具体来讲,首先,它承载着教育活动的美好愿望,承载着文化的育人价值,承载着教育者的期望与智慧,是直接体现教育思想与旨趣的“蓝图”。其次,教科书内容是经过精心选择的人类文化的结晶,是适合学生学习,能有效促进学生发展的蕴含着知识与技能、过程与方法、情感态度与价值观的统一。最后,教科书内容是根据知识的逻辑顺序与学生认知心理的

① 窦瑾.中学物理教学设计[M].长春:东北师范大学出版社,2017:41-44.

发展规律进行选择与编排的，提供给受教育者认识世界最便捷的方法，是受教育者个体社会化与个性化发展的最有效途径和成长发展的食粮。此外，教科书还是教学活动开展的最主要依据。

（一）教科书与课程标准

简单地说，教科书编写必须依据课程标准，即教科书的源头在课程标准；教科书是对课程标准的一次再丰富、再创造、再组织；教科书的编写和使用可以检验课程标准的合理性，即教科书是课程标准的试金石。

（二）义务教育和普通高中教科书的版本及共同特点

1. 主要版本

义务教育物理教科书的版本主要有人民教育出版社出版的物理教科书（简称“人教版”）、上海科学技术出版社出版的物理教科书（简称“沪科版”）、江苏科学技术出版社出版的物理教科书（简称“苏科版”）、北京师范大学出版社出版的物理教科书（简称“北师大版”）、上海教育出版社出版的物理教科书（简称“上教版”）、教育科学出版社出版的物理教科书（简称“教科版”）、上海科学技术出版社和广东教育出版社出版的物理教科书（简称“沪粤版”）等七个。普通高中物理教科书的版本主要有人民教育出版社出版的物理教科书（简称“人教版”）、上海科技教育出版社出版的物理教科书（简称“沪科教版”）、山东科学技术出版社出版的物理教科书（简称“鲁科版”或“司南版”）、广东教育出版社出版的物理教科书（简称“粤教版”）、教育科学出版社出版的物理教科书（简称“教科版”）等五个。

2. 共同特点

尽管不同版本的教科书是由不同人员编写的，但在“根据课程标准和教学原则的要求”“考虑学生的认识特点”等基本编写原则的指导下，各个版本的义务教育和普通高中教科书具有以下一些共同特点。

(1) 不过分强调知识的逻辑性，注重概念形成的阶段性和学生的可接受性。例如，关于“势能”，义务教育教科书只分别介绍了“弹性势能”和“重力势能”：发生弹性形变的物体能对其他物体做功，它就具有弹性势能；被举高的物体同样具有做功的本领，它也具有势能，这种势能叫重力势能。普通高中教科书则指出，相互作用的物体凭借其位置而具有的能量叫作势能。又如，关于“温度的微观意义”，义务教育教科书只提到温度越高，分子的无规则运动就越剧烈；分子运动越剧烈，它的动能就越大。普通高中教科书则明确提出物质的温度是它的分子热运动的平均动能的标志。还有，虽然整个中学阶段讲的“力是物体运动状态发生变化的原因”不如“力是物体在惯性参考系中运动状态发生变化的原因”那样严密，但在那样的学段，这些讲法都还是可以被“认可”的。

(2) 教科书的少数地方有意不把结论写明，只讲背景（现象、事实等），只提问题，然后安排活动。例如，九年级物理下册第十六章第二节“电流的磁场”就是按照

“背景—问题—活动”来编写的。又如，高中物理必修 2 第九章第 5 节“探究弹性势能的表达式”脚注中明确指出：“学习本节时，要着重体会探究的过程和所用的方法，复习用到的知识，不要求掌握探究的结论，更不要求用弹性势能的表达式解题。”

（3）呈现方式有利于学生学习方式和教师教学方式的转变。如八年级物理下册第七章第一节“走进分子世界”教科书内容编排突出地体现了学生学习、教师教学的探究性，有利于落实物理“知识序”、学生“认知序”、教师“教学序”三者的有机统一。

（4）设计多种形式的学习活动，强调参与意识、探究意识、应用意识。例如，设置了“说一说”“做一做”“请提问”“思考与讨论”“实验与探究”“实践与拓展”等栏目。

（5）体现“科学·技术·社会”(STS)的思想。例如，义务教育教科书内容强调了“从生活走向物理，从物理走向社会”，普通高中教科书内容强调了“贴近学生生活，联系社会实际”等理念。

（6）强调物理学的文化内容。例如，设置了“致同学们/走进课堂前”“物理学与人类文明”“物理学与思维观念”等栏目。

（7）教科书内容既面向全体学生，又针对不同个体。例如，“说一说”“做一做”“信息库/科学漫步”“生活·物理·社会/STS”“综合实践活动/课题研究”等开放性栏目的设置正体现了这一特点。

（8）重视信息技术与物理课程的整合。例如，高中物理必修 1 第一章第 4 节中“借助传感器应用计算机测速度”，高中物理选修 3-4 第十一章第 2 节中“用计算机观察声音的波形”等。

（9）叙述简明，文字优美，版面活泼，时代气息浓，符合学生的心理。例如，九年级物理下册第十六章“电磁转换”开篇：琳琅满目的电动玩具散发着诱人的魅力——憨厚的小鸭，扑棱着小翅膀；逗人的小狗，摇动着尾巴；可爱的小熊猫，晃动着大脑袋；……又如，高中物理必修 1 第一章“运动的描述”开篇：……尽管这种想法与真实的自然界并不相符，但也不要因此而折断想象的翅膀……选修 3-4 第十三章“光”开篇：……光给了我们一个明亮的世界，可是它自己却像一团谜……

（三）义务教育教科书内容简介

物质主题。由 4 个二级主题组成，包括 1-1 物质的形态和变化，1-2 物质的属性，1-3 物质的结构与物体的尺度，1-4 新材料及其应用。

运动和相互作用主题。由 4 个二级主题组成，包括 2-1 多种多样的运动形式，2-2 机械运动和力，2-3 声和光，2-4 电和磁。

能量主题。由 6 个二级主题组成，包括 3-1 能量、能量的转化和转移，3-2 机械能，3-3 内能，3-4 电磁能，3-5 能量守恒，3-6 能源与可持续发展。

（四）普通高中教科书内容简介①

共同必修模块由物理1和物理2组成，包括1-1运动的描述，1-2相互作用与运动规律；2-1机械能和能源，2-2抛体运动和圆周运动，2-3经典力学的成就与局限性。

选修模块由选修3-1、选修3-2、选修3-3、选修3-4和选修3-5组成，包括3-1-1电场，3-1-2电路，3-1-3磁场；3-2-1电磁感应，3-2-2交变电流，3-2-3传感器；3-3-1分子动理论与统计思想，3-3-2固体、液体与气体，3-3-3热力学定律与能量守恒，3-3-4能源与可持续发展；3-4-1机械振动与机械波，3-4-2电磁振荡与电磁波，3-4-3光，3-4-4相对论；3-5-1碰撞与动量守恒，3-5-2原子结构，3-5-3原子核，3-5-4波粒二象性。

二、正确使用教科书——从“用教科书教”谈起

“用教科书教”是时下教师们经常挂在嘴边的一句话。“教教科书”与“用教科书教”在语意上并无多大差别，但“用教科书教”反映了“教材观”的转变，激活了教师的专业自主性，即视教科书为主要的课程资源、教学线索，让教师以教科书开发者的姿态，将个人特质、教学经验、教学才能融入对教科书的加工、改造之中。

“用教科书教”至少包含三个层面的含义，即用好、用足与用活教科书。

（一）用好——读懂教科书

教学离不开教科书，“用教科书教”的第一层含义就是要用好教科书。而用好教科书首先要解决的问题就是全面解读教科书。只有全面解读教科书，才能避免对文本进行支离破碎的解读，避免出现断章取义、以偏概全的现象。全面地解读教科书，关键是要把握好教科书的主题、知识、知识的组织顺序与结构以及它们的价值取向等。具体来讲，一要搞清“教科书说了些什么”，二要搞清“教科书的重点、难点、关键点和价值点是什么”，三要搞清“教科书内容是如何组织的”，四要搞清“教科书对教师和学生意味着什么”“应该如何看待教科书文本的地位和作用”“教科书对教师的教和学生的学提出了什么要求”等，五要搞清“教科书蕴含着什么”“教科书折射出什么样的学科教育理念”“教科书折射出哪些教育目标”等。

【案例1-1】 **“摩擦力”②的“四点”**

重点：滑动摩擦力的产生条件、大小计算和方向判定。

难点：摩擦力的产生条件、方向判定和静摩擦力的大小确定。

关键点：分析物体受力，确定相对运动/趋势。

① 选修模块部分以系列3为例。

② 高中物理必修1第三章第3节（本书案例中，凡首次涉及教科书节标的，均以脚注形式予以标注。除特殊说明外，本书所有案例涉及的义务教育课程标准物理教科书均为苏科版，普通高中课程标准物理教科书均为人教版；正文其他地方同）。

价值点：加深对“运动/趋势相对性”的理解，加深对“具体问题具体分析”思想的认识，知道在实际生产生活中利用摩擦力、控制摩擦力的具体方法。

(二) 用足——理解教科书

用足教科书，就是以教科书为原型和范例，在依托和尊重教科书的基础上，根据实际需要对教科书进行适度“填补”和引申，挖掘教科书资源的深层价值，最大限度地发挥教科书的功能。

1. 点亮教科书细节

在课堂教学中，教科书细节的开发往往容易被教师忽视。有的教师认为教科书已经编写得相当完善了，教学时只需搬用就行，他们考虑的大多是用得像不像，而较少思考“有没有更好的用法”。其实，许多教科书细节还需教师多加推敲，用心琢磨，把教科书细节做“亮”。教师备课时要在充分钻研教科书的基础上，认真对待教科书中的每一个细节，赋予教科书细节更深的知识内涵和更广的思维空间，让教科书细节丰盈课堂，使之能够生发锦上添花、以小见大的效力。

【案例 1-2】　对教科书“电磁感应现象”①表述的认识

高中物理教科书对“电磁感应现象”做了如下表述：由磁场产生电流的现象称为电磁感应现象。对于这一表述，如果机械地理解为“只有磁场的变化导致电流产生的现象才叫作电磁感应现象”，显然是不全面的。因为，这样的理解将无法把用以确定电动势大小的法拉第定律称为“电磁感应定律”。

对于“由磁场强弱的变化而导致的电磁感应现象”应有如下的全面认识：磁场强弱的变化导致周围空间产生感应电场；磁场强弱的变化导致周围空间的导体中产生感应电动势；磁场强弱的变化导致周围空间的闭合导体中产生感应电流。

对于“由导体做切割磁感线的相对运动而导致的电磁感应现象”应有如下的全面认识：导体做切割磁感线的相对运动导致导体中自由电荷在磁场中沿与磁场不平行的方向运动；导体中自由电荷在磁场中沿与磁场不平行的方向运动而导致导体中自由电荷受磁场力作用；导体中自由电荷受磁场力作用移动而累积形成电源产生感应电动势。

2. “填补”教科书“空白”

现行教科书在许多地方通过游戏、对话、实验、表格、图片等方式呈现教学内容，没有提供现成结论，只给出学生自主活动的建议和过程中的问题提示；或虽给出结论，但结论“不严格”。这为教与学留下了广阔的探究和交流空间，也给教师教学带来了一定的困惑和难度。教师要善于在教科书的“留白”处挖掘，拓展其深度和广度，从而使教科书真正成为有效激发学生学习潜能、引导学生自主探索、激励

① 高中物理选修 3-2 第四章第 1 节。

学生自我实现、不断提高学生物理素养的有效的信息资源。例如，教科书中的物理学家照片、物理史实等背后都蕴藏着可以填补的"空白"。

【案例 1-3】 **"电磁感应发电机"①(片段)中的"空白"**

本节教科书以对话"既然电能生磁，那么磁也能生电吗""怎样研究磁能否生电呢"开篇，接着安排了由"观察微型电扇结构""发现用手旋转叶片时，接入电扇插头处的发光二极管发光""用手指捏紧插头两极，旋转叶片，手指感到发麻"三部分组成的学生活动"观察磁生电现象"，然后出现"正文"的第一句话："上述现象说明了什么？"不难发现，仅在这里，就有许多"空白"需要教师和学生一起去"填补"：磁在哪里，它是如何产生的；电扇利用了电动机原理，怎么它又变成了发电机；回路是如何构成的；在什么情况下生电；等等。

3. 让习题增值

习题在中学物理教与学中占很大的比重，如何充分利用课本中的例题和习题资源，开发课外习题的育人价值是"用教科书教"的一个重要方面。物理习题蕴含知识功能、教育功能和评价功能。教科书中的例题和习题注重培养学生分析、综合、判断、推理的思维能力，培养学生解决实际问题的能力和对物理积极的情感体验，在编排上注重利用实际情境设计开放性的问题，为教师创造性地组织教学提供了丰富的资源。为此，教师要有例题和习题资源的意识，用好、用足教科书中的例题和习题，积极开发课外习题资源，努力让每个习题成为值得学生探究的物理问题，拓展学生的探索空间，促进学生的合作交流，让习题增值。

(三) 用活——超越教科书

基础教育课程改革要求教师"创造性地使用教科书"，这是"用教科书教"的最高境界——超越教科书。教师要超越教科书，一是要有课程资源的视野，把教科书看成课程资源的一种，而不是全部的课程资源和教学内容。因为，一方面，教科书所承载的知识、方法、方案以及各种案例只是一种素材、一个方向、一些范例，它们是"死的"，真正让它们"活起来"，还需要学生的真情投入、教师的积极引导，需要环境与情景、师生之间的水乳交融。而这些是教科书无法提供，也不可能提供的。另一方面，无论多好的教科书，它们都是少数专家特别是学科专家编写的，都是为一定学生群体编写的，编写出版要经过一段时间，因此，它们不可避免地会带有远离学生的生活世界，很难反映不同地区、不同学校和学生的差异性与多样性，落后于社会生活和科技发展实际等弊病。此外，作为信息载体和信息传输手段，教科书这种纸质印刷、以语言符号为传媒的作用十分有限。为此，教师一是要充分利用实验、教学挂图、实物模型、投影片、计算机辅助学习软件以及电视、广播、报纸、杂志、

① 9年级物理下册第十六章第五节。

网络等一切可以利用和值得利用的学习材料来辅助教科书开展教学，克服教科书的局限性。二是要树立“教师自身是一部教科书”的观念和意识，将自己的知识、经验以及感悟与学生分享。三是教师对教科书要有深刻和独到的见解，对教学要有独特的思路和设计，能够对教科书提出挑战，做出个性化的演绎，并在面对复杂多变的教育情境时及时增删、延展固有观念、认识，创造出有益于师生对话的氛围，使教学活动更加鲜活生动。四是要挖掘并利用存在于学生身上的有用资源，如学生的情绪资源、知识资源、问题资源、错误资源和差异资源等①，让学生成为学习内容的决定者与建构者。五是教师应该让学生明白，教师所传授的内容以及对教科书所做出的解释，不是教科书内容的终极意义，学生完全可以基于自己的经验和思维方式，对教科书进行不同于教师的解读。这样，在教师与学生平等协商的基础上，共同建构出属于教师和学生自己的教学内容和学习内容。总之，用活——超越教科书，就是要在复杂的教学情境中与学生共同创生课程。

【案例 1-4】　关于“分子力曲线变化特征的分析”②中相关内容的“超越”处理③

高中物理教科书关于分子力变化特征的分析是在给出如下图所示的分子力变化曲线的基础上进行的。针对该曲线，教科书做出如下分析：“当分子间的距离小于 r_0 时，引力和斥力虽然都随着距离的减小而增大，但是斥力增大得更快，因而分子间的作用力表现为斥力。”“当分子间的距离大于 r_0 时，引力和斥力虽然都随着距离的增大而减小，但是斥力减小得更快，因而分子间的作用力表现为引力。”

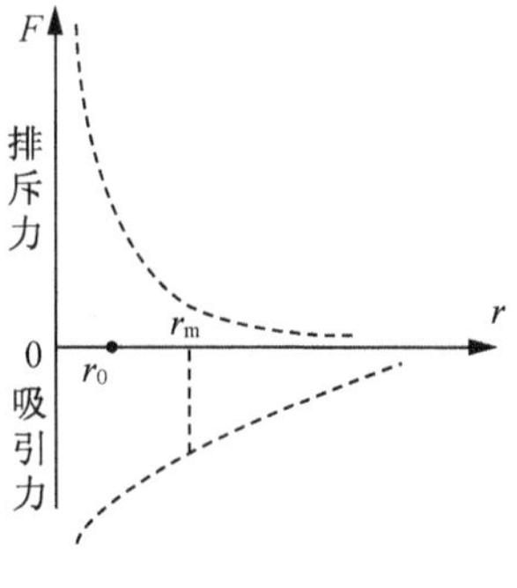

教科书的上述分析使很多学生产生了误解：无论在哪个区域，分子间斥力随分子间距离的变化都要比分子间引力随分子间距离的变化更快。其实，只要对图中给出的分子力曲线的特征分析做如下变通处理，就可以正确地把握分子力的变化规律。右图表明：

(1) 分子间的引力和斥力均随着分子间距离的增大而减小。

(2) 当 $0<r<r_0$ 时，分子力表现为斥力，这是因为分子间斥力大于引力；表现为斥力的分子力随着分子间距离的增大而减小，则是因为分子间斥力减小得比引力快。

(3) 当 $r=r_0$ 时，分子力为零，这是因为分子间引力和斥力大小相等而达到平衡。

(4) 当 $r_0<r<r_m$ 时，分子力表现为引力，这是因为分子间引力大于斥力；表现

① 窦瑾. 谈学生取向的课程资源的利用[J]. 中学物理，2011，29(13)：16-17.

② 高中物理选修 3-3 第七章第 3 节。

③ 朱建廉. 高中新课程实践引领：物理[M]. 南京：南京师范大学出版社，2009：163.

为引力的分子力随着分子间距离的增大而增大，则是因为分子间斥力减小得比引力快。

(5) 当 $r=r_m$ 时，表现为引力的分子力取得极大值，这一方面是因为此时分子间引力大于斥力，另一方面还因为此时分子间引力和分子间斥力随着分子间距离的增大而减小得一样快。

(6) 当 $r_m<r<+\infty$ 时，分子力表现为引力，同样是因为分子间引力大于斥力；表现为引力的分子力随着分子间距离的增大而减小，则是因为分子间引力减小得比斥力快。

第三节　中华人民共和国成立至今物理课程的重大变革

中华人民共和国成立以来，我国中学物理课程的改革与发展大致经历了六个阶段，下面做简要说明。

一、全面学习苏联阶段(1949—1957 年)

1949 年 10 月 1 日，中华人民共和国成立。同年 12 月 23 日至 31 日，中央人民政府教育部召开了中华人民共和国第一次全国教育工作会议，提出教育改革的基本方针："以老解放区新教育经验为基础，吸收旧教育有用经验，借助苏联经验，建设新民主主义教育。"

1950 年 7 月，教育部发布了《中学暂行教学计划(草案)》和《物理精简纲要(草案)》，供普通中学教学参考之用。这是针对当时全国各中学使用的物理教科书编排不尽合理、学生负担过重等问题而颁布的文件，也是中华人民共和国成立后对中学物理教科书采取的最初的改革措施。同年 9 月，全国出版工作会议提出了中小学教科书必须由全国统一供应的方针，于是组建了人民教育出版社。

1950 年 10 月开始，中央人民政府教育部组织力量，参考苏联的物理教学大纲和东北地区普通中学各科课程标准纲要，编订了《中学物理课程标准(草案)》。此标准在 1951 年 3 月教育部召开的第一次全国中等教育会议上讨论通过，于 1952 年 3 月印行。在教育部编订该标准的同时，人民教育出版社开始组织编写中学物理教科书。1951 年 3 月，《初中物理学》上册出版。同年 8 月，下册出版，并从 1951 年秋季开始供学校使用。1952 年 8 月，《高中物理学》第一册出版(因多方面原因，《高中物理学》第二、三册未能编完，后用东北编译的苏联中学九、十年级的物理教科书来替代)。这便是人民教育出版社编写的第一套物理教科书。《中学物理课程标准(草案)》的出台和第一套物理教科书的出版，使我国初中、高中物理课程的内容体系由中华人民共和国成立前的"同心圆放大"变为"螺旋式上升"。

1952 年 12 月，在以苏联物理教学大纲为蓝本的基础上，教育部颁布了中华人民共和国成立后的第一个《中学物理教学大纲(草案)》。该大纲第一次明确按照力、热、电、光、原的体系安排物理教学内容，突出了物理教学内容的学科体系。同年，人民教育出版社以《中学物理教学大纲(草案)》为依据，以苏联教科书为蓝本，开始了第二套中学物理教科书的编写，并于1953年秋季开始供应学校使用。使用中发现，这个大纲规定的教学内容偏多、偏难，学生负担过重，于是，教育部于1954年和1955年先后下达了《精简中学物理教学大纲(草案)和教科书的指示》《关于精简中学物理教学大纲(草案)和高中二、三年级物理课本的指示》，相应地对初中、高中教科书做了必要的修订，修订后的初中物理教科书一直使用到1963年。

1956年6月，教育部颁布了在学习苏联新大纲、新教科书和吸收了两次"精简指示"的思想基础上，编订完成的《中学物理教学大纲(修订草案)》。该大纲继承了1952年大纲中原有的知识体系，重视基础、突出实验，强调理论联系实验，以社会主义思想教育学生、培养劳动品质等，第一次提出了激发和发展学生的思维活动，这是后来的大纲提出培养思维能力的先声或萌芽。按照修订后的教学大纲，参考苏联的新教科书，人民教育出版社编写、出版了第三套全国通用的高中物理教科书。第三套高中物理第一、二、三册教科书分别于1955年、1956年、1957年秋季供全国中学使用。尽管该套教科书的内容体系与苏联的教科书一致，存在着片面强调掌握系统物理知识的倾向，但总体上还是比较适合我国当时的实际的。因此，该套教科书一直使用到1966年"文化大革命"开始。

二、探索与发展阶段(1958—1965年)

1958年，在"大跃进"形势下，在全国掀起中小学学制改革浪潮的同时，也掀起了中小学教科书的改革浪潮。当时，人们认为物理教科书的主要问题是脱离政治、脱离生产、脱离中国实际，并存在"少、慢、差、费"等问题，"赶超英美"要求教科书充实"高、精、尖"的内容。所以，当时提出了"砍、换、补"的方案，即在课程内容上，砍掉初中、高中重复的部分，用反映生产实际的东西替换原来教科书中的理论知识，补充现代物理知识或深难知识，并设想把12年的中小学教学内容压缩到9年或10年完成，而且还要达到大学一年级甚至二年级的程度。此外，在"各地方根据因地制宜、因校制宜的原则，对教学大纲和教科书可以进行修订和补充，也可自编教科书，印发教科书"的政策激励下，许多省市和高校编出了全套或部分物理教科书。但是，不久就发现，各地自编教科书存在着内容偏深、程度偏高、使用混乱等弊端。于是，人民教育出版社在1959年初到1960年初先后编写了《中学物理天文知识补充教科书》《初级中学物理教科书补充教科书》《高级中学物理教科书第一册补充教科书》《高级中学教科书物理第二册补充教科书》《高级中学物理教科书第三册补充教科书》等。不久以后，这些补充教科书又经过精简，合并为初中、高中各一册，并于1961年秋季供学校使用。

1961年后，"冒进风"停止。同年10月，教育部报中共中央文教小组的"编写中小学教材的概况和对今后工作的意见"认为，各地自编教科书的问题是"程度偏高、内容偏深，在结合实际和政治方面有片面性，有些学科在改变学科体系方面也有缺点”。所以，这些自编教科书后来并没有在实际教学中真正长时间使用。不过，应予以充分肯定的是，当时编写的这些教科书既没有以苏联教科书为蓝本，更不是因为苏联这样干我们才这样干，而是由模仿苏联转到了完全自力更生的轨道。从此以后，我国中学物理教科书的编写进入了一个探索发展的新阶段。

同样值得一提的是，1960 年 1 月，人民教育出版社按照“十年制教科书要达到十二年制水平”的精神，借调了二三十名大学、中学物理教师和教研人员，共同编写了第四套中学物理教科书。该套教科书的初中上、下册分别于 1962 年和 1963 年出版，高中上、下册分别于 1963 年和 1964 年出版，供实验“十年制”的中学使用（其他中学仍沿用与 1956 年“大纲”配套的教科书）。这套物理教科书的体系，基本上与 1953 年的初中教科书和 1955 年、1956 年、1957 年的高中教科书相同，但在内容上删去了一些初中、高中重复的内容，增加了一些编在“补充教科书”中的内容。事实证明，这套教科书的编写为在十年“文革”后编写十年制中学物理教科书积累了经验，打下了良好的基础。

1963 年 5 月，教育部在总结 1958 年以来教学改革经验和教训的基础上，颁布了新的教学计划（草案），并制定、发布了与之相适应的《全日制中学物理教学大纲（草案）》。此教学大纲在强调传授基础知识的同时，注重这些知识在工农业生产中的应用，首次提出了要培养学生的实验技能和物理计算能力，强调了“基础知识”“基础技能”，形成了具有我国特色的“双基论”。

在制定《全日制中学物理教学大纲（草案）》的同时，人民教育出版社根据中共中央文教小组的指示，认真总结了中华人民共和国成立以来自编教科书的经验，研究了苏、美、英、日、德等国和中华人民共和国成立前的中学物理教科书，提出了改进编辑工作的意见，并从 1962 年夏开始，编写了第五套中学物理教科书。1963 年秋季，初中物理上册经过试教、修改，在全国正式使用。

此后不久，毛泽东就教育工作中的一些问题发表了“春节讲话”。人民教育出版社根据“春节讲话”的精神和当时课程负担重的具体情况，删改了刚使用半年的初中物理上册和正在试用的下册，并于 1964 年秋季供学校使用。第五套高中物理教科书一、二、三册当时虽已脱稿，并在征求意见过程中获得了普遍的好评，但由于课时变动，最终没有印行。

1964 年，人民教育出版社根据“砍一半”的精神编写了第六套中学物理教科书，原计划于 1965 年秋季供中学使用。但是，由于多种原因，该套教科书也未能在学校使用。

三、十年“文革”阶段（1966—1976 年）

我国中学物理教学的探索与发展没能维持多久，1966 年开始了“文化大革命”。这期间，教育机构基本上处于瘫痪状态。1969 年后，少数地区恢复了物理课,大多数地区用“工业基础知识”取代中学物理课。后来,物理教科书的主要内容变成了“三机一泵”(拖拉机、柴油机、电动机、水泵)。物理学科的知识体系和结构体系被打乱,基础理论也被弄得支离破碎。“文革”十年,是我国中学物理教学大倒退的十年。

四、拨乱反正阶段(1977—1987 年)

十年“文革”结束之后,中学物理教学开始恢复。1977 年,教育部规定中学物理开设四年:初中二年,高中二年。

1978 年 1 月,教育部颁发了《全日制十年制学校中学物理教学大纲(试行草案)》。该大纲是根据中学物理的学科特点,认真吸取了国外的先进经验,在总结中华人民共和国成立以来正反两方面经验和教训的基础上制定的。教学目的中,突出了物理教学要适应“四个现代化”的需要,首次强调了学生能力的培养。人民教育出版社依据这个教学大纲编写了一套中学物理教科书(试用本),初中、高中分别于 1978 年和 1979 年开始使用,这也是人民教育出版社编写的第七套中学物理教科书。1980 年初,教育部对《全日制十年制学校中学物理教学大纲(试行草案)》做了修订。新大纲和新教科书的制定和使用,扭转了十年“文革”造成的中学物理教学的混乱、倒退局面,对于全面提高中学物理教学的质量起了十分重要的作用。

但是,实践发现,这部大纲规定的学习内容对一般中学显得要求偏高、程度偏深、分量偏重。为了解决这些问题,教育部于 1981 年颁发了《全日制六年制重点中学教学计划(试行草案)》和《全日制五年制中学教学计划试行草案的修订意见》。人民教育出版社于 1982 年将“试用本”改为了“新编本”。但是,一般中学使用后仍反映教学要求偏高。所以,1983 年教育部发布了《高中物理教学纲要(草案)》,调整了高中物理教学内容,并实行了两种教学要求(基本要求和较高要求)。人民教育出版社根据新的教学计划和教学要求以及试用本在教学中暴露出来的问题,开始编写适应新要求的教科书。1984 年,高中物理甲种本和乙种本开始供应给学校试用,这是人民教育出版社编写的第八套中学物理教科书。其中,甲种本属于较高要求的教科书,它在知识面和知识深度上保持了原试用本的水平;乙种本在深度上降低了一些要求,属于基本要求的教科书。这是我国中学物理教学从实际出发采取的一种革新措施,也是改变“一刀切”的一种尝试。1985 年,国家教委印发了《调整初中物理教学要求的意见》。该调整意见是从实际出发,按照初中教育的特点、规律而提出的,删去了某些偏难、次要的内容,降低了某些内容的要求,使多数学生经过努力可以达到教学要求。

1986 年 7 月 1 日,中华人民共和国成立以来最重要的一部教育法——《义务教育法》施行。同年 12 月,国家教委颁布了《全日制中学物理教学大纲》。该大纲体现了“教育要面向现代化、面向世界、面向未来”的思想,强调了教师的主导作用和学生的主体地位关系,是当时修订和编写教科书、教育质量评估和考试的依据。人民教育出版社参照这份新大纲，对《高级中学物理教科书（乙种本）》做了相应的修编，于 1987 年出版了《高级中学物理教科书》（分上、下两册），不再有乙种本字样，1988 年秋季供中学使用，而原甲种本则未修改，继续供中学选用。这套教科书基本上适应了当时现代化建设的需要，在我国教育史上占有重要的一页。当然，随着历史的发展和社会的进步，该教科书的一些缺陷也越来越明显地暴露了出来，急需更新。

五、改革开放阶段(1988—1998 年)

1988 年，国家教委颁布了《九年制义务教育全日制初级中学物理教学大纲（初审稿）》。该大纲着重强调培养学生学习的兴趣和愿望，强调联系实际，强调对能力的培养，强调关注非智力因素。

1990 年 4 月，国家教委配合普通高中的“两项改革”——“实施会考制度”和“高中实施必修课加选修课”，颁发了《全日制中学物理教学大纲（修订本）》。为了减轻学生负担，对部分原来要求较高的教学内容做了降低要求和限制说明。

1992 年 11 月，国家教委制定、颁发了《九年义务教育全日制小学、初级中学课程方案（试行）》。该课程方案由《九年义务教育全日制小学、初级中学课程计划（试行）》和二十四个学科教学大纲组成，自 1993 年秋季起在全国逐步试行。其中，《九年义务教育全日制初级中学物理教学大纲（试用）》明确地将初中物理教学摆到了为提高全民族素质服务的高度，强调知识的应用，强调对学生能力培养，强调关注非智力因素，强调思想品德教育。

为了与上述初中课程计划相衔接，1996 年 6 月，国家教委颁布了《全日制普通高级中学课程计划（实验）》和与其配套的《全日制普通高级中学物理教学大纲（供实验用）》。该课程计划规定普通高中课程由学科类课程与活动类课程组成，学科类课程分为必修、限定选修和任意选修三种方式。这次改革在解决物理课程设置的统一性和多样性相结合方面取得了可喜的成绩。

1996 年 7 月至 1997 年底，教育部基础教育司组织 6 所大学及中央教科所的课程专家，对 1993 年秋季开始在全国施行的九年义务教育课程的实施状况进行了调研，获得了大量的数据和资料，为新一轮基础教育课程改革提供了依据。

1998 年，教育部又组织教育理论工作者进行了广泛的国际比较研究，了解了英国、美国、加拿大、德国、日本、澳大利亚、韩国、泰国、俄罗斯、瑞典、芬兰、新西兰、印度、巴西、埃及等国家课程改革的经验和策略，努力把握世界基础教育课程改革和发展的趋势。在现状调查研究、国际比较研究的基础上，参与新一轮基础教育课程改革准备工作的专家和实践工作者认真分析研究了基础教育课程和教学理论的发展趋势，探讨了基础教育课程改革的基本理论问题，明确了我国基础教育课程改革的基本理念。当年，基础教育课程改革工作的指导性文件——《国家基础教育课程改革指导纲要》开始起草。

六、跨入新世纪阶段(1999 年至今)

1999 年 6 月召开的第三次全国教育工作会议和国务院批转的教育部《面向 21 世纪教育振兴行动计划》,都提出了改革现行基础教育课程体系、研制和建构面向新世纪的基础教育课程教科书体系的任务。同年,新一轮基础教育课程改革正式启动。

2000 年 6 月,义务教育阶段的 18 个课程标准研制工作组成立。2000 年 7 月至 2001 年 2 月,各"标准"研制工作组在专题研究的基础上形成了各学科"课程标准"初稿,并在内部征求意见。

2001 年 3 月,教育部基础教育司在 9 个地区向当地教研员、一线优秀教师和专家学者征求意见。同时,向几十位大型国有企业、中外合资企业、国外独资企业、民营科技企业的高层领导(董事长、总经理、总工程师、总经济师等)征求意见。在充分吸收各方面意见的基础上,各学科"课程标准"进一步修改完善。5 月,教育部邀请 75 位中国科学院院士、中国工程院院士、文史学家、艺术家及教育专家对 18 科课程标准进行审议,大家对课程标准的改革与创新给予了肯定。

2001 年 6 月,随着基础教育工作会议的召开,《国务院关于基础教育改革与发展的决定》的颁布和贯彻,《基础教育课程改革纲要(试行)》的颁发与实施,新一轮基础教育课程改革开始进入第二阶段。《基础教育改革纲要(试行)》指出,基础教育课程改革的具体目标是:在课程目标方面,"改变课程过于注重知识传授的倾向,强调形成积极主动的学习态度,使获得知识与技能的过程成为学会学习和形成正确价值观的过程";在课程结构方面,"改变课程结构过于强调学科本位、科目过多和缺乏整合的现状,九年一贯整体设计课程门类和课时比例、设置综合课程、适应不同地区和学生发展的需求,体现课程结构的均衡性、综合性和选择性";在课程内容方面,"改变课程内容繁、难、偏、旧和过于注重书本知识的现状,加强课程内容与学生生活以及现代社会、科技发展的联系,关注学生的学习兴趣和经验,精选终身学习必备的基础知识和技能";在课程实施方面,"改变过于强调接受学习、死记硬背、机械训练的现状,倡导学生主动参与、乐于探究、勤于动手,培养学生搜集和处理信息的能力、获取新知识的能力、分析和解决问题的能力以及交流与合作的能力";在课程评价方面,"改变过分强调评价的甄别与选拔的功能,发挥评价促进学生发展、教师提高和改进教学实践的功能";在课程管理方面,"改变课程管理过于集中的状况,实行国家、地方、学校三级课程管理,增强课程对地方、学校及学生的适应性"。同年 7 月,教育部印发了包括《义务教育物理课程标准(实验稿)》在内的义务教育 18 个学科的"课程标准(实验稿)"。9 月,根据课程标准(实验稿)编制的义务教育课程标准实验教科书首次在全国 38 个(后增为 42 个)国家级实验区试用,这标志着新一轮基础教育课程改革义务教育阶段的课程改革正式实施。

2003 年 3 月,教育部颁布了包括《普通高中物理课程标准(实验)》在内的 15 个学科的“课程标准(实验)”。6月,教育部基础教育教科书审定工作办公室分别受理了普通高中15个学科的课程标准实验教科书立项申请材料168套,其中共有67套教科书申请获得立项。

2004年9月,根据高中各科“课程标准(实验)”编制的课程标准实验教科书在广东、山东、宁夏和海南四个省、自治区普通高中起始年级开始使用,这标志着新一轮基础教育课程改革高中阶段的课程改革正式实施。

2005年秋季,义务教育阶段的课程改革全面启动。

2011年,教育部根据各类调研结果和国际比较结果,通过不同学科间的沟通,结合学生发展需求及时代进步趋势等,对义务教育物理课程标准进行了修订。此次修订在保持实验稿“标准”原有的整体框架结构和核心内容不变的基础上,对于“前言”部分,根据对所有学科统一的修改要求,调整了表述;“内容标准”部分,保持原结构不变,微调了“科学探究”,修订了“科学内容”;“实施建议”部分,保持原结构不变,侧重修改了“教学建议”和“评价建议”;“附录”部分,补充学生必做实验,增加了案例及评析,规范了相关表述。修订后的《义务教育物理课程标准》于2011年12月正式颁布。

截至2012年秋季,高中阶段的新一轮课程改革已在我国大陆31个省、市、自治区全面推开。

十多年来的新一轮基础教育课程改革已经引发了基础教育的全面变化:单一的学科课程状况已经得到改变;学生的行为方式发生了根本性的转变,主动精神、创新精神和实践能力得到健康发展;教师的观念得到普遍引导,教学方式出现了新的变革;主动发展成为学校的基本办学模式。

2013年,教育部启动了普通高中课程修订工作。本次修订深入总结21世纪以来我国普通高中课程改革的宝贵经验,充分借鉴国际课程改革的优秀成果,努力将普通高中课程方案和课程标准修订成既符合我国实际情况,又具有国际视野的纲领性文件,构建具有中国特色的普通高中课程体系。

本章小结

中学物理课程是整个教育体系中的重要组成部分,它的存在和完善对整个教育目标的实现有着不可替代的作用。

物理课程标准是国家对基础教育阶段物理课程的基本规范和要求,它体现了国家对不同阶段的学生在知识与技能、过程与方法、情感态度与价值观等方面的基本要求,规定了物理课程的性质、目标、内容框架,提出了教学和评估意见。

中学物理教科书是物理科学思想、科学知识、科学方法和科学品质的载体,它直接决定着课程目标能否落实。所以,研读教科书,把握好课程标准和教科书的关系、把握好教科书内容和教学内容的关系,是一项十分重要的工作。

做上学

1. 学习《义务教育物理课程标准》和《普通高中物理课程标准(实验)》中的第一、二部分，组织一次小组交流活动。

2. 学习《义务教育物理课程标准》和《普通高中物理课程标准(实验)》中的第三部分和附录。

3. 选择《义务教育物理课程标准》和《普通高中物理课程标准(实验)》中第三部分各一个主题，进行课程标准和课程标准实验教科书(版本自选)的比照阅读。

4. 学习《义务教育物理课程标准》和《普通高中物理课程标准(实验)》中的第四部分，利用见习机会，与指导教师交流一次。

资源链接

1. 朱慕菊:《走进新课程——与课程实施者对话》，北京师范大学出版社 2002 年版。

2. 骆炳贤、何汝鑫:《中国物理教育简史》，湖南教育出版社 1991 年版。

3. http://www.pep.com.cn/czwl。

4. http://www.pep.com.cn/gzwl。

第二章 研究教学对象

学习目标

- 了解中学生物理学习的心理特点，了解影响物理学习的个体因素和环境因素。
- 理解自主、合作、探究等学习方式的内涵和实施要求。
- 应用物理学习策略，提高物理学习效率。

课前准备不仅包括认真学习课程标准和教科书，而且还包括深入研究教学对象。研究教学对象是贯穿物理教学全过程的一条主线。本章重点谈三个方面问题：物理学习的影响因素、物理学习方式和物理学习策略。

第一节 分析物理学习的影响因素

影响物理学习的因素有很多，但总体上可分为个体因素和环境因素两个方面。物理学习的最终结果是这两个方面因素综合作用的结果。下面先谈一下中学生物理学习的心理特点，然后重点阐述影响物理学习的个体因素。

一、中学生物理学习的心理特点

中学生的年龄处在 12～19 岁这个范围内。这是一个“非常”时期，是从小学的儿童期，经初中的少年期过渡到高中的青年早期，是由不成熟到基本成熟、由不定型到基本定型的重大转折时期。反映到物理学习上，突出地表现为学生对学习的自由与个性化有越来越强烈的要求：要求能够自主、独立地进行物理观察、思考和探索；渴望突破被限制、被灌输的状态，倾向于个性开放式的、师生共同讨论式的、生动活泼式的课堂模式；要求根据自己的兴趣和需要，确立学习领域，支配学习时间，自主地、有计划地进行学习；在自我约束与评估方面，能够比较准确地判断自己的学习成绩、学习态度、学习能力和学习潜力，能够决定自己的努力程度和前进的方向；等等。其实，所有这一切都与中学生物理学习的心理特点有关。

（一）情绪、情感特点

中学生情绪特点是充满热情，容易动感情、受感染，但情绪转移也较快。初中学生往往具有明显的两极性——极端热情与极端冷淡，常常出现逆反心理。高中学生情感逐渐趋向沉稳，自我控制能力有所提高，但在多数情况下还表现得不够成熟，遇到挫折容易产生消极情绪。另外，初中学生的意志形成过程中，情感因素显得尤为突出。因此，如果他们的学习经常受到教师的表扬和奖励，他们就会出现

"爱屋及乌"的情感表现。高中学生的意志形成过程中，认知因素更为突出，因此引导他们形成正确的世界观、价值观和人生观显得更为重要。

（二）兴趣特点

初中学生物理学习的兴趣处于直觉兴趣和操作兴趣阶段。直觉兴趣是指学生对物理现象或物理过程有直觉的兴趣，是兴趣的初级阶段。主要表现在学生被物理世界的新奇性所吸引，喜欢观察新奇的自然现象和教师的演示实验。在初中物理学习初期，学生就是带着这种直觉兴趣来学习物理的。这一阶段的学生一般只满足于感知物理世界、观察有趣的物理现象，并未产生进一步了解物理现象产生的原因和因果关系的欲望，而且这种直觉兴趣是不稳定的，也不能持久。随着物理学习的深入，学生逐渐不满足于单纯地观察物理现象，他们希望通过自己的活动影响物理现象，具有强烈的操作欲望，这种高一层次的兴趣叫作操作兴趣。不过，他们仍然容易忽视对本质现象的认识，一旦操作的欲望得到满足，兴趣便逐渐降低，甚至消失。为此，教师在教学过程中要充分利用并满足学生的兴趣，因势利导，指导学生分析物理现象产生和变化的原因，积极探索产生物理现象的内部因果关系，更好地掌握物理概念及规律。

高中学生物理学习的兴趣处于因果认识兴趣和概括性认识兴趣阶段。随着学生兴趣水平的提高，他们不仅要观察物理现象，做物理实验，还有兴趣了解这种物理现象产生的原因，认识物理现象的产生及其变化的因果关系。这种兴趣不仅成为学生学习物理的动力，而且成为促进学生物理学习能力发展的重要因素。随着物理学习的深入，学生将不再满足于了解特定的、局部的物理现象的因果关系，想自己亲自设计实验、动手实验，并经分析、综合、归纳、概括等思维活动，了解某一类物理现象的一般规律。这种兴趣便是概括性认识兴趣，它可能成为高中学生物理学习动机的主要部分。

（三）注意特点

注意是贯穿于学习始终的一种心理现象。学习中，注意力越集中，观察、思维、记忆等心智活动效果越好。初中阶段，学生的有意注意已经发展得相当好，他们能有意识地调节和控制自己的注意，使自己的注意指向和集中在相应的事物上；注意的范围也扩大了，能合理地分配和转移注意。高中阶段，学生的注意力已经比较稳定且持久，能把注意力集中和稳定在无直接兴趣但有间接兴趣的比较困难的学习任务上，有意注意的自觉性也比较强，其注意力已接近成年人水平。

（四）思维特点

初中学生的思维处于从具体形象思维向抽象思维过渡的阶段。他们能够领会和掌握一般事物发展的规律以及因果关系，对概念的理解已经比较深刻，并能够对较复杂的物理问题做出恰当的判断和合乎逻辑的推理。但是，由于认知水平的限制，初中学生的思维还离不开具体事物的支持。另外，初中学生思维的独立性和批判性已经有所发展。随着知识经验的增加，他们开始能够理解事物的一些复杂关系，如因果关系、矛盾关系、可逆关系、主从关系等；他们往往不满足于教师或教科书中对事物现象和发展变化规律的一些结论性叙述，试着独立地寻求和争论各种事物发展的原因和规律。但是，由于知识经验有限、逻辑思维能力不强，思维的独立性和批判性还不成熟，考虑问题容易产生片面性和表面性，有时会过于自信。因此，初中学生在学习物理规律时往往会受到日常生活直觉的影响，甚至会固执己见地排斥物理规律。

高中学生的思维已开始具有辩证逻辑思维的特点，他们能够综合事实材料，从一般的原理、原则出发，运用理论分析，进行合乎逻辑的推理；高中学生的思维越来越具有独立性，他们乐于独立地提出问题、解决问题，并探讨问题产生的原因，找出较为复杂的因果关系。

(五) 记忆特点

记忆是一个复杂的心理过程，主要包括识记、保持、再认、再现等环节。中学生学习物理时的记忆特点主要有三个方面：一是有意记忆逐渐占据主要地位，但无意记忆仍十分明显。如初中学生能够主动记忆物理概念、规律和公式的内容，但对物理现象的发生、发展和变化的记忆还是无意记忆占主导。二是机械记忆逐渐被意义记忆所取代。如刚开始学习物理时，有相当多的初中学生采取机械记忆、死记硬背的办法学物理、记“物理”，但随着物理学习的深入，他们逐渐地意识到，只有理解了的东西才能有效记忆。这样，意义记忆便有了较大发展。三是学生的抽象记忆发展较快，但仍不如形象记忆好。如学生在物理学习中，能够通过对概念、规律、公式的理解，通过简单的判断、推理、证明来巩固强化记忆，但总体上来讲，他们对具体形象材料的识记指标仍高于抽象材料。所以，利用一些特殊的记忆方法，将有利于记忆效果的提高，如将电容的定义式形象地记为“电荷搁在烧杯口”，采用“TV（电视、电视机）法”或“量纲法”记忆波动方程（波长、频率、波速关系式）等都是学生喜欢用的帮助记忆、正确记忆的好方法。

上面介绍的学生物理学习的心理特点既是静态的，又是动态的。如何利用优势特点，改造劣势特点，让优势更优，使劣势变优，是教师课前准备要认真考虑的。

二、影响物理学习的个体因素

个体因素是影响物理学习的最主要因素（内因）。个体因素包括智力因素和非智力因素两个方面。

(一) 智力因素

心理学上的“智力”是几种相对独立的心理能力的总称，主要表现在注意力、观察力、记忆力、想象力、思维力等领域。

1. 注意力

注意力是指人的心理活动指向和集中于一定对象的能力，这种能力直接影响着学习的效果。大凡物理学习好的学生在课堂上听课时，总是身心合一、十分专注的。他们始终“盯”着“教学”，享受着物理学习中的真、善、美体验。反之，物理学习差的学生，尽管“差”的原因有许多，但注意力不集中往往是原因之一。他们虽然身在课堂，但心不在“场”，没有全神贯注地投入到课堂学习活动中来。所以，注意力是物理学习活动赖以萌芽的前提，也直接影响着学生物理学习的结果。

2. 观察力

观察力是指仔细查看事物或现象的一种感知和认识事物的能力。在物理学习中，观察力主要是指按照一定的目的和计划，直接运用各种感觉器官或仪器，对研究对象进行观测，取得可靠资料和准确数据，得出观察结论的个性心理特征。显然，学生的观察力越强，对物理现象、问题的了解和认识就越深刻。中学阶段，学生的物理观察力主要反映在以下四个方面①：喜欢观察，初步养成观察的习惯；能够观察出自然现象和生活现象中的部分物理要素及其作用方式；基本掌握根据预定目的，选择观察对象，确定观察内容，正确区分不同现象的主次；较熟练地使用一些有效的观察方法。

信息栏 2-1

物理实验中常用的观察方法有整体观察法、局部观察法、现象观察法、过程观察法、特点观察法。

资料来源：阎金铎、郭玉英《中学物理新课程教学概论》，北京师范大学出版社 2008 年版，第 77 页。

3. 记忆力

记忆力是指人们对已认识的事物或做过的事情在大脑中存留的印象保持和再现的能力。从认知到情绪、情感乃至个性，都离不开记忆的参与。物理记忆是学生学过的物理知识、经验在头脑中的反映。奥苏贝尔曾经指出：“假如让我把全部教育心理学仅仅归结为一条原理的话，那么，我将一言以蔽之曰：影响学习的唯一重要的因素，就是学习者已经知道了什么。要探明这一点，并据此进行教育。”可想而知，记忆在学习中是何等重要。

物理记忆从形式上来划分大致有三种：一是机械记忆，即学生只能按照物理事实、现象、数据、概念、定理、定律、法则等所表现的形式进行记忆。二是理解记忆，即学生根据对物理学习材料的理解，运用有关的知识、经验进行记忆。例如，在理解楞次定律的基础上轻松记忆运用楞次定律判断感应电流方向的一般流程。三是概括记忆，即在理解的基础上，对所学习的材料进行概括并加以记忆。例如，在理解了安培力方向的判定和洛伦兹力方向的判定均用“左手”的基础上，轻松记忆“凡力用左手”。

① 阎金铎，郭玉英. 中学物理新课程教学概论[M]. 北京：北京师范大学出版社，2008：77-78.

4. 思维力

思维是指人脑对客观世界中事物的本质属性、内部规律和事物之间的联系、相互关系的间接的、概括的和能动的反映，是人类在感性直观的基础上，凭借已有的知识，进行推断和解决问题的过程。在学生的各种智力因素中，思维力是一种核心因素。学生物理思维能力的强弱直接影响着乃至决定着物理学习水平的高低。物理思维是指物理对象的本质和物理对象之间规律性的关系在人们头脑中的反映。例如，理想实验、模型、概念、规律等都是思维的结果。鉴于中学生所处的年龄阶段、心理特点及（中学）物理的特点，物理教学（学习）要特别注意综合利用形象思维与抽象思维、发散思维与聚合思维等。

（二）非智力因素

非智力因素是指除智力因素以外的全部心理因素的总称，它主要包括兴趣、动机、习惯、情感、意志等心理成分。大量事实证明，非智力因素对中学物理学习的影响大于智力因素。

1. 兴趣

兴趣是指人力求探究、认识某种事物或从事某种活动的心理倾向。浓厚的学习兴趣可以使人产生稳定而持久的注意，使感知更清晰、思维更深刻、记忆更牢固。学习兴趣还能使学生产生愉快的情绪，体验学习成功的快感。兴趣表现在物理学习上，就是对物理的高度关注、特别喜爱和对教师的敬慕。学生一旦有了这种关注、喜爱和敬慕心理，就会产生探究物理奥秘的强烈冲动，就会有克服一切学习困难、竭力去了解物理真相的勇气。

2. 动机

动机是指引起个体活动、维持引起的活动并使该活动朝着预定目标发展，以满足个体需要的内部动力。简言之，就是激励人们去行动的内驱力。学习动机在学生学习物理过程中起着直接的、决定性的影响：首先，它可以帮助学生明确学习目的。其次，它可以帮助学生端正学习态度、改进学习方法，变被动学习为主动学习。最后，它可以给学生以巨大的精神鼓舞，进而从内心产生强大的前进动力，有助于学生创造性地学习物理。

3. 习惯

习惯是通过条件反射而形成的动力定型，是可以培养和改变的。乌申斯基说，“良好的习惯使人终身受益”，不良习惯则是“无法偿清的债务”。习惯之于物理学习，如影之随形，有“滴水穿石”的力量——学习习惯是影响物理学习的重要因素。所以，从起始年级开始，教师就应根据具体情况，有目的、有计划，持续不断地培养学生良好的物理学习习惯，如质疑习惯、实验习惯、听课习惯、作业习惯等。

4. 情感

人本主义心理学家罗杰斯认为，人的认知、行为和情感是紧密联系、不可分割的统一整体,“人的认知活动始终伴随着情感领域的活动”。事实确实如此,凡高效的教学都是动情的教学。这究竟是为什么呢?一个简单的推理:如果教和学中没有情感投入,就不可能有积极主动的教和学的态度,自然也就不会有积极主动的教和学的行动,更不用说教和学的高效了。所以,在课堂教学中,教师应当想办法让学生的学习带上丰富的情感色彩。唯此,物理教学才可能在生师情、师知情和生知情等多重情感因素的催化作用下,进入主动介入和参与、真诚沟通和交流、积极互动和合作的境地,进而在“身临其境”“春风化雨”中,直抵学生心灵,走向有效,走向高效。

5. 意志

意志是指人自觉地确定目的,并根据目的调节和支配自身行动,克服困难以实现预定目的的心理过程,是人的主观能动性的突出表现形式,也是人类特有的心理现象。物理学习单凭智力因素不行,光有兴趣、动机、习惯、情感等也不行,还要有意志。坚强的意志不仅能促进智力和兴趣、动机、习惯、情感等非智力因素的发展,而且还能调节和控制兴趣、动机、习惯、情感等,主导和支配认知活动,使物理学习向着理想的目标前进。

总之,物理知识的学习、技能的形成、能力的提高,是智力因素和非智力因素共同作用的结果。非智力因素虽然不能直接改变人们的智力水平,但却决定着一个人的智力潜能是否能得到充分地挖掘并充分发挥作用。所以,物理教学(学习)要特别重视非智力因素的作用。

信息栏 2-2

物理学习困难:含义、类型、原因

1. 含义:物理学习困难是指智力正常的学生物理学习成效低下,不能适应物理学习要求的状态。

2. 类型:物理学习困难通常可以分为群体性学习困难和个体性学习困难两类。

(1) 群体性学习困难,指大多数学生在物理学习的特定阶段或特定章节,感到物理难学,因而出现大面积的学习成绩下降或分化的现象。

(2) 个体性学习困难,指智力发展正常,但没有充分发挥自己的智力因素或非智力因素而不能达到最低的物理学习标准的现象。

3. 原因:造成物理学习困难的原因可分为外部因素和内部因素两个方面。

(1) 外部因素:物理学科因素,如观察和实验获得感性认识的难度、构建物理理论的难度、运用数学工具的难度、掌握科学方法的难度等;学校教育因素,如物理教材的因素、评价因素、教师具体教学活动的方式和方法等;家庭环境因素。

(2) 内部因素:个体认知因素,如个体认知发展、认知风格、认知结构、认知能力、学习方法和原有物理知识等方面缺陷;个体情感因素,如物理学习的兴趣因素、自我效能因素、学习意志因素、物理学习观念因素等;自我监控因素,如对学习计划制订、学习方法选择、学习材料使用、学习结果检查等的监控和对自己学习兴趣、学习态度、注意程度、动机水平、情绪态度等的监控。

资料来源:孟昭辉《物理课程与教学论》,东北师范大学出版社 2005 年版,第 143-153 页。

第二节　认识物理学习方式

“学习方式”是当代学习理论研究中的一个重要概念。大多数学者认为，学习方式是指学生在完成学习任务时所表现出来的具有个人特色的方式，是持续一贯地表现出来的学习策略和学习倾向的总和。新一轮基础教育课程改革的重点之一，就是要让学生的学习产生实质性的变化，即改变学校中普遍存在着的单一、被动的学习方式，倡导“自主、合作、探究”的学习方式，促进学生创新意识和实践能力的发展。

【案例 2-1】　“机械波问题多解性成因探究”①主题学习

（一）

课前学生接触了一些“多解性”问题，产生了困惑，感觉有深究这一类问题的必要。

教师：“机械波”一章中，多解性是一个重点和难点问题，包括波长（距离）、周期（时间）、波速等的多解性问题。造成这些问题“多解性”的根源是什么，值得我们深入探究。

（二）

教师：在众多的“多解性”问题中，我们摘取这样两则进行探究。

1. 如图 1 所示，实线为 $t_1=0$ 时刻的波动图像，虚线为 $t_2=0.2$ s 时刻的波动图像，问这列波的传播速度多大？

2. 如图 2 所示，a，b 是水平绳上的两点，相距 42 cm。一列正弦波沿绳由 a 向 b 传播，每当质点 a 振动到最高点时，质点 b 恰好经平衡位置向下振动，求此波的波长。

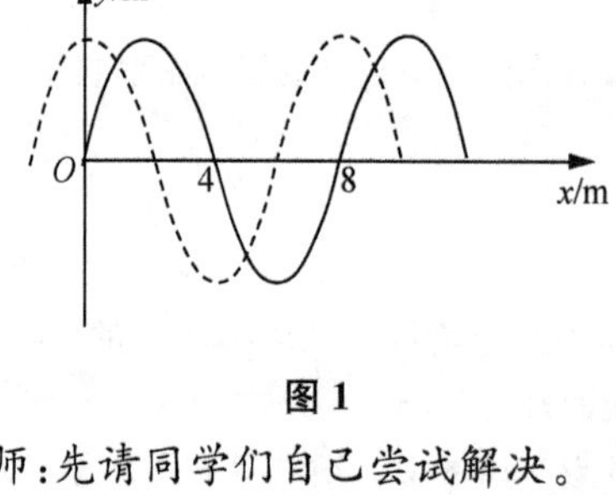

图 1

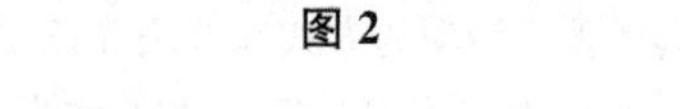

图 2

教师：先请同学们自己尝试解决。

（三）

数分钟后，教师有选择地邀请部分学生展示各自的“习作”。

① 窦瑾.“问题解决”——物理新课程教学的有效途径[J]. 中学物理，2010(1)：4-6.

对于第 1 题，学生中有两种常见的解。

(1) $v=\frac{\Delta x}{\Delta t}=\frac{2}{0.2}=10(\text{m/s})$。

(2) 波沿 $+x$ 方向传播时，波速 $v_+=\frac{\Delta x_+}{\Delta t}=\frac{6}{0.2}=30(\text{m/s})$；波沿 $-x$ 方向传播时，波速 $v_-=\frac{\Delta x_-}{\Delta t}=\frac{2}{0.2}=10(\text{m/s})$。

教师：首先要感谢大家为解决问题贡献了聪明才智。哪种解更“合理”呢？

学生进行讨论。

教师：有修正意见吗？

经过一番讨论、争辩后，在学生的“帮助”下，教师给出合理的解。

若波沿 $+x$ 方向传播，则波形由图 1 中实线变为图 1 中虚线所用的时间 $\Delta t=\left(\mathrm{n}+\frac{3}{4}\right)T_+$（$T_+$ 为波的周期），即 $0.2=\left(n+\frac{3}{4}\right)T_+$，故 $T_+=\frac{0.8}{4n+3}$，其中 $n=0,1,2\cdots\cdots$

又由图 1 知，波长 $\lambda=8\ \text{m}$，所以波速 $v_+=\frac{\lambda}{T_+}=10(4n+3)\text{m/s}$，其中 $n=0,1,2\cdots\cdots$

若波沿 $-x$ 方向传播，则波形由图 1 中实线变为图 1 中虚线所用的时间 $\Delta t=\left(n+\frac{1}{4}\right)T_-$（$T_-$ 为波的周期），即 $0.2=\left(n+\frac{1}{4}\right)T_-$，故 $T_-=\frac{0.8}{4n+1}$，其中 $n=0,1,2\cdots\cdots$

所以，波速 $v_-=\frac{\lambda}{T_-}=10(4n+1)\ \text{m/s}$，其中 $n=0,1,2\cdots\cdots$

若波沿 $+x$ 方向传播，则波速 $v_+=\frac{\Delta x_+}{\Delta t}=\frac{8n+6}{0.2}=10(4n+3)(\text{m/s})$，其中 $n=0,1,2\cdots\cdots$

若波沿 $-x$ 方向传播，则波速 $v_-=\frac{\Delta x_-}{\Delta t}=\frac{8n+2}{0.2}=10(4n+1)(\text{m/s})$，其中 $n=0,1,2\cdots\cdots$

对于第 2 题，学生中常见的解如下。

依题意画出具有确定振动状态的 a，b 两质点间的波形，如图 3 所示。则由 $\frac{3}{4}\lambda=42$，得 $\lambda=56\ \text{cm}$。

教师：请同学们发表意见。

经过一番讨论、争辩后，同样在学生的“帮助”下，教师给出合理的解。

若波长 $\lambda>42\ \text{cm}$，则 a，b 间波形最为简单，如图 4 所示。

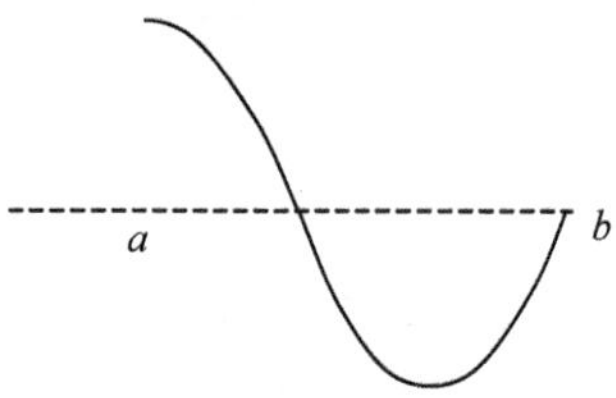

图 3

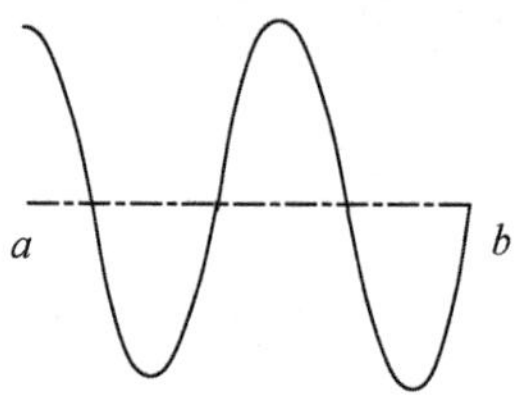

图 4

若波长 $\lambda<42\ \text{cm}$，则 a,b 间可以出现 $\left(n+\frac{3}{4}\right)$ 个整正弦波形，图 4 即是 $n=1$ 的情形。

总之，在题设条件下，由 $\left(n+\frac{3}{4}\right)\lambda=42$ 得 $\lambda=\frac{168}{4n+3}\ \text{cm}$，其中 $n=0,1,2,3\cdots\cdots$

教师：若波是由 b 向 a 传播的，则本题的结果将会怎样呢？

学生自主解决（略）。

（四）

教师：综合以上两例的解析，同学们能否发现造成波动问题多解性的根本原因？

经过一番分析、讨论和争辩后，师生一起得出造成波动问题多解性的三个方面原因。

1. 波传播的多向性。介质的各向同性使波可在空间沿各个方向按相同的规律传播，但在波动图像中，波可能的传播方向只有两个，即 $+x$ 方向和 $-x$ 方向，且一般情况下，在相同的时间内波沿 $+x$ 方向传播的距离和波沿 $-x$ 方向传播的距离不同。

2. 波动自身的周期性。（横波）波动图像是由参与波动的介质质点在同一时刻位移矢量的末端连线而成，这样，介质质点振动的周期性导致了波在传播过程中每经过一定的时间波形就恢复原状。

3. 波动图像的多形性。由同一波源发生的不同频率的振动在同一介质中传播时波长不同，因而在同一时刻、同一区域内出现不同的波动图像。

（五）

教师：搞清了造成波动问题多解性的原因后，请同学们再来思考下面两个问题。

1. 一列横波沿一直线在空间传播，某一时刻直线上相距为 d 的 A,B 两点均处在平衡位置，且 A,B 间的波峰仅有一个。若经 $t(t<T)$ 时间，质点 B 恰好到达波峰位置，则该波的可能波速值是多少？

答案：$\frac{d}{2t},\frac{3d}{4t},\frac{d}{4t},\frac{3d}{2t},\frac{d}{6t}$。

2. 一根张紧的水平弹性绳上有 a,b 两点，相距为 14.0 m，b 点在 a 点的右方。

当一列简谐横波沿此绳向右传播时，若 a 点的位移达到正极大时，b 点位移恰好为零，且向下运动。经 1 s 后，a 点的位移为零，且向下运动，而 b 点位移恰好到达负极大。则这列简谐横波的波速可能等于 （ ）

A. 4.67 m/s　　B. 6 m/s　　C. 10 m/s　　D. 14 m/s

答案：AC

学生自主解决(略)。

一、自主学习

所谓“自主学习”，是就学习的内在品质而言的，相对的是“被动学习”“他主学习”等。西方学者指出，当学生在元认知、动机和行为三个方面都是一个积极的参与者时，其学习就是自主的。我国学者庞维国等人认为，如果学生的学习动机是自我驱动的，学习内容是自己选择的，学习策略是自主调节的，学习时间是自我计划和管理的，学生能够主动营造有利于学习的物质和社会条件，并能够对学习结果做出自我判断和评价，则学习就是自主的。他还进一步将自主学习概括为：建立在自我意识发展基础上的“能学”，建立在学生具有内在学习动机基础上的“想学”，建立在学生掌握了一定的学习策略基础上的“会学”，建立在自我控制意志发展基础上的“坚持学”，建立在社会性物质基础上的“可以学”。显然，自主学习具有主动、独立、自控等一系列典型特征。

自主学习的过程一般是呈现学习目标—激发学习动机—自主学习—问题解决—自主评价—自我拓展。虽然上述环节大部分是由学生自己完成的，但自主学习中教师的作用不容忽视，因为离开了教师的正确导向和有效引领，自主学习就有可能蜕变成一种随意性学习、自由性学习。为了促进学生的自主学习，教师应特别注意以下五点：一是要摆脱知识独有者、真理掌握者的权威地位，做“与学生合作型”的教师。二是要激发学生学习的内在动机，教给学生实施自我强化的策略，增强学生的自我效能感。三是要注意物理学习策略的教学，即教给学生一般的学习策略和具体的学习策略，教会学生如何读书、如何思考、如何分析问题等。四是要注意培养学生元认知意识，自觉地对学习进行自我监控、自我调整。五是要教会学生利用社会性和物质性的资源，给学生提供榜样和范例，鼓励学生克服自卑心理，在难以克服困难时，向教师、同伴等寻求帮助；教给学生搜集、处理信息的本领，引导和促进学生将信息转化成知识、能力、智慧和德行。

【案例 2-2】　“人造地球卫星”①教学设计②(摘要)

从教材内容角度考虑，人造卫星是万有引力定律在航空航天科技上的重要应

① 高中物理必修 2 第六章第 5 节。

② 陆建华. 物理课堂教学中培养自主学习能力的尝试[J]. 教学研究，2006，29(6)：557-558.

用，涵盖的教学素材很多。从学生心理角度考虑，揭开人造卫星神秘的面纱，探索宇宙的奥妙是他们渴望了解、期待学习的内容。在教学手段上，由于没有实物或模型，笔者采用了多媒体课件来辅助教学。将课堂搬进了计算机教室。学生四人一组，以便进行交流互动。

首先是第一部分学习，发给学生自主学习任务提纲。

第一步：思考如下问题。①为什么从地面抛出的物体总会落回地面？②如何让抛出的物体飞行得远一些？③是否可能使抛出的物体具有足够大的速度而再也落不回地面呢？

第二步：操作 Java 课件。①明确该课件模拟从同一高度抛出的小球以不同速度（可显示数值）抛出后在地球上空的运动轨迹；②自己调节抛出速度的大小，进行模拟实验操作；③注意观察抛出速度增大时运动轨迹的变化情况，并记录速度至少增大到多大时，抛出物体刚好不落回地面而成为一颗“人造卫星”。

第三步：①想一想，当物体成为一颗“人造卫星”后，它做圆周运动所需的向心力是哪个力提供的。②请你用万有引力公式及向心力公式推导出这一环绕速度。

这一部分内容的学习是以小组为单位，由学生个体操作计算机完成的。当学生自己输入发射速度后，计算机上就会显示出物体飞行的轨迹，学生可以直观地体验到抛出物体需要具备多大的发射速度才能成为一颗“人造卫星”，模拟体验让学生兴趣盎然。接下来，小组交流如何推导环绕速度并记录在“学习任务表”中。最后，教师组织学生总结和交流学习结果。

第二部分是将教师课前制作的 PowerPoint 课件发送给每个学生，其中有与学习内容相关的少量配套练习，有人造卫星的相关介绍，包括世界及我国第一颗人造卫星的图片，还有同步卫星及其他人造天体的图片。每张图片都链接了一些相关网页，学生可视时间许可选择阅读有关内容。最后还提供了与人造卫星有关的网址，供学有余力和感兴趣的学生课余拓展学习选用。

一堂课下来，学生对卫星的原理有了较直观的认识，还提出了各种各样的问题，尽管课时有限，但学生后续学习的热情不减。可见，探索物理问题的过程给他们带来了学习的愉悦。

信息栏 2-3

元认知和元认知能力培养

个体对认知活动的自我意识和自我调节就叫作元认知。

物理教学重认知、轻元认知的问题长期存在，这与以往教师普遍地将个体的学习看成个体对所学材料的感知、注意、识别、加工、记忆和理解等的认知过程不无关系。显然，这种认识忽视了这样一个事实：个体的学习还同时是一个个体对认知过程进行积极的意识、体验和监测、评估、调控的元认知过程。反映到实际教学中，便是只重视学生学习能力的外显结构——

认知结构教学，不重视学生学习能力的内隐结构——元认知结构的教学。这种教学上的失之偏颇是导致众多学生元认知知识、元认知体验和元认知监控能力缺乏，不会学习的重要原因。

研究和实践表明，适当的教学和训练能够大大改善个体的元认知水平，促进学习能力的发展，提高学业成就。

资料来源：窦瑾《元认知和物理元认知能力培养》，载《物理通报》，2014年第4期。

二、合作学习

合作学习是就学习的组织形式而言的，相对的是“个体学习”。我国学者王坦认为，合作学习是指学生在小组或团队中为了完成共同的学习任务，有明确的责任分工的互助性学习。它主要包括以下五个要素：一是积极的相互支持与配合，特别是面对面的促进性的互动。二是积极承担在完成共同任务中个人的责任。三是期望所有学生能进行有效的互动、沟通。四是对于各人完成的任务进行小组加工。五是对共同活动的成效进行评估，寻求提高其有效性的途径。

合作学习一般由五个环节构成：第一，确立学习目标，即各小组制定好小组的总体目标，让小组成员有一个共同努力的方向。第二，成立学习小组并明确分工，如按照“组内异质、组间同质”原则，将学生4～6人分为一组，让智力水平、认知能力不同的学生在学习活动中各展其长、相互启发、彼此受益；对小组成员进行角色分工，确保每一个学生尽责完成任务。以4人小组为例，每组分为主持者——主持合作活动的开展，检查组员完成任务的情况；总结者——负责整理、总结合作学习的结果；提问者——组际间交流时，对其他小组的结论提出问题；发言者——组际间交流时，代表所在小组发言。第三，组内学习交流，即小组成员围绕学习目标，对学习重点、难点、关键点、价值点进行学习、反思和讨论，并在教师点拨下深入理解，获得群体效能。第四，组际间交流反馈，通常是各小组中的发言者向全体同学汇报学习结果，教师和其他各组同学进行分析，做出判断。第五，学习效果评价，即从学习成效、合作技巧、合作效果、进步程度等方面对小组和个人进行评分、评奖，并做好记录。一般来说，评价可以分为以下几种：一是学生的自我评价，即个人有什么收获、经验或教训，可以在小组或班上进行自我评价。二是小组成员之间的相互评价，从组员间的相互评价中发现自己的长处或不足，进而改进自己的学习。三是小组与小组之间的相互评价，以优化组内合作和组际间的竞争。四是教师对小组或个人的评价，一般以对小组评价为主，对个体评价为辅。评分可以分为“达标分”和“进步分”两种，重在发展性的评价导向，鼓励人人达标、组组进步。

为了促进学生的物理合作学习，教师要特别注意以下几点：一是构建“合作＋竞争”的学习小组。合作学习包含竞争，合作学习需要竞争。合作学习中的竞争包括组际间竞争和组内竞争，前者使小组成员知道小组是一个“共同体”，个人目标的实现必须依托于集体目标的实现；后者使小组内部形成一种比拼的氛围，以此来调动小组成员参与的积极性，促进小组合作学习水平的整体提高。二是在建立并维护小组成员之间相互信任的基础上，明确小组成员的共同责任和个人责任。尤其要让每个小组成员明白：没有个人深入思考、独立学习做基础的合作学习不可能有深度，不可能产生相互间的实质性互动、启示——合作学习旨在解决个体无法解决的疑难。此外，要提防因“个人责任”与“集体奖励”引起的一部分学生逃避其应有责任的情况出现。三是引导小组成员之间进行有效互动和沟通，特别是面对面的促进性互动。因为这样的互动和沟通才能建立并维护小组或团队成员之间的相互信任，进而活跃思维，有效地解决内部学习上的“冲突”，增值知识。四是对学生合作学习提供全程、全方位的适度支持与监控。合作学习的中心在“学”，在活动和交往。教的作用在于“促进学”，即培养和激发合作学习的态度和意愿，营造民主、平等、尊重的学习氛围；提出或生成合作学习的问题和任务；对小组合作学习进行必要的组织和调控，教给合作学习的技巧、组织讨论的要领等；制止小组合作学习中的话语霸权，扩大学生合作活动的参与面；鼓励学生发表新观点、新方法、新见解，肯定合作学习的成果，引导学生把个人或小组的创造性成果转化成全组、全班学生的集体智慧。这是保证合作学习取得有效和高效的重要因素。五是建立和健全集体奖励的长效机制，这有利于调动学生合作学习的积极性，确保合作学习和谐、可持续进行。

【案例 2-3】 “超重和失重”①的实地体验和研究②

学生分组设计体验和研究方案，选择研究对象和体验场所。如在台秤上下蹲和站起，把台秤带到电梯里去体验，到实验室利用数字实验仪器进行实验研究等。

学习小组的建立：根据班级人数，按照“组间同质、组内异质”的原则进行分组，学习小组以 6～8 人为宜。

学习小组内的分工合作：按照学习能力（包括实验技能）、知识水平给小组成员分配相应的任务。

学习小组间的合作：教师在黑板上设计一个大的表格，汇总各小组的实验研究结果，让全班各学习小组之间相互借鉴和启发，不断完善各自小组的各项工作。

学习小组内的合作：以小组为单位，根据黑板上的汇总结果，总结“超重和失重”的条件、结论和应用。在组内先每两人一组进行讨论，再在学习小组内选取三人做口头报告，最后由小组发言人在学习小组间做口头报告。

信息栏 2-4

高中物理合作学习的实施成效

1. 合作学习有利于提高学生的创新能力；2. 合作学习能够激发学生学习物理的兴趣，有

---

① 高中物理必修 1 第四章第 7 节。

② 杨震云，刘建成. 问题与问题解决：物理[M]. 南京：江苏教育出版社，2008：115-116.

效提高学习成绩；3.合作学习可以促进学生间的人际交往，增强学生合作意识，培养合作能力；4.合作学习使学生学习中的焦虑得到缓解。

资料来源：刘林《关于高中物理合作学习的有效性研究》，载《物理教师》，2014年第3期。

三、探究学习

先从"科学探究"一词说起。美国《国家科学教育标准》中指出："科学探究指的是科学家们用来研究自然界并根据研究所获事实证据做出解释的各种方式。科学探究也指学生为获取知识、领悟科学的思想观念、领悟科学家们研究自然界所用的方法而进行的各种活动。"显然，后一种探究指的就是学生的探究学习。此外，国外学者还将探究学习分为六种基本类型，即实验性探究、逻辑推理性探究、基于测量的探究、工程性设计、技术性设计、开放性研究。

我国学者认为，探究学习是指从学科领域或现实社会生活中选择和确定研究主题，在教学中，创设一种类似于学术（或科学）研究的情境，通过学生自主、独立地发现问题、实验、操作、调查、搜集与处理信息、表达与交流等探索活动，获得知识、技能、情感与态度的发展，特别是探索精神、创造意识、实践能力的发展的学习方式和学习过程。此外，我国学者还提出了科学探究的"七要素"观点（见本书第一章第二节）。

和接受学习相比，探究学习具有很强的自主性、问题性、过程性、开放性和探索性。自主性是指学生在探究学习中始终处于主体地位：自由选题、自主探索与研究、自主解疑。问题性是指通过问题进行学习，问题是学习的动力、起点和贯穿学习过程的主线；通过学习生成问题，学习过程是发现问题、提出问题、分析问题和解决问题的过程。过程性是指探究学习要经历一系列质疑、判断、比较、选择以及相应的分析、综合、概括等认知活动。没有思维过程和认知活动，没有观点碰撞、论争比较，便难以获得结论，难以真正理解和巩固知识，创新精神、实践能力就不可能培养起来。开放性是指探究学习需要在一个宽松、和谐、民主，给人以心理安全感的氛围中进行。探索性是指问题解决的过程常常与实践紧密相关且充满"科学研究"的探索色彩。

学生的探究学习要达到三个目标：经历探究过程以获得理智、能力发展和深层次的情感体验，建构知识，掌握解决问题的方法。为了促进物理探究学习，教师要特别注意以下几点：一要确立以问题为载体、以探究为特征的基本教学理念。二要密切联系学生的生活世界，在自然、社会、生活和学习中选择探究学习的课题。三要创设融洽和谐的学习氛围，对学生的探究学习做适度的指导。四是不限制学生思考的方向，激励学生完成富有挑战性的任务，帮助学生理解知识的个人意义。

【案例2-4】　科学探究的典范——发现万有引力定律

……人类的"第一次"发问：我们的宇宙是怎样的？→托勒密创立"地心宇宙体

系”,哥白尼把宇宙的中心从地球移到太阳。→开普勒在第谷的观察数据中发现了“行星运动三定律”。→人类的“第二次”发问:行星的这种运动靠什么来维系?→“开普勒猜想”“笛卡尔猜想”“胡克猜想”……→牛顿在数学上证明太阳对行星的引力 $F=Gm_1m_2/r^2$,牛顿进一步证明所有物体之间都存在遵守 $F=Gm_1m_2/r^2$ 的引力。→巧妙的验证:牛顿“月地检验”、卡文迪许“扭秤实验”、海王星和冥王星的发现。→……

需要指出的是,“自主、合作、探究”虽然是新一轮基础教育课程改革倡导的主要的学习方式,但这并不意味着它们就是学生在学习过程中采用的唯一与全部的方式。教师和学生要根据具体的教学情况和学习情况灵活选择、有机整合各种学习方式,以达到最佳的教学和学习效果。案例 2-2 就是根据这一思想设计的。

第三节　研究物理学习策略

学习策略这一概念从提出至今已有四五十年的历史。但是,目前对学习策略的概念界定仍然没有达成统一的意见。大多数研究者认为学习策略是指在学习活动中,学习者为达到一定的学习目标所采用的有效学习的程序、规则、方法、技巧及相应的调控方式。这就意味着,只要是有助于提高物理学习质量、学习效率的规则(内隐的)和操作程序与步骤(外显的),都应该属于物理学习策略的范畴。

一、物理学习的一般过程

心理学家认为,知识学习的过程是由领会(包括直观、概括)、巩固(包括识记、保持)和应用(具体化)三个基本环节组成的。据此并结合物理学习的实际情况,可将物理学习的一般过程分为感知物理现象、形成概念建立规律、解决物理问题三个基本环节。

(一) 感知物理现象

学生的一切学习心理活动都是以感知为先导的。学习物理过程中的感知主要包括观察、实验和想象。

观察是人们有目的地通过感觉器官对客观事物和自然现象进行的有计划、周密细致的知觉活动。在整个观察过程中,思维都在积极地参与:物理事实、过程、状态等教学信息通过声、光、电、热等媒介先与学生的感觉器官发生作用(感觉阶段),接着又通过学生的感觉器官与大脑发生相互作用(知觉阶段)。所以,有些学者把观察称为“思维的知觉”或“知觉的高级形态”。

物理学是一门实验科学。在物理学中,每一个概念的建立、每一个定律的发现都有其坚实的实验基础。物理实验在物理学的发展、在物理学习过程中都具有非常重要的地位。借助实验,能够创设有利于学生学习物理的氛围,并为形成物理概念、建立物理规律提供大量的感性材料。

想象是智力活动富有创造性的条件。整个中学阶段，学生的想象逐渐向有意性、创造性和现实性方向发展。物理学习中的想象是具有物理学科特色的想象，它比文学和艺术中的想象更具概括性和抽象性；它也不同于数学中的想象，不仅需要空间想象，也需要对客观事物及其状态、发展过程等的较为直观、动态的想象。多数学者认为，中学生物理学习中的想象力主要包括三个方面：建立空间位置关系的能力、形成物理图景的能力和构想理想化形象的能力。

（二）形成概念，建立规律

学生在充分感知物理事实、现象和物理过程、状态，获得大量感性材料的基础上，运用一定的思维方式对感性材料进行加工，从而形成物理概念，建立物理规律。这是物理学习中认识的第一次飞跃。

在物理学习中，学生的物理思维按照思维材料的不同，可以分为物理抽象思维、物理形象思维和物理直觉思维三种。① 物理抽象思维是以物理概念为思维材料，以物理判断和物理推理的形式来反映客观事物的本质特征和内在联系的认知过程。物理形象思维就是以物理表象为思维材料而进行的思维。物理直觉思维是以物理概念和物理表象结合而形成的，具有整体功能的知识组块为思维材料而进行的思维。直觉思维作为一种认识过程和思维方式，与抽象思维和形象思维有着密切的关系：它的思维材料是概念和表象，既可以以抽象思维的方式进行，也可以以形象思维的方式进行；可以是语言、符号构成式的，也可以是图景式的；等等。直觉思维是抽象思维和形象思维活动发展到一定阶段的一种激烈的跳跃和升华。

从过程来看，物理思维的一般程序是发现问题、明确问题、分析问题、提出假设、验证假设、做出结论、评价与检验。

（三）解决物理问题

解决物理问题是应用，就是依据已学的概念、规律去解决具体的物理问题。通过应用，可以检验对所学概念、规律的领会和掌握程度，加强具体事物与抽象知识之间的联系，提高知识在实际中的定向应用，反过来进一步促进细化、深化、活化和充实、巩固概念和规律。这是物理学习中认识的第二次飞跃。

二、物理学习基本策略

从总体上来讲，物理学习主要包括实验、概念及规律建构和知识应用三个方面。所以，对物理学习策略的研究主要涉及物理概念学习策略、物理规律学习策略、物理实验学习策略和物理问题解决策略四个方面。下面重点谈一下物理概念学习策略、物理规律学习策略和物理实验学习策略。

---

① 田世昆，胡卫平．物理思维论[M]．南宁：广西教育出版社，1999：35.

(一) 物理概念学习策略

物理概念是“客观事物的共同属性和本质特征在人们头脑中的反映”,是“物理事物的抽象”。物理概念的学习是物理知识学习的基础。物理概念的学习一般都要经历从物理感觉到物理知觉、从物理知觉到物理表象、从物理表象到抽象思维的过程。

1. 从物理感觉到物理知觉

感觉是认识的初级形式。知觉是大脑对客观事物的初步分析和综合的结果,是感觉与思维之间的重要环节。学生通过眼、鼻、耳、舌、身对物理现象、物理实验等形成物理感觉,从中了解到某些属性和特点,形成物理知觉。这是感性认识的初级阶段。事实证明,具备丰富的感知材料是学习概念、理解概念的基本条件。

2. 从物理知觉到物理表象

表象是指过去感知过的事物形象在头脑中的再现,是在感觉和知觉的基础上,通过对感觉、知觉的重组和加工,形成的具有一定概括性的感性形象。表象是感性认识的高级形式,接近于理性认识,在感性认识上升到理性认识的过程中起重要作用,但它还没有超出感性认识的界限,仍是感性的具体形象。物理表象通常是从对许多个别事物的感知中抽取某些共同方面而形成的。例如,在引出“力”的概念时,不论是教师还是教科书,一般都是先给出一些生活中常见的事例,如人推车、马拉犁、起重机吊起货物等。其目的在于让学生从这些生活中曾经感知过的事例中抽取出“共同的方面”:人-物相互作用、物-物相互作用等,为最终抽象出“力”这一概念建立必要的物理表象。

3. 从物理表象到抽象思维

多数物理概念的内涵和外延都具有隐蔽性,仅靠物理表象是不能形成的,因此必须在物理表象的基础上,抓住反映物理事实的本质因素,将感性认识上升到理性认识的高度,这就需要抽象思维。这是形成物理概念的关键。此外,在抽象概括出概念以后,还应该进一步对概念深化理解。主要包括理解概念的内涵和外延,也就是弄明白概念的语言文字表述及量度公式或决定条件式;了解概念与其他有关概念的联系与区别。这可以加深和扩展对所学概念的认识和理解,并有助于物理规律的学习和对学科基本结构的掌握。

(二) 物理规律学习策略

物理规律包括物理学知识中的定律、定理、原理、法则、公式与方程等,反映的是物理现象、物理过程在一定条件下发生、发展和变化的规律。在一定意义上说,物理规律揭示了在一定条件下某些物理量之间内在的、必然的联系。物理规律的学习和概念的学习有很多共同点,所以在下面的介绍中,凡与概念学习策略相似的地方,只做简要阐述。

物理规律的学习过程大致分为习得和巩固两个阶段,相应的学习策略就有习得策略和巩固策略。

1. 物理规律的习得策略

(1) 规律学习前的准备。物理规律学习的准备包括动机、态度的准备和知识的准备。在学习一个新的物理规律之前，应该首先建立积极的学习心态和树立目标意识，在动机和态度上为学习规律做好准备。规律学习在知识准备方面的要求较高，无论是规律的发现学习还是接受学习，都需要一个实现学习的条件，即在学习一个物理规律前必须拥有与此规律有关的物理概念的知识，否则，规律学习将缺乏必要的基础。

(2) 感知材料，选择信息。中学物理规律都有一定的事实或实验基础。学生掌握物理规律的一个主要障碍就是感性认识不足。所以，在规律学习中，要收集足够的事实依据，要做一些必要的探索性实验或验证性实验，要对这些实验或事实做全面的感知，并抓住关键信息，在大脑中努力形成规律的清晰表象，为习得规律这个复杂的思维过程做好必要的铺垫。

(3) 关注规律得出的过程。在规律的得出过程中，要进行积极的思维活动，充分调用原有和现有的知识和经验。规律的学习通常要经过演绎推理、归纳推理、实验验证、实验探索等环节，这是与概念学习不同的地方。其实，这些环节也是历史上物理学家建立规律时所经历的环节。通过这些环节学习规律，有助于加深理解规律、牢固掌握规律，甚至当对规律的记忆产生模糊时，还可以通过回想规律的推理、验证、探索过程得出规律的正确形式。

(4) 重视理解规律。规律在物理知识中处于核心地位。对规律的掌握不在于会背表述，记住公式，而在于真正深入地理解规律。深入理解规律的一些具体措施有理解物理规律的物理意义，明确物理规律的适用条件和范围，认清所研究的物理规律与其他相关、相似的物理概念和物理规律之间的关系等。

2. 物理规律的巩固策略

物理规律的巩固有两种：一是即时巩固，即在学完后立即进行的巩固；二是滞后巩固，即过一段时间后进行的巩固。前者常常采取以下几种策略：运用规律解答问题，包括课本上给出的例题和练习题；课后及时整理笔记和归纳课堂所学；利用精细加工策略，如想象（“过电影”）、口述、总结、类比等方法。后者则常常采取以下两种策略：按照计划经常回顾复习，并自己检查对规律的掌握情况，如果发现对规律的掌握、运用有问题，则马上查找原因，做出相应的改正和补救；定期总结，如每周一次，也可以是在学过多个有一定联系的规律以后，在教师的指导下，以小论文形式总结规律与其他规律的关系以及规律如何应用等。

(三) 物理实验学习策略

中学物理实验主要有演示实验、学生分组实验等。不管是哪种类型的实验，一般都要经历这样三个环节：实验准备、实验进行、实验分析总结。

1. 实验准备的策略

“磨刀不误砍柴工”，在实验开始之前，需要做好必要的准备，且实验的准备要做到认真、全面、具体才行。

(1) 积极面对实验。实验过程是一个严格的科学探索或验证的过程，客观上要求学生细心观察、认真操作。所以，首先应该从态度上给予足够的重视，要建立积极的心态，把自己的兴奋点集中到将要进行的实验上。

(2) 全面了解实验。不管进行哪种类型的实验，都应对实验有全面的了解，包括了解实验目的、原理、采用的方法、所用的器材(器材的构造、性能、精度、使用注意事项等)、采取的步骤、应注意的事项等。

(3) 尝试设计实验。实验的准备过程还应该包括自己尝试设计实验。例如，在了解了实验目的和原理的基础上，先撇开教科书和实验册，自己试着设计实验，包括选用器材、组装设备、制定实验步骤、规划数据处理办法等。在这样的“通盘”考虑以后，再对照教科书或实验册上的实验内容，比较、发现自己设计中的成功和不足，进一步理解、优化实验方案。

2. 实验进行的策略

(1) 自我监控的策略。这里对分组实验和演示实验两种情况进行介绍。分组实验对实验者的要求比较高。要在明确实验原理、理清实验思路的基础上，仔细组合、调试设备，精心操作、认真观测，如实记录实验数据。但是，实验难免会出现这样或那样的“差错”，且有些差错不易被发现，尤其遇到器材比较多、组合调试要求比较高、观测记录比较复杂的情况。所以，在实验过程中，要认真对待每一个细节，要经常提醒自己“器材选得合适吗”“器材组合合理吗”“仪器调试到位了吗”“这样的操作正确吗”等，以尽可能使实验过程少出现差错，不出现安全事故等。

演示实验要求观察者能认真观察，善于发现问题和提出问题。在这里，自我监控策略的主要任务是控制观察者的注意力。中学物理演示实验具有直观、形象、趣味性强等特点，对学生具有较强的吸引力。但是，演示实验经常会出现这样的尴尬现象:实验演示完毕，当教师围绕实验提出相关问题时，许多学生往往只能给出片面的或模糊的甚至答非所问的回答。这其实与学生注意力的品质有关。观察能力较强的学生能够动用各种感官，认真观察，并且能够抓住实验的重点、关键点，善于观察实验是如何达到实验目的的。而观察能力较弱的学生往往因“投入”不够，观察仅仅停留在“很好玩”“很有趣”的表面现象上，得不出实验所揭示的本质的东西。所以，在实验过程中，观察者要加强对自身各种器官的调控，要使注意力集中起来，跟踪实验演示的全过程，在全面把握实验的基础上，捕捉其中的关键信息。

(2) 寻求合作的策略。实验学习需要合作。合作在分组实验中显得尤为重要，所以，在实验开始前就要明确分工。这样，实验才能有条不紊地进行，否则就可能出现手忙脚乱、“挂一漏万”，错失实验良机、耽误实验进程甚至在规定时间内完不成实验的情况。事实上，实验过程中进行合作，其意义还不仅仅在于做好实验，这也是培养团结协作品质的一个重要途径。

(3) 补救的策略。这是一种针对实验结果错误或不理想等情况采取的策略。初次实验或复杂实验难免不理想甚至不成功。这就要求实验者对自己的实验结果做出科学、合理的评估，并就存在的问题进行细致的分析以查出原因。在此基础上，或更换实验器材，或重新调试设备，或调整实验步骤，或调整测量角度，或改进数据处理方法等，重新实验。需要强调的是，对实验结果进行不恰当的归因、为了"结果"而编造实验数据等做法都是违背实验宗旨和科学道德的，应该予以杜绝。

3. 实验分析总结的策略

对实验记录和结果的分析、处理及对实验的总结是实验的最后环节。在这个环节中，一是要通过对实验数据的分析，审视整个实验过程得失有哪些，分析原因是什么，在此基础上完成实验报告。二是要对整个实验方案和操作过程进行反思、评价，追问该实验体现了哪些思想方法，以前是否做过类似的实验，利用此实验装置还可以进行哪些实验以及该实验有没有可以改进和创新的地方等，提出改进实验或开展新实验的设想。

信息栏 2-5

在什么情况下，学生有可能学得最好？

当学生有兴趣时，当学生的身心处于最佳状态时，当教学内容能够用多种形式来呈现时，当学生遇到理智的挑战时，当学生发现知识的个人意义时，当学生能够自由参与探索与创新时，当学生被鼓舞和被信任能做重要的事情时，当学生有更高的自我期待时，当学生能够学以致用时，当学生对教师充满信任和热爱时，等等，学生有可能学得最好。

资料来源：钟启泉、崔允漷、张华《为了中华民族的复兴，为了每位学生的发展——〈基础教育课程改革纲要(试行)〉解读》，华东师范大学出版社 2001 年版，第 268 页。

本章小结

研究教学对象，首先要从了解教学对象在情绪情感、兴趣、注意、思维和记忆等心理特点开始。

影响学习者物理学习的因素有很多，但总体上可以分为个体因素(内因)和环境因素两个方面。在个体因素中，非智力因素对物理学习的影响大于智力因素。

"自主、合作、探究"是新一轮基础教育课程改革倡导的主要的学习方式，但不是学生在学习过程中采用的唯一与全部的方式。要根据具体的学习情况，灵活选择、有机整合各种学习方式，以达到最佳的学习效果。

学生物理学习的一般过程分为感知物理现象、形成概念建立规律、解决物理问题三个基本环节。学生物理学习策略主要包括物理概念学习策略、物理规律学习策略、物理实验学习策略和物理问题解决策略等。掌握物理学习策略有助于提高物理学习效率和质量。

做上学

1. 重新认真阅读案例 2-1,进一步体会物理学习方式及一般过程。

2. 阅读下面的报道①,说说你对该报道所反映情况的认识。

近年来,笔者到学校听课时,教师经常有这样的抱怨:当教师试图创设情境激发学生兴趣,从而得到某个新概念或原理时,学生却直接说出了新术语。教师的概念引入不得已提前结束了。当教师刚刚写出例题,便有部分学生直接给出做法,教师问如何想到的方法,学生说课外班老师讲过。而另一部分学生还在独立思考、探索。教师茫然了,是该向下讲还是留在此处?教学中练习环节内容层次性被打乱了,相关性练习该如何进行?

3. 阅读下面这段文字②,谈谈你的体会。

教育必然是从学习者本人出发的。……教育活动将越来越让位于学习活动。虽然一个人在不断地接受教育,但他越来越不成为教育对象,而越来越成为主体了。

当教育者把学习权充分地让位于学习者,使学习者能够从自己的实际出发确定学习目标、选择学习内容、规划学习过程、反思学习成果,学习者的学习能力也就在学习过程中形成了。

资源链接

1. 姚梅林:《学习规律》,湖北教育出版社 1999 年版。

2. 窦瑾:《高效物理教学的 5 个关键词——基于教与学的心理的角度》,载《物理教师》,2014 年第 3 期。

---

① 白雪.保卫我们的课堂[N].中国教育报,2012-11-15(8).

② 联合国教科文组织国际教育委员会.学会生存——教育世界的今天和明天[M].华东师范大学比较教育研究所,译.北京:教育科学出版社,1996:76.

第三章　设计教学方案

学习目标

• 了解教学模式的构成要素，了解典型的物理教学模式和常用的物理教学方法及使用要求，了解现代教学模式与方法发展的主要特点。

• 理解物理学科的基本特点和物理教学的基本原则，理解确定教学目标的依据和要求，理解筛选教学内容的意义、依据和基本要求。

• 会应用“ABCD 法”表述物理教学目标；会依据教学目标，筛选教学内容，选择教学模式和教学方法设计教学方案。

设计教学方案是物理教师最基础的工作。设计教学方案是指教师根据现代教育科学理论的基本观点和主张，依据物理学科自身的特点、学生的实际情况和物理课程目标等，对物理教学活动进行的系统分析、规划、安排与决策。本章谈四个方面问题：明确教学原则、确定教学目标、筛选教学内容和选择教学模式与方法。

信息栏 3-1

关于预设和生成

关于预设和生成的关系，理论界普遍的观点是：第一，预设体现对文本的尊重，预设体现了教学的计划性，强调的是教师对教学秩序的规范与控制，强调的是学生对知识的接受、掌握与认同。第二，生成体现了对学生的尊重。生成体现了教学的开放性，认为教学是一个不断生长的过程，学生是课堂的主人，课堂教学需要在教师和学生的互动中进行。第三，精彩的生成离不开精心预设，教师必须在课前对自己的教学任务有一个清晰、理性的思考与安排。第四，精心的预设无法全部预知精彩的生成。课堂教学是一个过程，课堂一旦出现“不速之客”，我们要灵活应对。

资料来源：汪明帅《预设与等待艺术的交错——支玉恒老师谈教学怎样以学生发展为本》，载《中国教育报》，2009 年 10 月 8 日 8 版。

第一节　明确教学原则

教学原则是对教学实践经验的理论总结，是教学的指导思想。教育学提出的教学原则（一般性教学原则）是全体教师在教学过程中必须遵循的共同的准绳。自然，这些共同的准绳也是物理教师在教学中必须遵循的。物理教学除了具有其他各门学科教学的共性之外，还具有自身的特性，所以，结合物理教学过程的特性，进一步明确物理教学的基本原则是很有必要的。

一、物理教学过程的特点

物理学是一门有众多分支、令人尊敬和热爱的基础科学。它研究物质存在的基本形式以及它们的性质和运动规律，还研究物质的内部结构，在不同层次上认识物质的各种组成部分及其相互作用、运动和转化的规律；它是一门实验科学，也是一门崇尚理性、重视逻辑推理的科学；它的发展促进了技术的进步，引发了一次又一次的产业革命，现代物理学更是成为高新技术的基础；它的发展孕育了技术的革新，促进了物质生产的繁荣，改变了人类的生产方式和生活方式，推动了社会的进步；它极大地丰富了人类对物质世界的认识，也改变和扩展了人类的思维方式。①

根据物理学科自身的特点，我们认为物理教学过程具有以下鲜明的特点。

（一）以观察和实验为基础

观察和实验作为一种手段，特别是作为物理学的基本思想和基本观点，在物理学的形成和发展中起着十分重要的作用。中学物理教学过程与人类探究物理知识的过程有许多相似之处，因而观察和实验的思想方法必然影响和制约着物理教学过程的指导思想。实践表明，观察和实验既是学生获得感性认识的主要来源，也是激发学生物理学习兴趣，训练和提高学生实验技能，培养学生观察能力、实验能力、探究能力，形成实事求是和尊重自然规律科学态度的基本途径和重要手段。

（二）以形成概念、掌握规律为中心

物理概念和规律是构成物理学大厦的最基本组成部分，因而概念和规律的教学是物理教学的中心。形成概念、掌握规律，一方面有利于学生掌握学科的基本结构，形成全方位的物理图景，另一方面也有利于学生发展记忆、促进迁移，培养良好的思维方法和思维习惯。

（三）以数学为重要工具

众所周知，物理概念的建立、物理规律的发现离不开数学的方法和数学的思维。同样，运用物理概念和物理规律分析、解决问题，也离不开数学的方法和数学的思维。所以，在物理教学时，应充分发挥数学方法和数学思维在分析、理解、表达、处理物理问题中的作用，要引导学生自觉地、有针对性地将物理问题和数学方法结合起来，做到既能将物理问题化归为数学问题处理，又能从问题的数学表达中领会到物理的内涵。只有如此，才称得上真正理解和掌握了物理知识和物理思想方法。

（四）密切联系实际

这是由物理学科的特点和人的认识规律所决定的。《义务教育物理课程标准》

---

① 人民教育出版社，课程教材研究所，物理课程教材研究开发中心．普通高中课程标准实验教科书物理 1[M]．北京：人民教育出版社，2004：1-8.

指出:“义务教育物理课程应注重与生产、生活实际及时代发展的联系。此阶段的物理课程应关注学生的认知特点,加强课程内容与学生生活、现代社会和科技发展的联系,关注技术应用带来的社会进步和问题,培养学生的社会责任感和正确的世界观。”《普通高中物理课程标准(实验)》指出:“高中物理课程在内容上应精选学生终身学习必备的基础知识与技能,加强与学生生活、现代社会及科技发展的联系,反映当代科学技术发展的重要成果和新的科学思想,关注物理学的技术应用所带来的社会问题,培养学生的社会参与意识和对社会负责任的态度。”所有这些都强调了密切联系实际,从生活走向物理,从物理走向社会,贴近学生生活,联系社会实际,注重保护探索兴趣,提高学生科学素养,促进学生发展的物理教学要求。

(五) 以辩证唯物主义思想为指导

物理学曾被称为“自然哲学”“科学方法论的典范”“辩证唯物主义哲学的科学基础”“现代科学哲学的基础”,这是因为物理学的内容充满着辩证唯物主义思想。所以,物理教学过程以辩证唯物主义思想为指导既符合物理学的本质特征,也是促进学生物理学习、培养学生辩证唯物主义思想、帮助学生确立科学世界观和方法论的应然之举。特别需要提醒的是,《义务教育物理课程标准》指出:“让学生了解自然界事物的相互联系,注意学科间的联系与渗透,关心科学技术的新进展,关注科技发展给社会进步带来的影响,逐步树立正确的世界观。”《普通高中物理课程标准(实验)》指出:“了解科学与技术、经济和社会的互动作用,认识人与自然、社会的关系,有可持续发展意识和全球观念。”这是新一轮基础教育物理课程改革强调“特别注意科学、技术、社会观念渗透”的具体表述。

二、物理教学的基本原则

物理教学过程的鲜明特点决定了它自己的个性教学原则。下面重点谈三条。

(一) 科学性原则

科学性是对物理教师做好教学工作的最基本要求。它要求物理教学在各个环节上尊重客观事实和客观规律,要求教师必须准确地向学生讲解和传授物理知识,运用科学的方法培养学生的基本技能。例如,物理教师不能将“物质的密度”说成“物体的密度”,不能将“材料的电阻率”说成“导体的电阻率”等。又如,在几何光学的教学中,当讲到光的折射成像时,通常会涉及在水面斜上方观察水中物体的例子,结论是由于光的折射作用,在水面斜上方观察到的水中物体“升高”了。但是,同一位教师在不同的场合上课时,可能会画出不同的示意图,如图 3-1 所示。显然,三幅图中只有一幅是科学的。再如,讲完初中“电功率”一节内容后,很多教师会选择这样一个“经典”题目做例题:两电阻串联或并联地接在电压恒定的电路两端时消耗的总功率相等。如在串联电路中,R_1 消耗的功率为 P,求并联电路中 R_2 消耗的功率大小。分析、求解完毕,师生们都很高兴,至少该题的解决既巩固了“电功率”,又复习了“串并联电路”,还训练了数学技巧。岂料,该题本身就缺乏科学性

[$(R_1+R_2)^2=R_1R_2$ 不能成立]。

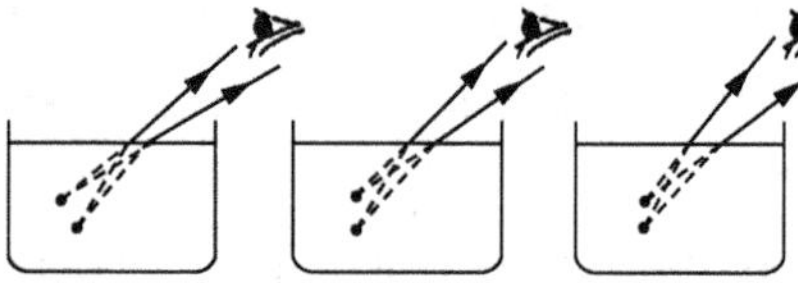

图 3-1　光的折射示意图

当然，需要指出的是，突出科学性原则，并不意味着不分教学对象，简单地追求所谓的严密性。具体来说，从初中到高中，对某一概念和规律的认识总是随着不断地深入而不断变化和发展的，内容的深度和严密性也是逐渐增强的。例如，质量概念的建立就经历了漫长过程：初识质量时，“质量是物体所含物质的多少”；涉及质量的测量问题后，“质量是物体引力属性的量度”（静力学方法测量，如使用天平测量），“质量是物体惯性属性的量度”（动力学方法测量，如使用牛顿定律测量）；之后，又有“质量与速度有关”“质量与能量有关”等之说，而质量到底是什么，可能还有待于“质量的起源是什么”①问题的最终解决。又如，虽然初中阶段讲授的“大气压是由大气层的重量产生的”和“物体由于被举高而具有的能量叫重力势能”，并没有能够揭示大气压产生的实质和重力势能存在的根源，虽然整个中学阶段讲授的“力是物体运动状态发生变化的原因”不如“力是物体在惯性参考系中运动状态发生变化的原因”那样严密等，但在那样的学段，这些讲授都是可以的。

（二）理论联系实际原则

物理教学必须理论联系实际，这是由物理学本身的性质、特点、作用和任务以及教学目的所决定的。物理学是一门实验学科，物理概念的建立、物理规律的发现、物理理论的形成和发展，都是在实验中进行的。而掌握物理知识的目的，要么是解释和解决人类在生产、生活实际中遇到的问题，要么是进一步解释和解决科学实验、自然观察中发现的新的物理现象。总之，人类的物理知识来源于实践，又反过来被实践检验并为实践服务。

物理教学的过程主要包括观察、实验、思维和运用等环节，理论联系实际的原则要贯彻到各个教学环节中。具体来说，物理教学要从生活走向物理，从学生周围的日常生活环境和学生已有的生活经验出发进行教学，引导他们探索自然现象和日常生活中的物理知识；要加强物理实验，培养学生观察实验现象、处理实验数据的能力和使用各种实验器材的技能，使他们养成把思维活动建立在真实、可靠的观

---

① 2013 年 3 月 14 日，欧洲核子研究中心宣布他们发现了希格斯玻色子。希格斯玻色子又称上帝粒子，是粒子物理学标准模型预言的一种自旋为零的玻色子，它可以帮助解析为什么其他粒子会有质量。2013 年 10 月 8 日，瑞典皇家科学院宣布将 2013 年诺贝尔物理学奖授予比利时科学家弗朗索瓦·恩格勒和英国科学家彼得·希格斯，以表彰他们对希格斯玻色子所做的预测。

察和实验基础之上，通过抽象思维、逻辑推理建立概念、发现规律、形成理论的习惯；要培养学生及时地将掌握的物理知识运用于实际的意识，使他们真正理解物理学与科技进步、现代生活和社会可持续发展的关系，从而全面认识物理学。

【案例 3-1】　穿什么鞋底的鞋不易滑到①

刚搬入新教学大楼时，教室里的地板砖都是新的，有的学生稍不注意就会滑倒，所以，大家走路时都特别小心、谨慎。课间，几个学生在争论穿什么底的鞋不容易滑倒的问题。笔者听到后就建议他们先测量一下不同材料做的鞋底与地板砖之间的动摩擦因数，结果见下表。

鞋底材料	动摩擦因数
泡沫底	0.46
棉布底	0.40
橡胶底	0.38
塑料底	0.34

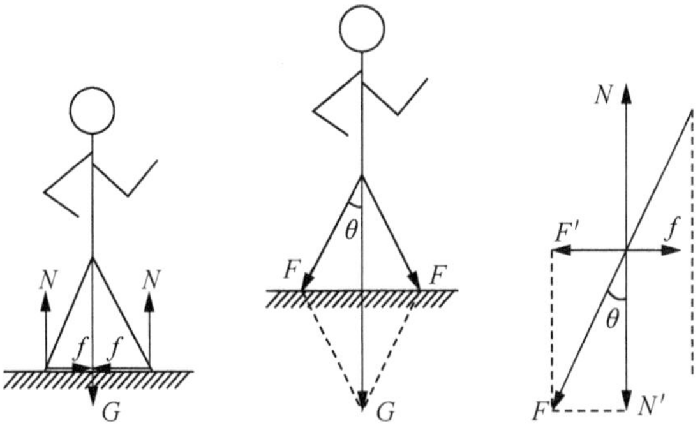

图 1　　图 2　　图 3

接着，笔者向学生提问：人大步行走时，鞋底与地面的动摩擦因数应大于多少才不容易滑倒？笔者引导学生做了如下探讨：测量出身高 1.7 m 的人的腿长 $L=0.9$ m，大步行走时跨步距离 $d=0.6$ m，设人的重心在两腿的交叉点，人受力如图 1 所示。将重力分解到两腿上，如图 2 所示。由图可知，$F=\frac{G}{2\cos\theta}$。再由图 3 可知

$$\mu=\frac{f}{N}=\frac{F'}{N'}=\tan\theta=\frac{d/2}{\sqrt{L^2-(d/2)^2}}=0.35$$

① 包真凯. 从生活走向物理，从物理走向社会——物理教学中的"STS"模式[J]. 物理教师，2012(2)：23-24.

就这样，通过测量分析，一个穿什么底的鞋、迈什么样的步伐的人在教室里行走不易滑倒的实际问题在师生的共同努力下解决了。

（三）发展性原则

教学的根本目标是促进人的发展，物理教学具有实现这一目标较为有利的条件。发展①，就其内涵而言，指的是知识与技能、过程与方法、情感态度与价值观三维目标的整合，物理教学就是要通过三维目标的整体落实实现真正意义上的“促进人的发展”。发展，就其层次而言，包括现有发展区和最近发展区，物理教学过程要成为不断地把最近发展区转化为现有发展区的过程。发展，就其形式而言，存在内在发展与外在发展，内在发展是一种着重追求以知识的鉴赏力、判断力与批判力为标志的发展，外在发展是一种以追求知识的记忆、掌握、理解与应用为标志的发展，物理教学过程要成为把外在发展不断转化为内在发展的过程。发展，就其机制而言，有预设性发展和生成性发展，前者是指可预知的发展，后者则不是靠逻辑可以推演出来的，物理教学要为这两种发展的交替、转化和整合创造条件和机会。发展，就其时间而言，有眼前发展和终身发展。眼前发展是指即时发展，它要求立竿见影，注重可测性和量化；终身发展是指面向未来的发展，具有可持续性，物理教学既要立足眼前，更要着眼今后，注重发展的后劲和潜力。发展，就其主体而言，有教师发展和学生发展，教师的教要立足于促进学生的发展，而学生的发展又可迫使、促进教师不断提高，进而促进教师的成长和发展，这便是物理教学必须达到的教学相长的要求。

【案例3-2】　“交流电有效值”概念教学②

一、温故知新，开门见山巧设问

师：上节课我们学习了交变电流，请思考以下几个问题。

问题1：观察图1中几幅电流与时间的图像，判断哪些是交变电流？

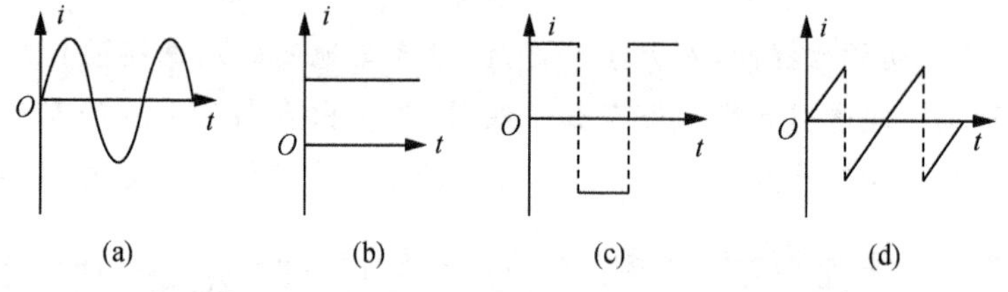

图1

生：A，C，D。

① 余文森. 课堂是教师指导与学生自主的统一[N]. 中国教育报，2012-12-13(8).

② 陈立其. 用问题教学法突破“交流电有效值”的概念教学难点[J]. 中学物理教学参考，2009(6)：9-11.

(设计意图：问题1意在强调交变电流的"变"，并为后面讨论不同形式的交变电流有效值计算具有不同的表达形式埋下伏笔。)

问题2：请尝试写出图2中两个电流的瞬时值表达式。

生：$i_1=2\ \text{A}$，$i_2=2\sin\omega t=2\sin 100\pi t\ \text{A}$。

(设计意图：问题2意在让学生体会正弦交变电流和恒定电流的不同，为后面求交变电流通过电阻的发热量做好铺垫。)

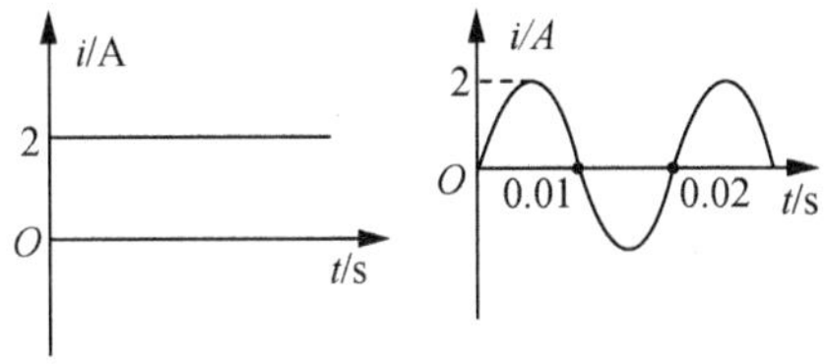

图2

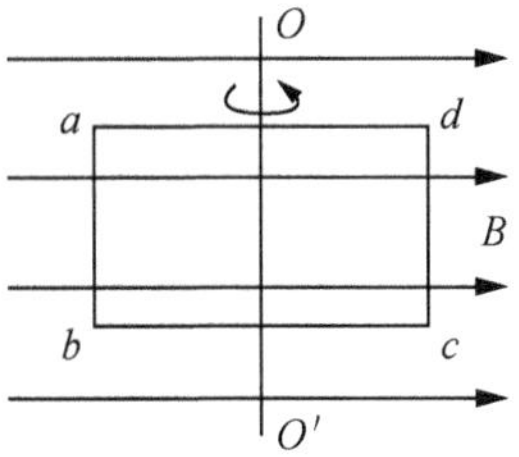

图3

问题3：如图3所示，匀强磁场的磁感应强度$B=0.2\ \text{T}$，电阻$R=1\ \Omega$、匝数$n=50$的矩形线圈$abcd$绕中心轴OO'匀速转动，角速度$\omega=5\ \text{rad/s}$。已知$ab=0.1\ \text{m}$，$bc=0.2\ \text{m}$。求线圈从中性面开始转过90°角的过程中流过线圈截面的电流的峰值和平均值。

生：峰值为$I_m=\dfrac{nB\omega S}{R}=1\ \text{A}$，平均值为$\overline{I}=\dfrac{\overline{E}}{R}=\dfrac{nBS/(T/4)}{R}=\dfrac{2}{\pi}\ \text{A}$。

(设计意图：问题3意在让学生掌握峰值和平均值的概念，并为提出问题4后学生出现激烈思想斗争做好准备。)

二、因势利导，解惑释疑起波澜

问题4：线圈从中性面开始转过360°角的过程中，线圈产生了一定的热量。如何求出该热量？

生：应该用上面算出的平均值来计算吧？

师：用平均值计算是否正确呢？

生：若是恒定电流，功率的表达式为$P=I^2R$，热量在数值上等于图4(b)P-t图像中横线与时间轴围成的面积；同理，正弦交变电流的发热量通过微元思想可以类似地用图像面积来处理。

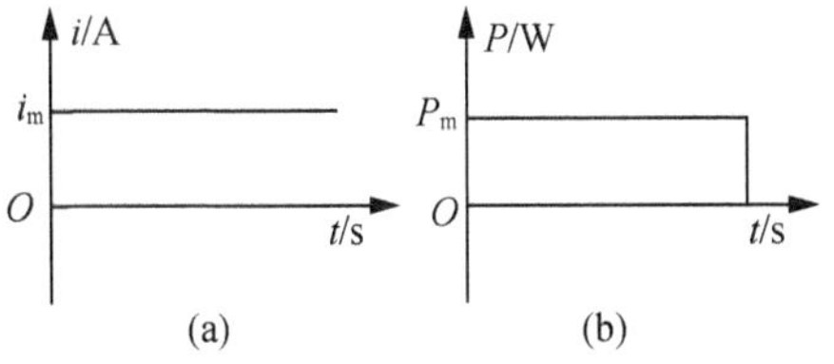

图4

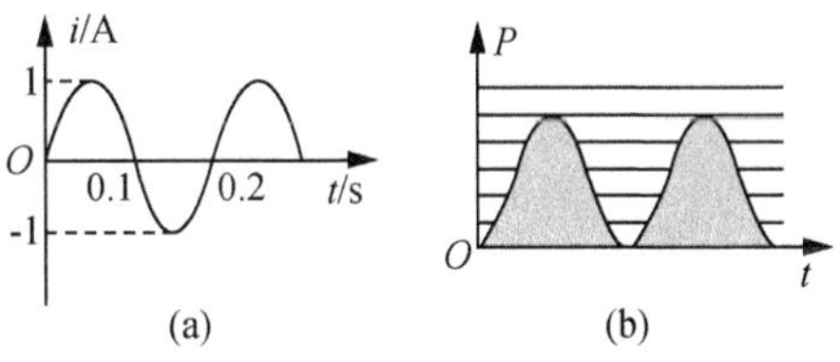

图5

师生：$P=i^2R=I_m^2R\sin^2\omega t$，（师生讨论后）将正弦交变电流的瞬时电流值输入 Office 自带的电子表格，绘出如图 5(b)所示的阴影部分，它在数值上就应该等于该正弦交变电流在时间 t 内产生的热量。

师生：图 6 中底部矩形框的面积就是利用平均值作为恒定电流求出的发热量。利用 Windows 自带的画图软件，将图中矩形框上方的峰填到矩形框中灰白处，发现面积并不能正好填补，说明利用平均值求发热量是不正确的。

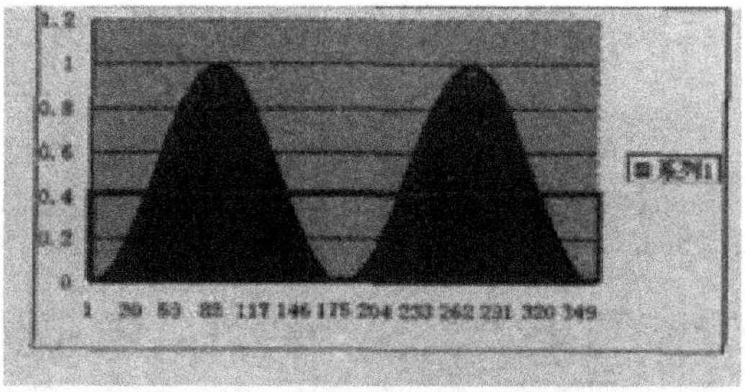

图 6

（设计意图：考虑学生运用数学工具的困难，我们将用瞬时值微元累积求交变电流发热量的计算改为用物理图像和电子表格来处理，最后使用画图软件，用割补法来验证。这样做既解决了学生数学上的障碍，又有效地利用了学生掌握的计算机技术，使学生在信息技术课上学习的知识与技能得以发挥利用。教学中发现，学生能够利用计算机处理该问题。）

三、集思广益，思维碰撞出火花

问题 5：既然不能用平均值求交变电流的发热量，我们应该怎么办呢？

生：……

师生：（师生充分讨论后）假设有两个交变电压，其变化规律如图 7 所示，其最大值与周期均相同，瞬时表达式分别为 $u_1=U_m\sin\omega t$，$u_2=U_m\cos\omega t$，其中 $\omega=\frac{2\pi}{T}$。把它们分别加在两个阻值相同的电阻上，设电阻的阻值为 R，由于电流的热效应与电流的方向及先后作用的时间顺序无关，故在一个周期内两个交流电产生的热量相同。假设热量都为 Q，产生的总热量 $Q_{总}=2Q$。

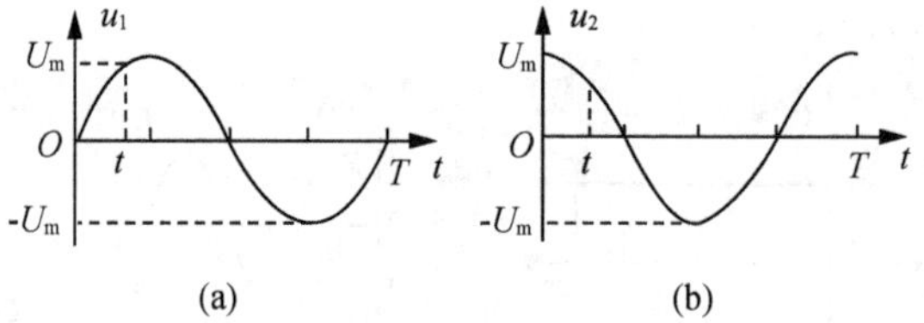

图 7

在任一时刻 t，这两个电阻上的热功率分别为

$$P_1=\frac{u_1^2}{R}=\frac{(U_m\sin\omega t)^2}{R}$$

$$P_2=\frac{u_2^2}{R}=\frac{(U_m\cos\omega t)^2}{R}$$

两个电阻上总的发热功率为

$$P=P_1+P_2=\frac{u_m^2(\sin^2\omega t+\cos^2\omega t)}{R}=\frac{U_m^2}{R}$$

可以看出，两个电阻上总的发热功率是一个定值，与时刻 t 无关，所以在一个周期内两个电阻上总的发热量 $Q_{总}=PT=\frac{U_m^2}{R}T$。用一个恒定电压为 U 的电源，分别给两个相同的电阻 R 供电，在相同时间 T 内，每个电阻产生的热量是

$$Q=\frac{U^2}{R}T$$

两个电阻产生的总热量 $Q_{总}=2\frac{U^2}{R}T$。

由热效应的等效可知 $2\frac{U^2}{R}T=\frac{U_m^2}{R}T$。可得 $U=\frac{U_m}{\sqrt{2}}$。

而这个恒定电流的电压 U 就是正弦交变电流的电压有效值。

（设计意图：这种方法需要由教师或学生提前准备，仅仅依靠课堂中师生一起讨论是不容易得出的。个别数学基础好的学生也能提供类似的巧解。）

师：让交流电和直流电通过相同的电阻，如果它们在相同时间内产生相同的热量，我们把直流电的值叫作交流电的有效值。

四、举一反三，触类旁通析外延

问题 6：是不是所有交变电流的有效值与峰值之间都有这样的定量关系呢？

生：不是，图 8 所示方波交流电的有效值为 2 A。

（设计意图：问题 6 意在提醒学生不要以偏概全，它和问题 7、问题 8 一起，意在进一步强化“等效”的含义，巧妙地呼应了问题 1 中看似简单的提问。）

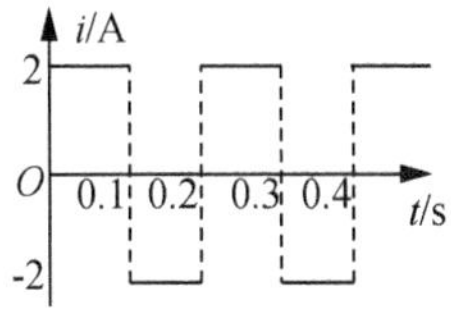

图 8

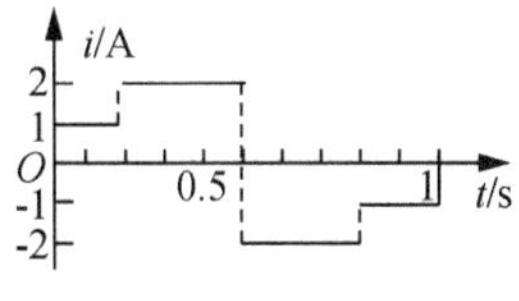

图 9

问题 7：图 9 中，电流通过一个电阻 $R=1\ \Omega$ 的电阻。试计算 1 s 内电阻 R 上产生的热量。

解析　根据焦耳定律得

$$Q=\sum i^2R\Delta t=(1^2\times1\times0.2+2^2\times1\times0.3)\times2\,\text{J}=2.8\,\text{J}$$

问题 8：如果有一个大小、方向都不变的恒定电流通过（问题 7 中）同一个电阻 R 也能在 1 s 内产生相同的热量，这个电流是多大？

解析　根据焦耳定律得

$$Q=I^2Rt$$

则

$$I=\sqrt{\frac{Q}{Rt}}=\sqrt{\frac{2.8}{1\times1}}\,\text{A}=1.67\,\text{A}$$

图 10 中的粗线就表示有效值 1.67 A。

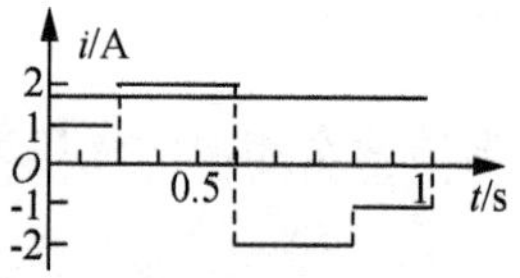

图 10

（设计意图：问题 7 和问题 8 安排在正弦交变电流的有效值和方波有效值之后，意在通过展现有效值多种外延的形式，进一步强化有效值内涵的真正意义。）

问题 9：你还能提供正弦交变电流有效值的其他证明方法吗？

五、小处见大，平淡无奇蕴真谛

问题 10：为什么交变电流的有效值会用热效应来定义呢？为什么不用电流的磁效应或电流的生物效应或其他效应呢？

问题 11：你能就本节课学习的内容提出至少一个新的问题吗？

第二节　确定教学目标

广义的教学目标包括四个层次：培养目标、课程目标、课程内容（高中称“内容标准”）、课时教学目标。其中，培养目标、课程目标、课程内容（内容标准）通常是由国家或教育行政部门委托少数专家制定，最终以法律、文件等形式发布的，而课时教学目标则由教师根据具体的情境，通过对前三个层次的目标特别是课程内容（内容标准）进行“分解”来确定。下面所谈的教学目标是指狭义的教学目标，即课时教学目标。

一、确定教学目标的依据

教学目标是课堂教学的灵魂，它规定着课堂教学活动的方向、进程和预期的结果，决定着学生最终所要达到的学习效果。如何确定教学目标，还需从确定教学目标的依据说起。

（一）课程标准

主要是课程标准中的课程目标（包括总目标和具体目标）和课程内容（内容标准）。前者是一个完整的科学体系，是我们确定教学目标的行动指针，通常要从以下三个方面去认真解读:课程目标怎样体现了时代对人才素质的要求,课程目标贯彻了怎样的课程理念,课程目标反映了本门学科知识领域与教学探索(包括理论和实践)的哪些新成果和新发展。后者规定了在不同阶段,学生物理课程学习的基本内容和应该达到的基本要求,只有细心研读这些基本内容和基本要求,才能深刻领会其中的要义,只有领会了其中的要义,才能在教学实践中对教学目标进行准确定位。例如,《普通高中物理课程标准(实验)》中物理 1"运动的描述"的内容标准之四:能用公式和图像描述匀变速直线运动,体会数学在研究物理问题中的重要性。该内容标准对教学的整体定位可以设置为:能用匀变速直线运动位移公式、速度公式、加速度公式等描述匀变速直线运动的规律,体会匀变速直线运动规律在研究实际问题中的重要性;体会数学公式的简洁、准确等特点,感受数学公式的奇妙;能用图像描述匀变速直线运动,知道速度-时间图像的斜率(倾斜程度)表示加速度的大小、图线与坐标轴包围的"面积"表示位移等;体会图像的直观、生动等特点,体会图像在研究实际问题中的重要性;感受"数"和"形"之间的对应关系,领悟通过不同的途径解决物理问题;理解"从生活走向物理,从物理走向社会"的学习方法,初步养成良好的分析问题、解决问题的习惯。

需要特别指出的是,初中、高中物理课程标准在"目标"的表述上有两个基本特点:一是明确了"教学目标不是对教师教学行为进行的描述,而是指学生的学习结果";二是无论是知识技能性目标、结果性目标,还是体验性目标、表现性目标,在行为动词的选用上都极有分寸,反映了确定教学目标需要注意层次性。

(二) 物理教科书

物理教科书是根据课程标准的基本理念和目标,依据学生的认知规律和发展水平,考虑了教师和社会等多方面因素编写的,它为物理教学提供了最直接的教学素材和组织线索。要认真研究教科书,领会教科书编写的指导思想,寻找课程标准在教科书中的渗透痕迹,理解教科书内容选取和编排用意,最终"吃准"教科书内容的价值取向。

(三) 物理学情

学情是指与学生学习相关的一切因素,包括学生的学习态度、学习基础、学习习惯等。其中,学生的学习基础是教学的起点,更是确定教学目标的起点。为此,教师必须首先了解、研究学生的学习准备情况,包括了解学生的"现有发展区",即了解学生已经具备了哪些相关的知识与技能;而后了解学生的"最近发展区",即了解学生具备的、"跳一跳"就能够达到的"潜质"在哪里、有哪些;进而了解学生在从现有发展区向最近发展区转化的过程中可能产生的困难;等等。这样,确定教学目标才能做到有的放矢。例如,对于"物质的密度"教学,考虑到学生的现有发展区后,教学目标应该加进一条"能够熟练地调节和使用天平";又如,对于"单摆的周期"教学,考虑到学生的现有发展区、最近发展区及困难后,教学目标可以设定为

"在教师的引导下，通过实验探究，确定影响单摆周期的因素，并找出单摆周期与摆长的关系"。

二、确定教学目标的要求

除了前面提到的"层次性"外，确定教学目标还需注意以下几点。

(一) 整体性

初中、高中物理课程标准把物理课程具体目标分为知识与技能、过程与方法、情感态度与价值观三个维度。知识即现象、事实、概念、原理、规律等，技能即动作技能以及观察、实验、阅读、计算、调查等技能；过程与方法是指认知的过程与方法，科学探究的过程与方法，认知过程中人际交往的过程与方法以及在过程中获得和应用知识的方法；情感态度与价值观一般包括对自己、对他人、对自然、对文化以及相互关系的情感、态度、价值判断和做事应具备的科学态度、科学精神等。显然，三维目标相互联系、相互促进、相互制约，是一个有机整体。确定教学目标的内容范围时，首先要树立整体意识，要全面考虑三个维度，不能只注重知识与技能维度的目标，而忽视其他维度的目标。当然，在具体撰写教学目标时，既可以采取"条分缕析"的办法，也可以采取"渗透统整"的办法。

【案例 3-3】 "速度变化快慢的描述——加速度"[①]三维教学目标

一、知识与技能维度

能说出加速度的物理意义和加速度的定义及单位；能区别速度、速度变化量和速度变化率；能根据公式计算物体运动的加速度；能根据加速度与速度方向间的关系，判断物体是加速运动还是减速运动；知道匀变速直线运动 $v-t$ 图像的斜率("倾斜程度")表示加速度的大小；知道瞬时加速度，理解匀变速直线运动的含义。

二、过程与方法维度

通过对具体事例的分析，知道速度的变化有快慢之分，因而需要用一个物理量来表示速度变化的快慢；理解用"比值"定义加速度。

三、情感态度与价值观维度

体会加速度概念在实际生产和生活中具有广泛的应用；体验加速度概念的建立将人类对运动的研究和认识带进了一个更深的层面；领悟认识事物(运动)的过程是一个由浅入深的过程。

(二) 适切性

所谓适切性，是指明确课堂教学为教学目标的实现承担什么任务，为学生的后续学习做好哪些"伏笔""渗透""铺垫"；立足学生现有发展区，着眼学生最近发展区；明确教学内容的深度、广度，同步考虑课堂教学的调控手段，防止目标与教学过

① 高中物理必修 1 第一章第 5 节。

程脱节;明确目标的维度与层次,同步考虑课堂达标练习的内容;同步考虑课堂教学效果评价,防止教学目标这根“方向”之矢失去“归宿”。此外,还要注意教学目标与具体课型相适应,因为一般来说不同的课型,其教学目标也应有所侧重。例如,新授课的目标应明确学生要掌握哪些新的物理知识,理解到什么深度与广度,学会哪些基本的物理方法等;复习课的目标主要顾及知识归纳、整理和解决问题能力的提高,建立良好的认知结构以及良好学习习惯的养成和培养等方面;实验课的目标应明确学生要掌握哪些实验器材的使用方法,掌握哪些实验方法,锻炼哪些实际操作能力,明确如何满足学生的求知需要、参与需要等。

【案例 3-4】 不同类型习题课教学目标的确定

一、基于“节”的习题课教学目标确定——以“功”的习题教学为例

1. 通过举例,细化功的概念,理解、掌握功的概念,熟练运用功的公式。
2. 在解决问题、归纳结论的过程中感受到对功的认识有提高、有深化。
3. 领会学习需要循序渐进。
4. 在解决问题、提高认识的过程中获得学习的乐趣。

二、基于“主题”的习题课教学目标确定——以运动学“追及问题”习题教学为例

1. 利用运动学规律解决运动学中的几类追及问题。
2. 掌握两种基本的处理运动学“追及问题”的方法:函数解析法、图解法。
3. 培养运用运动学知识解决具体实际问题的能力。
4. 初步养成分析、解决运动学问题的好习惯。
5. 体会运用运动学知识解决具体真实问题的乐趣。

三、基于“章”的习题课教学目标确定——以“万有引力和航天”习题教学为例

1. 在运用“基本规律”“基本关系”解决问题中加深对知识的领会,提高分析和解决问题的综合能力。
2. 在分析、解决具体问题的过程中掌握解决定轨问题、变轨问题和等效重力加速度问题的一般方法。
3. 进一步养成良好的分析、解决问题的习惯。
4. 在知识的应用过程中领会知识的价值。

(三) 可测性

物理教学目标是物理学习目标,它表现为学生通过物理学习后应当产生的结果,这种结果是以教学完成时学生应该达到的学习水平为标志的。所以,教师在确定教学目标——“要去哪里”时,就应该不仅知道通过哪些内容和方法来实现目标——“如何去那里”,而且还应该知道通过哪些手段和途径来检测目标的达成情况——“怎么判断已经到达了那里”。为此,物理教学目标(自然也是物理教学效果的检测标准）的确定应力求明确、具体，可以观察和测量，应尽量避免用含糊的和不切实际的语言陈述目标。

【案例 3-5】 **“物体的质量”[①]教学目标设计**

1. 通过联系其他物质属性和实例初步认识质量概念。结合生活体验感受 1 kg 质量的大小，能正确进行单位换算。

2. 通过观察和讨论，认识托盘天平的构造，并能正确调节和使用托盘天平。

3. 通过实际操作，掌握测量固体和液体质量的方法，进一步形成正确调节和使用托盘天平的技能。

4. 通过对质量估算的讨论以及对其他小组测量结果的评价，促进科学、严谨态度的形成，增强协作意识。

【案例 3-6】 **“自由落体运动”[②]教学目标设计**

1. 具有饱满的热情和主动积极的学习态度。能从所给的实验现象或实例中了解空气阻力对落体运动的影响，抽象出自由落体运动模型，概括出自由落体运动的特点和运动性质，能从所给的几种具体的实际运动中识别出自由落体运动。

2. 能说出自由落体运动的加速度叫作重力加速度。能自己设计一个简单的小实验测定自由落体运动的加速度，知道地球上不同的位置重力加速度不同，同一地方的不同物体具有相同的重力加速度，能说明重力加速度通常取值 9.8 m/s^2，方向竖直向下。

3. 通过实例的分析，接受自由落体运动是一种典型的匀变速直线运动的观念，理解自由落体运动规律，能熟练地写出自由落体运动的速度公式、位移公式、速度和位移关系公式，会解答自由落体运动的有关问题。能够两人一组，用一把刻度尺和秒表设计出测定反应时间的实验方案，按步骤进行操作，分别测出各自的反应时间。

4. 认同通过实验和实际事例分析得出自由落体运动的特点及其运动性质的思想方法，承认物理学的实验科学特点。

5. 通过查找资料等方式，了解并体会伽利略对物体运动的研究在科学发展和人类进步上的重大意义。

设计教学目标除了要注意层次性、整体性、适切性、可测性外，还要注意体现一定的弹性，以便给课堂中师生互动，生成新情境、新知识、新经验和新思维留下空间。

---

① 8年级物理下册第六章第一节。

② 高中物理必修1第二章第5节。

三、教学目标的表述

教学目标需要用语言文字表述出来。一般认为，一个具体的教学目标表述需要包含下面四个要素。①

1. 学习者(Audience)

即教学对象，是目标表述句子中的主语。

2. 行为(Behaviour)

指通过学习后，学习者应该能做什么，是目标表述句子中的谓语和宾语。

3. 条件(Conditions)

即上述行为是在什么条件下产生的，是目标表述句子中的状语。

4. 程度(Degree)

是指上述行为的标准。

例如，“通过阅读和交流，80％以上的学生能够说出电流的产生条件”就包含这四项基本要素，是比较符合规范的教学目标表述。当然有些时候，在能够表达清楚意思的前提下，为了简练，常将四要素中的一个或两个省略掉，如“能举例说明力是物体间的相互作用”“能采用教科书提供的方法测定自己的反应时间”“体会用作图法处理实验数据的直观性”“会连接简单的串联电路和并联电路”等，这些都是可取的。而“通过实验探究，让学生知道影响响度的因素，并掌握响度与振幅的具体关系”则犯了行为主体错位的错误，可以改编为：通过手拨钢尺等实验的探究，知道振幅是影响响度的重要因素之一，并认识到振幅越大，响度越大。“声音的产生与传播条件”则犯了行为动词缺失的错，可以改编为：通过触摸受到敲击后的音叉叉股和锣鼓鼓面，知道声音是由物体振动产生的；通过真空中的“响铃”实验，认识到声音传播需要一定的介质；初步认识声音在固体、液体和气体中传播速度一般不同等。

第三节　筛选教学内容

教师在设计教学方案时，通常都要对教科书进行钻研和处理，这是为了让学生更好地理解和掌握教学内容而进行的一次“编码”，包括对教科书内容的删减、增补、调序、重组、纠正以及为了突出重点、化解难点、抓住关键点、彰显价值点等所做出的种种努力等。

一、筛选教学内容及其意义

教学内容是指物理课程实施活动中供教师教和学生学的内容，是物理教师根据物理课程标准、学生学习的实际需要和教师的个性等，在教学设计中对教科书内

① 这种表述通常被称作 ABCD 表述法。

容进行筛选和设计的内容，是为实现教学目标，要求学生系统学习的知识、技能和行为经验的总和。显然，教学内容与教科书内容是有区别的。教学内容是教科书内容基础上的教师个性（人格）化、学生指向化和环境适切化等的实践结果，应该具有远远大于教科书内容的特定的文化含量。所以，筛选教学内容是教学设计中一个非常重要的环节。一方面，通过筛选教学内容，能使凝固、干瘪的教科书内容生动、丰满起来。另一方面，通过筛选和设计教学内容，能使教学内容更符合实际（包括学生实际、教师实际、教学环境实际等），更符合规律（包括学科知识的逻辑规律、学生的认知规律、教学规律等），更适合学生学好，更适合教师教好。

二、筛选教学内容的依据

在筛选物理教学内容时，首先，要把握教学内容所在单元和本节课的教学目标，也就是说，教学内容的筛选必须有利于教学目标的实现，特别是有利于教学重点的突出和难点的突破。其次，要根据教学的主观条件和客观条件合理进行筛选。

（一）教师和学生

通常，教师对自己是比较了解的，但对学生的了解就需要认真下点功夫了。教师一要知道学生物理学习的已有情况，包括已有的物理知识、操作技能、活动经验、物理思维水平和认知特征等情况。二要知道学生对新课题学习的愿望程度，是一般、强烈还是其他。如果学生的知识基础不够理想，则需要加入一些带有复习性质的内容；如果学生的思维能力不够理想，则要注意安排有利于思维递进的内容；如果学生的学习积极性还不够高，则要注意增加激发其兴趣、增强其动力的内容；等等。

（二）教科书、实验、教学时间、教学空间等

教科书是学生赖以学习的主要资源，筛选教学内容在处理教科书问题上应该坚持“源于教科书、高于教科书”的原则；现象和实验是物理学的根源，教学中选择做什么样的实验对教学内容的呈现、师生之间的互动、教学的实际效果等影响很大，因而，实验条件是筛选教学内容时必须考虑的因素。此外，教学时间和教学空间也是筛选教学内容时要考虑的因素。例如，如果安排上午第四节或下午第一节上物理课，那么教师在筛选教学内容时，要考虑的问题就会更加复杂一点；又如，室外上课、机房上课、实验室上课明显在筛选教学内容上与平常在教室上课要有所区别。

三、筛选教学内容的基本要求

科学、合理、有效地筛选教学内容首先要熟读教科书。熟读教科书要做到“五读俱全”：读懂问题情境，读懂教科书的结构体系，读懂教科书内容的呈现方式，读懂教科书的旁注、图注、留白、例题和习题，读懂教科书的编写意图。在此基础上，筛选教学内容要努力“向四化进军”。

（一）心理化

裴斯泰洛奇第一个提出了“教育教学的心理学化”思想，推动了教学理论科学化的进程。到了赫尔巴特和杜威所处的时代，“心理化”问题更是受到了人们的关注。这里需要强调的是，要让教学内容更好地激发学生的探究热情和认知欲望，让教学内容与学生的经验、体验及其生活世界建立联系。总之，要让教学内容更加切合学生的心理特点，激起他们的联想和创意。

【案例 3-7】　探讨波速与什么有关的问题①

……

教师：别指望我能够给大家什么“灵丹妙药”，我们还是一起来琢磨吧。

学生D：老师，您至少要给我们一些启发吧！

教师：那好。讨论“波”的问题，自然应该从了解波的本质入手；而要了解波的本质，必然又应该从波的共性因素分析着手。

学生D：各种形式的波都有哪些共性特征呢？

教师：这要靠大家来思考呀！

学生E：机械波是机械振动的传播，电磁波是电磁振荡的传播。无论是机械波还是电磁波，其实都是某种振动（或振荡）的传播。这应该算是各种形式的波所具有的共性特征吧？

教师：大家看呢？

学生（全体）：算！

学生D：这个我们都知道。可这能给我们什么启示呢？

教师：怎么会不受到启发？（稍后）既然波是某种“东西”的传播，那么波速就应该是用于描述这种“东西”传播的快慢程度。对于这样的分析，大家能接受吗？

学生（全体）：能！

教师：那么，大家不妨再想一想：一般情况下，传播某种“东西”的快慢程度由哪些因素来决定呢？

学生E：当然要看由谁来传播了！

学生F：还要看传的是什么“东西”。

教师：很好！一般情况下，影响波速的因素有两个：一是要看“谁在传”，二是要看“传什么”。这就好像“击鼓传花”：一群手脚麻利的年轻人比一群老态龙钟的老年人传得快，传一束塑料花比传一束带刺的玫瑰花更快。

学生E：老师，您这个比喻太好了！

教师：老师的比喻是不错，但大家有没有发现，这里还留了一个“破绽”？

---

①　朱建廉.高中新课程实践引领：物理[M].南京：南京师范大学出版社，2009：216-217.

学生F：(稍后)机械波的传播速度只与介质相关，即其与“谁在传”有关而与“传什么”无关。

教师：你真是反应灵敏！那你能说出机械波传的是什么“东西”吗？

学生F：机械波传播的是机械振动！

教师：对！你如果能够把机械波所传播的机械振动和电磁波所传播的电磁振荡的物理本质做比较，就应该能够解释：为什么机械波的波速只由介质决定，而电磁波的波速却要由介质和波的频率共同决定了。

(学生沉思)

学生E：哦！我知道了，机械波所传播的机械振动不是“东西”！

(笑声)

教师：(稍后)E同学说的有道理。机械波所传播的机械振动不是物质，这是机械波只能在介质中传播的根本原因，自然也是机械波的波速只由介质决定的根本原因。电磁波所传播的电磁振荡是物质——电磁场，所以电磁波既可以在介质中传播，又可以在真空中传播，并且电磁波在介质中传播时，其波速既受介质的影响，又受波自身条件的影响，而反映电磁波自身条件的最关键因素就是频率。

教师：还有什么问题需要探讨吗？

学生F：老师，能对“机械波的波速只由介质决定”和“电磁波的波速由介质和波的频率共同决定”这两个知识要点做一个恰当的比喻吗？

教师：(稍做思考，在黑板上写下“击鼓传话”和“击鼓传花”八个字)那就请从“击鼓传话”和“击鼓传花”这八个字展开你们的想象吧。请注意，“话”不是物质。

……

(二) 结构化

即筛选教学内容要尽可能促进学生掌握知识结构，而不能误导他们“只见树木不见森林”，因为学生良好的认知结构需要由良好的知识结构转换而来。布鲁纳曾经指出：“简单地说，学习结构就是学习事物是怎样关联的。”因此，一节课的教学，除了要揭示知识的组成——重点(就是地位重要、应用广泛、处于核心地位的知识)、难点(就是教科书内容中的主要障碍，即难教、难学之处)、关键点(就是教科书内容中的要害部位，即主要矛盾方面)、价值点(就是教科书内容的潜在功能，即教科书内容的潜在理论价值、应用价值、能力培养价值和思想教育价值等)外，还应尽可能地向学生呈现知识间的内在联系和逻辑发展。同样，一节课的教学，不能仅仅局限于该节课，而应“瞻前顾后”“左顾右盼”。通常，把握教学内容结构化的方法有展示“纲要信号”、利用“先行组织者”等。当然，指导学生“组合相关知识”“构建知识系统框架”等也是有效的办法。

【案例 3-8】　“摩擦力”①的知识组成

重点：滑动摩擦力（产生条件、大小计算、方向判定）。

难点：摩擦力的产生条件、方向判定，静摩擦力的大小确定。

关键点：分析物体受力，确定相对运动/趋势。

价值点：加深对“运动/趋势相对性”的理解，加深对“具体问题具体分析”思想的认识，知道在实际生产生活中利用摩擦力、控制摩擦力的具体方法。

【案例 3-9】　“电磁感应　发电机”②知识结构

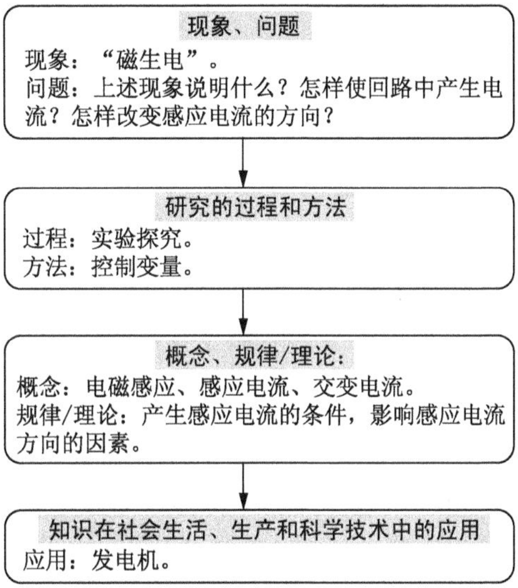

（三）问题化

传统教学强调知识的绝对性和权威性，把知识以定论的形式教给学生。建构主义认为，知识的获得是个体的主动建构过程，而不是被动的接受过程。基于这样的认识，筛选教学内容要注意把知识转化为问题，把学生学习知识的过程变成分析和解决问题的过程，要注意引导学生通过自己的努力（包括尝试、探究、调查、实验、合作等）逐个地解决问题，在问题解决的过程中激发起更强烈的问题意识并生成更多、更深刻的问题。

【案例 3-10】　“电能的输送”③问题情境设计

情境 1：视频播放三峡水利工程外景，直观感受利用水能进行发电。

---

① 高中物理必修 1 第三章第 3 节。

② 九年级物理下册第十六章第五节。

③ 高中物理选修 3-2 第五章第 5 节。

情境2:视频播放火力发电厂外景,简单了解电厂用火力(燃烧煤炭)进行发电。

情境3:视频播放山区、平原旷野的输电线路。介绍三峡水力发电厂距离华中电网有500 km,距离华东电网有1 000 km左右的距离。

实例研究:某市某集团生产的柴油发电机,额定发电功率为12匹(1匹为735 W)。现在用该发电机发电,发出的交变电流电压为220 V,并通过导线直接向距离发电机约1 km的某居民点供电。若所用导线为横截面积16 mm^2的铝芯线($\rho_{铝}=3.0\times10^{-8}\ \Omega m$),则请通过定量计算研究以下几个问题。

(1) 用户得到的电压是多少?

(2) 用户得到的电功率是多少?

(3) 输电的效率是多少?

问题1:通过研究,你认为用这种方法输电存在什么问题?

问题2:影响输电线电能损耗的因素有哪些?

问题3:采取降低输电线路电阻法输电有哪些具体的办法?

问题4:采取降低输电线电流法输电有什么具体的办法?

问题5:你认为在实际应用中,采用哪种方法比较经济、合理?

问题6:假设你就是电力设计师,请设计出采用降低输电线电流法进行输电的方案,并画出简图。

除了本案例之外,读者还可以阅读本章案例3-14之"六、设计教学"部分。

(四) 操作化

从一定意义上说,经过心理化、结构化、问题化处理的教学内容还是"死"的东西,只有通过学生的活动(当然包括思维)、学生的各种实验,这些内容才能发生、发展、生动起来,才能内化为学生大脑中的经验系统。因此,筛选教学内容要注意鼓励和促进学生"做中学""用中学",以帮助学生建构知识的"意义"。

【案例3-11】 "变压器"①教学五部曲②

1. 教师在可拆型变压器的原线圈中输入220 V交流电,副线圈接额定电压为6.2 V的小电珠。在合上电键前,学生有充足的时间想象、猜想将会出现什么结果。然后教师合上电键:小电珠几乎正常发光!实验结果使学生体会到:变压器的确能改变交流电电压。此时,学生迫切希望知道原因,自然就会积极开动脑筋,从已学知识中寻找答案。经过学生小组讨论,教师适时点拨、启发,学生很自然地掌握了变压器的工作原理——电磁感应现象。

---

① 高中物理选修3-2第五章第4节。

② 许芹.构建智慧的物理课堂[J].江苏教育研究,2007(12):42-43.

2. 在知道了变压器的工作原理后，学生根据法拉第电磁感应定律提出猜想：副线圈输出电压与线圈匝数有关。是否真的如此呢？师生共同设计第二个实验：用一根长约 3 m 的导线自绕副线圈，并把该导线与 6.2 V 的小电珠相连。在原线圈输入 220 V 电压，不断增加副线圈匝数：10 匝、20 匝、30 匝……学生发现小电珠越来越亮（证实猜想正确）。接着教师把铁芯慢慢抽走，结果小电珠越来越暗，学生从中悟出铁芯的作用，从而理解了理想变压器的概念。

3. 在尝试实验二的基础上，学生已经知道了副线圈输出电压随副线圈匝数的增加而增加。教师再次启发学生大胆猜想对于理想变压器，原、副线圈电压与它们的匝数具有怎样的关系。猜想后，让学生设计第三个实验：原、副线圈接入电压表，测出电压来验证自己的猜想。在得出理想变压器变压规律后，教师引导学生利用能量守恒定律，自行导出变压器的变流规律。

4. 学生从理论上分析可知：输入功率随输出功率的变化而变化。实际情况真是如此吗？学生又兴致勃勃地设计了第四个实验：在副线圈中并联几个小电珠，当副线圈输出功率为零时（变压器空载，电键全部断开），$P_2=0$，$I_2=0$。此时串联在原线圈中的电流表读数趋向于零，说明输入功率也为零。当副线圈中接入的小电珠个数增加时（输出功率增大），串联在原线圈中的电流表读数也随之增大，说明输入功率随输出功率增大而增大。

5. 当这堂课进入尾声时，学生又提出：如果将变压器的原线圈通入直流电，合上电键后，会有什么结果？结果是小电珠不亮。但进一步仔细观察发现在开关闭合或断开的瞬间，小电珠会闪一下。这样，学生对变压器是改变交流电的装置以及它的工作原理是电磁感应的认识就进一步加深了。

第四节　选择教学模式与方法

新一轮基础教育课程改革对教师和学生提出了教学方式转型、学习方式改变的要求，这对教师选择教学模式和教学方法提出了新要求。

一、物理教学模式

教学模式是一个古老而又现代的问题。每当提到“教学模式”，就会让人联想起孔子的“学、问、习、思、行”，柏拉图的“对话、辩论、思考、善”，赫尔巴特的“明了、联想、系统、方法”，凯洛夫的“组织教学、导入新课、讲授新课、巩固新课、布置作业”和杜威的“五阶段教学”，陶行知的“生活教育”，斯金纳的“程序教学”，布鲁纳的“发现教学”等。事实上，教师的教学活动，都是自觉或不自觉地在某种理论或经验的教学模式下展开他的教学过程的。学术界普遍认为，教学模式成为教育研究中一个引人注目的课题是从美国学者乔伊斯等人的研究开始的。1972 年，乔伊斯（B. Joyce）和韦尔（M. Well）出版了《教学模式》一书。20 世纪 80 年代，我国学者也开始了对教学模式这一课题的研究。现在,关于教学模式的研究已经成为教育研究的一个专门领域,其成果可谓汗牛充栋。但是,尽管如此,国内外对教学模式的理解却并不一致。从设计、组织教学的角度来看,所谓教学模式,是指在一定的教育思想指导下,依据教学规律和教学经验,为实现某一特定教学内容的教学目标而建立的、比较稳固且简明的教学活动框架和教学活动程序。

(一) 教学模式的内在构成要素

教学模式是教学基础理论与教学实践的中介。它体现一定的教学思想和教学理论,是教师、学生、教科书、媒体等要素在教学过程中形成的相互联系、相互作用的相对稳定的结构形式,它将教学的构想变成了人们可以观察、理解、具体操作的实施原则和实施方法。教学模式的内在构成要素主要有以下几个方面。

1. 指导思想

所谓指导思想,是指建立教学模式的思想认识、现实意义,主要是阐明建立教学模式的现实性和必要性。

2. 理论基础

"每一个模式都有一个内在的理论基础。"教学模式所赖以建立的教学理论是教学模式深层、内隐的灵魂和精髓,它决定着教学模式的方向性和独特性。鉴别一个教学模式成熟的程度,一般可以从它的理论基础中略见一斑。

(1) 功能目标。任何教学模式都是有一定的功能目标指向的。"功能目标是人们对教学活动能在学生身上产生什么样的和多大的效用所做的预先估计",它是教学模式构成因素中最核心的因素,制约着其他因素,它也是效果评价的标准和尺度。

(2) 框架程序。框架程序指在时间上展开的逻辑步骤及每个步骤的主要做法和所要完成的任务。由于教学过程具有复杂性、多变性和生成性,框架程序一般只具有相对稳定性,而不可能是僵化的和一成不变的。

(3) 实现条件。实现条件是指模式发挥效力、达到一定功能目标所需的各种条件,包括教师、学生、课程内容、教学手段、教学的时空组合等方面条件。

(4) 效果评价。效果评价是衡量教学目标实现程度的标准、方法和过程,引导和激励着教和学。由于不同的教学模式完成的教学目标、使用的框架程序、实现的条件等要素不同,因而评价的标准、方法、过程一般也不尽相同。也就是说,每一个教学模式一般应有自己的评价标准、方法和程序。

总之,教学模式是教学理论或教学思想的具体化,也是教学经验的一种系统性概括。它可以在一定思想和理论的指导下提出,经由多次教学实践检验并修正、完善后形成,也可以直接从丰富的教学实践经验中通过理论概括而成。所以,教学模式的确立在一定程度上体现了教学的客观规律性。

(二) 两种有代表性的物理教学模式

近二三十年来,一批有代表性的当代外国教学模式和理论被陆续介绍到国内,引起了较大的反响,其中许多已经对国内的学校教学实践产生了深刻的影响。同时,国内学者和教师在消化、吸收外国教学模式的基础上,联系实际,提出了一批相对定型、切实可行,具有一定创意的教学模式。下面介绍两种有代表性的物理教学模式。

1. 问题探究教学模式

基础教育课程改革将科学探究作为课程内容(内容标准)的一部分。《义务教育物理课程标准》和《普通高中物理课程标准(实验)》在阐述科学探究时都提到了它的七个要素:提出问题、猜想与假设、制订计划与设计实验、进行实验与收集证据、分析与论证、评估、交流与合作。显然,这预示着在今后一段时期内,物理教学要在以下几个方面实现根本性转变。

(1) 从注重教学的结果转向注重教学的过程。

"重结果、轻过程"是传统教学的一大弊端。事实上,尽管结果能够在一定程度上反映学生的认知水平,但认知过程中遭遇的问题与困惑、挫折与失败、成功与欢乐既是认知无法回避的经历,也是学生当下和今后学习、生活、发展、创造的"资本",因而特别具有现实的和历史的生长意义。基础教育课程改革积极倡导将学生的学习过程和教师的教学过程本身(包括所经历的一系列质疑、判断、比较、选择以及相应的分析、综合、概括等认知活动)作为学习和教学的目标、结果的重要组成部分,其目的就在于使学生在感知—概括—应用的具体经历中学习知识,发展思维,提高实践能力和创新能力,为实现可持续发展奠定基础。

(2) 从注重统一规格的知识传授转向注重关照学生的个性发展。

传统教学确实存在压抑学生个性和创造力的弊端。基础教育课程改革积极倡导教师去关注、去研究每一个学生,发现差异、利用差异,给每一个学生提供创造、发现的机会,分享创造、发现的权利,承担创造、发现的义务,努力实现每一个学生有个性地发展。

(3) 从注重掌握知识转向注重知识、技能的应用。

从认知心理学角度看,学习可以分为三个层次:第一层次是概念的学习,通过概念来了解事物的性质;第二层次是规则的学习,懂得概念与概念之间的联系;第三层次是问题解决的学习,即运用概念和规则来解决问题。基础教育课程改革更加强调第三层次学习的重要性。可以预料,未来的教学在形式上,将更加具有发现、探究的特点;在内容上,将更加侧重于问题的解决。当然,从应用性的基本特点出发,未来的教学还将更加具有综合性的特点,即综合运用多方面的知识解决问题。

(4) 重视学习中学生独特的理解、看法、感受、体验。

人的学习离不开一定的知识基础,而这个基础应该是间接经验与直接经验的有机结合。间接经验是前人直接经验的总结和提炼,直接经验则是学生通过亲身实践获得的感悟和体验。间接经验只有通过直接经验才能更好地被学生所掌握、运用，才能转化为个人经验体系的一部分。学习活动中，学生对学习的内容会有不同的理解和看法，会有不同的感受和体验，但正是由这些学习中的“理解”“看法”“感受”“体验”所引起的判断、质疑、比较、选择等行为可以弥补知识转化为能力的缺口。此外，学习所要解决的问题也不仅仅是知识、方法、能力等问题，更重要的是要通过学习解决好意识、态度、观念和精神等方面的问题。前者一般可以通过教师的言传身教、学生的勤奋努力等来解决，后者则主要通过学生学习中独特的自我理解、看法、感受、体验等来逐步形成。

“问题探究教学”模式是在教师的引导下，学生根据对身边物理现象的已有观察、对生产技术的已有感性认识去发现问题、提出假设和猜想，进而自行设计实验、验证假设、交流评价，最后归纳出物理概念和规律的一系列教学活动。这一系列教学活动使学生在获取物理知识的同时，培养了创新能力和实践能力。该模式的操作流程主要包括以下几个方面。

第一，提出问题。

① 创设情境，发现问题。创设情境，一方面使物理问题有了赖以存在的土壤，使学生从生活走向物理，另一方面也可以吸引学生的有意注意，使学生保持持久的学习物理的兴趣和积极性。创设情境要注意引导学生观察，因为观察是科学探究的基础，是发现问题获得证据或数据的来源。发现问题可以从以下几个方面入手：一是借助生活实例创设问题情境，并从中引出问题。二是借助演示实验创设问题情境。例如，“变阻器”一节教学开始，教师出示调光台灯，问：“这是什么？”学生回答：“台灯。”教师建议：“让我们来接通电源，请同学们注意观察。”当学生观察到台灯的亮度可以调节时，便知道了这是调光台灯。紧接着，教师引导学生发现问题：“台灯的亮度为什么可以调节？其调光的原理是什么？与我们所学的知识有怎样的联系？”三是通过陈述故事的方式引出问题。例如，在讲述“浮力产生的原因”时，教师可讲述俄罗斯“库尔斯克”潜艇沉没和打捞的过程。四是通过类比等方法合理地将学生当前无法解决的、需用将要学习的知识来解决的问题引出，提供给学生思考，以激发学生的认知需要。例如，教“大气压强”时，教师可以这样引导：“大家知道液体对浸在其中的物体会产生压强，而气体和液体相似，可以流动，且没有一定的形状，那么，气体对处于其中的物体会产生压强吗？如果气体也可以产生压强，这种压强又有什么特点呢？是否和液体一样遵循相同的规律呢？”五是以常见的思维定式引出问题。例如，在“牛顿第一定律”的教学中，“有力作用物体就运动，没有力物体就停止运动”这种思维定式在学生的大脑中根深蒂固，教师可以反问：“这种说法真的正确吗？让我们用实验来验证。”

② 大胆假设，猜想结果。问题发现之后，不要急于用实验去检验，更不能直接说出答案，此时正是启发学生进行深度思维的好时机。教师应该充分利用这一时

机鼓励学生大胆假设，去猜想可能的结果。如“变阻器”一节的教学，教师可以让学生猜想：调光台灯电阻的变化是由改变电阻的什么因素引起的？结果自然会有多种。但这多种结果提高了问题的明确性，从而使后续的探究活动有了明确的指向。所以，从一定程度上来讲，提出猜想和假设是探究赖以进行的关键。当然，有时学生提出的假设和猜想可能与最终发现的问题的结果不一致，甚至差之千里或毫不相干，但教师不能因此否定甚至数落学生，而要从鼓励、激励的角度，对学生的“异想天开”持肯定态度，至少要保护学生的积极性。

③ 分析筛选，提出问题。经历了前面的“流程”之后，课堂充满了问题、假设和猜想。这时，教师应该和学生一道，合理地、令人信服地分析、筛选问题，共同确定接下来要重点探究的问题。尤其对于一些一时无法探究、解决的问题，可以采取先“直白告知”或“好言相劝”的办法，把问题留到课后解决。

第二，实验探索。

① 设计实验。有了前面筛选出来的问题，有了假设和猜想做铺垫，学生便跃跃欲试，他们极想知道自己的猜想和假设是否正确。这时，学生自然会想到可以用实验来证“真”和证“伪”。但究竟如何进行实验呢？学生可能陷入茫然。这时，教师既不能越俎代庖，不能剥夺学生自由发挥、尝试创造的机会，也不能放任自流，无限度地让时间白白流逝而无所作为。教师要看准时机，相机点拨、引导，最终和学生一起制订出较为完善的实验方案。此后，教师还要和学生一起选好落实实验方案所需要的器材并组装完成。

② 实验探索。明确了实验方案，选择并组装完成实验器材后，学生便可以开始进行探索了。其间，教师的巡视、指导、启发不能少。尤其当先前学生提出的假设和猜想较多时，要完成的实验工作量和难度就比较大，此时教师提供必要的帮助就显得很重要。

③ 归纳总结。在实验操作过程中，学生往往只关注现象和数据，而忽视了现象和数据背后隐藏的“东西”。“透过现象看本质”更需要教师的提醒、指导和帮助。归纳总结环节是将实验探索的结果与先前的假设和猜想进行比较、鉴别的过程，也是学生体验成功喜悦、品尝探索艰辛的过程。

第三，交流评价。

① 交流。一般来说，在实验过程中，同组实验者之间会进行内部的讨论和交流。这里所讲的交流是指更大范围的交流，如组与组之间、全班同学之间、教师与学生之间等广泛的交流。在交流活动中实现思维的碰撞，使学生在加深对知识、技能、过程、方法理解的同时，语言表达能力和逻辑思维能力得到有效的锻炼。

② 评价。学生都有被评价的需要。教师应抓住这一心理特点，适时地让学生把他们在实验过程中的体会以及实验后得到的结论相互交流、讨论。让学生进行

自评、互评，小组间互评、教师评价，甚至请校外专家进行评价。学生通过交流和评价了解他人、认识自我，进而改进自我、提高自我、建立互信。

③ 提出新问题。交流评价环节经常会出现新的问题。受时间、空间限制，这些新问题不一定能在课堂上彻底解决，需要留到课后通过进一步思考，甚至通过进一步的实验才能解决。因此，教师应有意识地将有关问题遗留给学生，使教学延伸到课外，把探究问题的创造性活动引向课外，真正让学生带着问题走进教室，又带着问题走出教室。

【案例 3-12】　“影响电磁铁磁性强弱的因素研究”①的教学设计

一、提出问题

（一）创设情境，发现问题

电磁铁的磁性强弱与什么因素有关？如果改变通过电磁铁的电流或改变电磁铁的线圈匝数，它的磁性强弱会变吗？

（二）大胆假设，猜想问题

学生相互议论：假如通过电磁铁的电流由1 A增至2 A，电磁铁的磁性会怎样？能否这样来推测：导线中的2 A电流是两股1 A电流汇合而成的，每股电流都产生了一个磁场，两个相同的磁场合在一起，电磁铁的磁场便增强了。如果电磁铁的电流不变，线圈由100匝增加到200匝，它的磁性又会怎样？能否这样推测：200匝的线圈是由两组100匝的线圈组合而成的，每组线圈都产生一个磁场，两个相同的磁场合在一起，电磁铁的磁性就增强了。

（三）整理归纳，提出问题

由以上推测可以想到，电磁铁的线圈匝数越多，通过的电流越大，电磁铁的磁性就越强。

二、实验探索

（一）设计实验

思考：通过怎样的实验来验证上述猜想呢？这个实验需要解决的问题有哪些？

学生讨论：

1. 怎样测量电磁铁的磁性强弱？

生A：看它能吸起多少根大头针或多少个小铁钉。

生B：看它能吸起多少铁屑。

生C：用弹簧测力器测量它对某一铁块的吸引力有多大。

2. 怎样改变和测量通过电磁铁线圈的电流？

生D：用滑动变阻器改变电磁铁线圈中的电流。

---

① 9年级物理下册第十六章第二节。

生E：用增减电池来改变线圈中的电流，用电流表来测量电流大小。

3. 怎样改变电磁铁线圈的匝数？

生F：使用中间有抽头能改变线圈匝数的现成电磁铁。

生G：自己制作电磁铁线圈。

用学生C、D、F提出的方法组成探究性实验的方案。

（二）实验探索

学生分小组进行实验。

1. 把开关、滑动变阻器、电流表、电磁铁用导线串联起来接到电源上。

2. 让滑动变阻器取不同的值，测出相应的电流和电磁铁对铁块的吸引力，将测量的结果记入表1中。

表1

电流/A				
电磁铁对铁块的吸引力/N				

3. 改变线圈匝数，调节滑动变阻器，使电流保持不变，测出不同匝数时电磁铁对铁块的吸引力，将测量的结果记入表2中。

表2

匝数				
电磁铁对铁块的吸引力/N				

（三）归纳总结

各小组从本组实验的表1中可以看到，当电磁铁的线圈匝数不变、电流逐渐增大时，电磁铁对铁块的吸引力是同步增大的；从表2中可以看出，在电流一定的情况下，电磁铁的匝数增多时，电磁铁对铁块的吸引力也是同步增大的。由此可知，电磁铁的磁性强弱与电磁铁线圈中的电流、电磁铁线圈的匝数有关，且电磁铁线圈匝数越多、电磁铁线圈中的电流越大，电磁铁磁性就越强。

三、评价交流

（一）评价

回顾以上实验，寻找有没有什么不妥的地方，如当改变线圈匝数的时候，是否确实做到了线圈中电流不变；当测量电磁铁对铁块的吸引力时，使用的是否是同一块铁块；有没有其他因素影响着实验结果。如果这些因素在实验中都做了充分的考虑，那么实验的结果是可靠的。

（二）交流

各小组将实验的过程和结果写成报告，分别在班上报告本组的实验情况并进行交流和讨论。

（三）提出新问题

线圈的大小、形状对电磁铁的磁性有影响吗？如何通过实验证实？

2. 基于个体差异的自主学习课堂教学模式①

自主学习是指学生（包括个体和小组）在教师指导下自觉地确定学习目标、制订学习计划、选择学习方法、监控学习过程、评价学习结果的过程或能力。自主学习不是无师自通，而是在发挥教师引导作用的同时，更加突出学生的主体地位，让学生真正成为学习的主人。然而，实际的教学基本上是以班级为单位的，教师面对的是一群具有个体差异的学生，他们已有的自主学习能力也各不相同。这就使得统一学习目标、统一学习过程的自主学习活动往往达不到预期的效果。实际调查发现，有相当一部分学生因为缺少自主学习的习惯和能力沦为课堂自主学习的旁观者，而学生的智力结构、认知风格上的差异又使得教师在指导学生自主学习的过程中往往容易顾此失彼甚至束手无策，这使课堂上的自主学习沦为一种形式，自主学习的效果也就不尽如人意。显然，这是一种以平等对待不平等的待人方式造成的既不公正、也不合理的现象。

多元智力理论认为，人的智力是多元化的。个体的智力并不是某个单一的实体，而是多种智力成分的组合体。每个人身上都拥有八种彼此相对独立的智力，即言语智力、数理逻辑智力、视觉空间智力、肢体动觉智力、音乐智力、人际智力、内省智力、自然观察智力。但是，在不同个体身上，每种智力的强弱程度以及它们之间的组合方式是各不相同的。在学习风格上，美国学者 H. F. 席尔瓦和 R. W. 斯特朗等人依据个体获取信息和加工信息的方式，将学习风格分成掌握型（感官-思考）、理解型（直觉-思考）、人际型（感官-感受）和自我表达型（直觉-感受）四种，即在获取信息时，有的个体倾向于运用“具体的感官”，有的个体倾向于运用“抽象的直觉”；在对信息进行加工时，有的个体倾向于运用“逻辑的思考”，有的个体倾向于运用“主观的感受”。由于获取和加工信息的方式不同，个体的学习角度、对学习材料理解的深度自然也有相应差异。也就是说，不同的学习风格具有不同的侧重点或典型特征。因此，在教学中教师所要做的不是消除差异，而是正视差异，将差异视作资源、视作优势，利用资源、发挥优势，提高每一位学生的学习能力，发展好每一位学生。为此，在班级授课制下，教师应充分考虑班级学生客观存在的个体差异性，尽量在教学中利用学习风格和多元智力。具体来说，就是在充分了解学生的基础上，将学生隐性分层，有差别地设计教学目标和组织教学，使教学设计面向多种学习风格和多种智力的学生，有针对性地引导学生实现差异发展。

① 尹华. 基于个体差异的自主学习课堂教学模式的探索[J]. 物理教师，2012(6)：16-17.

【案例 3-13】　“导体的电阻”①的教学

一、学生认知风格、多元智力的评估及鉴定

课前采用问卷调查、日常观察或者访谈等方法收集任教学生认知风格、多元智力的信息并加以评估和鉴定，以此作为合理分组的依据。

二、基于差异现实的课堂教学的设计和实施

（一）设置情境，提出问题

情境展示：（教科书课文中的“说一说”）中央电视台 2002 年 12 月播放了北京技术监督局对市场中电线电缆产品质量抽查的消息。消息引用检验负责人的话：“十几个不合格产品中，大部分存在导体电阻不合格问题，主要是铜材质量不合格，使用了再生铜或含杂质很多的铜。再一个就是铜材质量可能合格，但把截面积缩小了。”

明确学习目标：探究影响导体电阻的因素。

提出研究问题：导体电阻大小与哪些因素有关？分别是什么关系？

（二）合理分组，制订方案

教师为学生提供多样化的自主学习方案。

方案 1：适用于喜欢阅读材料，获取信息能力和语言组织能力较强的学生。

研究目标：从物理学史角度来研究电阻定律。在这个过程中，学生可以体会到成功的喜悦。这有利于达成课堂教学中的情感目标，同时还有利于培养学生理论联系实际的科学思维方法。

研究任务：查阅相关资料，研究和分析电阻定律的背景资料。

成果预测：通过对资料的分析和讨论，得出影响导体电阻值大小的因素，如导体的长度、粗细和材料。

方案 2：适用于数学能力较强、喜欢推理论证的学生。

研究目标：借助数学，从理论上推导出电阻定律的内容和表达式，让学生在探究的体验中获取新知识。通过逻辑推理获得结果，体验创造性思维及联想获得新知识的成功喜悦。

研究任务：由欧姆定律和电阻串并联知识进行分析及推导。

成果预测：数学推导串联电路总电阻的大小相当于导体长度增加，并联电路总电阻的大小相当于导体横截面积增加，然后总结出电阻定律。

方案 3：适用于探究欲望强、善于动手、喜欢创造的学生。

研究目标：实验探究导体电阻的影响因素。引导学生运用理性思维设计、操作实验，并从提出问题、设计实验、提出假设、分析实验现象和数据的过程中培养学生的科学研究能力。

---

① 高中物理选修 3-1 第二章第 6 节。

研究任务：应用控制变量法和对比法，通过实验活动来探究导体的电阻与导体材料、长度和横截面积及温度的关系。

成果预测：研究的方法是控制变量法，培养科学探究精神并从中获得观察、实验的初步技能，使学生逐步发展自己的学习能力，学会互相配合、互相鼓励、友好评价、和谐相处，培养团队精神和合作思想。

在学生自由选择的基础上，教师根据学生认知风格和多元智力的实际情况进行调整并分组，接着便实施学生自主学习。在学生自主学习的过程中，教师及时指导，关注各个小组的进展情况，对困难较大的小组或有问题的个人提供引导、帮助，充分照顾学生的个体差异、小组差异，使每个小组、每位学生都能享受到学习成功的乐趣。

（三）自主学习，差异落实（略）

（四）成果展示，归纳总结

为了让学生体验到学习成功的乐趣，进一步利用组间差异这一宝贵资源，组织各小组对自己的研究成果进行展示。各小组汇报后，留一段时间让师生共同讨论并发现问题，比较、分析各自的优缺点，教师给予差异性的、有针对性的评价，然后归纳得出最合理的研究成果。

（五）测试反馈，小结反思

利用教科书中节后的“问题与练习”对学生的学习效果进行检测，对学生暴露出的问题进行有针对性的指导，并以此作为学生自主学习的评价机制，进而提高学生自主学习的质量。

信息栏 3-2

一、范例教学模式的基本程序

第一阶段：范例地阐明“个”的阶段；第二阶段：范例地阐明“类”的阶段；第三阶段：范例地掌握规律阶段；第四阶段：范例地获得关于世界和生活的经验。

二、探索发现教学模式的基本程序

1. 确定“发现”目标；2. 建立问题情境；3. 寻求答案途径；4. 进行评价和验证；5. “发现”科学结论；6. 将所“发现”的结论用于解释现象。

三、（魏书生）“六步教学”模式的基本程序

1. 定向；2. 自学；3. 讨论；4. 答疑；5. 自测；6. 自结。

四、（杜郎口）基于学生自主学习教学模式的基本程序

1. 预习交流；2. 明确目标；3. 分组合作；4. 展示提升；5. 穿插巩固；6. 达标测评。

资料来源：

1. 谢利民《现代教学论纲要》，陕西人民教育出版社 1998 年版，第 89 页。

2. 翟晋玉、康丽、李炳亭《中国课改模式“样本”调查：从凯洛夫到杜郎口》，载《中国教师报》，2011 年 1 月 19 日 6 版。

二、物理教学方法

据不完全统计，目前在教学实践中运用得卓有成效的教学方法不下700种①，真是令人目不暇接。但是，关于教学方法的含义，历来有广义和狭义之分。广义的教学方法是指为完成教学任务、达成教学目标所采取的一切手段、技术、途径，它包括教学设施、教学技术、教学组织形式，甚至包括教学原则及课堂教学结构等。这样，理论联系实际、循序渐进、启发式教学等可以称为教学方法，个别教学、班级教学、小组活动等也可以称为教学方法。狭义的教学方法是指在教学活动过程中，教师和学生为完成教学任务、达成教学目标而采取的教与学相互作用的共同活动方式。也就是说，狭义的教学方法是指教学过程中教师和学生所采用的行为方式，它不仅与教学原则、教学组织形式相区别，而且与通常所讲的教学程序、教学模式、教学策略等概念有所不同。这里所讲的教学方法主要是指狭义的教学方法。

(一) 物理教学的基本方法及其要求

教学方法是教学过程中一个十分活跃的关键因素。在中学物理教学中，只有正确地选择、恰当地运用教学方法，才能取得良好的教学效果。

1. 讲授法

讲授法是教师运用口头语言系统地向学生传授知识的一种方法，它因在传递知识信息方面具有无法替代的简洁和高效的特点而经久不衰。讲授法既可用于传授物理新知识，也可用于巩固旧知识，既可以用于描述物理现象，叙述物理事实，解释物理概念，又可以论证原理，阐明规律。一般来说，教学内容越系统、理论性越强，讲授法就越适合。不过，讲授法不易调动学生的积极性和主动性，且学生习得的知识也不易保持。所以，在使用讲授法时，除了讲授的内容必须具有科学性和思想性外，还要注意以下几点：

(1) 讲授的语言要精练、准确，重点突出，富有启发性，要能引导学生展开思维的“翅膀”，开展思维活动。

(2) 注意在讲授中适当地利用挂图、板画、模型、演示实验等教学媒体。

(3) 注意将讲授法与谈话法、读书指导法、演示法等交互使用，以取得最优的教学效果。

2. 谈话法

谈话法又称问答法，是教师根据学生已有的知识和经验，通过师生间的问答，使学生检查和巩固旧知识、学习和获取新知识、发展和提高能力的一种教学方法。谈话法的优点是便于唤起学生的注意，激起学生的思维活动，培养学生独立思考问题能力和语言表达能力。其主要缺点是不能照顾学生的差异性，教学时间不易控

---

① 黄甫全，王本陆. 现代教学论学程[M]. 北京：教育科学出版社，1998：234-235.

制，教学的定向性差等。运用谈话法教学时，要注意以下几点：

(1) 谈话前，教师要在明确教学目标、把握教科书“四点”、摸透学生情况的基础上，认真拟订谈话提纲，精心设计谈话焦点(问题)，审慎选择谈话方式。

(2) 谈话中，教师要积极引导学生在独立思考的基础上开展相互交流、相互学习；要及时发现学生在谈话中生成的新问题，及时调整策略、解决问题，以最大限度地满足不同层次学生的需要；要善于发现学生的亮点，集思广益、及时归纳，使零乱的知识得以系统化。

(3) 谈话法要适当地与其他教学方法配合使用。

3. 读书指导法

读书指导法是教师指导学生阅读教科书和其他参考书籍而获取知识并发展能力的一种教学方法。读书指导法的优点是有利于调动学生学习主动性，有利于学生运用已有经验进行归纳、概括或由已有知识出发运用数学和逻辑推理去建立概念和规律，有利于培养学生认真读书的习惯和独立思考的能力。当然，读书指导法也有一定的局限性：它通常适用于难度相对较小、以陈述性和推论性为主的内容教学。另外，采用读书指导法开展教学时，教师和学生间的情感交流、认知反馈面是十分有限的。使用读书指导法进行教学时，要注意以下几点：

(1) 根据物理学科的特点和教学过程的不同阶段及要求指导学生采取不同的阅读方式和策略，如在建构新知识时，应指导学生把握好“现象(事实)→本质(规律)”的认识过程；在运用新知识时，应指导学生依据教科书消除疑点、积极思考，进一步细化、深化和活化知识等。

(2) 对于一些难度较大的学习内容，教师要预先向学生做一些简单的指导性的讲述或提出一个阅读提纲，指定一些基础思考题和基本练习，也可以预先为学生开列参考书目或提供参考资料，向学生提出阅读建议和要求。

上面介绍的三种物理教学方法都属于以语言传递为主的教学方法，接下来介绍的演示法和实验法则属于以直接感知为主的教学方法。

4. 演示法

演示法是教师通过向学生展示感性材料(实物、相片、挂图、电影、录像、多媒体动画、演示实验等)，使学生在观察中获取知识的一种教学方法。演示法是物理教学中运用得最多的一种直观性教学方法。运用演示法进行教学应注意以下几点：

(1) 明确演示目的，选好演示用的感性材料，保证演示具有良好的能见度，以便全体学生进行观察，形成正确的观念和表象。

(2) 要对复杂的内容精心安排好演示的层次和步骤，引导学生边观察现象边进行思考，尤其要引导学生注意不同条件下演示所表现出的不同结果和特征，使观察和思考走向深入。

(3) 一般来讲,演示法必须与其他教学方法配合起来使用。

5. 实验法

实验法又叫边教边实验法,是教师指导学生按一定的程序动手操作器材、观察现象、记录数据,并在此基础上完成教学活动的一种教学方法。实验法是物理教学中常用的方法,也是一种较难掌握的教学方法。运用实验法进行物理教学时要做到以下几点:

(1) 课前要充分准备,即实验课前,教师要认真准备好器材和用具等,要对实验的关键、可能出现的问题(包括故障、伤害等)以及如何指导学生等做到心中有数,要向学生讲清楚实验的目的、要求、原理和操作过程中的注意事项,要分好实验小组,必要时进行示范性实验。

(2) 课中要有效指导,即实验过程中,教师要密切关注学生的活动,特别是在学生进行关键步骤的操作时,更要适时给予指导,确保实验科学、规范、安全地进行。

(3) 要重视实验能力和科学态度的培养,要鼓励学生在实验中积极思考、深入探究,发挥创造性。

(4) 教师应在实验结束前,做好实验过程、结果以及实验纪律和学生实验态度等情况的总结,要指导学生写好实验报告,提出改进实验的建设性意见和建议。

6. 练习法

练习法是学生根据教师的示范或指导,通过练习的形式有意识地反复完成某一活动,达到理解和巩固知识、形成技能和技巧的一种教学方法。使用练习法时通常应注意以下几点:

(1) 要精心设计练习,即练习要有明确的目的、周密的计划、恰当的分量、适当的难度、科学的时距和有效的方法。

(2) 要做到练习有布置、有检查、有指导、有讲评。

(3) 要注意培养学生良好的练习习惯、客观地进行自我评价的能力和主动纠正错误的精神。

7. 实习法

实习法是教师指导学生按一定的教学要求,在校内或校外一定的场所或实习基地从事实际工作,将书本知识应用到实践中去,达到巩固知识、掌握技能目的的一种教学方法。运用实习法应注意以下几点:

(1) 要注意安全。要牢固确立安全第一的思想,实习开始前、进行中要不断地进行安全教育。

(2) 要帮助学生选好实习的指导教师,重视指导教师的言传身教作用。

(3) 要按计划、分步骤地有序推进教学。

(4) 要注意及时进行实习情况的总结和成果展示。

以上两种教学方法是以实际训练为主的教学方法。下面介绍的讨论法是以引导探究为主的教学方法。

8. 讨论法

讨论法是教师指导学生以班级或小组为单位，围绕某一中心问题各抒己见、相互启发和讨论，最终达成共识、获得知识或巩固知识的一种教学方法。讨论法有利于调动学生的主观能动性，有利于培养学生倾听、沟通、分析、比较等能力。讨论法比较适合于那些学生接受起来不太困难，但在理解和运用上常常出现错误的内容，且要求所讨论的内容最好是那些采用语言讲述的方式就可以表达结果的。使用讨论法时，教师应注意以下几点：

(1) 精心设计讨论的中心问题。

(2) 指导学生做好讨论前的准备工作，要让学生在阅读教科书和参考资料、分析物理现象和实验数据等的基础上，初步建立自己的论点和论据。

(3) 积极鼓励学生参与讨论，引导学生围绕中心问题展开讨论。

(4) 通过及时总结讨论所取得的成果调控好讨论的进程，逐步将讨论引向对问题本质的揭示。

(二) 选择运用教学方法的标准和依据

针对我国中学物理教学实际，我国学者提出了如下物理教学方法选择、运用的标准和依据。

1. 符合教学目标

即符合由课程目标和课程内容(内容标准)分解后的每节课的具体教学目标。

2. 符合教学内容的特点

例如，一般介绍性的知识可采用读书指导法，通过实验建立规律的内容可采用实验法等。

3. 符合学生的实际情况

即教学方法的选择要符合学生个性心理特征和知识基础。例如，在初中阶段，一般应采用以直接感知为主的教学方法，以调动并保持学生学习的兴趣和积极性；在高中阶段，可经常采用以引导探究为主的教学方法，以培养学生独立思考、逻辑推理、自主学习的能力。

4. 符合教师的特点

可以从两个方面来理解：一是任何一种教学方法的实施，都对教师的素质提出了一定的要求；二是一般来说，教师总是在实践中以自己独特的个性去影响教学方法的选择。例如，讲授法要求教师具备较强的语言表达能力，具备这种能力的教师可能较喜欢使用讲授法；演示法要求教师具有娴熟的直观演示技能，具备这种能力的教师可能较喜欢使用演示法；等等。教师要根据自身的素养和条件，扬长避短，发挥个人优势，选择与自身特点相适应的教学方法。当然，根据教师自身的特点选择教学方法，并不意味着单从教师自身的特点出发来选择教学方法，其实更意味着教师要主动地学习，要通过不断地提升素养、尝试实践、总结经验，掌握和运用尽可能多的与自身相适应的教学方法。

5. 符合学校的条件

学校的条件包括物质的（如实验器材、图书设备、网络环境、教学经费等）、社会的（如班级组织状况、师生交往水平、学校管理水平、校园文化水平等）和心理的三个方面。学校的条件是教学活动的外部条件，它为教学方法选择、运用提供了一定的物质和信息基础，对教学方法的选择和运用具有制约作用。所以，选择教学方法必须从学校已有的条件出发。当然，教学方法的选择也不能完全消极地服从、受制于特定的学校条件，教学方法与学校条件之间应该是相互影响、相互促进的关系。尤其是开放、多元、互动的信息化时代能够为教师选择和运用教学方法提供有力的支撑。

在结束本章之前，请看一个教学设计方案。

【案例 3-14】　“时间和位移”①教学设计方案

一、分析教科书

“运动的描述”这一章从最基本、最简单的概念入手，引导学生认识运动的基本概念和对运动状态的描述方法。“时间和位移”是本章第 2 节内容，此内容看似简单，但实际上每个概念都是运动学的基本概念，尤其位移概念是运动学中最重要的概念之一。要让学生建立起对基本概念的科学认识，理解各个概念的准确含义，为进一步学习运动学打好基础。

这一内容的编写既注重了科学方法，又注意到了学生的认知规律。在对概念的形成描述中，教科书不是简单罗列实例，让学生机械记忆概念，而是以实际问题的矛盾点激发学生思考，使学生产生有必要建立新概念的意识。这种编排结构和设计思想能较好地突出理论与实践的统一，使学生明白物理概念既源于实践又用之于实践，有利于学生在学习中主动唤起探究和联系生活的意识，同时渗透了抽象、对比的思想方法，这对培养学生的思维能力具有重要的意义。

二、分析教学对象

“运动”对于高一新生来说并不陌生，尽管如此，学生头脑中原有的关于时间、时刻、路程概念的记忆还是比较含糊的。这与整个初中阶段学生思维基本上处在形象、直观水平以及学习抽象概念时采取“重结果、轻过程”的“浓缩”处理问题的方法等不无关系。高一新生的思维正处在从形象、直观向抽象、逻辑转化的开始阶段，所以，尽管学生对位移这一新生事物的学习是有兴趣的，但要求他们从习以为

---

① 高中物理必修 1 第一章第 2 节。

常的生活实例中抽象出位移概念却又是一件具有一定难度的事。

三、确定教学目标

(一) 知识与技能目标

1. 知道时间和时刻的含义,掌握在时间轴上标定时刻和时间间隔的方法。会在实例中对比两者异同,知道实验室测量时间的方法。

2. 理解位移概念,掌握在坐标系中运用坐标表述位置及位置变化的方法,知道位移是表示质点位置变化的物理量,是矢量,可以用有向线段来表示。

3. 知道位移和路程的区别,对提供的实例,能正确判断出位移与路程的表示结果。

4. 知道时刻与位置、时间与位移的对应关系。

(二) 过程与方法目标

充分联系生活实际,抓住生活中物理问题的矛盾点,参与几个概念的形成过程,展示自己的思维过程。

(三) 情感态度与价值观目标

1. 培养严谨认真、循序渐进的科学态度和坚持真理、修正错误、实事求是的科学观。

2. 培养观察生活物理的习惯,理解具体问题具体分析的哲学道理。

四、分析教学任务

时间和时刻概念是学生生活中较常用也较容易理解的概念。可以紧密联系生活实际和学生已有经验,用时间数轴说明时间和时刻概念,并用实物展示测量时间和时刻的办法。

位移是运动学的重要概念,是本节课学习的重点,而理解位移概念的"必要性"和位移的"矢量性"更是位移概念建立的关键。可以采用搭建"脚手架"(问题形式)的办法,使位移概念在学生大脑中自然"生长"。

五、阐明教学设计思想

强调"重过程""重情感""重生活"。对物理概念教学而言,就是要紧密联系学生生活,使抽象的概念教学变得生动、形象,吸引人;就是要充分了解学生已有的知识和经验基础,引导学生积极参与教学活动,循序渐进,在学生已有的认知结构上生长出"新天地"。

六、设计教学①(摘要)

(一) 引入概念——明确引入概念的必要性

教学设计1:引入位移概念的必要性,见表1。

---

① 陈金秀,朱建廉.浅论概念的自然生长——基于"位移"概念教学的设计流程及理性分析[J].物理教师,2012(6):23-25.

表 1

序号	问题准备	评价准备
1	什么叫运动	物体的位置变化叫运动
2	初中物理是用哪个物理量来量化运动中物体位置变化的总量的	路程
3	某同学从学校大门口出发走了 100 m，问这位同学到了哪里	不能确定
4	路程能将物体位置变化的情况描述清楚吗	不能
5	针对上一问题，我们该怎么办呢	必须引入新的物理量

（二）定义概念——认准定义概念的目的

教学设计 2：定义位移概念的目的，见表 2。

表 2

序号	问题准备	评价准备
1	引入新物理量的目的是什么	进一步描述物体位置的变化
2	试着给该物理量起一个贴切的名字	位移
3	引入“位移”描述“位置变化”需要考虑哪些方面的问题	“位置变化”的大小和方向
4	该怎样表示“位移”	用始位置指向末位置的有向线段表示

（三）认识概念——侧重了解概念的特性

教学设计 3：界定位移概念的特性，见表 3。

表 3

序号	问题准备	评价准备
1	“位移”这个物理量应该具备怎样的要素	大小、方向
2	从所具备的要素来看，位移有别于路程以及温度、质量等。从这个意义上来讲，物理量是否可以进行某种分类？如是，可以如何分	是。一类是既有大小又有方向的物理量，即矢量；另一类是只有大小的物理量，即标量
3	既然位移具有矢量特性，它的运算是否像标量那样进行呢？如否，则如何	否。平行四边形法则
4	“变化”是过程性的，即“变化”总是需要时间的，所以描述“变化”的位移是否应该具有过程性呢	是的，位移跟“时间”相对应

（四）理解概念——注重相关概念的辨析

教学设计4：位移概念的辨析，见表4。

表4

序号	问题准备	正误判断
1	路程与运动路径有关，位移只由始末位置确定而与运动路径无关	正确
2	路程不可能小于位移	正确
3	如物体从 O 点出发沿直线向右运动到另一点 P 点，则路程与位移相同	错误
4	路程不可能与位移相同，但可能与位移大小相等	正确

（五）掌握概念——关注概念迁移的应用

教学设计5：关于位移概念的应用，见例题。

例题：一支队伍在平直的公路上行军，走在队伍最前端的队长让传令兵将命令传达给每一位队员。于是，传令兵便相对于队伍从最前端运动至最后端，传达完命令后又立即相对于队伍从最后端运动至最前端向队长汇报。若在这一过程中，队伍的长度始终保持为 L，且队伍前进的距离为 $4L$，则传令兵在这一过程中通过的位移大小 s 和路程 d　　（　　）

A. 一定有 $s=4L$　B. 可能有 $s=5L$　C. 一定有 $d=6L$　D. 可能有 $d=4L$

本章小结

教学设计是一个假设和预设。但这种假设、预设不是无稽之谈，它建立在教师对学生、课程标准、教科书、教师自己以及对教学媒体、教学目标、教学模式、教学方法等的研究和把握的基础之上。并且，研究越充分，把握越精准，这种假设便越“逼真”，这种预设便越“周全”。

本章涉及教学原则、教学目标、教学内容、教学模式和教学方法等重要理论，这些理论的最后归宿是教学设计。要在“教学设计”中进一步明确物理教学原则，学会确定教学目标，学会筛选教学内容，学会选择教学模式和教学方法——要“在设计中学会设计”。

做上学

1. 以初(高)中物理教科书中的某一节课文为题材，用“ABCD”法编写三维教学目标。

2. 谈一下你对“阅读物理教科书”这一问题的认识。

3. 阅读初(高)中物理教科书中的某一课时内容，确定教学的重点、难点、关键点和价值点。

4. 你认为物理教学的基本方法是哪些？根据目前的情况，你应该在哪些方面做进一步的努力？

5. 查阅有关资料，领会陶行知“教学做合一”教学模式的内涵。

6. 以初(高)中物理教科书中的某一节课文为题材，按一种你熟悉的教学模式编写一份教案。

7. 在认真阅读高中物理1第一章第2节内容的基础上，进一步体会案例3-14的教案设计过程，并了解教案的一般“写法”。

资源链接

1. 翟晋玉、康丽、李炳亭:《中国课改模式“样本”调查:从凯洛夫到杜郎口》，载《中国教师报》，2011年1月19日6版。

2. 朱建廉:《高中新课程实践引领:物理》，南京师范大学出版社2009年版。

3. 商继宗:《教学方法——现代化的研究》，华东师范大学出版社2001年版。

第四章　应用教育技术

学习目标

- 了解传统物理教学媒体，了解现代教育技术的含义、作用和发展趋向。
- 应用传统物理教学媒体和现代教育技术优化物理教学。

推进教育技术与物理课程的整合，逐步实现物理教学内容的呈现方式、学生的学习方式、教师的教学方式和师生的互动方式的变革，对构建现代物理教学体系意义重大。

第一节　传统物理教学媒体

“媒体”一词源于拉丁语“medium”，意思是“两者之间”，是指信息传播过程中，信源和信宿之间携带和传递信息的任何物质工具。因此，所谓教学媒体，就是指携带和传递教学信息的载体，包括教科书、板书、挂图、投影、幻灯片、录音、录像、网络等，它在教师教学和学生学习过程中发挥着重要的作用。

一、教学媒体的分类

教学媒体是传递和呈现教学信息的载体，它通过多种途径作用在人体的五官上，引起感觉，产生知觉，激发认知。从某种意义上来讲，教学媒体是人体感官和大脑的扩展、延伸和加强。20 世纪初，教学媒体以图片、照片、幻灯片、挂图为主。随后，各种视听器材以及传播媒体如电影、投影机、电视相继应用于教学。时至今日，录音机、录像机、计算机、网络等媒体已在教学中扮演着重要角色。而且，随着科学技术的发展，教学媒体种类日趋繁多、功能日益强大，且新的教学媒体出现的时间间隔也越来越短。

教学媒体日益繁多，对其分类也是五花八门、众说纷纭。例如，根据媒体的表达手段，可分为语言媒体、印刷媒体、电子媒体；根据媒体的物理性质，可分为光学投影教学媒体、电声教学媒体、电视教学媒体；根据印刷与否，可分为印刷媒体与非印刷媒体；等等。这里不妨根据教学媒体的发展顺序，将其分为传统教学媒体和现代教学媒体，即把过去传统教学中常用的媒体称为传统教学媒体，如教科书、板书、挂图、标本、模型、实验器材等；将 20 世纪以来利用科技成果发展起来的电子传播媒体称为现代教学媒体，如幻灯片、投影、广播、录音、电影、电视、录像、电子计算机、网络等。当然，所谓的传统教学媒体和现代教学媒体是相对而言的，在定义上并没有严格的区分。

二、传统物理教学媒体

传统物理教学媒体是指在教学中，在教师口头语言的基础上，为更丰富地传递信息而采用的一些简单的媒体材料。

1. 教科书

作为凝固的教学语言的教科书，与讲授中教师所用的言语符号不同，它表达的信息相对比较稳定。因此，教科书信息能够可靠地传递给学生，并且容易被检验、评定和修改。另外，教科书的信息显示时间比较持久，不像影视和播音之类的媒体，信息呈示较为短暂。因此，教科书给学生提供了多种学习方式：信息传播可以从教科书上任何一点开始；能被粗略地浏览或仔细地研习，甚至能被跳读；允许学生自己控制信息呈示的速度；等等。此外，使用教科书不需要特殊的环境，其便携的特点能够方便学生使用，无须过多考虑到时间和场合。

2. 黑板

在课堂教学中体现为教学板书，是教师普遍使用的一种传统的、重要的教学媒体，是师生间利用视觉，交流信息的最简易的渠道。板书是指教师根据教学需要在黑板上以书面语言或符号进行表情达意、教书育人的活动。板书作为最常规的教学媒体，如果能够科学、合理地设计其内容和布局，将收到非常好的教学效果。它始终有着其他教学媒体无法替代的功能。

3. 图表

例如，教科书上的插图、摄影图片以及各种特制的示意图、表格等，能对环境和实物提供生动的形象表达，有助于说明教科书内容的意义，增进学生对内容的了解，启发学生的想象。有时，还可以采用挂图的形式将图表呈现出来。

4. 模型

模型是实物的一种替代，用以表达具体实物的三维特征，可以提供实物所不能提供的学习经验。它既可以比实物大，也可以比实物小或者与实物一样大小；甚至可以拆开以展示其内部构造，这是实物难以做到的。有些专门设计的套件模型还可以让学生自己拆开并安装，使学生深入地理解知识，并培养学生的认知和操作技能。

5. 实验器材

借助实验器材，通过具体实验操作，再现自然现象和变化规律，可以使学生直观地认识和感悟自然现象及其变化规律，激发学生的探究欲望和创新意识。

需要特别指出的是，上面介绍的众多传统物理教学媒体如黑板、实验器材等，是前人留给后人的宝贵物质财富，至今仍具有很高的使用价值，在教学中发挥着重要作用。例如，通过粉笔板书，可以有效地加深学生对重点内容、过程的理解、掌握，使教师的口语表述效果得到强化。又如，借助实验器材进行“真刀真枪”的物理实验，不仅能让学生准确感知物理事实，深刻理解物理知识，还能让学生通过真实的实验过程，直接获得成功与失败的体验并由此激发审美情感、培养实事求是的科学态度和理性批判的科学精神。所以，即使在现代教育技术日新月异的今天，“课堂教学去黑板化”“实物实验虚拟化”“口头语言视觉化”等倾向和做法仍然不值得提倡。我们应追求传统教学媒体和现代教学媒体协同互补、优化组合，使教学技术（媒体）不断完善、发展，发挥出最大的应用（教学）价值。

第二节　现代物理教育技术

现代教育技术是以现代教育思想、理论和方法为基础，以系统论的观点为指导，以现代信息技术（主要指计算机技术、数字音像技术、电子通信技术、网络技术、卫星广播技术、远程通信技术、人工智能技术、虚拟现实仿真技术及多媒体技术和信息高速公路）为手段的教育技术。现代教育技术是现代教学设计、现代教学媒体和现代媒体教学法的综合体现，是以实现教学过程、教学资源、教学效果、教学效益最优化为目的的。

信息栏 4-1

物理课程与信息技术整合的途径与方法

1.利用数字化信息系统（DIS）整合物理课程。2.利用仿真实验整合物理课程。3.利用多媒体教学手段整合物理课程。4.利用机器人技术整合物理课程。5.利用网络资源整合物理课程。

资料来源：赵伟新《物理课程与信息技术整合的实践与反思》，人教网，2008 年 2 月 20 日。

一、现代教育技术的发展趋势和作用

现代教育技术的发展呈现出多媒体化、网络化、智能化、虚拟现实化的发展趋势，同时也从对教学的绝对关注逐渐走向学与教并重。

（一）多媒体化

现代教育技术的多媒体化趋势有两层含义：一是计算机多媒体，二是多种媒体组合。两者的内涵和外延都不一样，后者是指各种现代教育媒体和一些传统教育媒体相互交融、共同存在，并运用教学设计原理进行优化组合，形成具有整体功能的多媒体教学系统。这里我们着重讨论前者即计算机多媒体。

计算机多媒体是一种借助计算机技术，对文字、图形、图像、动画和声音等运载信息的媒体进行一系列交互式操作的信息技术。计算机多媒体教学系统由主机、输入和输出设备、控制以及各种功能卡和软件组成。与应用其他媒体的教学系统相比，计算机多媒体具有如下一些特点：允许学生根据自己的学习需要和自己的学习经验、风格选择感知方式；能够为学生提供多重感官刺激；高保真的声音、高质量的活动影像、二维与三维动画等能够使学生更有兴趣地学习；丰富的交互方式提高了学生的学习参与性；为教师和学生建立了资源丰富的教学环境；有助于学生开展

以问题为中心的学习，培养探索精神；等等。

(二) 网络化

人类已全面进入网络时代。目前，我国网络建设也已初具规模，建成了中国教育和科研计算机网(CERNET)、中国公用计算机互联网(CHINANET)、中国科技网和金桥网等四大网络系统。教育网络也逐渐形成了四层结构：国际互联网(Internet)、教育城域网(MAN)、校园网(Intranet)、教室网(LAN)。教育城域网是指把同一地区(或城市)内的学校、教育机构通过网络互联，使教育资源共享、整合，集成运用的宽带网络；校园网是指学校范围内的计算机网络系统，一般由多个局域网组成，同时又与外网(如 CERNET 或 Internet)相连；教室网是在一个教室范围内的计算机局域网，主要用于课堂教学和实验教学，也称网络教室。

现代教育技术的网络化发展包括两个方面：一是远程教育的网络化，出现了高校开办的网络教育学院、中小学校开办的网络学校、企业开办的网络职业认证培训等多种形式的网络教育，这些都极大地促进了社会学历教育、校外辅导、技能学习与培训的发展；二是课堂教学的网络化，这意味着课堂教学中，教师可以将网络作为提供资源的工具、教学信息发布的工具、与学生交流的工具、学习成果展示的工具等，并由此建构“情境-探究”“资源利用-主题探究-合作学习”“小组合作-远程协商”“专题探索-网站开发”等多种数字化教学模式，促进学生自主、合作、探究学习，真正体现以学生为中心，促进学生知识和技能的获得、信息素养的提高以及终身学习能力的培养。

(三) 智能化

现代教育媒体的智能化源于计算机人工智能技术的发展。目前，将人工智能技术运用于教学的比较典型的例子是智能辅助教学系统。智能辅助教学系统由于配置了知识库、“教学决策”模块、“学生模型”模块和“自然语言接口”等而具有了部分能与人类优秀教师相媲美的功能：能够了解每个学生的学习能力、认知特点和当前知识水平(如哪些已经掌握，哪些需要进一步学习)；能够根据学生的不同特点选择最适当的教学内容和教学方法，对学生进行有针对性的个别指导；允许学生用自然语言与“计算机教师”进行人机对话；等等。

目前出现的智能化辅助教学系统有智能教师、智能界面、智能代理等。智能教师系统利用人工智能技术，能够模仿教师的经验、方法，对学生进行答疑、指导，真正做到因材施教；能够充分发挥“教师”的指导、监督和调控作用，促进学生学习主动性的发挥。智能界面采用更加自然的人机对话“接口”技术，实现了诸如手写输入、语音输入等功能。智能代理具有学习辅导功能，当学生在网上学习时，可根据需要出现“教师”或“同学”，以指导学习或研究讨论问题。

(四) 虚拟现实化

虚拟现实(Virtual Reality，简称 VR)也是现代教育技术的发展趋势之一。

虚拟现实具有沉浸性、交互性、想象性等特点。沉浸性使学生在虚拟环境中具有仿佛“真实”的体验；交互性使学生能与虚拟环境中的事物进行方便的交互；想象性是指虚拟现实具有广阔的可想象空间，不仅可再现真实存在的环境，也可以随意构想客观不存在的甚至是不可能出现的环境，从而拓宽了学生的认知范围。

信息栏 4-2

信息技术给教育带来什么？

当今信息技术的飞速发展，对教育的影响不仅表现在新技术与手段的运用上，更表现在为教育的发展带来新的理念和动力，使教育内容、方法和模式发生深刻的变革。

资料来源：俞水《信息技术如何促进教育变革》，载《中国教育报》，2013 年 11 月 30 日 3 版。

需要指出的是，虚拟现实系统除了需要用来生成虚拟世界、虚拟环境的计算机以外，还需要一些特殊的装备，如显示头盔、数据衣、数据手套、空间球等，且这些设备较为昂贵，所以虚拟现实系统目前在教育领域的应用还不够广泛。但是，虚拟现实创设的高度逼真的模拟环境能够给学生营造一个“自主学习”的情境，有利于转变传统“以教促学”的学习方式，代之以学生通过自身与虚拟环境的交互来获得知识和技能的自主探究式学习，这对于培养信息时代的创新人才无疑具有积极的意义。

二、物理多媒体课件制作的要求和方法

多媒体课件是指课件设计者根据教学的需求，搜集和制作与教学内容相关的文字、图形、图像、动画、声音等素材，运用多媒体集成工具将素材在时间和空间上进行集成，从而形成的具有交互特性和辅助教学功能的多媒体软件。多媒体课件的类型十分丰富、表现力强，且制作工具多样，因此在物理课堂教学中被广泛运用。

（一）多媒体课件设计原则

物理多媒体课件的设计要遵循以下一些基本原则。

1. 促进学生原有认知结构发展和优化原则

课件设计应面向学生的认知结构而不是教材的知识结构。单纯展现教材知识结构的多媒体课件是“重复劳动”，与传统教学媒体相比，其优越性难以体现。

2. 激发学生学习的内在动机和兴趣原则

课件设计应把激发学生的内在动机和学习兴趣放在重要位置。要充分发挥多媒体的独特功能（如强大表现力等），使学生乐学、愿学。

3. 科学性、思想性、教学性相结合原则

多媒体课件应能科学地表达概念、原理，能够准确体现学科的特色，符合课程标准的要求，符合教学论的基本原理。

4. 交互、友好原则

课件设计要使界面友好，可操作性强，学习环境优美，学习过程气氛轻松。“教学是一门艺术，用艺术手段呈现教学过程，学习效率会成倍提高”，多媒体课件设计和制作应特别注意这一点。

5. 整合、共享原则

多媒体课件的来源众多。针对某一主题，网络上会有很多可供借鉴的课件资源。合理、高效地整合并利用网络资源，拒绝低水平的简单重复应该成为每一位课件制作者的理念和行动纲领。同时，作为一种教学资源，教师应抱着开放的心态，将自己制作的课件与同行、网友们共享。

（二）多媒体课件制作的一般过程

从一定程度上讲，掌握多媒体课件制作的系统方法是教师有效应用多媒体技术的关键。多媒体课件制作包括课题确定、教学设计、系统设计、脚本创作、多媒体信息编辑加工、教学测评等步骤，具体如图 4-1 所示。

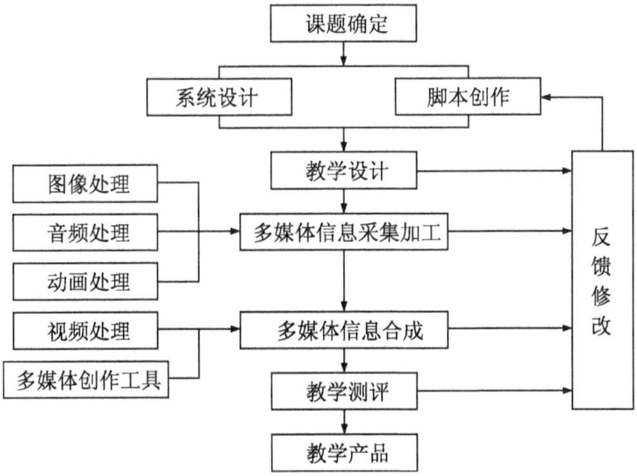

图 4-1　多媒体课件制作的一般步骤

（三）多媒体课件制作中要注意的问题

多媒体课件制作的工具较多，如微软公司推出的电子演示文稿 PowerPoint（简称 PPT），Macromedia 公司推出的多媒体开发和集成工具（如 Authorware、Director、Flash 等），北大方正电子有限公司开发的方正奥思（Found Author Tool），美国 Key Curriculum Press 公司开发的“几何画板”，南京金华科软件有限公司推出的“数理平台”等。这些工具各具特色：PowerPoint 简单易学、容易上手，多媒体的集成通过简单地插入就可以解决，并且，由于它属于微软的 Office 软件，因而具有很强的适用性；Authorware 基于图标和流线进行多媒体的创作和集成，用户界面简单，具有丰富的交互方式和良好的可扩展性；Flash 具有较好的动画特征，文件的体积小，可在互联网上以流媒体的方式互动传播；“几何画板”能够动态地展现出几何对象的位置关系、运行变化规律，有助于学生的自主探究等。

信息栏 4-3

MATLAB 在中学物理教学中的应用

1. 求解物理方程；2. 绘制物理图像；3. 求解物理极值；4. 处理实验数据；5. 仿真物理过程。

资料来源：朱国强《MATLAB 软件在物理教学中的应用》，载《物理通报》，2014 年第 4 期。

下面以 PPT 为例，简要说明多媒体课件制作中应注意的一些问题。

1. 重视课件的作用发挥

PPT 在物理教学中的辅助作用主要有辅助提示、提供直观感受和体验、丰富讲授的事实和内容、发挥分析论证作用、激发情绪和营造气氛等。在整体设计 PPT 课件时，要注意充分发挥其在教学中的上述作用。

2. 讲究简洁

PowerPoint 的英文原意是“重点”“要点”，这就暗示每一张幻灯片应做得简洁。为此，要将教学内容精炼出关键词和句，万不能把 PPT 做得像 Word 文档一样。此外，要尽量做到字少图(表)多，多用图(表)来解释、说明、揭示教学内容。值得一提的是，PPT 的备注栏是个很好的工具，放在其中的文字资料，一来可以作为教师讲课的提示，二来可以供学生学习时选用。

3. 多换位思考

PPT 主要是给学生看的，因此设计者应站在学生的角度去思考、设计、观察。设计者应注意：幻灯片上的字体要大，保证坐在最后一排和教室左右两边的学生都能够看清楚；字体和屏幕背景的颜色对比要鲜明，如白底黑字、蓝底白字；等等。

4. 结构清晰

PPT 的内容应突出主题、辅助认知，并且表达清晰、逻辑分明。因此，设计 PPT 课件时应注意：整体设计 PPT 的内容分布，排列要有清晰的逻辑主线，可以采用“递进”或“并列”的逻辑关系组织内容；要体现出教学的层次性，恰当地使用不同层级(通常不超过三级)的“标题”，以便学生能一目了然地把握住整个 PPT 内容的逻辑关系；要使整套幻灯片的格式保持一致，包括标题字体逐级变小，同级的字体和大小、颜色一致；等等。此外，在设计幻灯片放映方式时，要注意尽量使幻灯片按顺序播放，以免来回倒腾，使教师自己和学生陷入混乱。

5. 采用可视化思维与表达

整体设计 PPT 时，要充分考虑整个课件的可视化设计，从课题引入到展开再到总结，恰当地设计和安排可视化思维和表达的结构。要尽可能地采用可视化图形表达教学中的“四点”以及讲述中的关键词和句。例如，Office2007 中 PPT 自带的“SmartArt”就是一款很好的可视化设计工具。当然，给 PPT 加上可视化表达，还可以采用简笔画、概念图、示意图、照片等。

信息栏 4-4

PPT 设计时应遵循四个"6"

1. 每页最多 6 行字；2. 每行最多 6 个字；3. 距离屏幕 6 步远可以看清楚字体；4. 最多 6 秒钟可以理解 PPT 内容。

资料来源：黎加厚《PPT 艺术设计》，http://wenku.baidu.com/view/503973ed102de2bd96058808.html。

三、交互式电子白板的合理使用

交互式电子白板简称电子白板，是一种聚合多种媒体功能的数字化人机交互设备。

(一) 交互式电子白板及其组成

交互式电子白板融合了精确定位技术、大屏幕显示技术、电子技术和计算机技术，既有电子书写板的功能，又具有多媒体电脑的功能，还具有触摸屏、投影幕布的功能，是一种人与计算机进行交互的智能平台。

交互式电子白板一般分成硬件和软件两部分，其硬件组成如图 4-2 所示。硬件包括电子感应白板、感应笔、计算机和投影仪等。电子感应白板是一块具有正常黑板尺寸、在计算机软硬件支持下工作的感应屏幕，其作用相当于计算机显示器。电子感应笔承担电子白板书写笔和计算机鼠标的双重功用。教师或学生可以直接用感应笔在白板上操作，如写字或调用各种软件，然后通过电磁感应反馈到计算机中并迅速通过投影仪投射到电子白板上。软件主要是白板操作系统，它是存在于计算机中的一个软件平台，其不仅支撑人与白板、计算机、投影仪之间的信息交换，而且还自带一个强大的学科素材库和资源制作工具库，是一个兼容操作各种软件的智能操作平台。教师可以在白板上随意调用各种素材或应用软件开展教学活动。

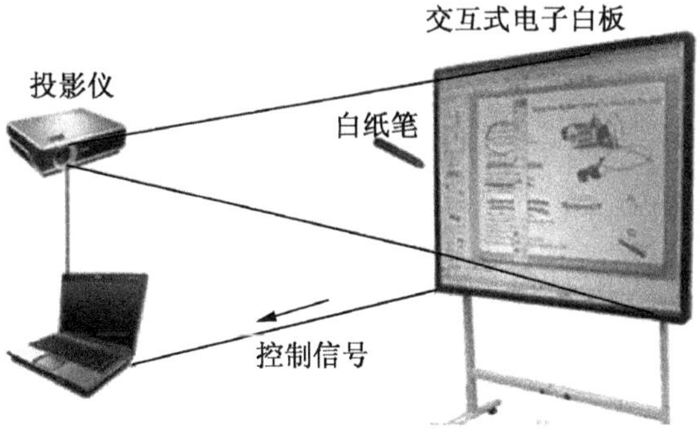

图 4-2　交互式电子白板

(二) 交互式电子白板的特点

与普通白板、黑板、电脑及投影屏幕相比，电子白板由于整合了多种信息和通信技术，其功能丰富，特色也是很明显的。

1. 全方位的互动

电子白板实现了计算机与电子白板的双向通信，教师可以直接操作白板，实现对计算机的控制，简化了操作；教师可以直接通过白板笔书写、绘画和对教学资源进行移动、缩放、标注、修改等，实现了对教学内容的控制；学生可以通过电子白板展示学习成果，教师也可直接对学生的展示内容进行批改、标注，实现师生之间的互动。

2. 丰富的资源

电子白板除了可以展示教师在课前准备好的教学课件资源以外，还提供了强大的学科资源库。资源按科目或类型分类管理，教师可以从资源库中随时调用，提高了课堂教学效率，极大地满足了教师的教学需求。

3. 个性化的演示

传统的演示文稿只能对教学内容按照既定的顺序进行播放，教师在学习过程中不能根据实际情况进行调整，而交互式电子白板的演示型教学是基于资源的，资源可以是电子白板自带的学科资源库中的资料，也可以是教师电脑中存储的影视、动画、文字、图片等多媒体教学资源，并且对各种资源的调用顺序由教师自己控制，因而使演示过程变得相对灵活，更具个性化。

4. 扩展的多媒体

电子白板扩展了计算机多媒体的功能，如操作工具中独有的拖放功能、照相功能、隐藏功能、拉幕功能、涂色功能、匹配功能、即时反馈功能等，提高了视觉效果，更有利于激发学生的兴趣，调动学生多元智能积极参与学习过程。

5. 全程的录制

教师在电子白板上呈现的各种形式的教学内容都可以录制并完整地保存下来，生成教师每一堂课的个性化课件。这些课件可成为教师以后教学的重要资源，随时被调用、重现。

(三) 交互式电子白板的教学运用

电子白板虽然整合了电脑、黑板、投影仪等多种媒体的功能，具有单个媒体无法企及的优势，但是，作为学科教学领域中的一个新生事物，难免存在一些不足之处。作为一线教师，尤其要注意以下两个方面的问题：第一，电子白板的加入使得课堂教学的信息化环境又一次得到提升，如何在这样的环境中促进学生学习方式的转变，促进学生的自主、合作、探究，是值得思考的；第二，相对于其他现代教育媒体而言，交互式电子白板的运用对于进一步调动学生学习的积极性、提高课堂教学绩效、促进教师专业化成长等方面确实有很大的优势，但是必须清醒地认识到技术永远是技术，比技术更先进、更重要的是教师的教学理念和专业素养。

四、运用网络资源进行物理教学

中学物理教师应广泛搜集和利用有关中学物理教学的信息资源，丰富自己的教学实践，更好地为教学服务。

(一) 物理网络资源

网络上物理教学资源极为丰富，下面仅做简要推介。

1. 综合资源

中国基础教育(http://www.cbe21.com)是由教育部基础教育课程教材发展中心与北京师范大学共同创建的面向基础教育领域的综合性网站。其中，物理频道网址为 http://www.cbe21.com/subject/physics。

人民教育出版社网站(http://www.pep.com.cn)是由人民教育出版社开发的网站，有教材、教辅资源、教学资源、信息技术支持系统、教学园地、课外园地、信息技术整合课题、资源下载等栏目。物理频道网址：高中物理 http://www.pep.com.cn/gzwl，初中物理 http://www.pep.com.cn/czwl。

K12 中国中小学教育教学网(http://www.K12.com.cn)是专门面向中小学教育的大型教育网站，有教育新闻、教师频道、学生频道、家长频道、教育教学资源交流平台、教育论坛和各学科论坛、教师个人专辑、杂志网上空间、学校与教师免费主页空间、免费电子邮件等栏目。

此外，还有中国教育信息网(http://www.chinaedu.edu.cn)等。

2. 学科资源

学科资源网站是一类服务于物理教师课堂教学、课外辅导、专业发展等多样化需求的网站，常报道物理教学研究的相关资讯，提供物理教案、物理课件、物理试题试卷、中考和高考物理试题、物理竞赛试题、物理说课稿等资料以及拓宽教师知识面、改善教师教学方法、基于问题解决学习、协作交流学习以及资源共享学习的情景化学习素材，供免费或付费下载。例如，国内有爱悟理 http://www.iwuli.com、物理学科网 http://wl.zxxk.com、物理园 http://www.hk-phy.org/index2.html 等；国外有美国物理教师协会网站 http://www.aapt.org、华盛顿大学物理教育研究中心 http://depts.washington.edu/uwpeg 等。

(二) 运用物理网络资源进行物理教学

计算机网络的发展，对人们的生活方式和工作方式产生了深远影响，也冲击着教育领域中教与学的固有观念、方式等。

1. 创设情境，激发学生学习兴趣

物理学是研究物质运动中最普遍、最基本运动形式的基本规律的一门学科，是以实验观察为基础的。然而，有很多实验和物理情景不能直接展示在学生眼前，如分子的热运动、电磁运动以及原子和原子核的运动等。在传统的教学方式、手段的限制下，教师只能靠一张嘴、一支粉笔来描述这些运动，致使很多学生感到物理这门学科内容抽象、复杂难懂，因此逐渐失去学习物理的兴趣。网络中的图片、数据、视频、漫画、音乐、多媒体材料等，具有很强的直观性。将其有针对性地引入课堂，为物理教学营造图文并茂、形象生动逼真、知识表征多元化的模拟与仿真情境，无疑会极大地激发学生的学习兴趣。

2. 拓展学习时空，实现个性化学习

丰富的网络资源为学生个性化学习提供了现实可能。这主要体现在两个方面：一方面，学生可以根据自身的实际需要，随时随地地利用网络资源进行有针对性的学习；另一方面，教师可以制作“个别化交互学习型”网络CAI课件供学生个性化学习使用。

3. 利用网络良好的交互性，实现合作学习

基于学生建构知识的方式多元性和多层次性，将学习风格和性格差异较大的学生组成合作学习小组，一般为5～6人，围绕着同一问题的解决而学习。这可以通过利用网上电子布告牌系统、在线聊天系统、电子邮件、视频会议、网络讲座、网络辅导与答疑等信息技术实现。网络环境同时降低了通常的社会性限制，有利于学生克服畏惧、羞涩心理。例如，使用E-mail、BBS，放慢了交流节奏，避免了外界干扰，便于学生大胆、自由地发表富有创造性的观点，并能随时与其他学习者进行交流，虚心听取他人的意见，吸纳他人的可取之处，对有疑义的地方坦率地提出自己的看法；通过采用竞争、协同和角色扮演等形式进行相互合作和沟通，最后互相补充、集思广益，得出对同一问题更全面、科学的认识。

4. 通过教师个人网站，促进学生学习

网页式课件是推进学生自主学习、协作学习、探究学习的极佳途径。教师可以将一单元或一节课的内容，包括帮助学生理解学习任务和学习内容的课件、学习内容的课外延伸资料以及突出重点、分解难点、抓住关键点和彰显价值点的练习自测题等做成网页，使师生手中的纸质教科书转化为网上的内容更丰富、形式更多样，更能够促进和帮助学生学习的电子教科书。

信息栏4-5

“翻转课堂”

传统的教学模式是教师在课堂上讲课、布置家庭作业，学生回家练习。而“翻转课堂”(FlippedClass Model，又称翻转课堂教学模式)的情形则是：课前，学生在家观看由教师制作的5～10分钟的新课微视频，通过“师生平台”向教师提出学习中遇到的问题；教师在了解到学生学习上遇到的问题之后，进行有针对性的教学设计。课上，教师不再是带领学生学习基本的概念和规律等，而是针对学生提出的问题直接进入讨论和解决问题的环节；学生可能会成为课堂的主讲人，教师要提问还得先举手……4月12日，在华东师范大学慕课中心与金陵中学、游府西街小学联合组织的全国C20慕课联盟“翻转课堂”教学观摩研讨会上，这一目前国际最流行的教育形态引起了来自全国近百所中小学的数百名代表的热烈探讨。

目前，在中小学推广的“翻转课堂”，是在线学习和课堂教学相结合。提前看视频的过程就是先学的过程，而到了课堂上更多地体现“以学定教”。未来的“翻转课堂”将更多的时间留给学生，将真正体现学生在课堂上的主体地位。

“翻转课堂”是从 2011 年起，首先在美国学校流行起来的。

资料来源：吕珂《南京中小学教育首尝“翻转课堂”》，载《现代快报》，2014 年 5 月 21 日 B26 版。

本章小结

教育技术的现代化对构建现代教育体系起着十分重要的作用。物理教育和现代教育技术的整合为实现物理教育的现代化提供了可能性。

通过教育技术与物理课程的整合来营造一种全新的信息化教学环境，这种环境能够支持情境创设、启发思考、自主学习、问题探究、信息获取、资源共享、多重交互、协作交流等多种教与学活动，使学生的主动性、积极性、创造性得到较充分的发挥，从而实现课堂教学结构的根本变革——从“以教师为中心”的教学结构转变为“主导-主体相结合”的教学结构。

既然是技术，是手段，现代教育技术的不足之处也显而易见，比如可能导致对教材的忽略，学生学习、思考的空间被挤压，教师主导地位的削弱，等等。所以，我们既不能视“数字化”为洪水猛兽而裹足不前，也不能视之为灵丹妙药而全盘照搬。作为一种辅助手段，它与传统教学的辩证结合才能产生应对未来课堂的充沛智慧。运用之妙，存乎一心，适合的才是最好的，取得教学效益的最大化才是王道。课堂最终还是要落实到“人”身上，落实到对学生质疑精神和实践能力的培养上。

做上学

1. 谈谈你对传统教育媒体和现代教育媒体的认识。

2. 你做过的物理实验有哪些？你印象最深的有哪些，为什么？

3.《普通高中物理课程标准(实验)》指出：“信息技术要进入物理实验室。”请谈谈你对这句话的理解。

4. 传统物理实验将被“虚拟实验”取代吗？请谈谈你的看法。

5. 设计并制作一件简单、实用的物理演示实验教具，并编写设计和使用说明。

6. 选择教科书中的一节内容，设计制作 PPT 教学课件，并在学习小组内演播、交流。

资源链接

1. 邹新：《不能过度依赖网络教学资源》，载《中国教育报》，2013 年 12 月 18 日。

2. 李益众、倪秀:《信息技术与教学深度融合,对传统教材提出挑战——"扔掉教材",危言耸听还是转型必需》,载《中国教育报》,2014 年 2 月 15 日。

3. 杨鹏:《让智能手机为课堂助力——尝试两款手机软件在教学中的使用》,载《物理通报》,2014 年第 4 期。

4. 杜悦、臧秀霞、陈玉琨等:《月度话题·"翻转课堂"》,载《中国教育报》,2014 年 4 月 9 日 6、7 版,2014 年 4 月 16 日 6 版,2014 年 4 月 24 日 6 版,2014 年 4 月 30 日 6 版。

5. http://picturesandbox.com。

6. http://www.slideshare.net。

7. http://www.pep.com.cn/gzwl/jszx/ztts/2010hybd/7z/201111/t20111108_1079174.htm。

第五章　编写教案与学案

学习目标

- 了解教案和学案的内容、要求，了解教案的常见类型。
- 理解编写教案、学案的意义，理解试讲的意义、步骤、注意事项。
- 能采用条目式、表格式编写像样的教案，能依据教案进行试讲。

在经历了“设计教学方案”和“应用教育技术”之后，在跨出编制教学方案这一步之前，教师的思维通常还较为发散，甚至略显凌乱。随着教学方案编写工作的推进，教师的思绪得到梳理，教学的细节得到关注，最终彰显理性光辉的教学方案(教案与学案)将得到呈现。

信息栏 5-1

教案“出笼”前要做的准备

1. 教案“出笼”前要考虑的第一项重要内容是“适合学生”。
2. 教案“出笼”前要考虑的第二项内容是分析好“文本”。
3. 教案“出笼”前要考虑的第三项内容是选择教学方法。
4. 教案“出笼”前要考虑的第四项内容是准备教学手段。
5. 教案“出笼”前还要做好寓“育”于“教”的准备。

资料来源：窦瑾《谈教案“出笼”前要做的准备——以物理学科为例》，载《基础教育研究》，2009 年第 9B 期。

第一节　编写教案

张楚廷先生曾经指出：“课前准备讲稿是必要的，且越是准备充分的讲稿越不必在课上使用。讲稿是没有必要的必要。”①其实，编写教案的工作是每一位教师必须做好的一项常规工作。

一、教案的地位和作用

“教案”是教师为顺利而有效地开展教学活动，根据课程标准、教科书要求及学生的实际情况等，以课题为单位，对教学目标、教学内容、教学过程、教学方法等进行具体设计和安排的一种实用性教学文书。

① 张楚廷. 大学里，什么是一堂好课[J]. 高等教育研究，2007(3)：73-76.

教案的地位很重要，作用也很强大。概括起来，其作用主要有以下三个方面。

1. 教案是教师知识和能力的综合体现

教案是教学设计的书面呈现方式之一，它既是教学设计这座“冰山”露出水面的“一角”，也是控制课堂教学核心价值取向的一只“看不见的手”。教案既是教学设计的实现，又是实施教学的依据，也是检查教学设计质量和教学效果的参考。所以，教案是教师教育思想和设计教学诸方面知识和能力的综合体现。

2. 教案是“无用之用”

教案使教学设计落到实处，使教师找到了方向感和树立了自信心，从而能够促进教师顺畅地实施教学，胸有成竹地应对教学中出现的意外情况，富有个性地开展教学活动。可以想象，如果不认真编写教案，随心所欲，那教学过程必然目标含糊、内容杂乱，“以其昏昏使人昭昭”，不可能取得好的教学效果。所以，教案确实是教师进行教学活动的“无用之用”。

3. 教案是交流、教研、管理的媒介

教案还是课程资源积累、教师间交流学习、教师开展教学研究等的重要媒介。例如，没有进入课堂听课的教师或教育管理者，可以通过阅读教案，了解上课教师对教学的理解和感悟，了解这节课是怎么上的，从而发现上课教师的教学出发点、着力点、“出彩点”和“商榷点”等，起到交流、教研和管理的作用。

二、教案的内容和要求

根据教学设计的一般性要求和一线教师的实践体会，这里简要地提出教案的内容和要求。

(一) 教案的内容

教案通常应包括课题、课型和课时、对教学的总体认识、教学目标、教学的“四点”、教学过程、板书设计、教学札记等内容。

1. 课题

课题即教学内容的主题，通常以章节标题或核心内容表示，如“简单的逻辑电路”“‘从粒子到宇宙’复习”等。

2. 课型、课时

课型是指课的基本类型。通常有两种划分课型的方法：按教学任务划分，有新授课、复习课、测验课等；按教学方法划分，有讲授课、讨论课、练习课等。其实也可以从物理教学过程的特征和实用的角度出发，将物理课划分为概念课、规律课、实验课、习题课、复习课五种类型。课时通常是指完成某一教学任务所需的课的节数。

3. 对教学的总体认识

主要指教师在物理教学原则的指导下，对教科书、学生等的分析，对教学重点、难点、关键点等的揭示，对教学模式、教学方法和教学手段的选择和使用等。

4. 教学目标

包括知识与技能、过程与方法、情感态度与价值观三个维度。在具体撰写时，既可以采取“条分缕析”的办法(见案例 5-1)，也可以采取“渗透统整”的办法(见案例 5-2)。

5. 教学的“四点”

虽然在“对教学的总体认识”中会有所涉及，但极有必要单列一项，对教学的重点、难点、关键点和价值点做进一步的揭示。

6. 教学过程

这是教案的核心内容。主要包括教学情境、导语、教学环节、过渡语、教学内容和教学活动、课堂训练、课堂小结、板书和时间安排等，有时还可以穿插一些“设计意图”之类的说明。

7. 板书设计

除课题外，板书设计还要注意在内容上能够揭示教学内容的要点和结构，在形式上能够反映教学流程的逻辑主线。

8. 教学札记

主要用于记录教案的执行情况、课堂的“生成”情况和教师的教学反思等。

(二) 教案的一般性要求

下面主要谈三个方面要求。

1. 实用

教案既要注重形式，更要注重内容；既要有新概念、新名词、新学说、新理论，更要有体现新概念、新名词和落实新学说、新理论的具体“实招”；要便于实施，方便教学目标的具体落实。

2. 适用

“适合的才是最好的。”教案在一定程度上来说应该是“生本”的、“师本”的和“校本”的。例如，同一教师在面对不同班级的学生进行同一内容的教学时，应编制不同的教案。又如，实习教师、刚入职教师使用的教案一般应该是比较详细的，而教学经验丰富的教师则可以使用相对简略的教案。

3. 常写常新

教学是一项创造性劳动，教案常写常新正体现了教学创造性的要求。所以，教师要从研究的视角、以创新的气魄，与“时”俱进地编写教案。唯此，教学才能充满生命活力、时代气息，与学生和教师共同成长、共同进步。

三、教案的常见类型

对经验丰富的教师来说，教案的书写完全是教师个性化的行为。当然，课型也是决定教案类型多样化的一个主要因素。教案常见的类型有条目式教案、表格式教案、图解式教案等。下面主要介绍比较适合实习教师、刚入职教师使用的两种类型的教案。

(一) 条目式

条目式又称分段式，是教案的最常见类型。条目式教案的主要特点是将教学过程分段表示，突出了教学环节，有助于阅读者快速找到相关信息。例如，本书案例 3-14 中“六、设计教学”部分“(一) 引入概念——明确引入概念的必要性；(二) 定义概念——认准定义概念的目的；(三) 认识概念——侧重了解概念的特性；(四) 理解概念——注重相关概念的辨析；(五) 掌握概念——关注概念迁移的应用”清晰地揭示了该节课的教学环节。为了进一步说明这一类型教案的编写，请看下面的案例。

【案例 5-1】 “速度变化快慢的描述——加速度”教案①

(概念课，1 课时)

一、对教学的总体认识

“速度变化快慢的描述——加速度”是高中物理必修 1 第 1 章第 5 节的内容。加速度是物理学中重要的物理量之一，是学生学习高中物理遇到的第一个相对抽象的物理量。在加速度概念学习之前，学生对速度概念已经熟悉了。与速度概念的教学一样，加速度概念的教学也是要让学生掌握其物理意义、定义、定义式、单位及属性等方面的内容，而且速度和加速度这两个概念同为变化快慢的描述量，在表达形式上也完全一样——变化率，因此以“速度”作为“加速度”的生长点，即在速度概念的基础上建构起加速度的概念，将会降低学生在认知上的难度，使教学变得较为轻松自如，进而巧妙地将加速度的概念“植入”到学生的认知结构之中。

二、教学目标

1. 掌握加速度的物理意义、定义、定义式、单位及其矢量性，能根据加速度与速度方向间的关系判断物体是加速运动还是减速运动。

2. 经历加速度概念的建立过程，体会比值定义法在科学研究中的应用，知道 $v-t$ 图像的倾斜程度表示加速度的大小。

3. 体会加速度概念在实际生产和生活中具有广泛的应用；体验加速度概念的建立将人类对运动的研究带入了一个更加深入的层面；领悟认识事物(运动)的过程是一个由浅入深的过程；激发学习物理的兴趣，树立学好物理的信心。

三、教学的“四点”

1. 重点：加速度的物理意义、定义及计算。

2. 难点：加速度概念的引入及矢量性。

3. 关键点：认识建立加速度概念的必要性，感性到理性、特殊到一般的思维

---

① 顾康清. 用“速度”建构“加速度”[J]. 物理教师，2012(10)：26-27.

过程。

4. 价值点：扩大了关于运动的研究领域，锻炼了抽象、概括能力，深化了对运动学问题的研究。

四、教学过程

（一）复习“速度”

引导学生回忆速度的概念，填写表1。

表1

物理量	速度
意义	描述运动的快慢
定义	位移与发生这一位移所用时间的比值
定义式	$v=\frac{\Delta x}{\Delta t}=\frac{x_2-x_1}{t_2-t_1}$
单位	m/s
属性	矢量（方向与物体运动方向相同）

（设计意图：从5个方面复习速度的概念，为加速度概念的建构做好“交会对接”的准备。）

（二）学习“加速度”

1. 感知“速度变化快慢”。

让学生列举速度增大和减小的运动，从中选出两个速度变化快慢差异明显的实例，如子弹发射（中靶）、汽车启动（刹车），让学生揣摩这两个运动的共同点和不同点。共同点是速度都发生了变化，不同点是速度增大或减小的快慢程度不一样。子弹的速度变化快，汽车的速度变化慢。

师：你是根据什么做出这一判断的？

生：子弹的速度是急剧变化的，汽车的速度是逐渐变化的。

师：“急剧”“逐渐”表明比较速度变化的快慢需要考虑时间因素。仅考虑时间Δt就行了吗？

生：不行。还得考虑速度变化的大小。

师：正确。物理学上用符号Δv表示速度的变化量，$\Delta v=v_2-v_1$。显然，对两个运动，若Δv相等，则Δt小的速度变化快；若Δt相等，则Δv大的速度变化快。如果两个运动Δv，Δt均不相等，如何比较速度变化的快慢呢？

生：用两者的比值来比较。

2. 引入“加速度”。

师：甲、乙、丙3种运动，甲在$t_1=0$ s时$v_1=0$ m/s，$t_2=8$ s时$v_2=4$ m/s；乙在$t_1=1$ s时$v_1=5$ m/s，$t_2=3$ s时$v_2=10$ m/s；丙在$t_1=2$ s时$v_1=12$ m/s，$t_2=3$ s时

$v_2=2$ m/s。试比较三种运动的速度变化快慢。

生:(合作探究后)速度变化最快的是丙,每秒速度的变化量为 10 m/s(负号不表示大小,表示减速);速度变化最慢的是甲,每秒速度的变化量为 0.5 m/s,乙介于两者之间,每秒速度的变化量为 2.5 m/s。

师:速度变化的快慢是一个很有意义、值得研究的问题,有必要引入一个物理量来定义$\frac{\Delta v}{\Delta t}$。为此,物理学中引入了"加速度"这个概念,并定义:速度的变化量与发生这一变化所用时间的比值叫作加速度。加速度用字母 a 表示,其定义式为 $a=\frac{\Delta v}{\Delta t}$。

(设计意图:学生对加速度认识的快慢与如何引入加速度概念有着密切的关系。先让学生通过生活实例定性地认识到不同的运动速度变化的快慢可能不同,再启发学生用已学的物理量定量地描述速度变化的快慢,最后定义一个新物理量——加速度。这样的设计从感性到理性、从定性到定量,体现了概念教学应有的过程,同时也凸现了从"生活走向物理"的物理教学理念。)

3. 认识"加速度"。

在前面表 1 的右侧再加一栏"加速度"。以其左侧"速度"为生长点,完成"加速度"对应内容的教学,最终形成表 2。

(设计意图:此设计凸显了用"速度"建构"加速度"的教学特色,有"速度"概念做"培养基","加速度"概念就很容易"生长"出来。加速度的矢量性要结合图示讲解清楚,特别要强调"加速度"的正、负表示加速度的方向,不表示加速度的大小。)

表 2

物理量	速度	加速度
意义	描述运动的快慢	描述速度变化的快慢
定义	位移与发生这一位移所用时间的比值	速度的变化量与发生这一变化所用时间的比值
定义式	$v=\frac{\Delta x}{\Delta t}=\frac{x_2-x_1}{t_2-t_1}$	$a=\frac{\Delta v}{\Delta t}=\frac{v_2-v_1}{t_2-t_1}$
单位	m/s	m/s^2
属性	矢量(方向与物体运动方向相同)	矢量(在直线运动中,加速时,a 与 v 同向;减速时,a 与 v 反向)

4. 图解"加速度"。

引导学生自主研究本节的"思考与讨论"栏目,知道 $v-t$ 图像的倾斜程度反映了加速度的大小，并完成下列练习：右图中3条直线描述了A,B,C 3个物体的运动。试通过目测判断哪个物体的加速度最小，并说出理由。然后根据图中的数据计算它们的加速度，并说明加速度的方向。

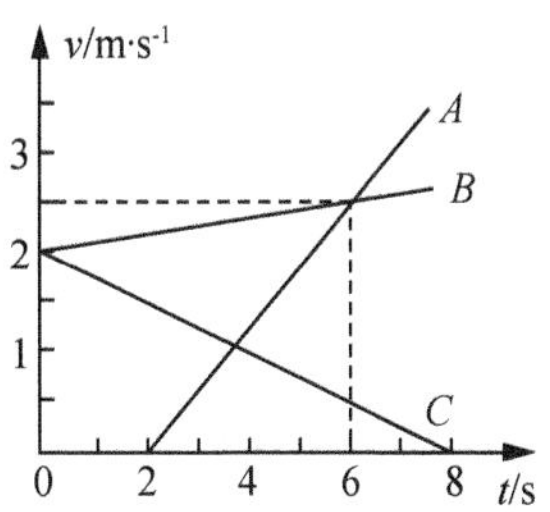

（设计意图：用图像分析处理物理问题是高中物理区别于初中物理的显著标志之一，体现了高中物理对数学的要求。从v-t图像看“加速度”开始了高中物理真正意义上的图像教学。考虑到三角函数的正切、图像的斜率这两个概念在数学中尚未学习，在此特意安排了一道练习题，以利于通过数形结合的训练，让学生具体地感受到图像的直观性。）

（三）小结巩固

先列表3比较v，Δv，$\frac{\Delta v}{\Delta t}$三个物理量。在比较中区别三者，在区别中领会三者。

表3

物理量	符号	物理意义
速度	v	表示运动的快慢
速度的变化量	Δv	表示速度变化的大小
速度的变化率（加速度）	$\frac{\Delta v}{\Delta t}$	表示速度变化的快慢

然后提出下列问题，供学生讨论：①速度大、加速度小，有可能吗？②速度变化量小、加速度大，有可能吗？③加速度大、速度小，有可能吗？

（设计意图：这三个物理量的名称中均有“速度”二字，表示符号中均有字母“v”，然而三者大相径庭。将这三个物理量进行列表比较，一目了然，不易混淆，且有利于学生形成清晰的知识链。对这三个问题进行讨论，可引导学生从实际事例和概念的含义两个维度展开，即通常所说的“摆事实”“讲道理”。这样设计的目的有两个：一是通过辨析让学生进一步弄清三个物理量的联系和区别，二是训练学生科学思辨的能力。）

五、教学札记

加速度是一个有一定教学难度的概念，采用上述以“速度”建构“加速度”的教学设计，符合学生的认知规律，降低了学生接受的难度。教学中，学生思维活跃，建构主动积极，教师在活泼、轻松的氛围下，突出了重点，分解了难点，抓住了关键点，彰显了价值点，顺利完成教学任务，达成预期教学目标。当然，正如赵凯华和罗蔚茵教授在《新概念物理教程：力学》中指出的，（加速度）是人类认识史上最难建立的概念之一，也是每个初学物理的人最不易真正掌握的概念。因此，本节课仅仅定位于加速度概念的启蒙教学，随着学习的深入，学生对加速度这一概念的认识会逐渐丰富、丰满、丰厚起来。

(二) 表格式

教学过程还可以用表格来呈现。表格一般由两列或三列组成，分别是“教师活动”“学生活动”等。表格式教案用“列”在形式上将教师活动、学生活动等做了明显的划分，有利于教案的阅读和分析，但在实际编排时不如条目式方便。

【案例 5-2】 “运动的快慢”①教案②

内容与教师活动	学生活动	设计依据
一、创设情境，引入新课(3 min) 上节课我们学习了机械运动，知道了运动是绝对的，静止是相对的，还知道了平时所说的物体运动和静止都是相对某一物体而言的，即相对于参照物而言。(稍后)同是物体的运动，它们的快慢一样吗？你认为哪些物体运动快，哪些物体运动慢呢？ 今天我们就来研究如何描述物体运动的快慢。 (板书课题)	讨论回答	增加前后内容间的联系 利用生活中的实例引起学生兴趣
二、进入新课，科学探究 (一) 生活中对物体运动快慢的比较(8 min) 平时我们是如何对物体运动的快慢进行比较、判断的？ 结论：比较相同时间内谁走得远，或者比较在相同路程内谁用的时间短。 播放视频 1：视频中是怎样比较快慢的？ 播放视频 2：比较运动快慢有几种方法？ 总结：观众实际上是在相同时间内看物体运动路程的长短来比较快慢，路程长则比较快，路程短则比较慢；裁判实际上是看相同路程情况下，运动时间的长短比较快慢，所用时间短则比较快，所用时间长则运动慢。	讨论 观察、思考、回答	联系生活实际，从生活走向物理
(二) 物理上对物体运动快慢的比较(6 min) 问题：如果物体运动时所用的时间和通过的长度都不相等，该如何比较物体运动的快慢呢？ 启发：如果时间和路程都不相等，则运动的快慢的确不容易比较。我们是否可以设法让它们的路程或时间相等呢？ 总结：让它们的时间相等，比较单位时间内通过的路程，谁长，谁运动得就快，谁短，谁运动得就慢；让它们的路程相等，比较单位路程内所用的时间，谁长，谁运动得就慢，谁短，谁运动得就快。 哪种方法相对比较简便？	思考、讨论、回答 思考、比较、鉴别	

① 8 年级物理上册第一章第 3 节(人教版)。

② 参见 http://www.pep.com.cn/czwl/jszx/tbjx/sj/jxsj8x/sj912/201008/t20100825_727918.htm。

续表

内容与教师活动	学生活动	设计依据
（三）速度(10 min) 结论：物理上用速度来表示物体运动的快慢，它等于运动物体在单位时间内通过的路程。		
讨论：为什么不用单位路程的时间来表示速度呢？ 总结：因为单位时间的路程越大，则速度越大，而单位路程的时间越长则速度越小，故虽然后者也能比较物体运动的快慢，但比较起来不方便，所以我们用单位时间的路程来表示速度。	思考、讨论	
播放视频 3：速度的引出。	观察、思考	
【公式】速度$=\frac{路程}{时间}$，用符号表示为 $v=\frac{s}{t}$。 路程的单位是米(m)，时间的单位是秒(s)，则速度的单位就是米/秒，即 m/s 或 $m\cdot s^{-1}$。常用的速度单位还有 km/h 或 $km\cdot h^{-1}$，且 $1\ m/s=1\times\frac{\frac{1}{1\,000}\ km}{\frac{1}{3\,600}\ h}=3.6\ km/h$。	板演、纸练	教给学生单位换算的策略
练习：1 km/h=________m/s。		
阅读：一些物体的速度(课文中的表格)。 说明：第一宇宙速度是航天器沿地球表面作圆周运动时必须具备的速度，也叫环绕速度。	阅读	了解常见物体运动的快慢
练习：速度的单位换算(典型例题)。 下列物体运动的速度哪个大　　(　　) A. 蜗牛：1.5 mm/s B. 炮弹：1 000 m/s C. 发射人造卫星的最起码速度：7.9 km/s D. 火车：360 km/h	师生讨论得出	
例题解析：先出示两个例题让学生看，然后变换一些数值进行计算，变换已知条件进行计算，最后让学生命制一些类似的题目，让旁边的同学计算。	设计、练习	变式练习能让学生有更多的收获
（四）匀速直线运动和变速直线运动(10 min) 介绍频闪摄影：为研究物体的运动情况，我们用频闪摄影的方法将运动物体的位置凝固住。	观察	
阅读：课本中图片“比较两种运动的差异”。 播放视频 4：运动的快慢。 结论：物体沿着直线快慢不变地运动，叫作匀速直线运动。物体沿着直线快慢变化的运动叫作变速直线运动。 举例：(略)。	阅读、比较 观察、思考	了解研究运动的方法
匀速直线运动的速度可以直接用速度公式进行计算。变速直线运动的速度虽然不固定，但我们也可以比较它们整个路程的速度，我们把它叫作平均速度。 公式 $\bar{v}=\frac{s}{t}$ 中，s 是整个路程的长度，t 是完成整个路程所需要的时间，$\bar{v}$ 就是平均速度。		拓展定义、公式的应用范围
播放视频 5：变速直线运动。	观察、思考	
介绍：速度表。	师生讨论	

续表

内容与教师活动	学生活动	设计依据
练习:有关平均速度的计算。 匀速直线的图像:将频闪照相与图像结合,会得出路程随时间的变化图像是一条过原点的直线。	学生练习	
播放视频6:频闪灯。	观察	拓展知识,了解又一种研究问题的方法
小结:这节课我们学习了描述物体运动快慢的物理量——速度,知道了为什么要定义单位时间内通过的路程就是物体运动的速度,其实单位路程的时间也可以表示物体的运动速度,只不过用它来比较不方便罢了;速度的计算公式是我们学习的关键,我们要注意领会速度单位间换算的技巧,会从不同的信息渠道收集关于速度计算的条件,然后应用公式进行计算。		跳出"森林",纵览全局

除了从形式上可以将教案分为条目式、表格式、图解式等之外,还可以按篇幅长短将教案分为详案和简案。通常,教学"新手"(如实习教师、刚入职教师等)采用类似剧本的形式编写教案,把想象或预料中的教师和学生的一切活动(包括教师想要说的每句话和学生可能会说的话)都作为教案的内容写进教案。显然,这样的教案(俗称详案,也称剧本式教案)具有具体、全面的特点,但不足是篇幅长,且过于强调静态预设,因而主观性比较强、变通性比较差。简案,多则几百字,少则几十字(相当于一份板书设计),一般为教学经验丰富的资深教师所采用。

第二节 编写学案

传统的教学采取的是用"单案"教学,即教师用自己的教案教学,这种教学普遍存在着这样的倾向:教学以教师为本,教师以教科书为中心。例如,在准备教案时,教师考虑的最主要问题是"我"如何根据"我"的经验,把教科书中的知识点向学生传授得准确无误、精彩完美,而对诸如学生是如何理解教科书的、学生将获得怎样的学习体验等问题考虑很少。这种单边形式的、狭隘的课前准备很自然地派生出这样一种观念:课堂教学就是教师一心一意地把预先为自己的教而准备的教案忠实地执行好的过程。其结果是学生跟着教师学,复制教师教的内容:先教后学,教了再学;教多少,学多少;怎么教便怎么学,不教不学。显然,在这种"教与学"本末倒置,缺乏生命性、开放性和生成性的课堂里,学生不是积极的存在,学习不是主动的学习,这对学生的成长和发展是非常不利的。

信息栏5-2

编写教案的原则

1. 科学性:体现在教育的规律性、教学方法的适切性、教学心理的适应性和学科自身的科学性等方面。

2. 创新性:体现在教科书处理上的优化、教法选择及手段运用上的优化和教学风格的独创性等方面。

3. 操作性:体现在使用教案时具有可行性和可操作性。

4. 变通性:体现在使用教案时可以根据实际情况对其内容、原定教学进度等做适当调整。

5. 差异性:体现在教案的简与繁、长与短以及类型等应立足于教学实际,包括学科特点、教师个性和特长、教师知识和经验等。

资料来源:方贤忠《教师专业发展的 4 项基本技能:备课、说课、观课、评课》,华东师范大学出版社 2013 年版,第 234 页。

一、编写学案的意义

学案又称导学案,是针对学生学习而开发的学习方案。编写学案的意义是多方面的,下面从教师和学生两个维度来做具体说明。

(一) 对教师的意义

1. 促进教师树立以学生为本的理念

成功的实践和基础教育课程改革的基本理念就是以学生为本。从课堂教学的层面来看,教学的有效与否主要不是看教师教了些什么,而是看学生学到了什么,教学对学生的素质产生了什么影响。所以,课堂教学理所当然地要转向以学生为中心。多年来,教师习惯了"我讲你听"的教学方式,课堂教学中的信息传递是单向的,学生没有真正参与到课堂教学中,在课堂上学生只是机械地听、看、记,是消极的、被动的适应者。以学生为本,就是要在教学过程中,让学生成为交往的主体、思维活动的主体、探究的主体。为此,教师必须为学生提供学习的情境、学习的条件和学习的机会,唤起学生的主体意识,发挥学生的主动精神。编写学案并实施"双案"教学是"以学生为本"理念的一种具体落实。

2. 促进教师角色的转换和专业的成长

现代教学论认为,教学是教师的教与学生的学的统一,这种统一的实质就是交往。没有交往,就不存在或未发生真正意义上的有效教学。关于交往,应该明确这样两点认识:首先,交往的本质属性是主体性。把教学定性于交往意味着教师和学生都是教学过程的主体,都是具有独立人格价值的人,师生之间具有价值的平等,即师生关系是一种平等、理解、双向的人与人之间的关系。然而,传统的"单案"教学中,师生人际关系普遍存在着教师中心主义和管理主义倾向,这种倾向在一定程度上剥夺了学生的自主性,伤害了学生的自尊心,摧残了学生的自信心,由此导致一部分学生对教学的抵触和对教师的不满。因此,通过交往,构建人道、和谐、民主、平等的师生关系是有效教学的重要前提。其次,交往的基本属性是互动性和互惠性。把教学定性于交往意味着要加强教学过程中师生间、学生间动态的信息交流,要通过信息交流实现师生之间相互沟通、相互影响、相互补充,进而达到共识、共享和共进,实现"教学相长",形成"教学共同体"。也就是说,对教学而言,交往意味着对话，意味着参与，意味着相互建构，它既是一种教学方式，更是一种浸淫于师生间的教学情境和精神氛围。对学生而言，交往将意味着心态的开放、主体性的凸显、个性的张扬和创造性的解放；对教师来说，交往意味着上课不只是传授知识，而是与学生共同分享理解、实现专业成长和焕发生命活力。如此看来，交往意味着教师角色的转换：由传统教学中的主角转向“平等中的首席”，由传统的知识传授者转向学生发展的促进者。毫无疑问，编写学案并实施“双案”教学将师生间的交往贯穿于“双案”编制和“双案”落实的全过程，较好地体现了教学的交往实质，也就为实现教师角色转换搭建了平台。

（二）对学生的意义

1. 确立了学生学习的主体地位

传统的“单案”教学一般由教师唱主角，是教师带着教科书走向学生，学生是被动的存在，看懂和听懂就是学习的全部。“双案”教学让学生带着教科书走向教师，学生被推到了教学的前沿。课前的“预热”使学生对学习的目标、学习的“四点”、学习的过程以及在预热中遭遇的困惑都心中有数，因而他们是带着在“预热”中解决问题的美好情感体验和对困惑的渴望探究心理走进课堂的。课堂上，他们将在教师的引导下互诉“预热”体会，重温“美好情感体验”，积极参与对困惑的探究并在探究中再次获得成功的快乐。总之，编写学案并实施“双案”教学确立了学生学习的主体地位，实现了学生学习权的合理回归。

2. 促进学习与发展的统一

统计资料显示，传统中学物理教学中，有近半数的学生学习意识较薄弱，对学习是怎么回事、有什么规律、为什么学习、如何学等问题要么认识肤浅，要么根本就未曾考虑过，特别是对如何预习、如何听课、如何复习、如何做作业等常规学习方法都没有很好地掌握。编写学案并实施“双案”教学，实现了教法和学法的同步渗透和优化，有利于学生在学习中体验学习方法、总结学习方法、使用学习方法，有利于培养学生“勤思”“会听”的习惯和“敢说”“善问”的胆识。“勤思”，积极思考课前“预热”中遇到的问题和上课时教师提出的问题，在学习过程中边观察边思考、边操作边思考；“会听”，上课时专心听课，细心地听同学的发言，边听边思，精力集中；“敢说”，学生带着“预热”成果进课堂，上课大胆发言，敢说话、敢大声说话，敢于反驳别人乃至教师的观点；“善问”，学生带着问题进课堂，“预热”没理解的内容和在练习、探究中遇到的自己解决不了的问题，向教师问、向同学问。这样，学生亲近教师、亲近学案，浸润于课堂、浸润于学习；学习和发展相互促进、相互统一，教学的宗旨也就能够实现了。

二、编写学案的要求

基础教育课程改革倡导教师成为学生学习的促进者，帮助学生制定合适的学习目标，并寻找达到目标的有效途径和最佳途径；为学生创设合适的学习情境，激发学生的学习动机，培养学生学习兴趣，充分调动学生的学习积极性，把学生学习知识的过程真正当作一个主动建构的过程；指导学生养成良好的学习习惯，掌握学习策略，发展学生的基本认识能力，提高学生的学力水平。落实到学案的编写时，要注意以下几点。

1. 紧扣目标

整个学案的编写要围绕、紧扣学习目标来设置学习问题和安排学习过程，目标定什么就学什么、练什么、测什么，即所有的导学环节、课堂检测及课后作业都必须与学习目标相对应，为目标的达成服务。

2. 吃透教科书

教科书是学生学习的主要媒介，无论是学案的编写，还是学生的学习都离不开教科书。因此，教师在编写学案之前，必须深入研究教科书，紧紧围绕三维目标的要求，把握要点，理清知识脉络；研究新旧知识的内在联系和拓展提升点；研究学法，探寻规律，挖掘情感因素，为学案的编写打好基础。

3. "二度创作"

对学案的设计和编写，要从教科书的编排原则和知识系统出发，对教科书和参考资料以及自己所教学生的认知能力和认识水平等进行认真的分析研究，做好对教科书的"翻译"和"二度创作"。要突出以下几点：

(1) 主体性。编写学案要注意发挥学生的主观能动性，激发学生的学习兴趣，让学生直接参与并完成一系列学习活动。尤其要确保有足够的时间和空间，让学生进行自主阅读、思考、操作、练习学案中的相关内容，确立学生的主体地位。

(2) 探索性。学案的编制要尽可能地做到"知识问题化、问题探究化"，即要通过问题设置、阶梯式学习内容的呈现和有序的学习活动，引导和促进学生进行探究学习，要通过对知识点的设疑、质疑、析疑、解疑，激发学生思维，培养学生对学习内容分析、归纳、演绎的能力以及探究精神和创新精神。

(3) 引导性。从某种意义上讲，学案本身是一份引导学生探索、求知的学习提纲。所以，编写学案时要充分考虑学生的认知水平、思维状况、心理特点等实际，考虑好内容的难度、跨度、梯度、广度和密度。尤其要精心设计好情境过渡，以引导学生主动、有序地进行学习。

此外，设计和编写学案还要注意选择性和层次性，注意与信息技术的有机整合等。

三、学案的内容

好的学案既是学生学习的"驱动程序"和"导航仪"，又是教师、学生双边互动的"交换内存"，也是教、学成果的"屏幕显示"。总之，学案是"导、学、练"合一的载体。学案的内容主要由以下几部分组成。

1. 课题

课题即学习内容的主题，一般与教案的课题相一致。

2. 学习目标

学习目标与教学目标相一致。

3. 学习过程

学习过程通常包括学前检测或预习导学和新知学习两个部分。学前检测一般是为检查学生以前的学习情况和为本次学习做好铺垫而设立的，预习导学则是为指导学生课前自学教科书、做好课堂学习"热身"准备而设计的。新知学习部分是学案的核心部分，它的编写一般以现象描述、事实陈述开头，或创设问题情境，或提供知识背景材料等，要求充分体现教师的"导学"。接着便以设问、实验、表格、填空、选择、计算、画图等形式按照知识的建构线索展开，既能体现知识的学习过程和所采用的方式、方法、策略，又能体现学生能力、情感、态度、价值观等的形成过程，有利于学生掌握学习规律，开展主动、有效的学习。

4. 达标练习

学生通过达标练习检查学习质量，进行学习效果的自主评价和反馈。

5. 反思提高

在分析达标练习结果的基础上反思学习(包括学习过程、知识结构、学习重点、难点、关键点、价值点及学习方法等)、校正学习、巩固学习，实现认识上和实践上的新飞跃。

需要指出的是，学案和教案一样，在内容上没有统一的标准。上述学案的内容只是一个基本的要求，实际编写时可以根据具体情况做适当的增删。事实上，不同课型的学案一般侧重点也应该是不同的。

【案例 5-3】　"楞次定律"①学案②(节选)

……

四、学习过程

(一) 预习单：自学课文，交流感受

请你独立阅读教科书 P9～P10，回答下列问题，并将你的结果与同桌交流。

1. 在 P10 图 4.3-2 的实验中，甲、乙、丙、丁 4 种情况下，穿过闭合回路的磁通量分别在怎样变化？

2. 理解教科书上表 1 的结果，完成表 2。

3. 根据上述表 1、表 2 的结果，回答 P10 最下面的两个问题。

① 高中物理选修 3-2 第四章第 3 节。

② 凌瑞初. 基于"导学案"设计的探索与实践[J]. 物理教师，2012(5)：13-15.

4. 通过自主学习，你认为感应电流的方向与什么因素有关？你认为它们之间存在什么规律？

（二）活动单：分组实验，探究规律

1. 如图 1 所示，A 和 B 都是很轻的铝环，环 A 是闭合的，环 B 是断开的。用磁铁的 N 极去靠近 A 和 B 可能会发生什么现象？试一试，并分析出现这种现象的原因。

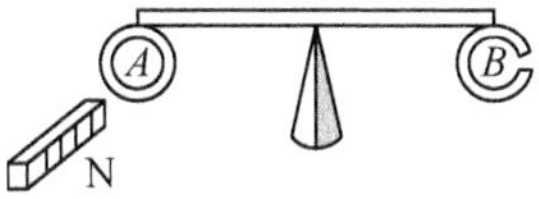

图 1

2. 再先后让磁铁的 N 极远离 A 环，S 极靠近 A 环，S 极远离 A 环，观察现象，完成表 1。

表 1

		N 极靠近铝环	S 极远离铝环	S 极靠近铝环	S 极远离铝环
1	磁铁的运动	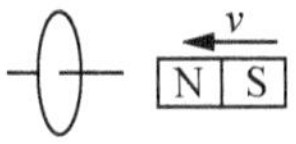	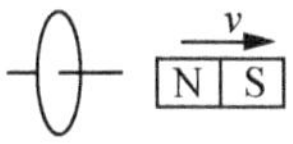	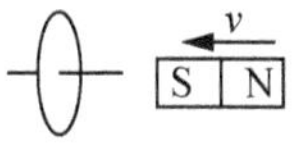	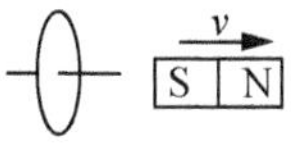
2	穿过铝环磁通量的变化				
3	铝环与磁铁的相互作用（吸引或排斥）				
4	标出铝环两端的 N 极和 S 极及感应电流的方向	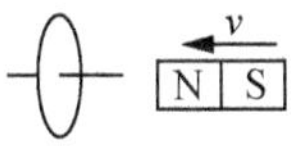	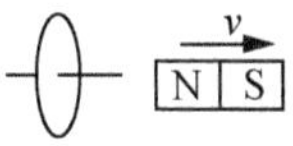	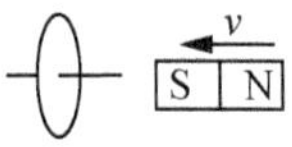	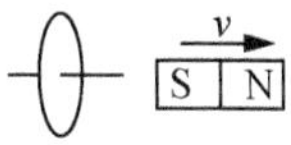
5	$B_{感}$ 与 $B_{原}$ 的方向关系（相同或相反）				
6	感应电流的磁场与穿过铝环磁通量变化间的关系				

3. 分析你的实验记录，能不能得出判断感应电流方向的方法，试用自己的话说明。

（1）当穿过闭合导体回路的磁通量增加时，感应电流的磁场要________磁通量的增加，所以 $B_{感}$ 与 $B_{原}$ 的方向________。

(2) 当穿过闭合导体回路的磁通量减小时，感应电流的磁场要________磁通量的减小，所以 $B_{感}$ 与 $B_{原}$ 的方向________。

(3) 磁通量的增加、磁通量的减小可以统一表述为磁通量的________。

(4) 把上述(1)、(2)、(3)总结起来，可以表述为：感应电流的磁场总是________引起感应电流磁通量的________。

(5) 对上面你得出的结果，能进一步把它概括成一句话吗？

(6) 试把你的结论和书上的结论对照一下。

（三）检测单：应用规律，实践体验

1. 判断闭合线圈中感应电流的方向，并填写表 2。

表 2

研究对象(闭合线圈)	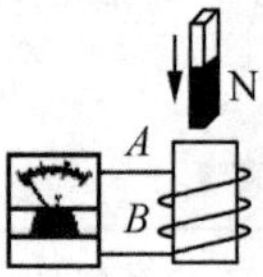	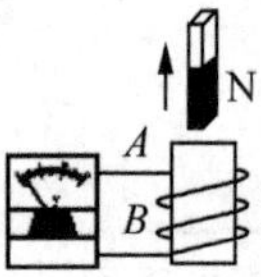	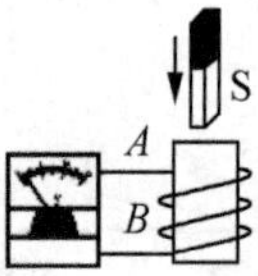	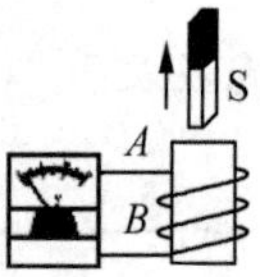
原磁场的方向				
磁通量的变化				
感应电流的磁场方向				
线圈中感应电流的方向 (填 $A \to B$ 或 $B \to A$)				

2. 小组实验，验证楞次定律。

(1) 你选择的电路是图 2 中的________。

(2) 记录现象：N 极插入时，电流表指针偏转方向________；N 极拔出时，电流表指针偏转方向________。S 极插入时，电流表指针偏转方向________；S 极拔出时，电流表指针偏转方向________。

实验结果与用楞次定律判断是否吻合？________。

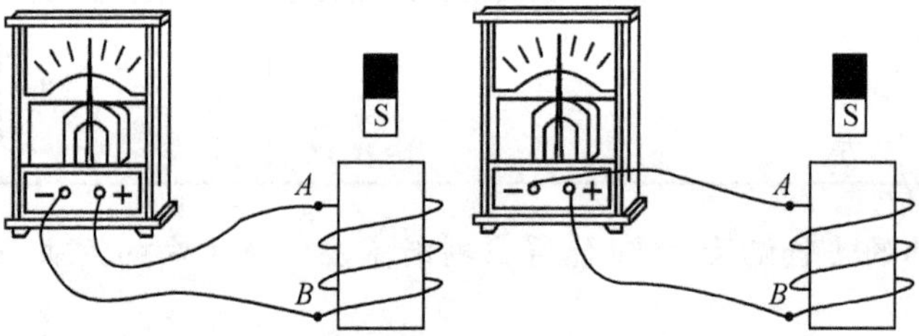

(a)　　(b)

图 2

(3) 结合图 3,理解楞次定律中"阻碍"一词的含义。

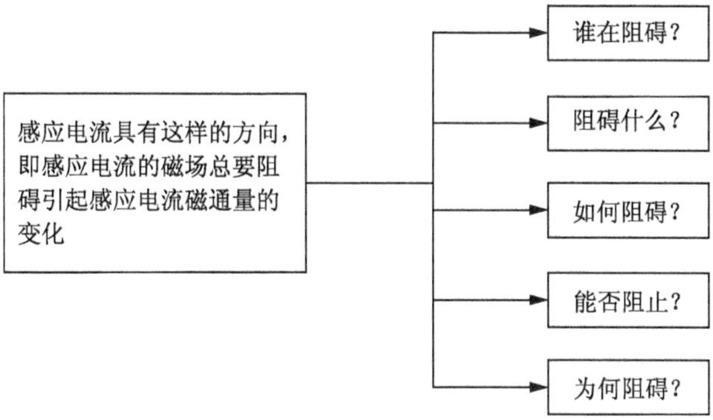

图 3

信息栏 5-3

用于学生课前自学的四种类型学案

1. 情境感悟型;2. 操作实践型;3. 梳理反思型;4. 阅读应用型。

资料来源:张冯新《基于任务驱动的初中物理助学案"课前自学"的设计思考》,载《物理通报》,2014 年第 4 期。

第三节　试讲

试讲,通常出现在师范生教育实习、教师招聘面试和新教师岗前培训等场合。下面我们主要谈师范生教育实习中的试讲问题。

一、试讲的目的与意义

师范生教育实习中的试讲是指师范生在完成"双案"撰写后,在虚拟的教学情境中进行的尝试性讲课活动。通过这一活动,试讲者一方面可以初步获得对"课堂"的整体感性认识,发现"蓝图"和"现实"的差距,在自我反思和指导教师、同伴的指点及帮助基础上,进一步调整和优化教学设计,另一方面可以获得锻炼勇气和胆识的机会,消除或部分消除对课堂教学的神秘感、紧张感和恐惧感。此外,试讲活动还可以给同伴、指导教师以启发、借鉴。

二、试讲要注意的问题

试讲要注意些什么呢? 下面几项可供参考。

1. 增强责任意识

教学工作是一项神圣的事业,在众多有成就的物理教师的记忆深处,留存最多的莫过于他们的"作品"——学生。而在他们记忆中挥之不去的却是那点点滴滴的"遗憾"和"败笔"。英国教育家洛克曾说过,教育上的错误比别的错误更不可轻视,它们的影响是终生洗刷不掉的。“课堂无小事”，责任重于泰山。课堂教学需要防微杜渐，精益求精。“教海无涯”“教无止境”，过来人尚心存此意，更何况是初上讲台的师范生呢?

2. 注意试讲有别于说课

顾名思义，试讲是指“试着讲一堂课”，即按照事先设计好的教案和学案，从导入开始，逐一经过展开、深化、巩固、结课等环节，完整、具体地上一堂课。说课(详见本书第十一章相关内容)，主要是说“怎么教”和“怎么学”的思路、方法以及“为什么这么教和学”的原理、依据。显然，两者是有明显区别的。

3. 注意把握好试讲的一般步骤

第一，试讲者在试讲之前要独立完成教案和学案的撰写，并提前一至两天送给指导教师及有关同伴审阅。与此同时，试讲者要反复地认真阅读教科书相关章节及“双案”，尽量使教案“烂熟于心”(对于即将试讲的师范生来说，“备课”重要，“背课”也重要)，进入试讲的“前状态”。第二，试讲者要提前准备好试讲所需的教学设备，如挂图、实验器材、课件和多媒体设施等。第三，试讲可分为两个阶段，先在小组内试讲，在试讲的过程中可即时评价、校正，然后在全班试讲，这种大范围内的试讲通常应规定好时间且中途不得停顿。第四，试讲后，要尽早进行评议。

4. 让科学性错误在讲台上消失

这是课堂教学最基本的要求。初上讲台的师范生一定要审慎地对待每一次登台。要仔细钻研教科书，组织好教学内容，精心做好上讲台前的各方面准备，不放过任何一个似是而非的细节问题。只有这样，才能让科学性错误在讲台上消失。此外，讲台上容不得信口开河，试讲者对于不知道的不能假装知道，也不能含糊其词。万一在讲台上出现了科学性错误，要及时地或尽快地采取补救措施，实事求是地向指导教师、同伴、学生公开说明情况并承认错误，以消除不良影响。以下是师范生在试讲和正式讲课时经常出现的“口误”:“重力的作用点叫重心，重心总是在物体上”“走路时，地面对脚的摩擦力总是向前的”“空中落下的石块击中手掌，手掌感到疼痛，那是因为石块能量大的缘故”“宇宙飞船中的物体不受重力”“重力加速度 g 是一个重要的物理常数”。

5. 试讲场景向“原生态”靠近

由于试讲时没有中学生在场，得不到来自学生的学习信息，因而试讲与真实的课堂教学有距离。为了让试讲更接近“实战”，可以要求试讲者充分使用黑板板书和实物实验(这是合格物理教师和优秀物理教师所必须具备的最基本素养)；整节课时间控制在 25～30 分钟(这样在中学课堂上课时，教学的节奏可以更加舒缓些，对学生也可以更多地关注些)。可以要求听讲者尽可能“用”中学生的身份参与课堂活动，包括有意无意地进行“违纪”(这样可以使课堂更加逼“真”，有利于训练讲课学生的课堂应变能力和课堂组织能力)。重点关注试讲学生口头表达、板书板画、演示、导入、知识呈现、重难点把握、提问、衔接、结课、巩固训练等方面的表现。

6. 合作共赢

初上讲台的师范生缺乏教学经验是不争的事实。合作是弥补这一不足的"良方"。实习阶段,尤其是在实习课堂教学阶段,师范生一是要积极主动地争取指导教师的指导和帮助,虚心听取同伴的意见和建议;二是要经常采用"角色扮演"的策略,在自己试讲和同伴试讲的整个过程中,扮演好教师角色(试讲者)和学生(听讲者)角色,使试讲的"课堂"尽可能地接近真实课堂,要善于从"欣赏"的角度,发现并揭示他人身上的闪光点,在激励他人的同时充实自己,要通过资源共用、思想共享取得共赢的效果。

三、试讲后的工作

首先,试讲者要做简要的自我回顾和总结,包括谈谈这堂课的教学设计、目标落实情况、成功与不足等。接着,要虚心听取听课者的评议——这类似于听课后的评课(参见本书第十一章相关内容)。最后,试讲者要做进一步反思。试讲者要及时地综合分析各方面意见和建议,提出对教学设计的改进、优化设想。当然,第一次试讲未达到要求的试讲者还应及时做好重新试讲的准备,直至得到指导教师和同伴认可。

本章小结

成为合格的师范毕业生要具备诸多条件,其中尤其不可缺少的条件是能写"像样"的"双案"和能上"像样"的课。

编写"双案"、试讲需要具备一定的理论基础(本书前面各章已经有过相关的论述,后面各章还将对其他方面的问题做介绍),要借鉴他人成功的经验(包括读一读优秀教师的教学设计,看一看优秀教师的教学录像等),尤其要重视亲身实践。

编写"双案"、试讲是理论联系实际、物理教学论学习与基础教育课程改革紧密联系,使教学理论、理念、方法等具体化的重要途径。

做上学

1. 选择8年级物理上册和高中物理必修1教科书中各一节内容,分别以条目式和表格式的形式,编写两套"双案"。

2. 3~5人为一小组,共同以教科书上的某一节课文为例,设计好"双案",轮流在小组内试讲、评议并写出各自试讲的心得体会。

3. 有人认为,使用"双案"教学必然会加重教师和学生的负担。你认为呢?试在小组内说说你的理由。

4. 请你的老师推荐几份优秀的"双案",仔细看一看、想一想。然后找同伴或找老师谈一谈你的看法和想法。

资源链接

1. 薛义荣:《师生互动　自主构建——“电阻的串联、并联及其应用”教学设计》,载《中学物理教学参考》,2011 年第 3 期。

2. 姚维贵:《注重科学方法渗透 引导学生自主探究——“速度变化快慢加速度”教学设计》,载《中学物理教学参考》,2011 年第 4 期。

3. 朱建廉:《“追寻守恒量”教学案例》,载《中学物理教学参考》,2011 年第 5 期。

教学做合一

1. 走访一位资深中学物理教师,了解中学(初中或高中)物理教学的过去和现在。

2. 谈谈你对物理教学过程本质的认识。

3. 案例 2-1 是“问题探究教学模式”的一种变式,它的框架程序是铺设情境→提出问题→自主学习→合作探究→揭示规律→拓展应用。请再次阅读这个案例并加深体会。

4. 探索物理网络教学和学习资源,以归纳、列举的方式介绍这些资源的特点,在小组内进行交流。

第二篇

课堂教学

能否“上好课”是评判教师“合格”与否最直接、最重要的标准。

课堂教学是在课前准备的基础上，按照“班级授课”的组织形式，实施教学设计方案的教学活动。

课堂教学包括引入新课、展开新课、巩固新课、评价教学等。

第二篇

第六章　引入新课

学习目标

- 了解新课引入的常用方法，了解设计和实施新课引入的基本要求。
- 理解引入的重要性。
- 设计和实施新课引入。

新课引入是指教师在新课展开前，运用多种手段，引起学生注意、激发学生兴趣，使学生产生学习动机、开动思维机器、明确学习目标和建立知识间联系的一类教学行为。新课如何引入对整堂课的教学效果影响很大。

信息栏 6-1

先行组织者

奥苏贝尔认为，能促进有意义学习的发生和保持的最有效策略，是利用适当的引导性材料对当前所学新内容加以定向与引导。这类引导性材料与当前所学新内容（新概念、新命题、新知识）之间在包容性、概括性和抽象性等方面应符合认知同化理论要求，即便于建立新、旧知识之间的联系，从而能对新学习内容起固定、吸收作用。这种引导性材料就称为"组织者"。由于这种组织者通常是在介绍当前学习内容之前，用语言文字表述或用适当媒体呈现出来，目的是通过它们的先行表述或呈现帮助学习者确立有意义学习的心向，所以又被称为"先行组织者"。

资料来源：施良方、崔允漷《教学理论：课堂教学的原理、策略与研究》，华东师范大学出版社 1999 年版，第 78 页。

第一节　引入新课的重要性

常言道："良好的开端是成功的一半。"有效的新课引入能将学生的注意力迅速吸引到特定的教学任务和教学程序之中，为课堂教学的进行奠定良好的基础。

一、能吸引学生的注意力，迅速进入学习状态

注意是一切心理活动的门户，外界的一切信息必须通过它的选择才能进行反映和加工。有效的引入能帮助学生收敛课前其他各种思维活动，使他们的注意指向那些对学习新课题有意义的刺激和信息，避开或抑制那些无意义的干扰和刺激，迅速进入学习的状态。

二、设置悬念，活跃思维，激发兴趣

问题是产生思维和兴趣的动因。在一节课的引入部分提出与本节课内容有关

的问题，使学生惊讶、疑惑以至于产生悬念和兴趣，无疑对活跃学生思维，对接下来的探索、学习都很有价值。

三、能建立新旧知识的联系

中学物理是一个有着比较严密的逻辑结构的知识体系。反映在教科书中，便是知识点之间、节与节、章与章甚至模块与模块之间大都隐含着某种逻辑联系。因此，有效的引入能够反映这种逻辑联系，搭起新旧知识间的“桥梁”，完成新旧知识间承上启下的衔接作用，使学生自然顺畅地把握住新旧知识的逻辑联系，以旧拓新，使学习活动成为有机的整体，促进建立比较完整的物理学科知识结构，实现知识、经验的迁移。

四、明确目标，做好学习准备

研究表明，当学生事先知道教师期望他们做什么时，他们就能比较持久地保持注意力，并自觉地控制和调节自己的学习活动。所以，有效的引入应该使学生对课题有一个大概的整体认识。这样，学生的学习动机得到激发，学习的心理准备自然也就做好了。

第二节　引入新课的基本方法

引入新课的方法有许多，这里粗略地将它们分为以下四种。

一、创设情境引入

创设情境引入是通过设计能激起学生产生注意、兴趣或认知冲突的物理现象和实验，创设学习情境，引导学生进入学习状态的一种新课引入方法。

【案例 6-1】　引入“气体的压强”①

师：(拿着一只空玻璃饮料瓶，在瓶口放一只乒乓球，压着乒乓球将玻璃瓶转到瓶底朝上)若我把托住乒乓球的手移开，会发生什么现象?

生：乒乓球会掉落。

师：对。(移开手，乒乓球落下)(稍后)我向玻璃瓶中注满水后再“盖”上乒乓球，然后同样使瓶倒置。若我移开手，乒乓球会掉落吗?

生：应该会掉落。

师：为什么会掉落?

生甲：因为乒乓球受重力作用。

生乙：况且上方还有水压着它呢。

师：有道理。让我们来实际做一做(教师移开手，但乒乓球并未掉落)。

---

① 8年级物理下册第十章第三节。

生：(很是惊讶)咦，这是怎么回事(议论纷纷)？

师：(稍后)乒乓球并未掉落，仍处在原来位置，势必是有向上的力把它给托住了，但我并未用手来帮它的忙呀。(稍后)这“魔力”究竟来自何方呢？(稍后)这就是今天我们要一起讨论的问题。

【案例6-2】　引入“自由落体运动”①

师：不同的物体下落的快慢是否相同？

生：不同。

师：(笑着)哈哈！刚才我听到了16世纪以前一群学者的说法。事实果真像大家说的那样吗？(稍后)还是用实验来说明问题吧。

(演示一：在同一高度同时由静止释放大小相同的乒乓球和钢球)

生：(观察发现钢球比乒乓球先落地——重的物体下落得快)重的物体比轻的物体先落地嘛。

师：哦，真是这么回事？那就请你们接着看另一个演示。

(演示二：在同一高度同时由静止释放一小块石头和一大团棉花)

生：(观察发现小石块比棉花团先落地——轻的物体下落得快)怎么又是轻的比重的先落地了？

师：这还不算稀奇啊。请再看一个演示。

(演示三：取两张完全相同的纸，将其中一张揉成一团，在同一高度同时由静止释放两“张”纸)

生：(观察发现揉成纸团的那“张”纸先落地)呵呵，等重的物体下落的快慢不同。

师：这真复杂啊。(稍后)造成落体运动复杂化的原因究竟是什么呢？

……

(演示四：钱毛管实验)

……

【案例6-3】　引入“楞次定律”

(教师向学生提供楞次定律演示器，让学生观察器材，琢磨教师用意。学生自由“操作”，主动探究“做实验”，并在教师的引导下逐步深入……)

师：同学们有何实验发现？

(开始是个别学生低声回答问题，其后是学生争先恐后地报告“实验”现象)

师：请李兵同学说一说。

李兵：当条形磁铁接近闭合环时，闭合环好像被磁铁推动似的，运动方向与磁

---

① 高中物理必修1第二章第4节。

铁运动方向相同;把磁铁从闭合环移开时,闭合环好像被磁铁吸引似的,跟随着磁铁运动。

师:还有吗?(见无人回答)开口环有没有类似的现象出现?

生:(部分)没有。

师:看来有部分同学没有将实验做完整。那就请这部分同学再亲自做一下。

师:(稍后)你们对上述实验现象是怎么考虑的?

(学生们在沉思片刻后开始同桌议论)

师:请周林同学代表你们这一组谈一下。

周林:起初王寰和我以为磁铁运动带动了周围空气的流动,从而引起了闭合环的运动,但后来发现磁铁移近或远离开口环时,开口环始终静止不动,这样我们就排除了风引起闭合环运动的可能。后来,我们与座位前后几位同学商量后认为,由于磁铁接近或远离闭合环时闭合环里有感应电流产生,磁铁对电流的作用力使闭合环发生了相应的运动。而开口环由于不闭合,无感应电流产生,不受磁铁的力的作用,因而始终保持静止。

师:哇!真是好极了。对周林同学的分析,大家能够接受吗?

生:能。

师:大家还有什么发现和考虑?(稍后)请肖冰同学补充。

肖冰:实验中还发现,环的运动与靠近环或远离环的磁铁的极性无关。

师:大家明白肖冰的意思吗?大家认为呢?

生:是的。

师:这是一个十分重要的实验细节,不能忽视。同学们还有其他想说的吗?

张昕:我们觉得磁铁的运动与环内感应电流之间应该存在某种关系,但目前我们还不明确。

师:你们真是太棒了!说到底,你们的确拥有很强的直觉思维能力。不过,我还想请大家思考一个问题:我们能否认为,闭合环的运动是两个磁场相互作用的结果?

(生开始疑惑)

李响:我认为是这样的,是磁铁的磁场和环内电流的磁场相互作用的结果,这是磁力的本质嘛。

师:大家认为呢?

生:(稍后)对!

师:那好。既然大家都这么认为,那么我们是否可以将刚才提到的磁铁的运动与环内感应电流之间的关系看成两个磁场关系的问题而做进一步的研究呢?

生:应该可以。

师:那接下来我们一起来探讨这个问题?

生：好的。

物理学的许多概念和规律都来源于客观的自然现象。观察自然现象能够使学生对物理知识获得具体的、明确的认识。因此，从自然现象（实际教学中可以是以图片和视频形式呈现）中抽象、归纳出物理学概念和规律是教好、学好物理的重要途径之一，当然也是新课引入的绝佳途径。同样的还有演示实验和学生实验。

以上案例中涉及的现象有的并不复杂，学生对此也不陌生，但是，仅向学生呈现这些现象不足以形成问题情境。教师必须通过讲解或再现现象等方式使学生真正地与“讲解”“现象”发生相互作用，引起学生认知不平衡或认知冲突，从而将学生的注意、兴趣乃至需要、动机引向教学内容。此外，与学生实验相比，演示实验容易使学生置身于实验之外，成为“热闹”的看客，难以使他们的思维进入深度状态，所以，要创造条件，设计学生实验，让学生在动手做的同时，同步地思考问题，及时地将自己原有的知识、经验与实验结果、现象进行比较、分析，使矛盾和冲突逐渐明朗化、激烈化，最终进入问题情境。

二、经验引入

经验引入就是利用学生的生活经验或教师的教学经验，通过创设学习情境、诱导学生思维、激起学生学习兴趣，引导学生进入学习状态的一种新课引入方法。

【案例 6-4】　　引入“牛顿第三定律”①

师：同学们，在学校前不久举行的书画比赛中，我班汪琳同学取得了一等奖第二名的好成绩。为此，让我们用掌声表示对汪琳同学的祝贺。

（掌声一片）

师：能否再热烈一点！

（热烈掌声一片）

师：好。刚才我们用掌声表达了对汪琳同学的祝贺。下面请吴兵同学谈一谈你拍掌时的感受。

吴兵：（支支吾吾）我要向汪琳同学学习。

师：好的。除此之外还有其他感受吗？

（众学生有点迷茫）

师：（稍后）看一看你的两只手掌。

吴兵：（看了看手掌）两只手掌都红了。

师：能否更加具体一点？

吴兵：哦！拍手时两只手掌都有痛感，且越用力拍，手掌的痛感越强。

师：很好，能否从物理学角度来谈一下？

---

① 高中物理必修 1 第四章第 5 节。

吴兵：这应该可以说明两只手掌间的作用力是相互的，大小也应该是相等的。

师：不错。这个简单的“小插曲”反映了很深刻的道理。下面就让我们一起来深入探讨存在于两个相互作用的物体之间的力所遵循的规律——牛顿第三定律。

（教师在黑板上板书课题）

【案例 6-5】　　引入“平均速度”①

师：（播放多媒体课件：屏幕上显示龟兔赛跑的动画和龟兔赛跑的 $s-t$ 图像，见下图）同学们都听过“龟兔赛跑”的故事吧，屏幕上的 $s-t$ 图反映的就是“龟兔赛跑”的整个情况。请问，整个比赛过程中兔子是不是一直在作匀速运动？

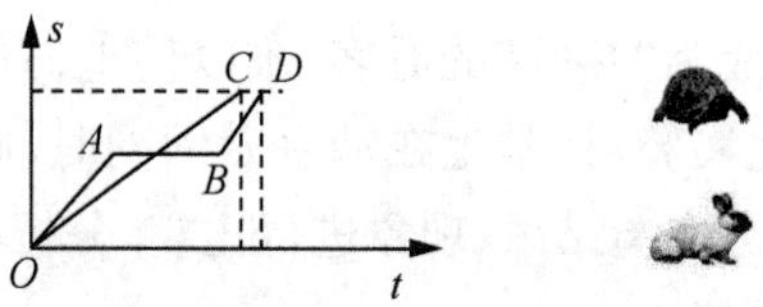

生：不是。

师：从比赛的结果来看，谁运动得快？

生：乌龟。

师：能否从物理学角度来分析？

生甲：从 $s-t$ 图像来看，龟、兔的位移相同，但龟用的时间较少，所以龟运动得快。

师：非常好！物体获得相同的位移所用的时间越少，表明运动得越快。同样，物体在相同的时间内获得的位移越大，也表明运动得越快。那么，请同学们接着思考一下，能不能引入一个物理量来描述变速直线运动的快慢？如果可以，又该怎样定义这个物理量？

……

【案例 6-6】　　引入“惯性”②

师：同学们，今天我想给大家讲个小故事。一天，有位女生坐公交车去上学。到站停车时，站在她身旁的一位小伙子没站稳，碰撞了这名女生。女生很气愤地说：“你这人真是没德性！”没料，撞人的小伙子却礼貌地答道：“对不起，这不是没德性，而是有惯性。”

生：（会意地）哈哈哈！

师：小伙子说得有道理吗？（稍后）今天我们就来具体讨论这个问题。

---

① 高中物理必修 1 第一章第 3 节。

② 8 年级物理下册第九章第二节。

【案例 6-7】　　引入“感受压力的效果”①②

师：我们一起观察一个有趣的实验。这里有一个空抽屉，在抽屉上方悬空平铺一张薄纸，薄纸处于松弛状态。薄纸两侧用木条夹紧，如下图所示。这里有 3 块砖，现在请一位同学上台体验一下砖的重量。

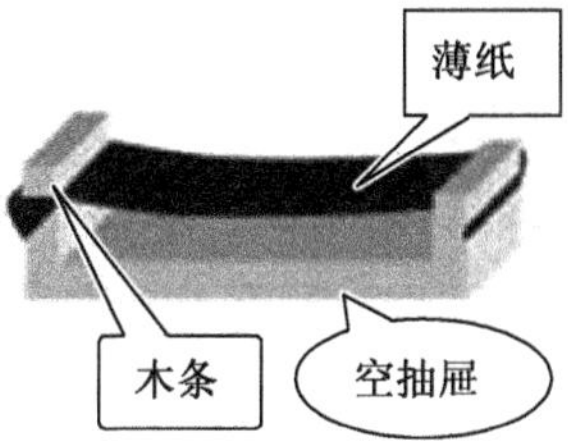

陈彤：(用手掂了掂)砖好沉呀。

师：现在老师把其中一块砖平放在这张薄纸上。(有意放慢实验速度)同学们猜想一下，将会出现什么现象？

生：(全班同学异口同声，充满自信)纸张被压破。

师：纸张会被压破吗？(教师故作自言自语，假装很吃力地将一块砖缓慢地平放在悬空的纸张上，薄纸安然无恙。学生惊讶)现在我把第二块砖也叠放上去，纸张会破吗？

生：(短暂的沉默之后，学生们开始争论)会破，不会破，可能会破。

师：还是眼见为实吧！(把另一块砖缓慢地叠放在第一块砖上面)请大家注意观察！

(学生屏住呼吸，瞪大眼睛观察：纸张没有破。学生长舒了一口气，同时一脸茫然)

师：精彩还要继续呀！我要叠放第三块砖了，请大家继续注意观察。

(学生们高度紧张。教师放开手，纸张还是安然无恙。学生作吃惊状并产生了疑问：难道老师做了手脚)

师：怀疑我做了手脚？(轻轻取下叠放在纸张上面的 3 块砖后，教师取下纸张供学生仔细查看，在学生确信它是普通纸张后，教师将纸张夹回原处)

师：下面请一位同学上台和我一起让精彩继续。我只用一块砖就能把这纸张压破。同学们信不信？

王晋：让砖块从高处落下，纸张马上就破了。

师：这当然不行，只能轻轻放下。

(徐涛自告奋勇上台，按教师的要求把砖竖着小心翼翼、极其缓慢地压在纸张

---

① 8 年级物理第八章第一节(沪科版)。

② 陈珊，叶东福. 慢引入、慢推理、慢引导——谈初中物理教学中慢的艺术[J]. 福建教育，2013(49)：52-54.

上。一松手，啪嗒一声，纸张瞬间就破了。学生们吓了一跳）

师：为什么之前放3块砖纸张都没有破，现在只放1块砖纸张就破了？

肖艳、许飞等：（稍做思考）前后两次实验放置砖块的方法不同。

师：很好。你们观察得很仔细。具体原因何在？这就是我们将学习的新知识——压力的作用效果。

苏霍姆林斯基说："任何一种教育现象，孩子们越少感到教育者的意图，它的教育效果就越大。我们把这条规律看成是教育技巧的核心。"经验引入法就是利用学生的生活经验或教师的教学经验，巧妙创设学习情境，诱导学生思维，激起学生学习兴趣，引导学生进入学习状态，使学生身临其境，在不知不觉中受到教育、获得知识。

利用经验引入法引入新课要注意两点：一是要善于创设情境。教师要从教学内容出发，精心组织、巧妙构思，创设符合教学需要的情境。二是要加强诱导，激发思维。例如，案例6-4中拍手这一习以为常的行为很少有学生能深入到其中的物理内涵，需要教师的启发和诱导以引起学生的深刻思维。

三、任务引入

任务引入是开宗明义、直接点题的导入方法，教师把本堂课学生要学习的内容、任务和学习目标展示给他们，从而使他们一开始就知道教师期望他们干什么，以便他们在任务的"驱动"下更好地组织学习。这是一种最简单、最直接的导入新课方法。

【案例6-8】 引入"光的干涉"①

教师：（在黑板上写下本章课题）同学们，光是什么？光的本性是什么？这是人类认识光现象以来，一直在关注的问题。这一问题还吸引了众多物理学大师的关注。通过这一章的学习，我们将会对光是什么即光的本性问题有一个初步的认识。在这一章里，我们将能看到一些现象和实验说明光是一种波动，并且由此建立的光的波动说可以解释许多光现象。而另一些现象和实验又说明光是一种粒子，由此建立的光的粒子说也可以解释许多光现象。那光究竟是什么呢？就让我们来学习本章第三节光的干涉。

【案例6-9】 引入"光的色彩　颜色"②

教师：（在黑板上书写课题）同学们，光现象是我们在日常生活中熟悉的物理现象，光的颜色以及颜料（或物体）的颜色也是我们有所认识的。这一节我们要学习"光的色彩　颜色"。通过这一节的学习，我们将会了解光是由光源产生的，光有不

① 高中物理选修3-4第十三章第3节。

② 8年级物理上册第三章第一节。

同的颜色，太阳光（白光）是由红、橙、黄、绿、蓝、靛、紫等多种色光组成，不同颜色的光混合后会产生不同颜色的视觉效果，光的三原色是红、绿、蓝；我们还能知道只需用红、黄、蓝三种颜料的不同配比，就能调出任何颜色的效果，所以颜料的三原色是红、黄、蓝。此外，通过本节课的学习，我们还会知道光具有能量。下面，我们一起进入“光的色彩 颜色”的探究学习。

【案例 6-10】 **引入“平面镜”①**

教师：（在黑板上书写课题）请同学们看屏幕，了解一下我们今天的学习任务。

“平面镜”学习目标（投影）：

1. 知道什么样的镜子是平面镜，知道平时用来打理我们“形象”的镜子就是平面镜。

2. 通过实验探究，理解平面镜的成像特点，能根据平面镜的成像特点进行简单的作图。

3. 了解平面镜在日常生活、生产中的应用。

4. 在实验探究中体会发现隐藏在现象背后的规律的乐趣，激发利用规律实现对光路控制的创造热情。

用“任务驱动”的形式引入新课的方法一般用于使用其他方法引入有困难时。需要指出的是，采用“屏显”学习目标的形式直接引入新课无法充分展示教学内容和学生知识结构间的矛盾，很难达到“设置悬念，活跃思维，激发兴趣”“建立新旧知识的联系”等引入新课的功效，因而不宜经常使用。采用“口述”的形式直接引入新课时，教师一要注意控制好语音、语调和语速，二要注意有意识地突出矛盾、突出不协调，以引起学生的兴趣和认知需要。例如，案例 6-8 中，“一些现象和实验说明光是一种波动”“另一些现象和实验又说明光是一种粒子”就是为了加强冲突，造成“不和谐”。

四、知识引入

知识引入是指利用物理知识之间的前后衔接和关联、其他学科知识和物理知识之间的“迁移”、物理知识层次的“递进”以及物理研究方法的借鉴等关系，采取“温故知新、触类旁通”等途径引入新课。

【案例 6-11】 **引入“动量守恒定律”②**

教师：（投影展示两个例题）请同学们回忆一下投影片上两个我们曾经讲评过的例题。

---

① 8 年级物理上册第三章第四节。

② 高中物理选修 3-5 第十六章第 2 节。

投影：[例 1] 如图 1 所示，弹射装置中弹丸的质量为 m，底座质量为 $3m$。开始时两者均处于静止状态，求当弹簧被释放并将弹丸以速度 v_0 发射出去后，底座反冲的速度（设弹射过程中水平地面对底座摩擦力的冲量大小为 $mv_0/4$）。

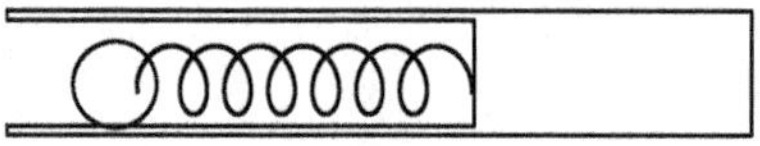

图 1

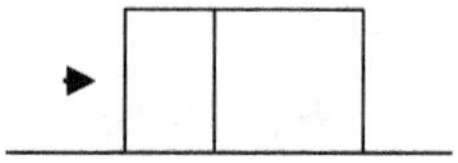

图 2

[例 2] 质量为 m 的子弹以水平速度 v_0 射穿前后并排、静止地放在光滑水平面上的两块木块 m_1，m_2，如图 2 所示。设子弹穿过木块所用的时间分别为 t_1，t_2，则子弹穿过木块后，木块 m_1，m_2 的速度分别为多少？子弹速度又是多少？（设木块对子弹的阻力恒为 f）

（生回忆，偶尔翻阅笔记）

师：在回忆分析、求解过程之后，请注意两个例题的结果。（稍后）请计算例 1 中弹丸和底座相互作用后系统的总动量。

生：（纸上演算）大小是 $mv_0/4$，方向为水平向左。

师：相互作用前系统的总动量呢？

生：0。

师：比较两个结果，说明了什么？

生：相互作用前后系统总动量发生了变化。

师：是的。请再算一下例 2 中相互作用前后弹丸和木块组成的系统的总动量。

生：（纸上演算）大小都是 mv_0，方向都是水平向右。

师：这又说明什么？

生：相互作用前后系统总动量保持不变。

师：不错。为什么一个相互作用前后总动量发生改变，而另一个相互作用前后总动量保持不变？

（生疑惑不解）

师：（稍后）请同学们再看一看这两个题目的条件有何明显不同之处？

生：前者的水平面不光滑，而后者的水平面光滑。

师：很好。正是例 2 中“水平面光滑”这一条件导致系统的总动量保持不变。这个结论是否具有普遍性呢？下面就让我们一起来做进一步的探讨。

【案例 6-12】 引入“重核的裂变”①

师：1999 年 3 月是一个令全球电脑用户诚惶诚恐的月份：Melissa 病毒席卷全球！Melissa 病毒利用微软的 Word 与 Outlook 电子邮件程式感染系统，同时传播

① 高中物理选修 3-5 第十九章第 6 节。

给其他用户。它会在邮件中，附加一个受到感染的Word文档，同时在邮件箱中显示【重要信息，来自……】的字样，收件人往往因信件来自熟人而打开文档。这时，所谓的“电脑蠕虫”病毒就自动安装在用户的系统中，并自我复制，再寄给通信录上所有的人。……该病毒还会自动重复以上动作，由此产生连锁反应，会在短时间内，造成邮件服务器的大量阻塞，严重影响人们正常的网络通信。（稍后）在此，我想提醒同学们注意的是，这个Melissa电脑病毒的设计者“一定”知晓20世纪30年代的一项物理学重大发现。今天就让我们一起来学习这项和Melissa作用方式类似的物理学重大发现——重核的裂变（板书：重核的裂变）。

【案例6-13】　引入“运动的描述”①

师：（播放歌曲）让我们先来欣赏一首歌曲（电影《少林寺》主题曲“牧羊曲”）。

（师生沉浸在优美的旋律中）

师：（歌曲声停止后，投影）让我们来看一下这首歌的歌词。“日出嵩山坳，晨钟惊飞鸟，林间小溪水潺潺，坡上青青草，野果香、山花俏，狗儿跳、羊儿跑，举起鞭儿轻轻摇，小曲满山飘、满山飘。”

师：（稍后）请同学们体会一下歌词中关于运动的情境和描述，然后说一下歌词中涉及了哪些方面的运动？

（生看完后，稍稍议论）

师：请王晓同学说一下。

王晓：“日出嵩山坳”反映的是太阳相对于山坳的运动，“水潺潺”反映的是水的流动，还有狗和羊的运动、鞭的运动。哦，还有“小曲满山飘”反映的是声音的运动。

师：真是太好了。尤其你说的“‘日出嵩山坳’反映的是太阳相对于山坳的运动”真是到位。其他同学还有看法吗？

高晓兵：我认为“晨钟惊飞鸟”反映了声音的运动和鸟的运动。

师：大家的看法呢？

生：是的。

师：还有哪位想补充？

李黎：我认为“野果香、山花俏”反映了分子的运动和光的运动。

师：啊呀！真是不得了。他看到了我们闻到“野果香”、看到“山花俏”的本质。大家说呢？

生：有道理。

师：那我们把掌声送给李黎吧。

（师生鼓掌）

---

①　8年级物理上册第一章第2节（人教版）。

师：这短短的歌词所反映的运动还真是不少啊，它真可谓动感十足。事实上，在我们周围，到处都能看到各式各样的运动。显然，研究物体的运动是一件很有意义的事。如何研究运动呢？让我们先一起来研究如何描述运动（板书：运动的描述）。

【案例6-14】 **“轮轴”的导入**

师：几天前，课间我看到我们班的高晓斌同学（男生）和丁怡同学（女生）掰手腕，两人僵持了一会儿后，结果高晓斌输了。今天我想让这两位同学再来比一下“转酒瓶”。（引起大部分同学的议论和笑声。稍后）给高晓斌同学一次机会吧，（拿出一个啤酒瓶）让他握住比较容易握的瓶颈部，让丁怡同学握住比较难握的瓶的尾部。比赛的规则是两人必须同时用力向相反方向旋转酒瓶，看谁转过谁。（师做示范后）下面有请两位同学！

生：（上前，按规则握住酒瓶）（高晓斌同学）可以用两只手吗？

师：可以，但握的部位不能变哦。（检查完两位同学的准备情况后）开始！

生：（很快，丁怡同学）我赢啦。（课堂顿时炸开了锅）

师：（稍后）高晓斌同学怎么会输得这么惨啊？

……

学习是循序渐进的。理解和掌握较高层次的知识必须以与此相联系的较低层次的知识的掌握为前提，即要将知识水平提升到更高的层次就需要有原有知识做铺垫。从回忆、提问、做习题等教学活动开始，对照新的学习情境发现问题，实现以旧引新、温故知新，这是一种导入新课的思路。导入新课也可以利用知识的迁移性，这是早已为大家所熟知的。如我们常说的学习可以“举一反三”“触类旁通”，其实就是指一种知识学习和探究方法与另一种学习、方法的相互影响。采取这样的引入方式，学生会感到新知识、新方法并不陌生，从而有利于新知识纳入原有的认知结构中，降低了学习新知识、新方法的难度，同时也有利于引导学生亲自参与学习的过程。应用这种引入方法应注意以下两点：一是要全面、正确地吃透教科书和深入、细致地了解学生，从而找准新旧知识的连接点；二是要有针对性地选择铺垫材料，为学习新的知识奠定基础。当然，在复习、铺垫的过程中还要注意设置疑点，使学生思维出现障碍，以此激发学生思维的积极性和主动性，创造传授新知识的契机。

第三节　引入新课的一般要求

在现实的教学实践中，新课引入是极富艺术性和创造性的，它要求教师根据自己的个性特点、教学目标、教学任务及学生的心理特点进行创造性地设计和灵活地实施。在设计和实施新课引入时尤其要注意以下几点。

一、要围绕教学目标引入

教师设计和实施引入时一定要围绕教学目标而不能脱离教学目标，更不能与教学目标有矛盾或冲突。如果忽略了这一点，引入设计做得再别致、再精彩、再吸引人，也都不能产生好的实际教学效果，相反还可能产生负面影响。

信息栏 6-2

中学物理新课课堂教学引入法

1. 以新旧知识的内在联系引入。2. 以解决问题的形式引入。3. 以实验设疑的形式引入。4. 以魔术表演的形式引入。5. 以游戏活动的形式引入。6. 以播放视频资料等形式引入。7. 以知识应用的形式引入。

资料来源：王胜华《也谈中学物理新课课堂教学引入法》，载《物理教学探讨》，2013 年第 1 期。

二、要根据学生的年龄特征引入

教师在设计和实施新课引入时要考虑与学生的年龄特征相适应，这包括要考虑学生已有的认知结构、学习能力、容易干扰学生学习的因素等。因为事物是互相联系的，学生的学习更是植根于过去的经验和知识之上且受当前学习环境影响的，所以设计引入尤其要考虑建立教学内容和学生认知结构的实质性连接，要创设有益于学生学习的良好环境，使学生理解学习的重要性和必要性，增强学习的积极性、主动性和情境性。此外，设计和实施引入要尽可能顺应学生的心理需求。例如，初中阶段要尽量采用轻松愉悦的活动或新颖、富有刺激性的实验等。还有，要注意不能长时间地采用某一固定的引入方法设计和实施引入，即要经常变换引入方法，以不至于使学生产生“审美”疲劳。

三、要注意引入的趣味性与启发性

新课引入要有利于集中注意力、唤起兴趣、激发动机、启迪智慧。尽量做到“导而弗牵，开而弗达”“引而不发”；尽量以生动、具体、鲜活的事例和实验为依托，引入新知识、新概念。引入过程中的提问与讲述要做到激其情、引其疑，发人深思。可以认为，新课引入能否使学生产生“新奇”感，能否引起学生积极思考，能否为学生制造认知上的差距和心理上的矛盾，是新课引入的关键。

四、引入要短小精悍

新课引入环节只是课堂教学中的一个“引子”，起到集中注意力、激发兴趣、组织引导的作用。如果占用课堂时间过长，就会喧宾夺主，影响正常的讲解。因此，设计引入时要合理取材，控制好时间，做到恰到好处、适可而止。当然，特殊情况下，多花费一些时间在引入环节上也是十分值得的。例如，案例 6-3 的最后部分，尽管只有“三言两语”，却较好地化解了新课教学中“我们将设法根据图 4.3-2 说出感应电流的方向跟线圈内磁通量的变化有什么关系。当我们很难概括这两者关系时，是不是可以通过一个‘中介’——‘感应电流的磁场’来表述这种关系”(教科书语)这一棘手问题。

总之,新课的引入很重要。无论用什么方法引入新课,都要认真研究教科书,理清教学思路,选择好实验器材,设计好学生活动,组织好教学的"问题串",设计好教学引入的具体细节、教师的教学语言以及活动的逻辑顺序。不能随随便便把物理教学的新课引入当作"老生常谈",使学生找不到学习方向、重点,失去学习的兴趣。

本章小结

作为课堂教学的重要一环,引入是一堂课的开始。未来教师了解和掌握引入技能十分重要。

引入的作用主要有集中注意力、引起兴趣、激发思维、明确目标和进入学习状态等。

新课引入的方法有很多。在实际教学中,应根据教学对象、教学要求、教师自身等具体情况来设计和实施引入。

设计和实施引入要注意围绕教学目标,要根据学生的年龄特征,注意趣味性和启发性,注意短小精悍。

做上学

1. 引入有哪些作用?请发表你的看法。

2. 中学学习阶段,给你影响最深的物理新课引入有哪些?重点举1~2例加以说明。

3. 在初中、高中物理教科书中各选择一节内容,做5分钟左右的新课引入设计,并在小组内模拟新课引入,然后进行交流、评议。

4. 观摩优质课录像,重点关注新课引入,并就此在小组内发表你的看法。

资源链接

1. 于永建:《课堂"情景导入"的设计与案例介绍》,载《中学物理教学参考》,2011年第4期。

2. 鲍洪山:《以精彩导入来成就"高效课堂"》,载《物理教学探讨》,2009年第13期。

第七章 展开新课

学习目标

- 了解展开新课中的讲解、提问、反馈、强化、演示、板书、应变、管理等技能。
- 理解提问、讲解、反馈、强化、演示、板书、应变、管理在展开新课中所发挥的主要作用。
- 在教学设计中体现提问、讲解、反馈、强化、演示、板书技能的应用。

展开新课是课堂教学的主要部分，涉及的教学技能有教学语言方面的提问与讲解、教学过程控制方面的反馈与强化、教学媒体操作方面的演示与板书、课堂心理调节方面的应变与管理等。

第一节 讲解与提问

教师上课总是要讲话的，有讲有问又有答的课堂是生动、活泼和有效的。很难想象一位不具备娴熟讲解和提问技能的教师会受到学生喜爱。讲解技能和提问技能是课堂上师生交流最基础和最直接的技能之一。

一、讲解技能

讲解是教师运用简明、科学、生动的语言，说明事理背景，解释概念含义，阐述知识本质，论证逻辑关系，达到使学生理解和掌握知识的目的的一种教学行为。讲解与讲述不同，前者不仅讲事，更要讲理。

(一) 讲解的主要作用①

讲解的作用其实有很多，下面主要谈三个方面。

1. 传授知识和方法

无论是接受式学习还是探究性学习，都离不开教师的讲解。讲解的最大特点是传递知识信息的密度大、效率高，所以最适合于系统、快捷地向学生传授物理知识和物理方法。

2. 激发兴趣和求知欲，启发学生思维

中学生正处于青春期，兴趣广泛，求知欲旺盛，由此教师的引导非常重要。有准备、有目的的讲解具有激发学生学习兴趣、引发和保持学生学习动机、启发学生

---

① 李冲锋. 教学技能应用指导[M]. 上海：华东师范大学出版社，2007：29.

思维的作用。

3. 促进学生学习

一个完整的物理学习过程需要经历两次“飞跃”:从感性认识上升到理性认识为第一次飞跃;通过解决物理问题,细化、深化、活化认知结构中的已有知识为第二次飞跃。学生认识上的这两次飞跃都离不开教师的帮助和促进,而这种帮助和促进作用在很大程度上是靠“讲解”来实现的。

(二) 讲解的类型

下面重点介绍三种类型的讲解。

1. 解释式讲解

解释式讲解,是通过讲解将未知与已知联系起来,一般用于初级的、具体的、事实性知识的讲解。教师运用这种讲解技能时,语言要尽量准确、通俗、易懂,使学生听后立即能够明白教师讲解的内容。例如,“力的概念”建立、“功的概念”建立等都可以采用解释式讲解。

2. 描述式讲解

描述式讲解,一般以事物作为描述对象,描述内容可以是事物的形象、结构、状态或发生、发展、变化的过程。教师在运用描述式讲解时,语言要力求生动活泼,事物形象的比喻要恰如其分,争取使学生对描述的对象有一个完整的、具有一定深度的认识。例如,“天平的使用”说明、“简谐振动”的定义等都可以采用描述式讲解。

3. 论述式讲解

论述式讲解,是以概念、原理、规律、解答问题等为中心内容的讲解。运用论述式讲解时,要注意语言的启发性、条理性、科学性、逻辑性和艺术性,即语言要流畅、准确、明白、生动。此外,还要注意讲解与其他教学技能相结合。例如“欧姆定律”教学中,先让学生经历“探究通过导体的电流与电压、电阻的关系”分组实验,再通过分析、归纳等活动建构“欧姆定律”。这个学习过程无疑需要教师精确的论述式讲解。

(三) 讲解的基本策略

要使讲解卓有成效,就必须注意讲解的策略。

1. 把握结构

讲解的结构,是教师在分析学生情况和教学内容的基础上,对讲解过程框架的安排。具体来说,讲解的结构是将讲解的总任务分解为若干个关键部分,根据各部分讲解内容之间的逻辑意义和学生认识过程的规律,将各部分讲解内容组织成一个序列,并在讲解实施中正确、清晰地表现这一序列,达成讲解目标。所以,建立讲解的结构,实际上是对讲解内容进行分析、综合加工、处理的过程。讲解结构的课堂表现形式是提出问题—分析—获得结论。例如,“变压器”教学中的讲解可分成三个部分，相应的教学目标如下：①了解变压器的基本结构和原理，了解理想变压器；②通过实验探究电压和匝数的关系；③了解变压器的应用。

2. 语言清晰流畅

语言清晰、流畅，是讲解紧凑、连贯，语言准确、明白，语音和语速适合讲解内容和情感的需要。讲解紧凑、连贯包含两方面内容：一是讲话连贯紧凑，没有吞吞吐吐和“嗯”“啊”等游移拖沓的现象；二是讲解意义连贯紧凑，没有意义分散、跳跃的现象。讲解语言准确、明白，就是语言中的句子结构完整，发音正确，用词准确。要做到准确，就要吃准分析问题的关键词；要做到明白，就要将讲解中具体问题的结论与取得结论的依据或前提条件交代清楚，将依据与结论之间的关系交代清楚。语音和语速适合讲解内容和情感，就是讲解要富有激情，抑扬顿挫、庄谐并臻。例如，“研究电磁感应现象”的教学，从实验观察、现象解释、分析研究到归纳结论，教师行云流水般的讲解，可有效促进学生认识电磁感应现象，理解电磁感应的产生条件。

3. 使用例证

举例说明是学习的重要策略。例证将熟悉的经验与新知识联系起来，能促进理解讲解的内容。为使例证有效地发挥其教学功能，应明确以下几点。

(1) 内容恰当。即例证的内容要正确反映教学内容中的概念、原理。

(2) 适合学生的认识水平。即例证应是教学内容所涉及的一类事物中的典型事例，便于学生分析、概括，符合学生的经验和兴趣。

(3) 数量符合认识的需要。即举例的数量对于获得新知识是充分必要的，少了不足以说明问题，多了容易使人厌烦。

(4) 注重分析。例子不在于多，而在于例子与教学内容之间确实存在紧密的关系，且有举一反三的作用。

(5) 正、反面例证要运用恰当。学生容易从正面例证中获得新概念、新规律。一般来说，在没有形成正确理解之前，对反面例证的否定是比较困难的。所以，在引入新知识时，正、反面例子交叉使用容易造成混乱。但在初步理解了新知识后，使用反面例证常常可以使学生加深理解。

【案例 7-1】 “力与运动的关系”①教学中例证的使用

讲解层次	中心内容	使用例证	概念建构
1	力的作用能改变物体速度的大小	汽车的运动：由静到动、由动到静、由慢变快、由快变慢	力可以改变速度的大小

① 8年级物理下册第九章第三节。

续表

讲解层次	中心内容	使用例证	概念建构
2	力的作用能改变物体的运动方向	车辆转弯，篮球撞到篮板上弹回，脚踢球使足球的运动方向改变	力可以改变运动的方向
3	速度的方向	汽车行驶的方向即汽车运动的方向	运动的方向即速度的方向
4	速度的改变	汽车行驶过程中，速度大小、方向会发生改变	速度改变即物体运动状态改变
5	力既不是产生运动的原因，也不是维持运动的原因，而是改变物体运动状态的原因	观察日常运动现象：任何物体运动快慢的变化或运动方向的变化，均需力的作用	力是改变物体运动状态的原因

4. 进行强调

将重要的关键信息从背景信息中突出来，引起学生特别重视，有利于学生把握好重点、难点、关键点和重要细节，形成正确的认知结构。

【案例 7-2】　“楞次定律”教学中对“阻碍”的强调

教师通过讲解让学生理解下图中各部分之间的逻辑关系，让学生体会到“阻碍”在具体问题中的体现是“增反减同，来拒去留”以及“阻碍≠阻止”。

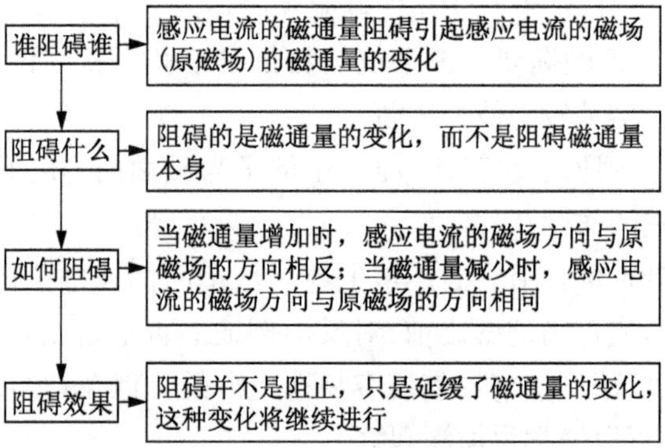

5. 形成连接

讲解结构中的系列化问题和相应的阶段性目标之间不是彼此孤立的，它们不仅有时间顺序上的联系，而且还有逻辑意义上的联系。“形成连接”就是要将讲解中各部分之间的逻辑联系交代清楚。例如，教科书是这样表述“楞次定律”的：“感应电流具有这样的方向，即感应电流的磁场总要阻碍引起感应电流的磁通量的变化。”对于这一表述，学生感到很难理解。如果教师将其表述为“效果反抗原因”，凸显出因果关系和逻辑联系，并形成连接(见案例 7-2 中图)，将“阻碍”的含义推广为感应电流的效果总是阻碍产生感应电流的原因：①阻碍原磁通量的变化——“增反减同”；②阻碍相对运动——“来拒去留”，就能成功突破教学难点。

6. 获得反馈

讲解的目的是使学生理解和掌握知识，而学生领会和掌握了多少，最终教师还是要从学生那里获得反馈。由于讲解的过程主要是教师讲学生听，教师容易忽视学生的反应。而一旦讲解忽视了学生的反应，则讲解便缺乏了针对性和交互性。所以，在讲解过程中，要关注学生的反应，加强师生互动，使讲解的发展进程与学生的理解同步起来。此外，要“精讲多练”，以获得及时、可靠的反馈。教学反馈的基本流程如图 7-1 所示。

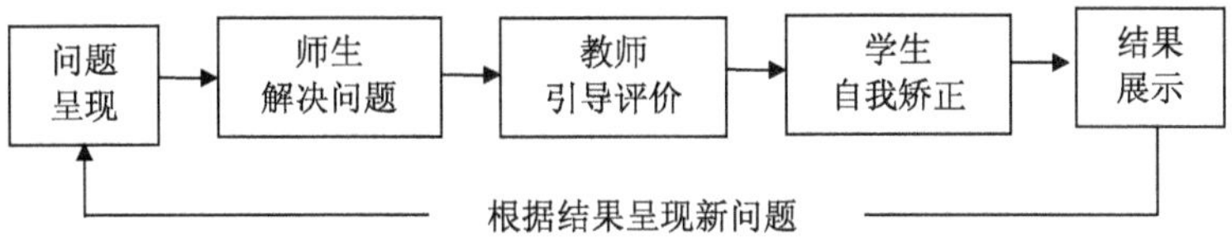

图 7-1　教学反馈的基本流程

二、提问技能

提问是指教师提出问题并对学生的回答做出反应的行为方式。提问具有促使学生参与学习，了解学生的学习状态，启发思维，发展能力等作用。提问能促进师生双方协调教学进程，发挥双方的积极性，克服教学的盲目性。

（一）提问的主要作用

关于提问的作用，下面择要介绍。

1. 把学生引入“问题情境”

提问能够把学生引入学习的问题情境，使他们的兴趣和注意力集中到某一现象、概念、规律、方法或特殊的专题上，产生解决问题的自觉意向。

2. 及时反馈，适时调整教学

课堂反馈矫正，是目标教学理论中的重要组成部分。布鲁姆目标教学理论指出，一个学生能够达到的学习水平，若能给予充分、适当的条件，所有的学生都能达到。他认为“差生”是问题积累而成的，是教育的失误。因此，要避免或减少“差生”的出现，提高课堂教学质量，就必须发现问题并立即设法去解决。提问就是很好的立即发现问题并解决问题的方式之一。

此外，学生回答问题的过程，也是对教师教学效果进行检验的过程。教师提问某个学生，这个学生很可能代表了班级同层次的学生，这样，教师便可以大致判断这一群体对知识的接受情况，从而及时地调控教学，使学生能更加积极、主动、有序地参与教学活动。

3. 促进师生间、生生间的交流

通过提问，教师可直接表达关心学生的思想情感，让学生体验学习的乐趣和发现的喜悦，有利于师生之间的相互沟通和信息交流。经常性的提问有利于培养学生善于思考、善于发现、善于提问、勇于表达、乐于交流的良好习惯。

(二) 提问的类型

这里将提问的类型归纳为六种。下面逐一予以介绍。

1. 回忆提问

帮助学生回忆旧知识，为学习新知识做好准备，多见于引入部分。包括两种情形：一是判别性的提问，一般“不加思考”，学生就能做出反应，回答“是”与“否”；二是回忆提问，要求学生回忆所学的事实、概念、定义，规律等，用比较规范的语言予以回答。

2. 理解提问

主要是了解学生对教学内容的理解程度。学生要回答这类问题，必须调动已有的知识和经验并加以组合运用，因而是较高层次的提问。这类提问包括三种情况，以“加速度”的教学为例：

(1) 一般理解的提问。要求学生对加速度概念有一般的理解，问“加速度大，是速度变化大还是速度变化快”。

(2) 深入理解的提问。要求学生对加速度概念有深入的理解，问“加速度增大时，速度是如何变化的”。

(3) 对比理解提问。要求学生对类似概念进行比较理解，问“速度的变化量和速度的变化率有何不同”“位移的变化率与速度的变化率有何相同”。

3. 运用提问

这类提问要求学生运用所学知识解决具体问题，有助于教师了解学生对知识的真正掌握情况，有利于教师发现和弥补学生学习上的“漏洞”和消除“误解”。例如，在“牛顿第二定律”教学中，为了检查并提升学生对 $F=ma$ 的理解水平，教师提出问题：“力是使物体产生加速度的原因，牛顿第二定律揭示了物体受力与运动情况的定量关系。当我们用力推桌子时，往往是人出力而桌不动，这似乎与牛顿第二定律不相符合。难道牛顿第二定律错了吗?”

4. 分析提问

学好物理重在分析和理解。分析提问要求学生按照一定的方法和程序，对问题进行分析、判断，得到正确的结果。例如，在“电荷及其守恒定律”教学中，为了训练学生的分析、判断能力，教师提问：“有一个带正电的验电器，当一金属球接近它时，观察到验电器金属箔的张角减小了，分析判断金属球带何种电荷。”

5. 综合提问

回答这类提问需要具有一定的综合思维能力，要针对提问，迅速检索认知结构中的有关知识和经验，通过分析、推理、想象、归纳甚至创造等思维活动，综合得出问题的结论。例如，在“热力学第二定律”教学中，结合扩散现象的方向性、热传递的方向性和能量的耗散等事实提出问题：“自然界中的一切宏观过程是否都具有方向性?”

6. 评价提问

评价提问要求学生对所学方法、思想、价值等进行欣赏、鉴别和评价,借助体验、感受谈体会。例如,在“伽利略对自由落体运动的研究”教学中,让学生谈一谈伽利略的思想方法。又如,在“带电粒子在匀强磁场中的运动”教学中,让学生谈一谈“回旋加速器”的原理、设计、运行等之精妙。再如,在习题教学中,让学生发表对某一解题思路、方法以及结果的评价等。

以上六种类型的提问,层次由低到高,学生对提问的反应和回答也经历了由简单到复杂、由具体到抽象、由分析到综合的递进过程。在使用这几种类型的提问时,教师要注意提问的频率和时机,要尽可能多地使用较高层次的提问,以不断加强学生的思维深度,提高学生的认知能力。

(三) 提问的基本策略

提问也要注意策略。具体来说,提问要注意的策略有以下一些。

1. 设计问题结构

这是指教师根据教科书内容和学生实际,以提问的方式,将与实现教学目标有关的问题,排列成一个由浅入深、由易到难的系列,给学生提供一个连续思考的问题框架。通常,设计问题结构应注意以下几点:第一,提问目的要明确,意图要清楚。第二,主问题的设计既要从重点出发,又要考虑学生的实际。第三,问题设计的难易程度要适合不同层次的学生。第四,问题排列的顺序要合理。这里所说的合理,主要是指问题的排列要符合学生认识事物的规律,同时又要依据知识本身的逻辑关系。

【案例 7-3】　“交变电流”①教学中的问题设计

问题 1:产生感应电流的条件是什么?

问题 2:如何使产生感应电流的时间长久?

问题 3:交流发电机提供的电流方向和大小有何特点?

问题 4:线圈在哪个位置电流的方向发生变化?

问题 5:当线圈平面与磁感线垂直时,电流的大小是多少?

问题 6:电流最大值、磁通量的最大值出现在哪个位置?

问题 7:在一个周期中,电流将变化几次?

问题 8:何为正弦式交变电流? 主要规律有哪些?

2. 注意措辞

是指问题设计的语言要准确、明白、简洁,问题的表述要适合全体学生的心理

① 高中物理选修 3-2 第五章第 1 节。

发展水平和知识能力水平，使他们能较快地做出反应。例如，关于“气体的压强”，提出“一定质量的气体温度升高时，压强如何变化”这样的问题就是不够明确的，比较合理的提问应该是：“一定质量的气体在温度升高时，压强变化的可能情况有哪几种？”

3. 焦点化（突出问题中心）

焦点化包含两个方面的内容：一是教师要确定问题回答范围的大小，二是一个问题中所包含的任务数量。也就是说问题的中心要突出，使学生能明确目标，集中精力完成任务。如案例 7-3 的中心问题是“正弦式交变电流的规律”，其余问题则是为解决这一中心问题而搭建的必要的“台阶”。

4. 适当提示

在教师提出问题之后，或在学生的回答与教师的期望有一定差距时，教师有必要对学生如何答问，从内容到方法上给予适时、适度的指点，这种指点就是提示。提示的内容有条件、关键词、分析的思路和方法、语言表达等。例如，案例 7-3 中的 8 个问题并非是孤立的，前一个问题对后一个问题具有提示作用，给学生的思维铺设了“台阶”，所以，尽管问题在逐渐深入，但学生还是能够比较容易地对问题做出反应及回答。

5. 面向全体

教学不能只面向少数学生。为了使尽可能多的学生参与教学活动，教师应该有意识地将问题在全体学生中分布，以此来鼓励所有学生，使他们感到形成“结果”人人有责，而不仅仅只是几个特殊学生的事。

6. 适当停顿

要使提问促进学生的思维发展，就必须给学生留有思考的时间。此外，由于学生在反应和表达方面存在差异，所以教师在提出问题之后，要有一个适当的时间上的停顿，以便让尽可能多的学生获得一个全面、深入的对问题的思考过程。例如，初中“观察摆球动能与势能的转化”活动中，简单的问题如“摆球从最高点运动到最低点的过程中，动能和势能怎样变化”提出后，可留数秒钟时间给学生进行思考，而复杂的问题如“在摆动过程中小球的机械能怎样变化”提出后，需要留数十秒甚至数分钟时间给学生思考和讨论。

7. 及时反应

教师对学生回答的反应简称为“反应”，体现了课堂上教师对学生状况的调控能力和对学生的态度。反应主要包括四个方面：一是分析学生回答的思路；二是有分寸地肯定或否定学生的回答并分析误答的原因；三是分析个别学生的回答与全班大多数学生的理解是什么关系；四是必要时，对提问本身做适当的调整。

三、讲解技能与提问技能的应用

讲解和提问技能应用的基本原则是有明确目的、针对性强、可操作、效果好。在实际教学中，讲解和提问还要与优美、恰当的体态语言和规范、科学的板书等相配合。

(一) 讲解技能的应用

这里强调一下讲解要注意的几个问题。

1. 目的性

教师在进行讲解的设计时，应该多问一些问题，如为什么要讲，通过讲解要达成什么样的目标，是为了突出重点还是想分解难点，是想引领学生“悟”理还是为了让学生掌握某种方法等。

2. 针对性

主要包括针对具体的教学内容、具体的教学环节(如引入、展开、结课)、具体的教学对象(初中生、高中生)使用相应特点的语言，采用相应的语言交流方式等。

3. 科学性

首先表现在语言所表述内容的科学性上，即讲解的内容应准确无误。例如，牛顿定律、光的折射和反射定律、电磁感应等物理规律均包含着因果关系，讲解时不能颠倒。其次表现在语言要符合物理学科的规范性。例如，要用约定(特定)的符号、模型、公式、图标等表达物理对象、过程、内在联系等。最后表现在语言的准确性上。例如，区别“浸入”“浸没”“浸在”和“右手螺旋定则”“右手定则”的使用场合。

4. 有效性

即讲解是否具有启发性，学生能否接受，是否有效，能否调动学生的学习积极性，能否促进学生的发展等。这是对讲解效果的考虑。

5. 艺术性

精彩的讲解能够激发学生的兴趣，使他们集中注意，积极思维，对学习内容产生深刻、难忘的印象。所以，教师应该经常揣摩自己的教学语言，努力提升讲解的艺术性，使课堂的有声语言清晰、流畅、准确、明白、生动、通俗易懂。当然，灵活、有效地使用无声语言配合讲解也是体现讲解艺术性的一个重要方面。

总之，课堂教学离不开讲解。要发挥好讲解的作用，就必须解决好为什么讲解、讲解什么、如何讲解、讲解效果如何等问题。

(二) 提问技能的应用

这里从问题设计的角度，例析提问技能的应用。

1. 为培养学生探究精神而设计的问题

常常采用追问的形式，引导学生的思维层层深入。

【案例 7-4】 “探究感应电流产生的条件”①问题设计

先问：产生感应电流的条件是什么？

① 高中物理选修 3-2 第四章第 2 节。

再问：导体在磁场中“运动”一定能产生感应电流吗？

三问：导体在磁场中作“切割运动”一定能产生感应电流吗？

继续追问：哪些方法可使磁场中的闭合线圈产生感应电流？磁感强度不变，改变线圈面积是否可以？线圈面积不变，改变磁感强度是否可以？两者都发生改变呢？还有其他方法吗？

接着让学生充分讨论并动手做实验，再归纳出产生感应电流的条件。这种连续提问可引导学生的思维层层深入，对学生领会科学探究的思想方法和培养追求真理的精神也有益。

2. 为引入新的概念或理论而设计的问题

需要创设一定的物理情境，通过埋“伏笔”，激发学生的学习兴趣。

【案例 7-5】 “传感器及其工作原理”①的问题设计

（创设情境：用条形磁铁控制黑盒外电珠的点亮和熄灭）

教师：为什么磁铁靠近盒子时灯亮，而远离后灯灭？（埋下伏笔）

（学生对此陌生现象先是疑惑，进而思考）

教师：哪位同学知道路灯是怎样被控制的？楼道灯呢？

（学生对这些现象虽不陌生，但还是很难说出所以然来）

教师：想知道这些现象背后的奥秘吗？

（当学生面临熟悉而又不能解释的问题时，学习欲望会油然而生）

教师：（拿出干簧管和光敏电阻）上述现象的产生与这些元件有关。

（在引发学生强烈的兴趣后，导入新课，解开奥秘）

（这样的设问激起悬念，亦暗示出事物的发生、发展途径或方向，为进一步研究和建构新知识埋下伏笔）

3. 为培养学生自主学习能力而设计的问题

中学物理中的有些知识完全可以让学生通过看书、讨论等自主学习的方式加以理解、掌握和应用。在检查学生自主学习情况时，教师的提问一般可以采用“直问”的形式。

【案例 7-6】 “电感对交流的影响”②问题设计

问题：

1. 电感为什么对交流有阻碍作用？

2. 感抗与哪两个因素有关？它们是什么关系？

---

① 高中物理选修 3-2 第六章第 1 节。

② 高中物理选修 3-2 第五章第 3 节。

3. 低频扼流圈和高频扼流圈的功用有哪些?

4. 你能用八个字来描述电感对交流的影响吗?

这样直截了当地提出问题,可使学生的自主学习"有的放矢"。问题的难度不大,且鼓励全体学生参与讨论,使全体学生都能获得成功的喜悦,可增强其学习成就感,保持其学习兴趣。

综上所述,教师的课堂提问既是一门学问,又是一种艺术。授课时不在于"多问",而在于"善问""巧问"。教育心理学研究表明,在很多情况下,学生的兴趣和刨根究底的热情总是与其期望心理联系在一起的。学生一旦产生了某种期望,就会对与之相关的问题产生兴趣,从而表现出强烈探究的欲望。因此,教师在教学中要努力研究学生的实际需要,紧紧抓住学生的求知心理进行设疑、释疑,只有这样,提问的教学功能才能最大限度地发挥,学生思维的发展和教学质量的提高也能落到实处。

第二节　反馈与强化

完整的课堂教学活动离不开反馈和强化。充分利用反馈和强化,是优化课堂教学、提高课堂教学效率的重要保证。

一、反馈技能

前面关于"提问的主要作用"论述中已经提及布鲁姆对反馈矫正问题的看法,这里再更加详细地摘录他对此问题的研究结果。他认为,在以分班教学为管理形式的班级中,95%以上的学生只要给以必要的时间和条件都能达标(除极少数因智力缺陷外)。他又认为,绝大部分学困生是学习过程中的累积性误差造成的。克服累积性误差的有效手段是教师在教学过程中不断接收学生学习的反馈信息,及时发现学生学习上的缺陷,并据此调整教学行为,有针对性地及时予以矫正补救。例如,某学生学习 A 段知识时,掌握了 90%,教师得到反馈信息后,帮助他及时将 10%的缺陷补上,在此基础上,他同样能学懂 B 段知识的 90%,以此类推,他就不会掉队。反过来,如果 A 段知识的缺陷没能及时矫正,那么,在学习 B 段知识时可能会出现更大的失误,可能只会学懂所教内容的 70%～80%,C 段则更少,这样长期下去,他就必然会成为学困生。

布鲁姆的上述观点与控制论的基本思想一脉相通:系统的优化是通过反馈来实现的。所谓反馈,是指把系统输入的信息作用于控制对象后,产生的结果输送回输入端,并对信息的再输出发生影响的过程。教学反馈就是教师依据教学内容输出信息,学生从教师的教学内容中得到输入信息,通过改造、组织等加工过程将信息予以储存,必要时(如随堂的答问、讨论、小结、练习、实验等时)输出信息,教师根据学生输出信息了解学生学习情况,做出评价,调整教学程序,重新组织第二次学习,查漏补缺、优化教学;学生则从输出信息的过程中了解自己知识和能力的发展情况，及时弥补或改正、优化学习。

（一）反馈的主要作用

下面主要从教师教的角度谈反馈的作用。

1. 控制教学

在课堂教学设计与实施中，如果不能经常、及时地得到反馈信息，就不能了解教学现状和教学目标之间的差距，教学系统就不能得到有效的控制。所以，无论确定教学内容、贯彻教学原则、选择教学方法，还是激励学生学习、发展学生潜能，都离不开信息反馈的作用。另外，信息反馈还是实现教和学思维同步的重要保证。课堂教学中，师生双方的思维活动难免出现不同步，如果不能及时获得学生思维活动的反馈信息，就不可能进行有效的思维活动的控制，从而导致教师的教和学生的学不协调，影响教学效果。

2. 优化教学

教学中，教师和学生都不断地输出信息、吸收信息，其间不停地进行反馈。如果教师能在这个过程中及时抓住有利时机，迅速有效地处理来自学生方面的反馈信息，实施最切合实际的教学方案，就会取得最佳的教学效果。同样，如果学生在这个过程中能及时抓住有利时机敏捷地利用来自教师、同学的反馈信息，或者克服思维定式，或者增强自信心，那么对学生自己积累学习经验、促进更有效的学习将具有积极意义。毫无疑问，充分重视课堂教学反馈，正确处理反馈信息，是提高教学效率、优化课堂教学的重要环节。

3. 促进师生共同发展

系统论观点认为，教学过程作为一个系统，是由教师、学生、教科书等诸多子系统组成的，而连接各子系统之间相互作用的载体是信息的传递与反馈，它使教学过程处于不停顿的运动状态，从平衡到不平衡，再取得新的平衡，从而使教学系统不断地达到动态平衡。从这个意义上说，教学过程是反馈与调控的过程。反馈和调控是个双向通道，包括“教对学的反馈和控制”和“学对教的反馈和控制”，自然，及时、有效地反馈有助于实现教学相长和师生共同发展。

（二）反馈的类型

从时序上看，反馈的类型有超前反馈、及时反馈和延时反馈三种。

1. 超前反馈

超前反馈是在传递信息之前，通过对教科书和学生的了解，预先做出一般性猜测和估计。超前反馈可以帮助教师防患于未然，事先设计、避开难点，消除错源，增强“免疫力”。例如，采用“课前检测”对学情做检查、摸底，能使教学更加有的放矢，提升教学的有效性和效率。

2. 及时反馈

及时反馈是课堂教学信息反馈的主要形式，是目前应用普遍且行之有效的反馈类型。通过观察、提问、课堂练习和课堂实践等方式能实现及时反馈。例如，教师根据教学情况，随时对某一群体的学生提出相关问题，可以及时掌握他们的学习状况。

3. 延时反馈

延时反馈用于课后的作业、检查以及阶段的测验、考试，以“诊断”教学，有针对性地查缺补漏和适时的强化和改进。例如，通过对课后作业的处理，了解学生对所学知识的理解程度，确定下一步的“补救”措施。

(三) 反馈的基本策略

采取一定的策略，是发挥反馈作用的重要保证。

1. 超前预测

即预测学生在知识的理解、技能的掌握、方法的运用等方面可能出现的问题，并有针对性地设计教法和学法，把问题解决在开始阶段甚至出现之前。

2. 实时捕捉信息并及时做出“归因”

预测估计固然重要，但仅凭过去经验或主观愿望去预测估计是远远不够的，还要善于抓住时机，捕捉和搜集教学信息并做出及时的处理。上课时，要注意实时地观察学生的一举一动、一言一行，及时地对学生的学习情况(尤其是异常情况)做出科学、合理的归因。

3. 及时矫正、强化

捕捉和搜集信息、分析和问题归因是为接下来的矫正、强化服务的。在明确学生存在的问题和产生这些问题的原因之后，必须及时采取措施，实施矫正、强化。

二、强化技能

强化概念来自心理学的研究。美国当代心理学家斯金纳认为，强化是塑造行为和保持行为强度不可缺少的关键手段，“使有机体在学习过程中增强某种反应重复可能性的力量称为强化”。

教学中的强化即教师在教学中所采取的一系列促进和增强学生反应和保持学习力量的一种方式。一句话、一个目光、一个手势、一个微笑甚至板书中的一个符号等，都可以增强或减弱学生的学习动力和情绪，都有可能成为强化学习的力量。

(一) 强化的主要作用

下面主要谈强化的四个方面的作用。

1. 激发学习兴趣

“基于中学生的心理特点和中学物理的学科特点激发学生学习兴趣，应成为指导中学物理教学工作的一个基本要求。”[①]通过正强化，学生知道他们的努力得到教师或同学的认可，能激发他们进一步努力学习的愿望和对学习的浓厚兴趣，能使

① 阎金铎，田世昆. 中学物理教学概论[M]. 北京：高等教育出版社，2003：23.

他们更加聚精会神地投入学习。

2. 集中注意力

教师对认真听讲的学生给予肯定和表扬，对学生的正确反应给予鼓励和奖赏以及对学生的不良行为和失误给予警示和纠正等，都有利于学生保持注意力。相反，若教师对学生的各种学习行为、课堂中的“节外生枝”不做出任何反应，对学生表情和眼神中所流露出来的各种正面或负面的信息不加注意，只顾自己在台上讲，则学生的注意力就有可能出现涣散。

3. 巩固正确行为

任何人顺利地完成了任务，都有一种成就感，中学生更是希望得到尊重和肯定。当学生做出正确的反应，如回答正确、思维敏捷、见解独特等，符合甚至超过了教师的期望时，教师采取恰当的强化方式给予肯定和赞许，会使学生因自己的努力得到教师的承认而在心理上获得满足感，进而增强学习的热情和克服困难的毅力，巩固正确行为。例如，在课堂上，教师应抓住机会，对学生不吝表扬和鼓励。这样，学生主动学习的主体意识便能得到进一步强化，可持续学习活动便可以形成。

4. 统一学生认识

强化的功能体现了教师对教学过程的控制，是师生相互作用的一个关键环节。学生在课堂上做出反应后，若教师不进行任何强化，学生得不到来自教师的反馈信息，他们的认识活动就失去了方向，教学在这一环节就失去了控制。所以，强化不仅有促进学生个体认识活动的作用，而且还有统一全体学生认识、控制教学进程的作用。例如，案例 7-6 中的第四个问题就是为统一学生认识而设计的。

（二）强化的类型

强化既可以借助语言，也可以借助动作，甚至可以借助某些“标志”等。

1. 语言强化

教师用语言对学生的反应表明自己的态度和判断，以达到强化的目的，这叫语言强化。语言强化可以简明、准确地表明学生反应中正确的成分或错误的成分，使学生对自己的反应认识清楚，以便将正确的行为巩固下来，将错误的行为加以改正。“复述”是语言强化中最常用的方法。

信息栏 7-1

语言强化

音乐的一种主要艺术形式是“变奏曲”，你可以把这种艺术形式从音乐移植到教学上来。你第一遍可以把话说得十分简单，第二遍稍加变化地重复一次，第三遍重复时又略填新的色彩，如此下去，结束这段讲话时，你可以回到原始的最简单的说法上来。另一种音乐艺术形式是“回旋曲”，当你把回旋曲的形式从音乐移植到教学上来的时候，你可以把一句极为重要的话稍加改变或原封不动地多次重复，但是在两次重复之间，插进一些适当的说明。

资料来源：美国数学家、教育家波利亚语。

2. 标志强化

标志强化指教师运用各种醒目的符号、象征性的标志和奖赏物，对重点教学内容进行反复强调或对学生的行为进行肯定或鼓励，以更加有效地强化教学活动的行为。例如，板书中使用特殊符号、颜色就是常见的标志强化。

3. 动作强化

动作强化是指教师运用非语言的身体动作，对学生的行为表现表示自己的态度和情感。恰当的身体动作是教师教学魅力的外在体现，在教学中能产生很好的效果。常见的动作强化有：

(1) 微笑。表示赞许。

(2) 点头和摇头。表示肯定或否定。

(3) 鼓掌。表示强烈的鼓励。

(4) 拍拍肩、抚摸头、握手、接近、倾听等。传递暗示、关心、友好等情感。

4. 活动强化

活动强化是指教师安排一定的活动，对学生在活动中的参与和做出的贡献给予奖励，使学生在活动中不断巩固正确的行为，得到自我强化。活动强化的主要途径有有做有评、榜样示范、突出主体、体验成功等。

5. 变化方式强化

变化方式强化是指教师运用变换信息的传递方式，使学生增强对某个问题反应的一种强化。例如，在"变压器"教学中，先让学生观察变压器(可拆卸变压器)的结构，再理论探究变压的原理，最后制订方案，动手进行实验探究等。又如，"液体的压强"教学中，最后做一个演示实验：让水从灌满水的竖直管侧壁不同高度处的小孔中射出，请学生分析射程不同的原因。

(三) 强化的基本策略

应用强化也要注意策略，具体有以下几种。

1. 多提供反应机会

课堂教学中，教师要多向学生提供表现自己、做出反应的机会。只有这样，教师才能比较全面地了解学生的反应，掌握学生学习的实情，强化才有根据、方向和目标。例如，可采取个别提问、学生板演和集体练习后用实物投影的方式展示"代表作"，请学生(包括扮演者、"代表作"作者本人)做出评价等方式，给学生提供做出反应的机会。又如，当学生的表达不太清楚时，教师可进一步询问他想要说什么或做什么，以鼓励学生充分表达和展示自己的意图及思想。

2. 妥善做出判断

学生做出反应后，教师应妥善地做出自己对所有反应的判断。如果教师对学生的某一反应一时不能做出准确的判断，则不要武断地下结论，要实事求是向学生说明情况，保留"疑问"，待课后解决。此外，教师在对学生的反应做出判断时，要善于抓住学生反应中的每一个闪光点(有价值的因素),并予以"发扬光大"。例如,"哦,我明白了,你是想说(你的意思是)……吧"就是一种比较恰当的判断的口气。尤其,当学生的反应"一无是处"时,也要从积极的角度,通过肯定其方式或态度来调动和保持学生的反应积极性。当然,教师最终的判断很关键,最终的判断必须是明确而不含糊的,这一明确而不含糊的判断将对所有做出反应的学生产生强化作用,这正像马卡连柯所说的,"每当我们给个人一种影响的时候,这影响必定同时应当是给予集体的一种影响"。

3. 鼓励学生自我强化

当教师认为有必要也有可能让学生对自身做出的反应进行自我强化时,要给学生提供线索,引导他们对自己的反应进行检验或判断。提供线索的方式依具体情况而定,可采用提问、提示、实验验证等不同方式。

三、反馈技能与强化技能的应用

每个教师都在自觉或不自觉地运用反馈与强化的技能进行着课堂教学。下面从几个主要方面来谈它们的应用。

(一) 反馈技能的应用

关于反馈技能的应用,主要谈两个方面问题。

1. 获得反馈信息的基本渠道

(1) 观察。包括对个别学生、部分学生、整班学生的观察,对每个学生方方面面的观察等。教师要特别重视对学生眼神的观察。因为眼睛是心灵的窗户,眼神能表达许多语言所不易表达的复杂而微妙的信息和情感。所以,透过学生的眼神,教师可以大致确定学生"在不在场",有没有弄明白,心境如何,总体效果怎样等。

(2) 提问。学生究竟听进去了多少?掌握到什么程度?对于这些问题,课堂提问可以比较及时、真实、准确地告诉教师。课堂提问既是学生知识掌握程度、能力发展水平信息反馈的传输渠道,也是教师对学生学习结果做出评价的信息传输渠道。

(3) 测验。通过课堂测验,学生的学习信息能很快地反馈给教师。同时,教师对学生的评价信息也可以迅速传递给学生。

(4) 实践操作。实践操作主要针对技能和方法的反馈,如学生操作实验。这一渠道可以传输学生实验操作能力信息、学生理解和应用书本知识的信息以及学生思维能力、观察能力和学生性格、意志等非智力因素的信息。

2. 反馈的优化

(1) 及时获取反馈信息。教学是双边活动,教师需要通过获得的反馈信息及时调整教学,如果不能及时获得由学生输出的反馈信息改进或调整教学,势必影响反馈的作用,影响教学的效果。由于来自学生的反馈信息一般总要滞后一段时间才能被教师所掌握，所以，及时获取反馈信息对“45 分钟”来说显得格外重要和迫切。例如，攻克教学难点的常用做法是设计思维阶梯，但每上一级，教师都必须及时获得反馈信息并做出是否能上新台阶的判断。如果教师没能及时获得反馈信息，只凭主观判断就进行后续的教学，则很可能造成教学的盲目性，也就谈不上通过反馈进行“纠偏”了。

【案例 7-7】　“加速度”教学中反馈信息的及时获取

思维阶梯	正确反馈	主要问题	纠正偏差
1. 物理学如何描述位置的变化	位移	位移与路程混淆	强化物理量的定义
2. 物理学如何描述位置变化的快慢	位移变化量/变化时间	“变化量”与“变化时间”的对应	强调变化时间
3. 描述物理量变化快慢的方法	变化量/变化时间	单位	规范要求
4. 速度变化量的表达方法	速度增量＝末速度－初速度	速度增量的正、负	明确正、负的意义
5. 如何描述速度变化的快慢	速度变化量/变化时间	“变化量”与“变化时间”的对应	强调变化时间

（2）科学判断反馈信息的真实性。反馈信息真实与否，直接影响信息的作用，还会影响调控的效果。因此，教师应注意分析反馈信息的真实性。例如，在课堂提问时，经常出现“集体”回答的情况。教师必须注意观察，判断清楚在“集体”的声音中，哪些属于“跟风”；在“集体”声音的背景下，有多少是“无声”和“误声”，不能被假象迷惑而误判学情。

（3）选好矫正手段。课堂教学中，反馈和矫正经常是一起出现、一起应用的。从程序上来讲，矫正是反馈优化的落脚点。通常可以采取复述、练习、操作、反例、反证、推理等手段，达到矫正的目的。

（二）强化技能的应用

应用强化技能时，要注意以下五个方面问题。

1. 明确目的

哪些内容和行为需要强化、强化应该达到什么程度等都是在做强化设计时就要解决好的问题。

2. 把握强化时机

什么时候实施强化效果最佳？两种极端情况，即学生处在积极情绪状态和消极情绪状态时。例如，学生获得成功时，处于困境时，对过错有悔悟之意时，某种强烈愿望未能实现时等，都是极佳的强化时机，应该把握好。否则，时机过了再强化，效果将大打折扣。

3. 选用合适的强化方法

每个学生都是不一样的，所以，实施强化应该因人而异。具体来说，选用强化方法要注意以下几点：一是强化方法要符合学生的年龄和性别特征；二是强化方法要符合学生的表现；三是以正面强化为主，不用或少用惩罚性强化；四是强化方式要多样、综合。

4. 鼓励“差生”的微小进步

从一定意义上来讲，“差生”是最具发展空间和潜力的学生群体，他们也最期待教师的表扬和鼓励。鼓励“差生”的微小进步常常能够产生教师意想不到的即时效果和长远价值。

5. 态度真诚

应用强化要把握好尺度，要做到公正、明确。尤其，教师的教学情感一定要真诚，否则“促进和增强学生反应和保持学习力量”只能是一句空话。

第三节　演示与板书

物理是实验科学，物理教学当然离不开实验演示。演示想达到什么目的，何时进行实验演示，怎样呈现物理现象可以达到最佳效果等，都是教师在上课前必须想清楚的问题。

除了演示，物理教学同样离不开板书。苏联教育家沙塔洛夫的“纲要信号”理论更是将板书的作用提高到了一个从未有过的高度。即使在电脑、投影仪相当普及的今天，板书依然受到物理教师的青睐。

一、演示技能

演示是教师在传授知识时，运用各种直观教具、实验以及现代教学媒体传递信息、达到一定目的的一种教学行为方式。当教师能够根据教学内容和学生的认知特点，准确地选择演示类型并能按照有关要求熟练地进行演示操作、讲解时，可以认为该教师形成或掌握了教学演示技能。演示实验有时还可以让实验能力比较强的学生来完成。

（一）演示的主要作用

演示的作用实在是多，主要有：一是通过演示，展示物理和物理教学魅力。二是创设情境，激发学生学习兴趣，引导学生进入学习的领域。三是化枯燥为生动，化抽象为具体，化平淡为神奇，有利于学生把书本上由静态文字、图片传递的知识与实际事物及其动态发生、发展过程联系起来，形成正确而深刻的物理知识。四是演示能起到示范和指导操作、提高学生观察和实验能力的作用。五是演示有利于培养学生的观察和分析能力。

(二) 演示的类型

这里粗略地将演示分为以下三类。

1. 传授新知识的实验演示

为传授新知识而进行的实验演示常采用边讲解、边演示的方法。教师在演示实验时，先讲述实验的各种条件，当学生看到一个现象或全部现象以后，教师通过谈话，启发学生对实验现象进行解释，引导学生得出结论。

【案例 7-8】　“电感和电容对交变电流的影响”[①]教学设计(提纲)

教师：我们学习了电路的知识和常见的三种电子元件——电阻、电容和电感。电阻对电流有阻碍作用，电感和电容对电流有什么影响？(展示电路)请同学们观察元件的连接情况，画出电路图。

(学生观察、画图。正确的画法见下图。教师板书课题，揭示下一步的学习任务：探究一——电感和电容对直流电的影响)

教师：请同学们猜想一下，接通直流电源，3 个小灯泡的亮暗情况将会是怎样的？

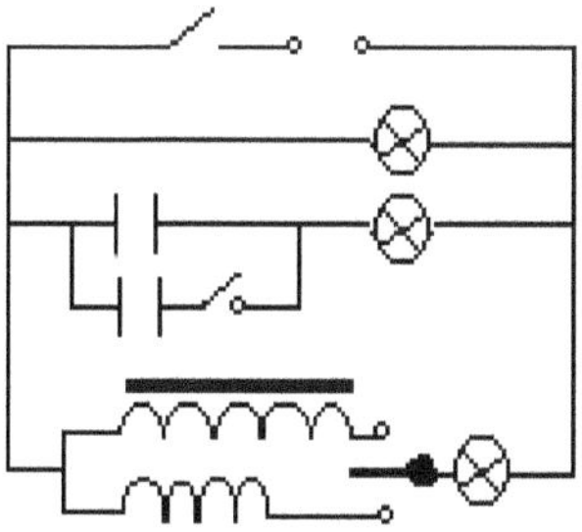

(学生思考、讨论，做出猜想)

教师：请你们自己来验证猜想。

(学生 A 和学生 B 上前台操作实验，并向全体同学演示)

教师：请将实验结果描述一下。

(学生描述观察到的实验现象)

教师：请大家分析一下看到的现象。

(学生分析现象，教师择机、适度引导)

(学生总结，教师点睛)

[教师板书——影响：C(隔直流)、L(通直流)，稍后教师揭示接下来的学习任务：探究二——电感和电容对交流电的影响]

……

① 高中物理选修 3-2 第五章第 3 节。

此类实验演示过程一般由四个阶段构成(结合其他技能)。

(1) 感性认识阶段。

在演示实验时,学生并没有掌握有关部分的理论知识,所以他们观察的目的性可能不是太强,他们的观察往往容易忽视最关键的地方。教师要引导学生仔细观察实验全过程,注意实验的条件和产生的主要现象,不仅看到,还要看懂。案例7-8中的“学生演示”即为感性认识阶段。

(2) 理性认识阶段。

该阶段教师应启发学生对实验现象做出合理的解释。案例7-8中的“分析现象”即为理性认识阶段。

(3) 推论阶段。

从实验中得到的结论,只是个别现象的特殊结论,还应把它推广到一般或其他同类现象中去。案例7-8中的“学生总结,教师点睛”即为推论阶段。

(4) 巩固阶段。

该阶段应该让学生用文字或图表等形式把实验所反映的物理原理记录下来,以便巩固。案例7-8中的“教师板书”即为巩固阶段。

2. 巩固知识的实验演示

这类演示通常是在学生学习了相关知识后进行的,因而学生的观察目的性较强。为了激发学生兴趣、培养分析问题能力,可以先不告诉学生实验结果,让学生自行预测,甚至还可以不告诉学生实验步骤,让学生自己设计实验并演示。例如,在“楞次定律”教学中,可以用“电磁阻尼现象”作为巩固知识的实验演示。

3. 指导性的实验演示

指导性的实验演示指为了防止学生在实验方法或使用实验器材方面产生错误、避免实验失误,或为了突出、解决实验中的重点问题和安全问题等,教师进行的带有示范、指导性质的演示实验。这类演示实验有两点要求:第一,操作要规范,并把学生容易出错或生疑的地方揭示清楚;第二,要将演示与其他技能紧密结合,尤其要将讲解与演示紧密结合。

【案例7-9】　“欧姆定律”[①]教学设计(提纲)

学生要在经历了“探究通过导体的电流与电压、电阻的关系”活动后,才能完整建构欧姆定律。该探究活动涉及电流表、电压表、变阻器的使用和“控制变量法”的运用,因而是较为复杂的实验操作,教师应做好指导性的实验演示。为此,设计如下三项活动:①复习“控制变量法”;②教师指导性的实验示范;③学生分组实验。

---

① 9年级物理上册第十四章第三节。

（三）演示的基本策略

演示的效果在很大程度上取决于演示中所采取的策略。

1. 明确揭示实验目的

在进行演示实验前，应先向学生明确地说明要观察什么、为什么要观察、怎样观察以及观察中需要注意与思考的问题等，使学生处于想要观察的心理状态。

2. 唱好“前奏曲”

首先，要将实验器材呈现出来。要注意器材摆放的高度、能见度和角度等。如果器材较小，则应计划好是实物投影、巡回演示还是分组观察。其次，要介绍器材，即在进行操作演示前，向学生介绍所使用的器材的原理、结构、组成成分和使用注意事项等。

3. 做好观察指导和操作提示

观察指导和操作提示是实验演示中的重要事项。演示中，一方面要对学生的观察进行积极的引导，另一方面还要让学生对观察获得的信息进行积极的思考。此外，无论是由教师操作还是间或由学生操作，演示的进程必须控制好。这样，学生便能在“按部就班”的同时，把握住观察的重点，更好地抓住事物的本质属性，从而取得演示的最佳效果。

4. 不忘点“睛”

不做总结、不得出结论，犹如画龙不点睛。但做总结、得结论不能操之过急，不能越俎代庖。要在教师充分演示、学生充分观察和思考的基础上，引导学生自己得出正确的结论。

5. 实事求是

演示实验力求一次成功，为此，演示前的准备工作必须做得充分。但成功的演示不代表结果的“零误差”。任何时候都要实事求是地对待存在的误差，认真分析造成误差的原因。此外，“智者千虑，必有一失”，演示中出现失误甚至失败在所难免。应抓住时机，化失误、失败为资源，及时分析失误、失败的原因，尽可能改进演示，使实验成功。

6. 习惯比什么都重要

实验完毕，要及时地对实验器材进行整理和收拾。器材出现损坏的还要及时做好记录和报修（可以在课后完成），这是良好实验习惯的具体体现。

二、板书技能

板书是课堂教学中必不可少的教学行为。板书是教师在教学中通过在黑板（或白板）上书写文字、符号或图表，向学生传递教学信息，帮助学生理解和记忆的教学行为。相对于多媒体技术，板书具有即时变化、作图方便、交互性好、显示时间长等优点。

(一) 板书的主要作用

板书是一种视觉代码,具有多方面的作用。

1. 提供视觉信息,引导调控思维

板书配合其他教学行为,通过视觉通道向学生提供学习内容的有关信息,它不仅与学生由听觉得来的信息相互印证,且与其相综合。板书能引导和调控师生教学思路,尤其能使学生的注意集中于共同的教学活动。

2. 提供要点结构,优化教学内容

板书和讲解虽然所表达的都是同一内容的相关信息,但板书并不就是讲解的文字记录。板书所提供的只是学习内容的要点和结构,是"脚手架"。尽管它省略了某些具体细节,但却是核心和实质所在。优秀的板书设计应是学生今后构建认知结构的模板。

3. 强化信息记忆,掌握教学内容

板书配合口语,可以使学生听得更清楚、更准确,从而减少教学信息传播过程中的损失和干扰。教师板书过程是帮助学生进行信息编码的过程,也是帮助学生整理学习内容、发现各部分之间层次和逻辑关系的过程。板书上所显示的一般是重点、难点、关键点和价值点等内容,为识记、保持、再现学习内容提供了线索,这对学生掌握教学内容和课后复习巩固起到了引导和提示的作用。

4. 增加艺术趣味,培养审美情感

规范、科学和有创意的板书将教学思路和教学信息浓缩演化成简明的、艺术化的符号结构,这在一定程度上能激发学生的认知兴趣、增强学习动机、促进学习规范的形成和培养学生审美情感、创造能力。

(二) 板书的类型

从重要性的角度来看,板书可以分为主板书(正板书)和辅板书(副板书)。从呈现形式的角度来看,板书可以分为要点式板书、总分式板书、对比式板书等。下面重点介绍后一种分类方法。

1. 要点式板书

即根据授课内容,在黑板上只列出标题、要点和层次。要点式板书能清晰地反映授课的内容及逻辑思路和层次,便于学生把握。

【案例 7-10】 **"声音是什么"①板书设计**

一、声音是怎样产生的

1. 声音由物体振动产生,振动停止,物体发声停止。

2. 正在发声的物体叫声源。

---

① 8年级物理上册第一章第一节。

二、声音的传播

1. 声音可以在固体、液体和气体中传播。

2. 声音的传播需要介质，在真空中不能传播。

三、声音是一种波

声音是以波动的形式向远处传播，声音具有的能量叫声能。

2. 总分式板书

主要用于包含有从属关系的内容。总分式板书能帮助学生理解各部分间的关系，从整体上把握教学内容。这种板书条理清楚，从属关系分明，给人以清晰、完整的印象。

【案例 7-11】　“浮力”①复习课板书设计

浮力
- 方向：竖直向上
- 大小
  - 测量法　$F_{浮}=G-F$
  - 本质法　$F_{浮}=F_{向上}-F_{向下}$
  - 应用“原理”法　$F_{浮}=\rho_{液}gV_{排}$
- 物体沉浮条件
  - 漂浮物体　$F_{浮}=G$
  - 浸没物体
    - 上浮　$F_{浮}>G(\rho<\rho_{液})$
    - 悬浮　$F_{浮}=G(\rho=\rho_{液})$
    - 下沉　$F_{浮}<G(\rho>\rho_{液})$

3. 对比式板书

通过对比分出异同，有利于认识共性与个性。对比的方式主要有概念对比、正反对比、交叉对比、纵向对比、横向对比等。使用对比式板书可使不同内容形成鲜明对照，各自特征更为突出，便于学生理解、记忆。

【案例 7-12】　“超重和失重”②板书设计

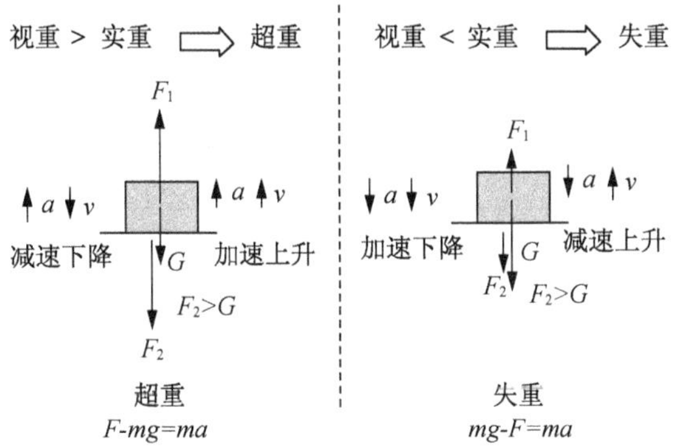

① 8 年级物理下册第十章。

② 高中物理必修 1 第四章第 7 节。

4. 图表式板书

它是将教学内容中同一类概念、事物或事件的不同侧面分项目整理、归纳，并以表格形式呈现出来的一种板书形式。

【案例 7-13】 **“伽利略对自由落体运动的研究”板书设计**

绵延两千年的错误	重的物体比轻的物体下落得快
逻辑的力量	伽利略佯谬得出重物与轻物应该下落得同样快
猜想与假说	猜想自由落体运动是最简单的变速运动，速度的变化对时间来说是均匀的
实验验证	伽利略斜面实验得出：只要斜面的倾角相同，小球的加速度就是相同的，由此外推到斜面的倾角达到 90°
伽利略的科学方法	伽利略科学思想方法的核心是把实验和逻辑推理（包括数学推演）和谐地结合起来

5. 运算式板书

以数学运算来表述，文字少，逻辑性强，常见于习题课和复习课，意在给学生做示范。也有根据教学需要将某些推导过程作为板书。

【案例 7-14】 **“动能和动能定理”①板书设计（片段）**

$$F=ma=m\frac{v_t^2-v_0^2}{2s}\Rightarrow Fs=\frac{1}{2}m(v_t^2-v_0^2)=\frac{1}{2}mv_t^2-\frac{1}{2}mv_0^2\Rightarrow W=E_{k2}-E_{k1}=\Delta E_k$$

6. 图示式板书

即在板书中，根据相关概念或知识点之间的联系，辅之能代表一定意义的线条、箭头、符号等组成某种方框图形的板书方法。它的特点是直观形象、简洁美观，有利于学生理解、记忆教学内容。

【案例 7-15】 **“物态变化”②单元复习课板书设计**

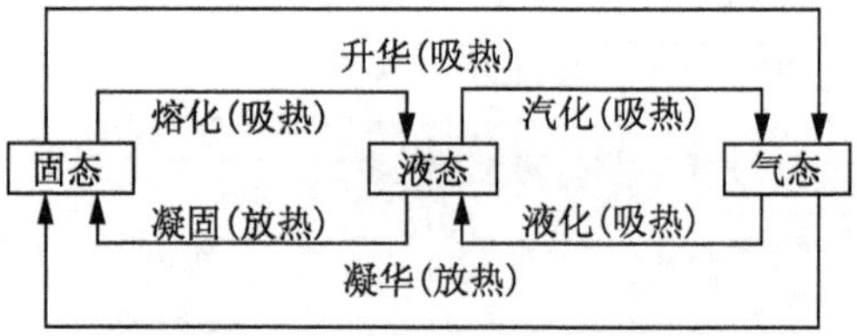

① 高中物理必修 2 第七章第 7 节。

② 8 年级物理上册第二章。

7. 网络式板书

网络式板书多用于呈现内容和方法之间的逻辑关系。

【案例 7-16】　　“实验:练习使用多用电表”①板书设计

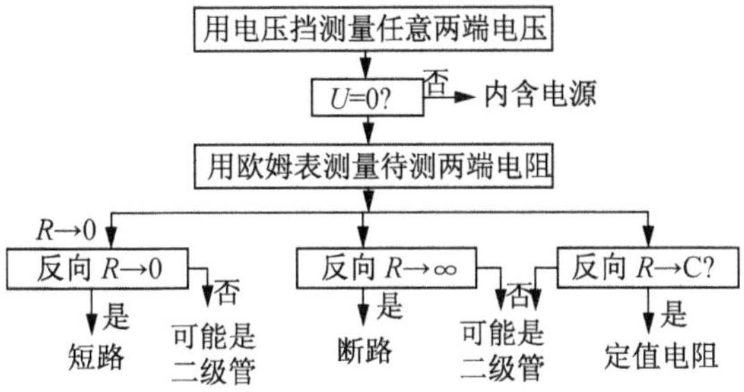

8. 综合式板书

即按教学需要,结合多种板书的优点而形成的板书形式。

【案例 7-17】　　“楞次定律——感应电流的方向”板书设计

(两个结构图中的部分内容须由学生探究后再自行填写)

一、内容

感应电流具有这样的方向,即感应电流的磁场总要阻碍引起感应电流的磁通量的变化。

二、“阻碍”的含义

(一) 完成图 1 中的相关内容

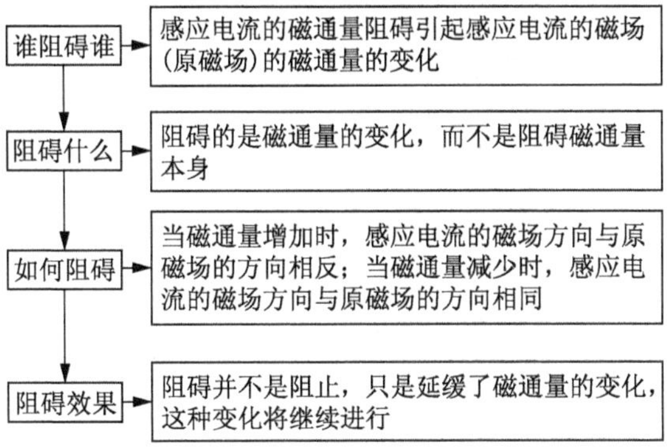

图 1

(二) 理解

1. 阻碍对象:变化,相对运动。

2. 阻碍不同于相反。

① 高中物理选修 3-1 第二章第 9 节。

3. 阻碍不同于阻止。

(三) 总结:增反减同,来拒去留

三、应用楞次定律判断感应电流方向的基本步骤(由学生完成图2中相关内容的填写)

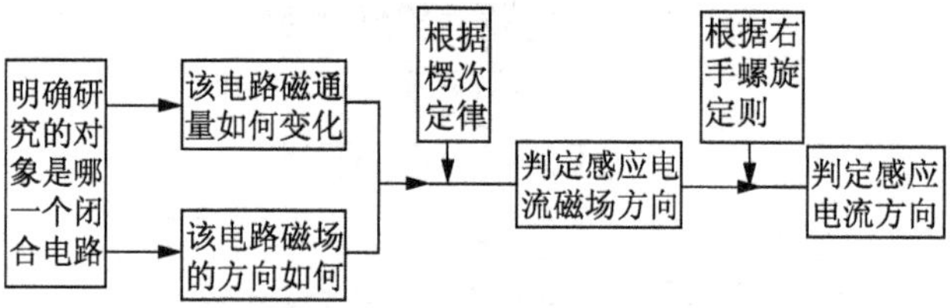

图2

(三) 板书的基本策略

教师设计板书时,既要精心,又要巧妙,具体来说,要注意以下几点。

1. 文字、符号、图形和色彩一样不少

教师书写板书时应做到文字字迹清晰、醒目,字体应为正楷或行楷,字体大小应以后排学生能看清为宜;符号规范,表达准确;图形实用、科学、美观(就算是草图也要注意不失科学性,尤其是受力分析图、光路图等);根据黑板颜色选用恰当的彩色粉笔,以形成鲜明对比,起到点缀和突出的效果。

2. 结构、内容和文字综合考虑

教师在课前要做好板书设计。板书类型应与教学目标、内容和学生认知发展水平等相一致;板书整体框架要清楚有序、布局合理、版面整洁、造型美观;板书内容要重点突出、概括性强;板书文字要准确、科学和简洁。

3. 配合、时序和效果全面兼顾

配合有两层含义:一是指与讲解、演示、板画等其他技能的配合;二是指在教学过程中,应随时注意观察学生对板书的需求反应,尤其是中下水平的学生的需求反应,并据此决定何时提供多少(详或略)板书、是否调整板书快慢等。时序是指先写什么、后写什么。效果是指板书要能发挥其功能。

三、演示技能与板书技能的应用

演示与板书是中学物理课堂必不可少的教学行为,也是作为一个合格的中学物理教师所必备的基本技能。只有将演示、板书的事情做好了,才能充分发挥物理演示实验和板书的作用,提高物理教学质量。

(一) 演示技能的应用

在演示技能的具体应用中,要特别注意以下几个方面的问题。

1. 设计新奇的实验

新颖、奇特的演示实验向来能极大地激发学生的好奇心和求知欲。例如,用鸡蛋来演示物体惯性的实验,用"覆杯"来演示大气压强的实验,用"牛顿管"来演示自由落体运动，用“怒发冲冠”来演示电场线的分布等，对学生来说都属于新奇的实验，容易激发他们探究新知的欲望。

2. 利用多重信息感知渠道

当代学生生活在一个“多媒体”的时代，他们喜欢“声、光、电”所带来的热闹，这也促进了他们感觉器官的发育和发达。演示实验若能利用学生的这种“喜好”和“优势”，无疑能引起他们更多的关注，产生更佳的演示效果。例如，“有声有色”的演示实验总能比“无声”实验更能引起中学生尤其是初中学生的关注。

3. 讲究“技巧”

演示技能的强弱，在很大程度上取决于能否灵活运用转换策略和对比策略。这里的转换，是指将不易观察、测量到的现象、数据转换成容易观察、测量到的现象、数据的实验思想方法。例如，借助硝化棉在“压缩空气引火仪”中被引爆的事实，间接地验证“做功能使物体的内能发生改变”；用悬浮在蓖麻油中的奎宁的针状结晶或头发屑在各种电场中排成的一系列直线或曲线，显示相应电场的电场线分布；利用“光杠杆”演示微笑形变；等等。

对比的策略在演示实验中的应用也很广泛。一般来说，纵向对比可以揭示因果关系，横向对比可以揭示事物特征；正反对比可以深化认识。例如，正反对比的应用：“演示声音的产生”既演示有声现象，又演示无声现象；“演示沸点与压强的关系”既演示增大气压的情形，又演示降低气压的情形；等等。

最后还要注意的是，演示实验切忌过早地出示器材，否则容易分散学生的注意力；切忌不规范的操作；切忌演示的动作太快，甚至像变戏法一样；切忌弄虚作假，把因自身的失误导致的演示失败做不恰当归因，欺骗学生；切忌轻易地否定学生指出的观察结果，因为有多种因素（如观察的视角、观察的时机等）可能造成观察结果的不同或差异。

信息栏 7-2

演示技能的评价

评价项目	评价等级				权重	得分
1. 演示目的明确					0.15	
2. 演示现象明显					0.20	
3. 操作规范，安全可靠					0.20	
4. 步骤清晰					0.20	
5. 演示与讲解配合恰当，引导观察，启发思维					0.25	
补充意见：						

资料来源：刘炳升、仲扣庄《中学物理教师专业技能训练》，高等教育出版社 2004 年版，第 47 页。

(二) 板书技能的应用

在板书技能的应用中,要特别注意以下几点。

1. 内容精练,要点突出

这是板书的首要原则。内容精练是指要用最精练的文字、简明的图形和符号反映教学的主要内容。要点突出是指板书要反映教学的重点、难点、关键点、价值点等,不能主次不分或主次颠倒。

2. 条理清晰,布局合理

板书要能体现教学内容、教学流程的逻辑主线。所以,板书时要合理地使用线条(直线、虚线、曲线或折线)、箭头、括号等,使其"脉络"清晰、"线路"流畅。布局合理是指板书布局匀称得体,静态美和动态美相得益彰。

3. 语言科学、准确

板书语言科学、准确是指用来表达教学内容的板书语言不存在科学性错误,信息符号恰如其分。这就要求用规范的学科语言、图表、线条等进行板书,防止出现水平地面不水平、球不圆、光线不直等模棱两可、画虎类犬的错觉。

4. 形式多样,启发思维

板书没有固定的模式,同一教学内容因教学目标、教学风格、教学对象等不同会有不同形式的板书。衡量板书形式好坏的重要标准之一是看它是否在揭示教学基本内容的同时,巩固和扩大学生的感知量,启发学生的思维。

5. 书写规范,示范性强

规范是指粉笔字(或水笔字)字体工整、笔顺准确、结构匀称、大小适宜、美观隽秀,板书的行间疏密适度、字画搭配平衡、版面清洁整齐,具有强烈的示范性,能吸引学生注意并产生"移情"(亲师而信道)效应。

6. 与讲解密切配合

一般情况下,一节课的板书不能在课前先抄在黑板上,也不能在课后再补写在黑板上,而应该在讲解的过程中按步骤、分阶段地逐步呈现在黑板上。当然,板书呈现的时机可以根据教学的实际需要来定,例如,设计"留白",有意让板书"缺损",给学生留下问题,留下想象和思考的空间。板书与讲解结合的形式有先写后讲、先讲后写、边讲边写等,但常常综合使用。

第四节　应变与管理

认真备课是上好一节课的前提,但课堂的进程不一定能完全按照教师的预设进行。因为上课的对象是一群具有独立性和独特性的成长中的学生,他们的发展需要和发展意向不同、学业水平不同、思考问题的方式等都不同。所以,课堂上常常会出现一些意想不到的情况,有的与学科有关,有的与学科无关。如何处理和应对这些意外，把学生的注意力引导到教学上来，需要教师有冷静、理智的自制力和灵活机智的应变技能。

此外，高质量的教学需要一种春风化雨般的教学风景和一种井然有序的课堂秩序。而构建这样的风景、维护这样的秩序，需要教师具备娴熟的管理技能。广义的管理包罗万象，这里的管理特指课堂管理，尤指教师的自我管理和教师对课堂秩序的管理。

一、应变技能

应变技能是指教师面对课堂意外，根据实际情况，因势利导，随机应变，调整教学进程，使教学活动得以继续并取得良好效果的能力。教师的应变属于教师的教学机智范畴，是教师能力结构中的重要组成部分。

（一）课堂意外的类型①

形形色色的课堂意外大致可以归纳为以下几种类型。

1. 学生行为异常

包括两种情况：一是在课堂教学中，学生有意或无意地干扰课堂秩序，违反课堂纪律的现象。例如，学生希望引起教师注意而故意发出异响，互相嬉闹，讲废话等。这些现象一般影响较大，往往导致教学在短时间内难以正常进行。二是在课堂教学中，学生没有按教师原来设计的思路回答问题，或是学生向教师提出了一些始料未及的问题，令教师一时难以应答的现象。这类现象一般与教学内容密切相关。这种出乎意料的问答通常又分两种情况：一种是故意向教师发难，要“考”教师，期望出教师的“洋相”；另一种是一些学生确有疑难问题需要教师帮助解决，或自己有独到的见解和新颖的思路需要教师认可。无论哪种情况，如果处理不好，都可能影响学生对教师的信任度、对学习的兴趣以及学习效果。

2. 教学环境失常

教学环境失常是指在课堂教学中，教学的场景突然发生变化，影响正常教学的现象。这种环境失常分为教室内环境失常与教室外环境失常两种。教室内部的环境失常主要有上课时学生突发身体不适，突然停电或突发故障导致设备无法正常使用等。教室外环境失常主要有学校周边突然鞭炮齐鸣、锣鼓喧天，小鸟、昆虫突然飞进教室，有人在教室外的走道上做出异常举动等。这些情况的发生必然会分散或转移学生的注意力，干扰正常的教学秩序。

3. 教师教学行为失当

教师教学行为失当主要指教师在教学过程中，面对学生非学习行为（如吃东西、睡觉、看课外书、做其他学科作业、传递纸条等）而采取的违背教育规律和教学原则的行为。教师的教育行为失当，可能会导致师生矛盾的产生、对立情绪的加

① 刘旭. 新课程理念下的课堂教学：听课、说课、上课[M]. 成都：四川教育出版社，2005：79.

重，甚至激化矛盾，使教学秩序发生混乱，教学无法继续下去。

(二) 应变的基本要求

课堂意外一旦发生，掌握好应变的“基调”对接下来的一切显得十分重要。

1. 及时、冷静

课堂意外一旦发生，教师就应马上做出反应，但切忌头脑发热、感情用事。要善于冷静处理，在心里默默地告诉自己别着急、别动怒，总有解决的办法，力争在最短的时间内消除或控制住意外事态的进一步发生和发展。

2. 积极、主动

无论发生哪种课堂意外，教师都必须积极、主动地思考应对的办法，争取主动，变不利为有利，绝不能消极对待，任其自然发展。要尽己所能将事态向着保护学生生命和权益，有利于课堂教学的方向发展，或者设法将其作为一种资源，为教学所用。

3. 机智、灵活

面对课堂意外，教师要根据具体情况选取解决问题的方式和方法，做到随机应变、灵活处置。尤其不能拘泥于某种固定的思维、行为方式、方法，生搬硬套地应付各种意外。

【案例 7-18】 “探究凸透镜成像的规律”①教学中的“应变”

这是以学生自主探究为主的教学活动，学生普遍感到难度较大，会提出各种各样的问题。如“光屏上看不到像”，这可能是物距过小不能成实像，也可能是物、镜、屏不在同一直线上，等等。这时，就需要教师及时做出分析、应变，引导学生顺利完成探究任务。

某次，学生 A(学业水平较好)和 B(学业水平一般)几乎同时提出了“怎么光屏上看不到像”的问题，C(学业水平较差)随即附和：“就是啊。”教师及时做出分析和应变，并根据不同情况，提醒 A“对照操作规范重新做一次”，帮助 B 分析原因后让其重做，指导 C 完成装置调试。

4. 真诚、自然

解决课堂出现的意外，尤其是学生异常行为中的“恶作剧”时，教师一定要以真诚的爱心去感化学生，真诚、自然地去肯定学生的长处和闪光点，从而使学生自觉地认识并改正自己的错误。切不可“以其人之道，还治其人之身”，激化矛盾，造成难以调控的混乱局面。

(三) 应变的基本策略

除了掌握好应变的“基调”之外，还有一些基本的应变策略可以随机采用。

---

① 8年级物理上册第四章第二节。

1. 转移注意

在教师自己或个别学生由于突发情况即将失态时，教师要果断决策，及时转移学生的注意力，采取冷处理的办法，巧妙地进行自我掩饰或掩饰学生。

2. 随机发挥

教师利用突发事件中的某一点，或小中见大，或由此及彼，或顺藤摸瓜，顺势引导、深化教学内容，使教学内容引申出更加深刻的意义，既可以化解矛盾、消除冲突，又可能实现超出预设的教学效果。

3. 幽默诙谐

面对某一意外情景或难以正面回答的问题时，教师可以采用幽默的语言或诙谐的动作，巧妙地化解难堪的场面，化解矛盾和疑难，活跃课堂气氛，使学生在快乐中领悟其中蕴含的智慧和哲理，从而受到启迪和教育。

【案例 7-19】 "密度知识的应用"①教学片段

教师向学生展示一枚戒指，问如何鉴别这枚戒指是不是纯金的。多数学生回答用密度鉴别，但有的学生回答"用黄金戒指与这枚戒指对比颜色""用专用仪器"等，更有一位调皮但不失机灵的学生"请求"道："老师，让我来用牙齿咬一咬就知道了。"教师愣了片刻后说道："这的确是一种好办法，其中还包含了很深刻的道理，但老师舍不得你将这一口美白的牙齿毁于今朝啊。"(硬度的概念将在本章最后一节"物质的物理属性"中学习)同学们笑过之后，教师话锋一转："还有什么办法吗?"见学生们没有新的"高招"，教师说道："就目前的条件来看，通过'用黄金戒指与这枚戒指对比颜色'和'用专用仪器'这两种办法鉴别这枚戒指是不是纯金的还做不到，所以只能从密度的角度来考虑了。"这样，教师很自然将学生引向了课堂学习任务——用密度来鉴别物质。

二、管理技能

管理技能是指教师在教学过程中，通过控制教学进程、调控学生行为等途径，实现对课堂的管理，进而使教师的教和学生的学达到预定目标的能力。

(一) 课堂管理的基本类型

这里主要谈两种类型的课堂管理，即教师的自我管理和课堂秩序的管理。

1. 教师的自我管理

教师是课堂的组织者、管理者，是课堂的焦点所在。教师在课堂上的神态、行为处在全体学生的高度注意之下，对学生的学习、行为有着很大的影响。管理的技能首先体现在教师的自我管理水平上，自我管理水平在一定程度上制约着整个课堂管理的效果。

---

① 8 年级物理下册第六章第四节。

(1) 情感管理。教师无时无刻不在用自己的情感影响着学生，影响着学生的听课情绪和学生参与学习活动的积极性，从而影响着课堂教学秩序和教学质量。所以，教师要管理好自己的情感，要张扬积极情感，抑制消极情绪。同时，不要让学生的情绪左右自己，更要避免对优等生的偏爱和对“差生”的偏见。

(2) 教学行为管理。教师要适时调节和控制自己的教学行为，以保证课堂教学顺利、有序地进行。例如，发现学生不专心听讲时，教师要及时反思是不是自己的课上得枯燥无味；发现学生议论较多时，教师要想一想是不是自己什么地方讲得有问题甚至出了差错；等等。

2. 课堂秩序的管理

除了教师的自我管理，课堂管理的重点应该是对学生的管理和对教学环境的管理，即这里所指的课堂秩序的管理。很显然，在对学生的管理和对教学环境的管理中，对学生的管理又是核心。所以，下面关于课堂秩序管理的讨论，重点放在教师对他的最直接管理对象——学生的管理上。对学生的管理主要包括两个方面：对纪律的管理和对学习(如个体自主学习、小组合作学习等)的管理。由于后者已在本书第二章第二节有所介绍，所以下面只谈课堂纪律管理。

信息栏 7-3

课堂管理

课堂教学优势的发挥，取决于教师、学生、课堂情境等三大要素的相互协调，即课堂管理。所谓课堂管理，就是指教师通过协调课堂内的教师、学生和课堂情境三者之间的关系为有效地实现预定的教学目标的过程。

资料来源：皮连生《学与教的心理学》，华东师范大学出版社 2009 年版，第 89 页。

(二) 课堂里出现纪律问题的主要原因

中学(尤其初中)物理课堂经常会出现纪律问题，分析其中的原因，主要有以下几个方面：一是学生因对物理学习产生厌烦情绪，为寻求其他刺激而违反纪律。二是学生因听不懂造成过度紧张，产生挫折和焦躁情绪，“一触即发”而违反课堂纪律。三是个别学生因成绩较差，自感受到冷落，希望引起教师和同学的关注而采取违纪手段。

(三) 课堂管理的基本策略

课堂(纪律)管理看似简单，其实很深奥。这里主要介绍三条最基本的课堂管理策略。

1. 树立良好的物理学科形象和教师形象

通过向学生介绍物理学的过去和将来、重大事件和重大应用、物理学家的科学和人文情怀、物理美等，使学生加深对物理学的了解，树立物理学在他们心目中的形象，减少或消除学生对物理和物理学习的厌烦情绪。

另外，“亲其师”才能“信其道”，教师的综合形象在一定程度上决定了学生对物理和物理教学的喜恶。所以，作为教师，应该向学生表露自己对物理和物理教学的热爱，以此感染并影响学生。其次，要加强自身的物理修养，尤其要讲究物理教学的艺术性。此外，还要杜绝唠唠叨叨、喋喋不休、小题大做和铁板一块、不苟言笑、过分严厉等不适应学生心理和当代学生不喜爱的为人处事方式。

2. 控制学习任务的难度

课堂学习任务既不能太易，也不能太难。难度应该控制在多数学生的最近发展区之内，因为适度的"压力"更能激发学生的学习动力和学习热情。在良好的心境下，学生通过一定的努力，完成学习任务，产生"我能"的成功感，这也能为后续的进一步学习提供正面的自我心理暗示。

3. 利用控制技巧

首先，在"面向全体学生"的前提下，给予"差生"以"额外"的关爱和关照。例如，经常用目光和他们交流，经常走近他们，不忽略让他们扮演课堂演示的助手，让他们回答问题等，使他们感受到自己虽然"落后"，但不"落单"。其次，一旦课堂上出现了违纪行为，除了当即指出（不妨采取视"桑"说"槐"）并"好言相劝"外，还可以采取"冷处理"（如故意视而不见、突然停止讲课或目视违纪学生、有分寸地"幽他一默"等）、"滞后处理"（"事件"过后合适时机处理、课后处理等）处理手法，使"事件"对正常教学所造成的不良影响降低到最小限度。当然，提前和学生约法三章（通常在开学第一堂物理课上）、将课堂纪律作为学业成绩考核指标以及与家长、班主任"联手"教育（当然必须慎重）等都不失为预防课堂违纪和"善后"的有效做法。

三、应变技能与管理技能的应用

课堂应变和管理没有一成不变的规则，也很难说哪一种方法好，哪一种方法不好，需要在不断积累、反复实践中，在变化和发展中逐步提高技能。

（一）应变技能的应用

下面针对三种常见的情况，简要谈一谈应变技能的应用。

1. 教学情境应变

例如，针对个别学生上课注意力不集中现象，可以走近该学生，弯下腰用眼神对其暗示；针对较多学生的讲话现象，可以用语言的停顿、音调的高低变化进行暗示；针对学生听课兴趣不高、昏昏欲睡现象，可以适时做个提醒甚至讲个有趣的"故事"等。

【案例 7-20】　"我更适合去当医生"

下午第一节课是物理课。教师走进教室时，里面还是热闹非凡。上课一段时间后，有一些学生陆续打起了瞌睡。教师停下来说："我还以为我当老师当得不错呢，看来我的强项不在这里。刚才你们还热热闹闹的，我讲了一会儿课，你们有些人就忍不住要睡觉了。看来，我更适合去当催眠师，给那些患失眠症的人上物理课，他们听听我的课就可以进入梦乡了。”学生听了哈哈一笑，睡意顿消。

（教师用了半分钟左右的时间，使得课堂形态得到了改变。其实，学生自己也不一定想在上课的时候打瞌睡，可能只是一时犯困，控制不了，所以睡了。如果教师让这些上课打瞌睡的学生站起来，然后进行批评，也可以起到防止打瞌睡的作用，但显然没有那位物理教师用的方法好）

2. 教学内容应变

课堂上，教师经常会遇到教学预设以外的“问题”，能及时应对并解决问题当然是好事，但是，应对常常会使预设的教学改变走向，甚至完成不了原先预设的教学任务。该如何处理这个“两难”呢？从实际教学效果来看，“改变走向”和“完成不了”往往是最好的选择和更好的结果。例如，在“力的合成”教学时，教师发现学生对三角函数的知识十分陌生。教师没有继续讲如何计算合力大小和方向，而是结合后续“力的分解”内容，用了近半节课的时间帮助学生把有关的三角函数的知识进行了复习（初中数学）。原来的教学计划自然落空了，但是这半课时给以后的教和学带来了顺畅和便利。

3. 教学过程应变

中学生活泼好动，对教师带进课堂的物理实验器材特别感兴趣。有时，他们过度的“反应”会影响原来的教学流程甚至正常的教学秩序，这时教师需要做到随机应变。

【案例 7-21】　“一子变动，带来全盘兼活”

教师拿着“水流星”的实验器材走进教室，准备在研究圆周运动后举例时做演示实验。可是学生一看到器材就非常兴奋、躁动不安。教师意识到不能按原计划上课了。所以，他马上改变了教学流程，上课开始就做了这个实验，即把原来准备的验证性实验变成了“开讲”时的引入性实验，既吸引了学生的眼球，还使课堂开了一个好头。同时，学生为了弄清水为什么不会洒出来，带着问题、全神贯注地参与了教学活动，提高了教学效果。事后，教师在教后记中写了这样一句话：“居然一子变动，带来了全盘兼活。”

（二）管理技能的应用

这里谈的主要是管理技能应用中要注意的三个方面问题。

1. 师生心心相通

和谐的师生关系、相融的师生心理是维护课堂秩序、营造课堂氛围必不可少的条件。所以，建立相互平等、相互尊重、相互理解、相互融通的师生关系是发挥管理技能和提高管理效果的基本前提。

2. “严”“宽”结合

学生是课堂秩序管理的最直接对象，因为管理课堂秩序说到底是通过管理学生来进行的。教师管理学生有一条最基本的原则，那就是“人格面前人人平等”。所以，教师要尊重学生的人格，尊重学生的自尊心，在任何时候、任何情形下都不能压制和体罚学生。当然，光靠这一点还远远不够，还要坚持严格要求学生与热情关爱学生相结合、约束课堂纪律与倡导个性自由相结合的管理原则，努力使课堂秩序呈现出既井然有序又生动活泼的和谐的景象。

3. “他主”与“自主”相结合

“他主”管理包括三种形式：一是借助任务促成的管理，二是借助教师促成的管理，三是借助集体促成的管理。这些都是课堂纪律管理的重要形式。但是，良好的课堂秩序最基本的特征就是形成了自觉的纪律。所以，最理想的管理应该是自主管理，这也是课堂纪律管理应该追求的目标。从中学物理教学的现实情况来看，他主管理与自主管理相结合可能是最有效果的管理方式了。

本章小结

如果以上课开始为时间起点（0 时刻），那么 5 分钟（左右）到 30 分钟（左右）的这段时间就是“展开新课”的时间域。这段时间是课的黄金“季节”，如何在这黄金“季节”中获得好收成呢？发挥好演示、提问、讲解、反馈、强化、板书、应变、管理等的作用很关键。

在这一系列教学技能中，演示、讲解、板书等属于教学的基础性技能，只要课前预设充分一点，效果自然会好一些；提问、应变、管理等则属于教学的发展性技能，生成性强，单靠预设恐怕还不够。

提高教学技能，首先要对各种技能做全面了解，对其中的基础性技能“烂熟于心”，在此基础上，把应用基础性技能的预设做充分一点；其次要加强现场实践，要通过现场实践，积累“情境”“问题”“事件”以及相应的“手段”“对策”“办法”。这样，在“不变”和“变”、“基础”和“发展”之间找到连接点，进而综合运用技能，发挥整体功能。

做上学

1. 说一说你印象最深的中学物理课上的一个“课堂提问”和一个“演示实验”，请对其做一番评析。

2. 从初中或高中物理教科书中选择 1～2 个课题，设计“重点讲解”和“课堂提问”，并与同学们交流，说出你的设计理由。

3. 从初中或高中物理教科书中选择 1～2 个课题，设计板书（形式不限）并在黑板上写下来。

4. 如果你上课时，有学生突然指出你讲错了，你该怎样应对？

5. 物理课上经常要做实验，由于各种原因，有时实验不能成功。某教师按照课本的示意图（见右图）进行光电效应实验时，用紫外线照射锌板，发现电势差计的指针几乎不偏转，实验效果很不明显。如果你是那位教师，你将如何处理呢？

弧光灯的光使锌板失去电子

6. 阅读下面这则材料，谈一谈你的看法。

美国一处学校关于“利用黑板的几项规定”①

检查板书字体的大小，确定坐在最后一排的学生能够看得清楚。

利用上半部分，只有在确定后排的学生不会被前排同学挡住时，才使用黑板的下半部分。

列出上课计划，将要讨论的问题写在黑板上，这样你对这些问题做出回答时，学生仍然能够看到问题。

在黑板上写字，背对着学生时就不要再讲课了。

尽量课前在黑板上写好板书内容，使学生对将要上的课的内容纲要有个大致了解。

将学生的话写在黑板上。

让学生有机会在黑板上写字。

慎用黑板擦。尤其在将学生所说或所写的观点擦去之前，再进一步强调这些观点的价值。

资源链接

1. 陈建华：《中学物理“问题导学式”教学的研究》，载《上海教育科研》，2013 年第 6 期。

2. 胡定荣：《课堂反馈的学习理论视角与综合分类》，载《上海教育科研》，2013 年第 3 期。

① 尚海涛. 将关注的目光放在教学细微处[N]. 中国教育报，2008-12-05(6).

第八章　巩固新课

学习目标

- 了解结课技能，了解作业布置与批改、习题课与复习课、测验及讲评试卷。
- 理解结课、作业批改、习题课、复习课和测验及试卷讲评的作用。
- 能运用常用的结课方法结课；通过实践，体验习题课、复习课和试卷讲评的基本要领；能按科学的方法和程序编制书面测验。

任何一个完整的学习过程都离不开“巩固”环节，“巩固新课”总是伴随着新知识的学习过程而存在的。这里所谈的“巩固新课”既包括每节课的课堂小结过程，也包括课后的作业批改、辅导与答疑，还包括习题教学、复习以及测验和试卷讲评等。

第一节　结课技能

导入新课固然重要，课的收尾也不可轻视。从课的结构来看，课的收尾是课的终结性环节；从实践效果来看，课的收尾往往能够成为一堂课的点“睛”之笔。

一、结课技能及其作用

结课通常安排在课的最后几分钟。由于下课的时刻快到了，学生精力容易分散，情绪容易松弛。如何利用好这最后的几分钟，结课技能就显得格外重要。结课技能是指在完成一项教学内容或活动时，教师和学生一起对知识与技能进行归纳，对过程与方法进行总结，对情感态度与价值观进行升华的行为方式。设计结课是设计教学的重要组成部分，实施结课是课堂教学必不可少的环节。

二、常用的结课方法

结课的方法不仅因课而异、因人而异，还因教学内容、教学环境而异。下面介绍几种常见的结课方法。

（一）归纳概括式结课

课将结束时，教师用精准的语言、简单明了的图表等对知识、技能、方法、过程、注意事项等进行概括总结，将本课所学的知识系统化、条理化，以达到巩固知识、强化要点的作用。

【案例 8-1】　**“匀变速直线运动的规律”结课设计**

师：请同学们回忆一下，我们已经研究过的关于匀变速直线运动的规律有哪些。

(通过生生、师生互动,全面总结匀变速直线运动的规律。教师板书如下)

$$s=\bar{v}t \quad ①$$

$$\bar{v}=\frac{v_0+v_t}{2} \quad ②$$

$$v_t=v_0+at \quad ③$$

$$s=v_0t+\frac{1}{2}at^2 \quad ④$$

$$v_t^2-v_0^2=2as \quad ⑤$$

$$\Delta s=aT^2 \quad ⑥$$

师:我们在使用物理公式解决问题时,特别要注意它们的适用条件。请思考上述公式的适用条件。

生:(通过思考、回答、补充,得出结论)式①适用于任意的运动,其余各式适用于匀变速直线运动(即加速度恒定的直线运动)。

(二) 分析对比式结课

将新知识与原有知识进行分析、比较,既可找出它们各自的本质特征或不同点,又能找出它们之间的内在联系或相似、相同点,使学生对所学知识的理解更加清晰、准确、深刻。

【案例 8-2】 **"牛顿第三定律"结课设计**

把本节课所学的"一对作用力和反作用力"与以前学过的"一对平衡力"进行对比,并用 PPT 制作课件,通过问-答的形式,师生共同完成下表的填写。

对比项目	作用力和反作用力	平衡力
力的大小	相等	相等
力的方向	相反	相反
力的作用线	同一直线上	同一直线上
力的性质	同种性质	可以不同性质
力的等时性	同时产生,同时消失	不一定
反作用力	作用力必有反作用力	一个力不一定有平衡力

(三) 拓展延伸式结课

结课时,在总结归纳的基础上,将所学知识向其他方面尤其是应用方面延伸,拓宽学生的知识面,引起学生浓厚的课外探究兴趣。

【案例 8-3】　“传感器及其工作原理”结课设计

［本节课的总结归纳］在现代技术中，传感器能够感受诸如力、温度、光、声等非电学量，并能把它们按照一定的规律转换为电压、电流等电学量，或转换为电路的通与断。把非电学量转换为电学量以后，就可以很方便地进行测量、处理、传输和控制了。

［课后拓展延伸的提示］传感器在生产实践中起了很大的作用，在我们日常生活中也有很多的应用。请同学们回家后，观察和研究一下家用电器，阅读它们的说明书并做些分析，看看传感器在家用电器中有哪些具体的应用。下节课我们将一起来分析传感器的应用。

（四）悬念设疑式结课

一节课的结尾既是本节课的结尾，有时也是下一节课的起步，它既是旧知识学习的暂时终结，又是新知识探索的开始。采用悬念、设疑的方法，不仅使知识环环相扣，也使教学课课相连。

【案例 8-4】　“伏安法测电阻”结课设计

［教师设问，学生回答］

1. 伏安法测电阻的基本原理是什么？（欧姆定律）

2. 具体如何测量？（先用电压表和电流表测得加在待测电阻两端的电压和通过待测电阻的电流强度，然后利用欧姆定律计算得到待测电阻的电阻值）

3. 本实验的主要误差原因及解决方法是什么？（由于测量中使用的电压表和电流表均不可能是理想的电表，所以在用伏安法测电阻时，为减小因电表因素造成的待测电阻阻值的测量误差，需要根据待测电阻阻值的大小，合理选取电流表的内接或外接）

4. 分析表明，当待测电阻阻值比较大时，应采用电流表的内接法；当待测电阻阻值比较小时，应采用电流表的外接法。刚才的实验就是这样做的。尽管如此，还是感觉到这种测量方法不是很方便。

师：我们已经学过把电流表改装成电压表和量程较大的电流表，那么是否可以把电流表改装成能够测量导体电阻并能直接读出电阻数值的“电阻表”（注：可以先这么说，后面再纠正）呢？如果可以的话，该如何改装呢？请同学们课后先考虑一下，我们下节课一起来研究。

（五）活动巩固式结课

在课即将结束时，教师根据教学内容，设计并组织开展学生实践活动，如知识竞赛、操作比赛、小组讨论、观察、制作、小测验等，对所学内容进行巩固性训练，达到掌握知识、锻炼能力的目的。

【案例 8-5】 **“液体的压强”①结课设计**

[教师设问，学生回答]

1. 在日常生活中，哪些现象说明液体内部存在压强？

2. 除了教科书中介绍的方法，我们还可以用哪些方法探究影响液体内部压强大小的因素？

(六) 图表结构式结课

根据学科特点，教师可以根据教学内容及其之间的相互联系，事先制成图表，在课堂结尾时，展示图表，引导学生讨论小结。这种结课方式对知识的温故知新、密切知识的联系，使知识系统化有着重要的意义。

【案例 8-6】 **“物体的浮与沉”②结课设计**

物理现象	密度关系	典例	物理原理	典型应用
下沉	$\rho_{物}>\rho_{液}$	铁块、石块会在水中下沉	物块浸没在液体中时，所受的浮力小于自重	桥桩应选用密度大于水的材料
悬浮	$\rho_{物}=\rho_{液}$	某些塑料、非金属制品会在水中悬浮	物块浸没在液体中时，所受的浮力等于自重	潜水艇在水中保持一定深度进行巡航或悬停
上浮-漂浮	$\rho_{物}<\rho_{液}$	大部分木块会在水中漂浮	物块浸没在液体中时，因所受的浮力大于自重而上浮，当部分体积露出液面，浮力逐渐减小到等于自重时，物块漂浮在液面上	利用可排水浮桶进行沉船打捞

三、结课的基本要求③

尽管结课的方法多姿多彩，但结课的要求还是相对集中的，主要有以下五个方面的要求。

(一) 体现教学目标

“万变不离其宗。”无论以怎样的方式结课，都是要为完成本课时的三维教学目标服务。

(二) 要水到渠成

课堂教学进入结束阶段是一堂课发展的必然结果，也是课堂教学科学性的必然体现。因此，教师在课堂教学时，要有目的地调节课堂教学的节奏，有意识地照顾到课堂教学的结课，努力使课堂教学的结束工作做得自然妥帖、水到渠成。

① 8年级物理下册第十章第二节。

② 8年级物理下册第十章第五节。

③ 许高厚. 课堂教学技艺[M]. 北京：北京师范大学出版社，1997：226.

为此，教师在上课时要注意避免出现两类极端现象：一是由于课堂教学节奏过快而提前结课，造成结课后教师不知所措、学生心猿意马；二是由于课堂教学节奏过慢而滞后（甚至没有时间）结课，造成结课时教师着急忙慌，学生心神不定。

（三）应突出要点

要用少而精的语言，梳理知识，强调要点，深化主题，让学生有"豁然开朗""一览众山小"的认识上的飞跃。

【案例 8-7】　"受力分析"结课的板书设计

受力分析的基本思路如下图所示。

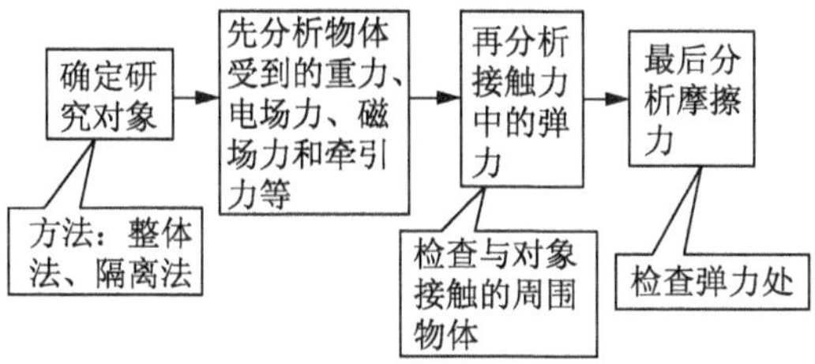

（四）须首尾照应

从教学的客观规律来看，首尾照应体现的是课堂教学的整体观，而从美学的角度来看，首尾照应体现的正是课堂教学整体观之下的美感。

【案例 8-8】　"这一刻，我的眼睛为之一亮"

一位教师为"市青年骨干教师培训班"学员上示范课，课题是"运动快慢的描述——速度"。他先开宗明义："今天我们学习运动的快慢——速度一节。"接着，他在黑板上画出"________"，便进入了后续的教学。始终不见他将"运动的快慢——速度"板书出来。

听课的青年教师深感疑惑：连课题都不板书？忘记了吗？"________"是什么？下课前 3 分钟，在结课环节，该教师终于"意外"地把醒目的"运动的快慢——速度"写到了"事先预留"的地方："________"。评课时，不少青年教师都谈到了这一细节，大家几乎一致地认为："这一刻，我的眼睛为之一亮。"

（五）拓展时空和领域

课堂教学是教学的基本形式，但不是唯一形式。所以，结课不能只局限于课堂本身，要注意课内学习与课外学习的沟通、文本学习与实践学习的沟通、本学科学习与其他学科学习的沟通等。为此，在课堂教学快要结束时，教师要注意将学生的"视线""思维"拓展到课外和实践以及其他学科等，通过安排任务，给学生留下自主学习和钻研的机会，促进学生拓宽知识面，了解完整的、真实的世界。

【案例 8-9】 **“热力学第二定律”①结课设计**

教师提出三个问题,要求学生课后解决。

1. “在自然界中,所有的宏观自发过程都具有单向性。”你该怎样理解这句话?

[提示]在整个自然界中,无论有生命的或无生命的,所有的宏观自发过程都具有单向性,都有一定的方向性,都是一种不可逆过程。如河水向下流、重物自由下落、山岳被侵蚀、房屋衰朽倒塌、人的一生从婴儿到老年再到死亡等。

2. 电冰箱与空调能让“热”由低温环境传递到高温环境。这是不是自发进行的?请说明理由。

[提示]不是自发进行的,这一过程是通过电流做功来实现的。因此,“热”不能自发地从低温物体传给高温物体。

3. “第二类永动机”不可制成的物理解释是什么?历史上有哪些著名的“永动机”?

[提示]这是因为宏观自然过程都具有一定的方向性,所以“第二类永动机”虽然不违背能量守恒定律,但它不会自然而然地发生,是不可能制成的。通过收集资料来回答历史上著名的“永动机”。

第二节　作业批改与辅导答疑

“教学五认真”(中小学教学的基本规范)的第三条是“认真布置和批改作业”,第四条是“认真辅导学生”。据此,作业批改与辅导答疑在整个教学活动中的重要性可见一斑。

一、作业的布置

在谈作业的布置之前,有必要先介绍一下常见的作业类型。

(一) 作业的类型

这里把形形色色的作业分成三类,即常规型、探究活动型和专题“报告”型。

1. 常规型

这类作业的目的,是及时巩固课堂上刚刚学过的知识,训练课堂上刚刚学过的技能。这类作业通常比较简单,有的是直接重复某些基本知识和技能,有的则是基本知识和技能的简单应用。这类作业要注意增强趣味性,如联系生活、生产实际。

2. 探究活动型

这类作业正越来越受到重视,也深受学生的喜爱。探究活动型作业充分体现了物理与自然、社会、生活、生产、科技的广泛联系,有利于激发学生学习物理的兴

① 高中物理选修 3-3 第十章第 4 节。

趣，有利于提高学生发现问题、认识问题和解决问题的能力，有利于学生树立科学的世界观和方法论。有关这类作业的问题，读者可以参见本书第十章中的相关内容。

3. 专题"报告"型

这是一种既能体现共性要求又能体现个性需要的作业类型。例如，学完一章（单元）或一个主题后做的阶段性小结（如"力与运动"学习小结、"静电场"学习小结等），围绕某一重点、难点、热点知识做的认识报告（如"我对'惯性'的认识""我是这样理解'电动势'的"等），以及对某一关键、疑难问题或感兴趣的问题进行深入研究后做的小论文（如"怎样控制物体的浮与沉""圆周运动中变轨问题的分类研究"等）都属于这一类型的作业。

（二）作业的布置

接下来谈一谈作业布置中要注意的三个方面问题。

1. 有明确的规范和要求

作业的规范和要求应该贯穿于整个中学物理教学的始终，并且不同的学段应有不同的侧重。例如，初中学生在学习物理的最初阶段，一般都习惯用自己熟悉的数学作业的格式来做物理作业，不习惯画受力分析图和（状态）过程示意图，只写算式和数值，不写分析和单位等；初进高中的学生习惯写"已知……"和"求解……"，习惯带单位运算，不习惯先联列方程解出未知量的最终表达式再代数据运算等。此时，教师要在"不厌其烦"地向他们指出初中、高中物理作业特点的同时，提出做物理作业的相应"套路"，以规范作业要求。

2. 量要适中

作业应讲求"少而精"，要尽量发挥每一道作业题的作用，尤其对高中学生，可采取一题多问、一题多变、一题多解等方式。这样既有利于激发学生的做作业热情，又有利于提高学生的思维能力。

3. 针对性要强

要明确每次布置作业的目的，并根据教学的实际需要和学生的不同水平删减、补充课本上的作业和学习参考用书上的作业。另外，要尽可能地对不同水平的学生提出不同的作业要求。

二、作业的批改

批改作业既是教师进一步了解学生的过程，也是师生进行情感交流的过程，还是教师用自己无形的力量影响学生的过程。所以，认真批改作业是提高物理教学质量的重要途径。

（一）批改作业的常用方式

传统的作业批改方式是全批全改，但除此之外，还有许多批改作业的方式。下面重点介绍几种比较常用的方式。

1. 全批全改

作业全批全改有利于教师全面了解学生的学习情况。这是一种督促学生按时、按要求完成作业的好办法。

2. 重点批改

主要包括为了检查重要知识掌握情况的重点批改和检查重点学生学习情况的重点批改两种情况，其中后者可以结合“面批面改”的形式。

3. 分项批改

这是批改讲义、试卷、学习指导用书时经常采用的方式，目的是分项了解情况和分项进行指导。

4. 抽样批改

抽样批改通常是指按层抽样批改，这有利于教师了解、掌握各学习层次学生的学习情况。

5. 学生交叉批改

即由教师提供作业答案和批改标准，让学生交叉批改作业。这是一种能够促进学生了解他人、吸收借鉴他人长处的作业批改方式。

6. 学生自我批改

即在教师的指导下，学生自己批改自己的作业。通常，这种方式的批改要在课堂上完成。

(二) 批改作业中要注意的几个问题

重视作业批改，除了要运用好作业的批改方式之外，还要在实际批改中注意以下几点。

1. 注意实际效果，防止流于形式

教师批改作业应认真、仔细，防止错改、漏改、误评，要杜绝以“阅”代批、含糊批改等流于形式、缺乏实效的不良做法。此外，作业批改要有评判等级。

2. 详细记录，鼓励创新

要将批改中发现的典型错误和创新解法记录下来。对典型错误要仔细分析原因，对创新解法要加工整理，以便在讲评作业时有的放矢、鼓励“创新”。最好能设计一些通用的作业批改统计表，以便分析学生作业中出现的问题和亮点。

【案例 8-10】 **作业批改统计表**

题　号	1	2	3	4	5
全对人数					
全错人数					
典型错误					
创新解法					

3. 在“改”字上下功夫

只批不改，看上去干净利索，但没有发挥“批改”的全部作用。尤其对有问题的学生作业，教师应做个别指点，不能置之不理。“改”，可以是针对错误，分析出错原因，指明正确解答方向，也可以是针对正确的作业，提出进一步改进的意见。

4. 重视写批语

学生的作业做对了或进步了，写句肯定的话；错了，认真地“改”过之后，再写句鼓励的话，都会让学生体验到学习的成就感，甚至还可能使学生受到感动。长此以往，学生独立完成作业的意识便会增强，抄作业现象也就会很少发生，作业的作用便会更好地发挥。甚至，教师在学生心目中的形象也会得到提升。

5. 及时批改

如果教师批改作业不及时，学生便无法及时获得教师对作业情况的意见反馈，新鲜感、求知欲便受到影响，作业能起的作用也就降低了。所以，有经验的教师无论工作再忙、时间再紧，都会采取适当的办法，如改变作业形式、批改方法等，及时地批改学生作业。

总之，批改作业是提高教学质量、提升学生对教师“好印象”的重要途径，要重视，且马虎不得。

信息栏 8-1

发展主义作业观

应当坚持发展主义作业观，崇尚德性，强调主动做，倡导生态化。注重作业的整体关联，并处理好个性与共性、现实与长远的关系。用发展主义作业观审视作业，需要调整作业目标功能观，把作业纳入教学内容整体设计，适度控制作业量，建立多方协调的作业审阅机制，构建学生作业辅导体系，培训自我调节学习策略，营造互动参与的作业环境。

资料来源：李臣之、孙薇《发展主义作业观》，载《课程・教材・教法》，2013 年第 7 期。

三、课后辅导

如何理解课后辅导的作用，如何开展课后辅导，才能使课后辅导与课堂教学的其他过程相互协同、互相促进，发挥整体效应，是物理教学中值得探讨的课题。

(一) 课后辅导的作用

课后辅导是整个教学过程中拾遗补阙的重要一环，更是班级授课制的必要补充。

1. 课堂教学的补充

班级授课制不能满足所有学生的学习需要，课后辅导能够在一定程度上解决这个矛盾。例如，对于超常发展的学生，可以在课后为他们开点“小灶”，解决“吃不饱”问题；对于一时跟不上的学生，可以在课后为他们查“漏”补“缺”、进行学法指导等。从这个意义上来讲，课后辅导朝着“因材施教”方向跨近了一步。

2. 非智力因素教育的良机

非智力因素主要包括需要、兴趣、动机、情感、意志、性格等方面，非智力因素对学习活动起着启动、导向、维持和强化等作用。研究表明，许多“学困生”之所以“学困”，原因不在智力因素，而在非智力因素。课后辅导使教师有机会更加深入地了解他们在非智力因素方面存在的问题，进而围绕自制力、意志力、自信心、荣誉感以及兴趣、爱好、理想、信念等对他们进行有针对性的非智力因素教育。

3. 教学相长

课后辅导在促进学生学业水平提高的同时，也促进了教师自身业务能力的提高，尤其在某些方面，这种作用是很明显的。例如，对超常学生的辅导，可以促进教师对物理高难度问题的研究和对超常生思维特征的研究等；对“学困生”的辅导，可以促进教师对学生学习心理和学习方法的研究等。

(二) 课后辅导的基本要求

课后辅导主要有两种类型，一类是答疑式辅导，另一类是“提优补差”类辅导，后者是指对“尖子生”的提“优”辅导和对“学困生”的补“差”辅导。不管是哪种类型的课后辅导，都要注意以下几个方面的问题。

1. 尊重、赏识学生

对“尖子生”的赏识需要教师的胸怀，对“学困生”的赏识更需要教师的情怀。请记住，教师对学生的“看”法会对他们的当下学习和未来发展起关键性的影响。

2. 要有较强的针对性

(1) 分类辅导。课后辅导要少搞或不搞“群众运动”。如果说对“尖子生”的课外辅导要侧重提升能力的话，那么对中等学业水平学生和“学困生”的课后辅导则要侧重于夯实基础。

(2) 个别辅导。如果说分类辅导还属于“面”上的辅导的话，个别辅导就是一种根据不同学生存在的不同问题而进行的“点”上的辅导。这种基于“点”的辅导能够真正抓住问题的要害，自然效果也是最佳的了。当然，这种带有一点理想色彩的课后辅导需要教师付出更多。

(3) 处理好课后辅导与课堂教学的关系。任何时候，“课堂是主阵地，课堂教学是主渠道”必须坚持，绝不能本末倒置。为此，一要处理好两者在时间和空间上的关系，二要注意不能过分地加重学生的学业负担，确保学生将主要的时间和精力放在课堂学习上。

第三节　习题课与复习课

一般来说，学生掌握物理知识和技能的过程需要经过领会、巩固和应用这三个相互联系又有区别的环节。与这三个环节相对应，物理教学形成了五种基本的课型：实验课、概念课、规律课、复习课、习题课。所以，研究复习教学、研究习题教学是极有现实意义和理论价值的教学论研究课题。

一、习题课与复习课的作用

粗略地说，习题课（习题教学）是指在学习和理解物理概念、规律的基础上，教师指导学生以口头解答或书面解答、设计或动手操作等形式就相关问题做出科学、合理的定性或定量解释的教学活动。复习课（复习教学）是指教师指导学生运用科学的学习方法，对已学知识和技能进行梳理、归纳、综合及适当地拓展，加深对知识和技能的理解，以进一步提高运用知识和技能解决实际问题能力的教学活动。

习题课和复习课贯穿于整个物理教学过程。两者有一定的联系，但又各有侧重，各有自身的一些特点。例如，习题课通常紧跟相应的某一节课，即关注局部，注重该节课物理概念和规律的基本应用，注重该节课物理问题的解决。复习课更加注重整章甚至几章问题的汇总与整合，关注整体，注重物理知识和技能的梳理、归纳与综合以及规律应用的拓展与提升。所以，与习题课相比，复习课的一个最明显的特点就是发展性。

（一）习题课的作用

习题课的作用至少有以下三个。

1. “三化”基本知识与技能

通过实验、概念和规律课的教学，学生对于物理概念和规律以及一些基本的技能已经有了一定的理解，但这种理解往往是比较粗浅和僵化的。通过习题教学，学生可以进一步细化、深化和活化基本知识和基本技能，达到深刻理解和牢固掌握的程度。例如，学习了“电势”和“电势能”概念后，如果不进行一定数量的习题教学和练习，学生是很难熟练地运用这两个概念解决具体问题的。

2. 反馈和补偿的作用

首先，通过习题教学，教师可以获得学生对基本知识和基本技能掌握情况的反馈信息，据此调整教学内容、方法和进程。其次，从掌握“两基”到能灵活应用“两基”解决实际问题，之间还有一环能力缺损，即从具体情境中抽象出相应物理问题的能力缺损。借助习题教学可以完成对缺损的补偿。例如，学习了“压强”“浮力”概念之后，为使学生熟练地运用所学知识去解决具体问题，配套一定数量的习题课是必不可少的。

3. 帮助学生加深和拓展物理知识

物理习题既可以用来复习和巩固基本知识，同时也可以拓展学生的知识面。因为教师在进行习题课时可以设计许多问题情境鲜明、知识含量丰富的习题，这些习题可以是教科书基础知识的加深，也可以是教科书中未涉及的知识内容。例如，为了使运动学的描述更完善，引入平均加速度和瞬时加速度的概念，这也为圆周运动中向心加速度的教学奠定了基础;在“力的分解”中补充“小力变大力”的知识,让学生了解刀、斧等工具为何能够轻易地劈开物体;等等。

(二) 复习课的作用

“复习课一个最明显的特点就是发展性”主要体现在复习课的三个方面作用上。

1. 理顺知识,强化记忆

通过复习,进一步查漏补缺,进一步对学习内容进行联系、归纳和总结,实现知识的结构化、体系化、网络化。这有利于学生巩固所学,比较长久地记住最有价值的基本内容,在需要时得以再现和重新建构。

2. 温故知新,拓宽加深

通过温故,通过必要的复习和练习,发现先前未注意到的事物、概念、规律之间的内在联系以及概念、规律更广阔、更深层的应用领域,从而拓展对现象、概念、规律的认识,加深对现象、概念、规律的理解。

3. 发展能力,综合提高

复习课通常包含着“应用”的环节。应用是巩固、掌握知识的途径,也是巩固、掌握知识的目的,这两个方面构成了一个开放的螺旋结构。在螺旋上升中,知识逐步向技能和能力转化,学生的综合学力也就自然地得到了提高。

【案例 8-11】　　单摆模型的拓展运用训练

在“机械振动”复习课上,复习完单摆简谐振动规律后,将单摆知识迁移到“类单摆”问题(限于力学范围)中。对于“类单摆”问题,关键是抓住等效重力加速度(g')。

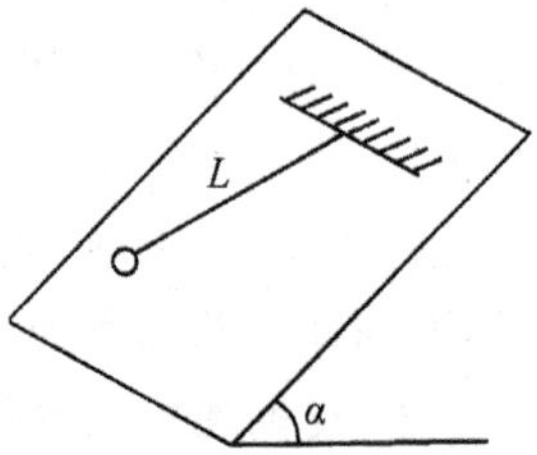

把一质量为 m、摆长为 L 的单摆放到光滑斜面上,斜面的倾角为 α,如右图所示。问此单摆作小角度振动时的周期为多少?

这里,要先通过在“空间”处理重力,获得等效重力 $F=mg\sin\alpha$,再由 $g'=F/m$ 确定等效重力加速度 $g'=g\sin\alpha$。

又如,在超、失重系统中,等效重力加速度 $g'=g+a$ 和 $g'=g-a$(a 为竖直向上或向下的加速度)。

二、习题课的基本要求

下面先介绍习题课的基本类型,然后谈习题课的基本要求。

(一) 习题课的基本类型

这里把习题分为三种类型,即规范型、建模型和思路型三类。

1. “规范型”习题课

所谓“规范型”习题课,简单地说,就是教师通过示范解题,让学生了解解题的一般性要求、书写要求和基本规范并“模仿”练习。“规范型”习题课有利于培养学生思维的严密性和处理问题的严谨性。

中学物理解题的一般性要求是“想得清楚，说得明白，写得规范，解得准确”；解题的书面表达必须“书写整洁、表达清楚、层次分明、结论正确”。基本规范如下：处理矢量问题必须规定正方向；画受力分析图要用尺规；运算过程先列字母方程，化简出结果的表达式后，再代数据求解；物理量的单位均采用国际单位制；等等。

2. “建模型”习题课

模型是原型简化了的映象，是对原型的属性进行科学抽象而形成的能再现原型本质特征的一种类似物。① “建模型”习题课是指教师通过典例解析，启发学生对相似问题进行归类，建立问题“模型”，并对属于同一“模型”问题的解决思路、步骤和方法进行强化理解和识记的教学。“建模型”习题课有利于培养学生灵活运用知识解题并举一反三的能力。高中物理的常见问题模型有三力动态平衡模型、小船过河模型、平抛运动模型、圆周运动模型、传送带模型、人船模型等。

【案例 8-12】 习题课——“人船问题”模式应用②(提纲)

一、“人船问题”

如图 1 所示，小船停在静止的水面上，船上有一质量为 m 的人从静止开始从船头走到船尾。设船的质量为 M，长为 L，忽略水的阻力，求船在水中移动的距离。

$\left(s=\dfrac{mL}{M+m}\right)$

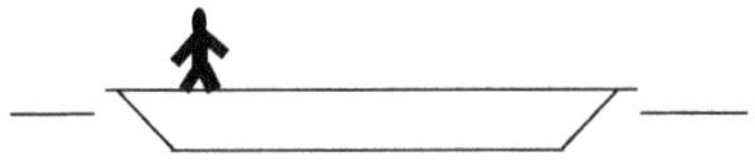

图 1

二、“人船问题”的解的理解

$s=\dfrac{mL}{M+m}$中，m，$M+m$ 分别为系统中主动者的质量和系统总质量，L 是在系统动量守恒方向上主动者相对于从动者的位移大小，s 即主、从两者在相互作用过程中从动者的位移。

三、“人船问题”模式应用

1. 如图 2 所示，质量为 M 的气球上有一质量为 m 的人，共同静止在距地面高为 h 的静止空气中。现从气球上放下一根质量不计的软绳，以便此人能沿软绳匀速地下滑到地面。为使此人安全抵达地面，软绳至少应有多长？

---

① 蔡铁权.物理教学丛论——基础教育课程改革视野下的中学物理教学[M].北京：科学出版社，2005.

② 窦瑾.“人船问题”模式应用[J].数理化学习，1992(6).

图 2

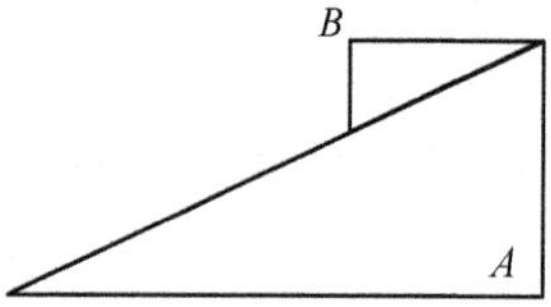

图 3

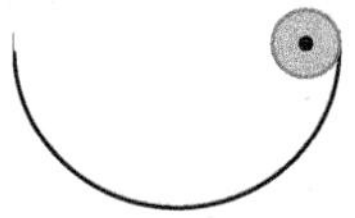

图 4

2. 如图 3 所示，斜面体 B 放在另一斜面体 A 的斜面上。A,B 的底边长分别为 a,b,且 $m_A=2m_B$,不计一切摩擦，求当 B 滑至底端时，A 移动的距离。

3. 如图 4 所示，半径为 r 的小球，沿半径为 R 的半球形碗内壁从边缘一点静止下滑，运动到碗边缘的另一点。若小球质量为 m,碗的质量为 M,碗与水平面间的摩擦不计，求碗的位移。

……

四、“人船问题”模式的本质揭示(略)

3. “思路型”习题课

顾名思义，“思路型”习题课只进行题目分析，只指明解题思路，将具体的解题工作留给学生自行完成。在教学中，师生共同分析题目中所涉及的物理对象和物理过程，分析对象所处的特殊状态，揭示问题中的隐藏条件，在头脑中形成清晰的物理图景，据此共同提出解题的思路(包括用什么方法、运用什么规律、可能要注意的问题等)。“思路型”习题课体现了“思维是根本”的思想，有利于启发学生深度思维，同时也能提高课堂密度，增强学生学习的自觉性。例如，运动学(高中物理必修 1 第一、二两章)和动力学(高中物理必修 1 第三、四两章)是力学乃至整个高中物理的奠基性知识，有着极其广泛的应用，因而分别涉及了“海量”习题。可以抓住两部分习题的各自共性，开展“思路型”习题教学，在突出共性的基础上，师生共同构建一般性解题程序(包括思路、步骤、方法等),以便学生在遇到“新”的情境时，能“自动按程序解决”,提高解题效率和解题能力。①

【案例 8-13】 **“物态变化”②习题课**

教学流程如下图所示。

呈现问题：向手上轻轻“哈气”时，手会感到暖和，但使劲向手上“吹气”时，手不但没有感到暖和，反而感到更冷。为什么？

学生讨论：根据自身生活经验，各持己见。常见的两种错误的说法，①哈出的

① 蒋鸣.基于技能形成规律的解题能力训练策略[J].中学物理教学参考，2012(10):26-28.

② 8 年级物理上册第二章。

气比吹出的气温度高;②手感到冷的时候“哈气”,与手感到热的时候“吹气”,这两种感觉是不同的。

教师引导:冬天和夏天,从嘴中呼出的气体温度相同吗?这个温度通常比人手的温度高一些还是低一些?人手感到冷或热,是什么原因?

学生自我矫正:通过教师的引导,学生会发现上述两个观点是错误的,进一步激发了学生的思维,提高了学生的探究热情。

(二) 习题课的基本要求

这里以较大的篇幅,通过举例来谈此问题。

1. 根据目的选择“类型”

上好习题课,首先要明确目的,即搞清楚习题课究竟是为了巩固(细化、深化、活化)某个知识点(概念、规律等)的掌握,为了帮助学生建立和巩固(前后)知识之间的联系,还是为升学考试做准备。如果是第一种目的,通常选择“规范型”;如果是第二种目的,通常选择“建模型”;如果是第三种目的(尤其是初中中考、高中高考前二轮复习中的习题课),则通常选择“思路型”。当然,在实际教学中,“瞄准高考、一步到位”的基本“共识”使“三型”有机结合的习题课显得更为普遍。

2. 精心选编例题和练习

(1) 典型性。

典型性是指在内容上或方法上具有代表性,应能反映知识、技能、过程和方法的本质特征。选择这类问题要遵循“少而精”的原则,题目的数量和难度也要适当控制。例如,在学习了“平均速度”概念后,给出例题:一质点沿直线运动,方向不变,若通过前一半位移的速度为 v_1,通过后一半位移的速度为 v_2,则整个过程的平均速度为多少?对于平均速度问题,不管题目如何变化,其解决方法是明确的,就是紧扣“平均速度=位移÷时间”这一基本定义来求解。

(2) 针对性。

习题的选择要针对课程标准、教科书和学生的实际情况,尤其是要针对学生学习的薄弱环节。例如,针对速度与加速度的区别以及力和运动的关系设计思考题:物体的速度为零时,其加速度是否一定为零?物体能否做加速度变小的加速运动或加速度变大的减速运动?并通过实例分析加以说明。

(3) 实践性。

物理来源于自然、生活、生产实际,习题的选择要注意把抽象的物理知识与实际问题相联系。一方面,应与学生的现实生活相联系,关注学生的生活经验,让学生用所学知识去解释身边的一些物理现象;另一方面,应密切联系现代科技发展的新成果,激发学生学习物理的兴趣。例如,人平时走路的力学问题,蜃景现象(包括沙漠上发生的和海面上发生的)的光学原理,电饭煲、微波炉、电磁炉等家用电器的电磁学原理,人造卫星发射、绕地运动、变轨、对接和回收中的力学问题,等等。这些问题都来源于自然、生活和科技，全然没有高高在上的感觉，学生感到既生动、形象，又亲切、自然。

（4）趣味性。

习题和习题课通常给人的感觉是枯燥乏味，不能很好地调动学生听课和练习的积极性。所以，习题课在选题时要注意题目的趣味性。除了前面谈到的联系自然、科技和生活外，还可以选编一些活动类型的题目。例如，在“摩擦力”习题课上，设计了一道特殊的例题——“课堂擂台：单指夺棒”。打擂规则：两人同时单指托棒，保持木棒水平，向两侧拉，哪方棒脱落哪方输？其原理是在接触面相同的前提下，哪方压力大，哪方最大静摩擦力大，哪方就容易获胜。自然，在保持木棒水平的前提下，越靠近重心，压力就越大，最大静摩擦力也越大，越不容易输。对于这样的例题，学生的兴趣非常浓厚，积极主动地参与思考和讨论，能收到很好的效果。此外，利用学生的游戏“心理”，通过多媒体设备现场设计或改变题目条件、设问方式，也是增强题目趣味性的常用手段。

【案例 8-14】 **“平抛运动”[①]例题设计**

“平抛运动”学习之后，利用多媒体制作一道“请你来当飞行员”的题目：轰炸机以 $v_1=80$ m/s 的速度，在距离海面 $h=45$ m 高处水平飞行，尾追一艘以 $v_2=15$ m/s 的速度逃逸的敌船，采用老式炸弹轰炸敌船，不计空气阻力。若你是飞机驾驶员，请你计算出飞机投弹点距离敌船的水平距离，并在“投弹练习”（游戏界面如下图所示）中试投。

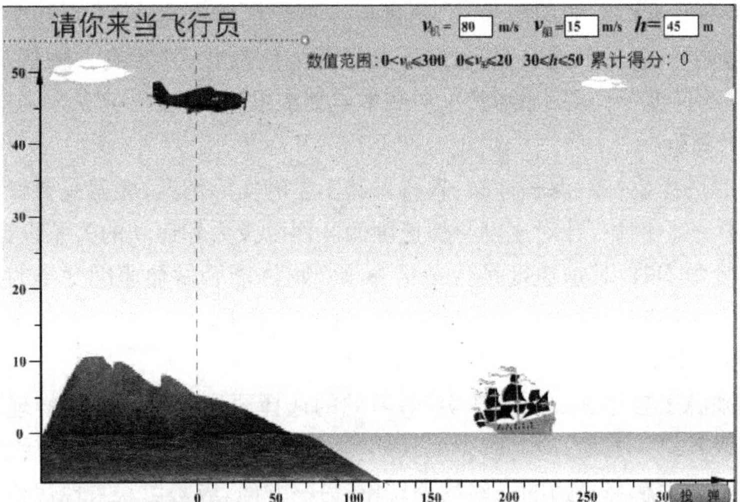

① 高中物理必修 2 第五章第 2 节。

(5) 多样、灵活。

由于不同的习题在培养学生能力方面的侧重点不同，因此，习题教学中使用的题目应该具有多样、灵活的特点。具体来说，一是选编题目要注意多样性，不能只偏重于一种形式的题目。例如，既要有理论题，又要有实验题；既要有计算题，又要有选择题、填空题、简述题、证明题、作图题等；既要有检查知识掌握情况的题目，又要有帮助学生理解方法应用的题目；等等。二是选编题目要注意灵活性，选编一些可以一题多解（一道题目、多种解法）、一题多变的题目和具有一题多“解”（一道题目、多个结果）的题目，以增强题目及其解的灵活性，既增加学生学习兴趣，又培养学生思维的灵活性、严密性和开放性。

【案例 8-15】 **一题多解一例①**

题目：做匀加速直线运动的物体，从某时刻起，在第 3 秒内和第 4 秒内的位移分别是 21 m 和 27 m，求加速度和“开始计时”时的速度。

解法一：根据匀变速运动的位移公式求解。设加速度为 a，开始计时时的速度（即初速度）为 v_0，从该时刻起，前 2 秒、前 3 秒、前 4 秒的位移分别为 s_2，s_3，s_4，则有

$$s_2=2v_0+\frac{1}{2}a\times 2^2 \quad s_3=3v_0+\frac{1}{2}a\times 3^2 \quad s_4=4v_0+\frac{1}{2}a\times 4^2$$

第 3 秒内的位移 $\Delta s_3=s_3-s_2=v_0+2.5a=21$ ①

第 4 秒内的位移 $\Delta s_4=s_4-s_3=v_0+3.5a=27$ ②

由方程①②解得：$a=6\ \mathrm{m/s^2}$，$v_0=6\ \mathrm{m/s}$。

解法二：根据匀变速运动的速度公式求解。

$$v_2=v_0+2a \quad v_3=v_0+3a \quad v_4=v_0+4a$$

第 3 秒内的平均速度 $\bar{v}_3=\dfrac{v_2+v_3}{2}=v_0+2.5a$

第 4 秒内的平均速度 $\bar{v}_4=\dfrac{v_3+v_4}{2}=v_0+3.5a$

第 3 秒内和第 4 秒内的位移与各秒内的平均速度有下列关系。

$$\Delta s_3=\overline{v_3}\cdot 1 \quad 即\ v_0+2.5a=21 \qquad ①$$

$$\Delta s_4=\overline{v_4}\cdot 1 \quad 即\ v_0+3.5a=27 \qquad ②$$

方程①②与前相同，故答案一样。

解法三：运用推论“匀变速运动某段时间的中间时刻的即时速度等于该段时间内的平均速度”求解。

由 $v_{2.5}=v_0+2.5a=\overline{v_3}$ 与 $\overline{v_3}\cdot 1=21$ 和 $v_{3.5}=v_0+3.5a=\bar{v}_4$ 与 $\overline{v_4}\cdot 1=27$ 得

$$v_0+2.5a=21 \qquad ①$$

① 窦瑾. 运动学问题的一题多解[J]. 物理之友，1989(4)：16-18.

$$v_0+3.5a=27 \quad ②$$

以下同前。

完成以上解法后，应留出时间，让学生回味以上的分析和求解过程，比较各种方法的优劣。之后，启发学生考虑还有没有其他可行的方法解决本题。

【案例 8-16】 一题多变一例

题目：如图 1 所示，水平传送带以 5 m/s 的恒定速度运动，传送带长 $l=7.5$ m，今在其左端 A 将一工件轻轻放在上面，工件被带动，传送到右端 B。已知工件与传送带间的动摩擦因数 $\mu=0.5$，试求：工件经多少时间由传送带左端 A 运动到右端 B？(取 $g=10\ \mathrm{m/s^2}$)

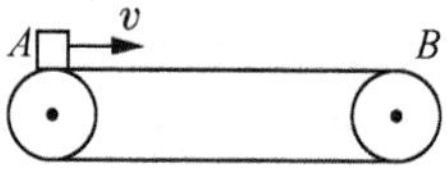

图 1

变一：工件在传送带上滑过的痕迹长是多少？(2.5 m)

变二：若传送带长 $l=2.5$ m，则工件经多少时间由传送带左端 A 运动到右端 B？(1 s)

变三：若工件以对地速度 $v_0=5$ m/s 滑上传送带，则工件经多少时间由传送带左端 A 运动到右端 B？(1.5 s)

变四：若工件以速度 $v_0=7$ m/s 滑上传送带，则工件经多少时间由传送带左端 A 运动到右端 B？(1.42 s)

变五：若工件以 $v_0=3$ m/s 速度滑上传送带，则工件经多少时间由传送带左端 A 运动到右端 B？(1.58 s)

变六：若题目中“传送带长 $l=7.5$ m”“动摩擦因数 $\mu=0.5$”不变，问传送带运动速度多大时，工件由 A 传送到 B 所需时间最短？($5\sqrt{3}$ m/s)

变七：本题若传送带与水平面间倾角 $\theta=37°$，如图 2 所示，其他条件不变，那么工件由 A 滑到 B 时间为多少呢？(约 1.5 s)

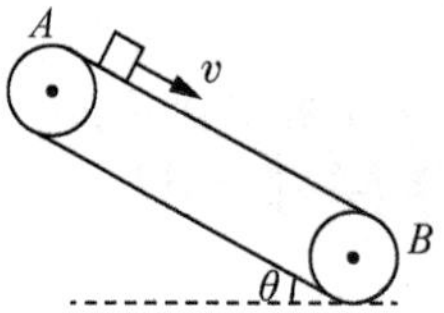

图 2

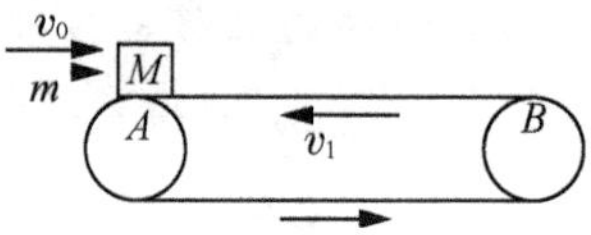

图 3

变八：当图 2 中传送带以 5 m/s 速度向上运动时，那么工件由 A 滑到 B 时间为多少呢？(2.7 s)

变九：如图 3 所示，水平传送带 AB 长 $L=8.3$ m，质量 $M=1$ kg 的木块随传送带一起以 $v_1=2$ m/s 的速度向左匀速运动(传送带的传送速度恒定)，木块与传送带间的动摩擦因数 $\mu=0.5$。当木块运动至最左端 A 点时，一颗质量 $m=20$ g 的子弹以 $v_0=300$ m/s 水平向右的速度正对射入木块并穿出，穿出速度 $v=50$ m/s，以后每隔 1 s 就有一颗子弹射向木块。设子弹射穿木块的时间极短，且每次射入点各不相同，g 取 $10\ m/s^2$。求：(1) 在被第二颗子弹击中前，木块向右运动距离 A 点的最大距离是多少？(2) 木块在传送带上最多能被多少颗子弹击中？(0.9 m,16 颗)

【案例 8-17】 一题多“解”一例

题目：如下图所示，在电场强度为 E 的匀强电场中有一长为 L 的细线，一端系于 O 点，另一端系一小球，球质量为 m，带电量为 $+q$。当小球被移至水平位置(细线被拉直)A 点后由静止释放，求小球下降到最低位置时细线所受的张力大小。(mg;qE;$3mg-2qE$)

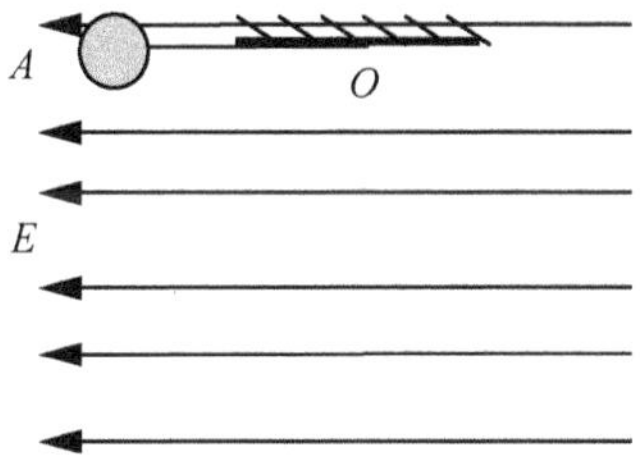

(6) 科学性。

这是基本要求，但稍不留意，就会违背这一基本要求。

【案例 8-18】 一则“流行”很广的错题

一木块静止在光滑的水平面上，被水平方向飞来的子弹击中，子弹进入木块的深度为 2 cm 时两者保持相对静止，其间木块相对于桌面移动了 3 cm。设木块对子弹的阻力恒定，求产生的热能与子弹损失的动能之比。

参考答案是 2∶5。但是，该题是一道违背科学性要求的“错题”。

说明：设子弹质量为 m，木块质量为 M，则子弹进入木块的深度 d 和其间木块相对于桌面移动的距离 s 应满足 $\frac{s}{d}=\frac{m}{M+m}$。

3. 重视过程教学

物理习题的类型很多，每种类型都有一定的思路和方法，但“万变不离其宗”。所以，习题教学要特别重视对“宗”的教学。这里简要梳理一下解决物理问题的一般过程。

(1) 复现。物理问题一般以一段文字的形式呈现出来，学生阅读文字只是审题的开始，要通过阅读文字，将问题描述的内容内化在头脑中，并在头脑中复现出相应的物理情境。

(2) 抽象。在复现出的物理情境中，抓住主要矛盾，忽略次要因素，通过必要的化简，将情境中的实际物理过程抽象为纯化的物理过程。

(3) 分析。通过对抽象出来的物理过程的分析，抓住物理过程发生、发展的特点。

(4) 确定。具体物理问题的过程特点一般与规律的适用条件相对应,因此只要抓住了过程特点,便可以根据这一特点,结合问题给出的已知条件,确定解决问题所选用的物理规律(公式),进而列出相应的方程。

(5) 判断。在列出方程后,代入已知数据就可以用数学方法求出问题的数学解,但物理问题的结果应该接受物理事实的检验。因此,应结合问题的具体情况对所得出的数学解做出物理的判断。

4. 突出学生主体地位

传统习题课的教学模式是"示范+模仿",即先由教师示范解题,然后学生模仿练习。这一模式从表面上来看似乎也体现了学生自主学习的思想,但从本质上来看,这是一种典型的机械接受学习,无论从现实效果,还是从长远利益来看,都是不足取的。为此,习题课也要和实验课、概念(规律)课等一样,积极地实行"自主、探究、合作"等有利于学生主体作用发挥、有益于学生长远发展的学习方式。

5. 及时反馈和矫正

教师要通过师生问答和学生板演、纸练等方式,及时掌握学生的学习情况。要及时示范学生的"超常解法",及时指出学生的"典型错误"。此外,要利用课前准备好的配套练习,让学生在课堂上完成矫正性训练。

三、复习课的基本要求

复习课是中学物理教学的重要组成部分,也是提高物理教学质量的重要措施。复习教学不只是巩固、拓展知识,更重要的是培养能力。下面先从复习课的类型谈起。

(一) 复习课的基本类型

复习课有两种分类方法,一种是按复习的阶段来分,另一种是按复习的内容来分,下面逐一加以介绍。

1. 按复习阶段来划分

(1) 单元复习。

单元复习紧跟在每一章或每一单元新课结束后,复习范围以本单元或本章的知识为主,必要时可包含部分旧知识。复习时侧重引导学生比较和辨析容易混淆的概念,钻研和探讨较难理解的规律,让学生对本单元知识有比较准确和深层次的把握。

(2) 学段复习。

学段复习包括各年级的期中复习和期末复习,复习范围以本学段知识为主。复习时,首先要进行知识的回顾和整理,因为学生对许多知识有不同程度的遗忘,要帮助学生进行回忆和梳理。其次要将不同章节的知识串联起来,使学生融会贯通。例如,高一第一学期期末考试前,学生已经学完牛顿运动定律和曲线运动,复习时可以设计两章内容相结合的问题;又如,将传送带上的物体运动与离开传送带后的物体运动结合起来，先用牛顿运动定律分析、判断传送带上物体的运动情况，结合运动学公式确定物体平抛的初速度，接着求解平抛运动射程、下落时间等。通过综合讲评和训练，学生对知识的理解、把握与应用将上升到一个新的阶段。

(3) 结业复习。

结业复习包括中考和高中学业水平考试、高考等。复习的范围分别覆盖整个初中或高中的物理学习内容。由于此类复习具有复习内容多、复习周期长、复习难度大等特点，因此，复习一要有规划，二要有措施，三要有落实。例如，历年高考总复习经历的时间都将近一学年，所以，首先要做好这整个学年的复习规划，从一轮基础复习到二轮专题复习，再到三轮的综合提高复习，都要制订好比较详细的计划，努力使整个复习过程有条不紊。其次要重视复习的质量和效果，立足温故知新，注重挖掘知识内涵，引导学生对所学知识进行系统的提炼和升华。最后还要重视知识的具体应用、综合应用，以落实培养学生分析问题、解决问题的能力这一最终目标。

2. 按复习内容来划分

(1) 概念(规律)型复习课。

其目的是归纳重点、难点，分析比较容易混淆的概念和容易用错的规律，构建知识系统，使学生能从知识体系的高度全面、准确地掌握知识。

【案例 8-19】 **力学知识网络图**

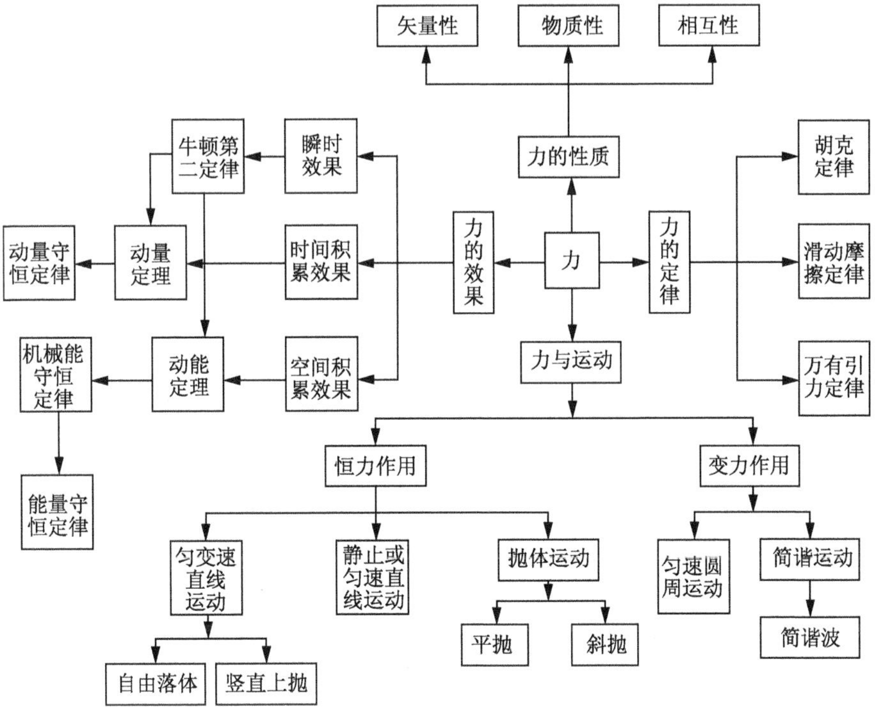

(2) 专题型复习课。

即围绕某一知识主题或核心问题(或典型问题),将一系列相近、相关知识或问题串联并整合起来,组成一个专门的课题,进行分析研究,获得知识的融会贯通或问题的“批量”解决。此类复习课的基本特点是有明确的复习主线与核心,复习的内容和形式都围绕课题展开。

【案例 8-20】 “浮力”专题复习设计

浮力
- 浮力的概念(略)
- 产生的原因(略)
- 浮沉的条件
  - $F_{浮}>G_{物}$(上浮)
  - $F_{浮}=G_{物}$(悬浮)
  - $F_{浮}<G_{物}$(下沉)
- 阿基米德原理(略)
- 常用计算法
  - $F_{浮}=G_{排液}=\rho_{液}gG_{物}$(阿基米德原理)
  - $F_{浮}=G_{物}-F_{读}$(浮力的测定)
  - $F_{浮}=F_{向上}-F_{向下}$(浮力产生的原因)
  - $F_{浮}=G_{物}$(悬浮或漂浮)

【案例 8-21】 高中专题复习中的专题规划设计

课标要求		专题	内容	单元分解		
知识与技能	必修	专题 1	运动与力	第一讲:直线运动与曲线运动	第二讲:相互作用与牛顿定律	第三讲:万有引力和航天
		专题 2	功与能	第一讲:功与动能定律	第二讲:机械能守恒与能量守恒	第三讲:电、磁场中的功能关系
		专题 3	场与路	第一讲:电场及带电粒子在电场中的运动	第二讲:磁场及带电粒子在复合场中的运动	第三讲:恒定电路
		专题 4	电磁感应与交变电流	第一讲:电磁感应与力学综合	第二讲:交流电与变压器	第三讲:电磁感应的能量与图像
		专题 5	实验与探究	第一讲:基本仪器的使用	第二讲:学生实验	第三讲:探究实验与传感器

续表

课标要求		专题	内容	单元分解		
知识与技能	选修	专题 6	选修 3-3	第一讲:分子动理论	第二讲:气体的性质	第三讲:热力学定律
		专题 7	选修 3-5	第一讲:动量守恒定律	第二讲:光电效应与波粒二象性	第三讲:原子结构与核反应
过程与方法		专题 8	过程与技巧	第一讲:解题、审题与建模	第二讲:解题过程分析技巧	
		专题 9	思想与方法	第一讲:解题思路与方法(守恒思想、临界与极限、整体与隔离、应用图像、应用数学知识)	第二讲:实验探究方法与技巧(实验原理的设计方法、实验误差的控制方法和实验数据的处理方法)	
情感态度与价值观		专题 10	科技与人文	第一讲:前沿科技	第二讲:生产、生活、能源、环保、安全、体育	

(二) 复习课的基本要求

教师和学生都很重视“上”复习课。从教师的角度来看,设计和实施复习课应该注意以下几个方面的问题。

1. 计划性

既指单元复习(通常用一到两课时完成)要有计划性,更指学段复习和结业复习要有计划性;既指概念(规律)型复习课(通常也是用一到两课时完成)要有计划性,更指专题型复习课要有计划性。要在有限的时间内,达到预期的复习要求。

2. 自主性

这里的自主是指学生的自主,因为只有学生的复习积极性、主动性提高了,复习才能取得预期效果,才能在复习中生成知识、方法和新价值。这是复习课特别要注意的。所以,教师在设计和实施复习课时,要注意充分发挥学生的自主性,充分调动学生的主观能动性。

3. 讲究策略

(1) 做足课前功夫。

高效的课堂复习效果功夫在课前。从研读课程标准(或考试大纲)到了解学情，从确定教学目标到确定复习重点、难点、关键点、价值点，从选编例题、习题到设计教学策略再到反馈、矫正、强化等，无一不需要精心谋划、精心准备。例如，教师可根据学生的作业、测验等情况，或者通过与学生个别交流，了解学生的优势所在和薄弱所在，有针对性地选择或设计相关问题，进行讲评和练习，以取得某一方面的实质性突破。

（2）重视基础。

无论哪种类型的复习课，都要把基础复习作为优先考虑的问题看待。众所周知，物理教学越来越重视学生的能力培养、能力考查，但无论是能力培养还是能力考查，都离不开以知识作为载体。离开了知识教学、知识积累、知识考查，能力便无法形成，考查也不过是“一纸空文”。事实上，再新颖、复杂的物理问题，都离不开基本的物理现象和事实、过程和方法、概念和规律。例如，最令人信服的中考题和高考题，绝大多数都着眼于考查基本的知识和技能，即使有少数难题，也不过是由最基本的概念、规律、过程、方法等元素构建起来的。重视并夯实了基础，可以处变不乱，可以以不变应万变。

【案例 8-22】 **“基础，再怎么强调都不为过”**

高三的“三模”通常安排在高考前一个月左右举行。下面这道题是某市 2013 届高三第三次模拟考试的第一小题。考试后的统计数据表明，此题的得分率（全市）不到 80%。这一结果又一次说明：“基础，再怎么强调都不为过”。

如下图所示，物体 A 和 B 处于静止状态，重分别为 9 N 和 4 N。不计弹簧秤和细线的重力，不考虑摩擦，弹簧秤的读数是（ B ）

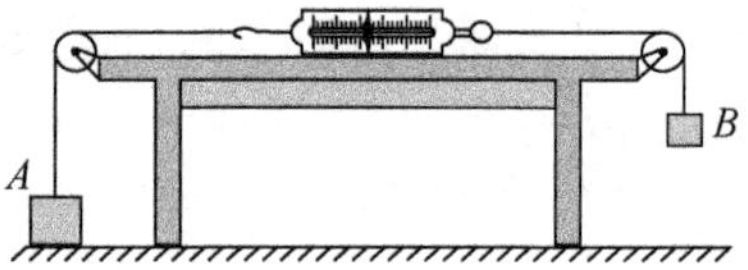

A. 9 N　　B. 4 N

C. 5 N　　D. 13 N

（3）体现发展性。

教学的最终目的是要促进学生的发展，从这个意义上来讲，教学必须体现发展性。如何体现并落实教学的发展性呢？就复习教学来说，加强复习的系统性是一条重要的途径。这里所谈的系统性主要指两个方面：一是复习阶段宏观层面的系统性。这在前面的“计划性”中已有说明。二是具体复习内容的系统性。物理知识具有非常严密的逻辑性，知识之间的联系是非常紧密的。所以在复习中，要根据知识间的纵向和横向联系，系统地规划复习和训练的内容，使分散的知识得以整合并系统消化、吸收，以便综合应用。

【案例 8-23】 高中物理选修 3-3 知识网络

能量守恒分子动理论

- 分子动理论
  - 物质是由大量分子组成的
  - 分子不停地做无规则运动
    - 扩散现象
    - 布朗运动
  - 分子间存在相互作用力 →

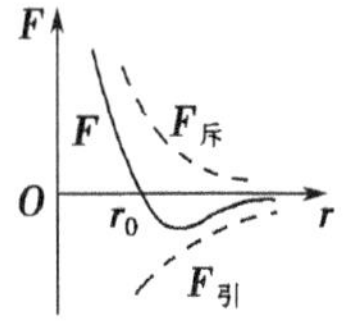

- 内能（↓ 内能变化）
  - 分子动能 → 温度是分子平均动能的标志
  - 分子势能 →

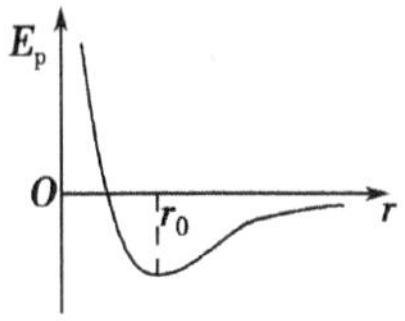

- 内能变化
  - 两种途径：做功、热传递
  - 热力学第一定律 → $\Delta U=Q+W$
- 热力学第二定律 → 两种表述
- 能量守恒定律
- 气体实验定律及状态方程
  - 等温变化——玻意耳定律 $p_1V_1=p_2V_2$ →

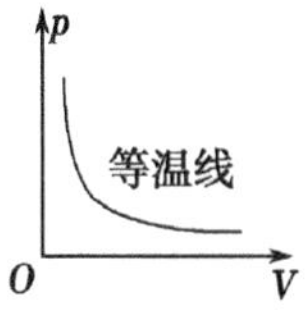

  - 等容变化——查理定律 $\frac{p_1}{T_1}=\frac{p_2}{T_2}$ →

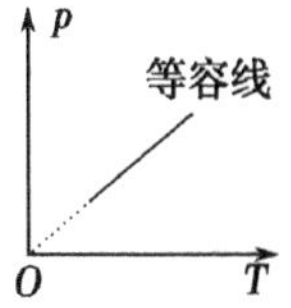

  - 等压变化——盖·吕萨克定律 $\frac{V_1}{T_1}=\frac{V_2}{T_2}$ →

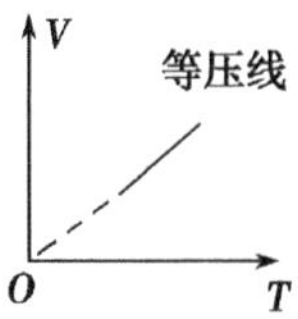

- 固体液体
  - 固体
    - 晶体
      - 单晶体
      - 多晶体
    - 非晶体
  - 液体
    - 表面张力
    - 液晶

(4) 合理利用现代教育技术。

传统复习课效率低的一个重要原因是教师在黑板上利用板书“罗列”重点实验、知识、过程、方法等，并将例题(或题目条件)和解题过程书写于黑板上。解决这一问题的极好办法是利用现代教育技术辅助教学。例如，利用 PPT 的“动画方案”切入知识要点，构建知识网络；利用字幕展示例题，利用动画呈现物理图景，揭示例题的解；等等。

【案例 8-24】利用几何画板演示各种情况下带电粒子在正交电磁场中的运动轨迹

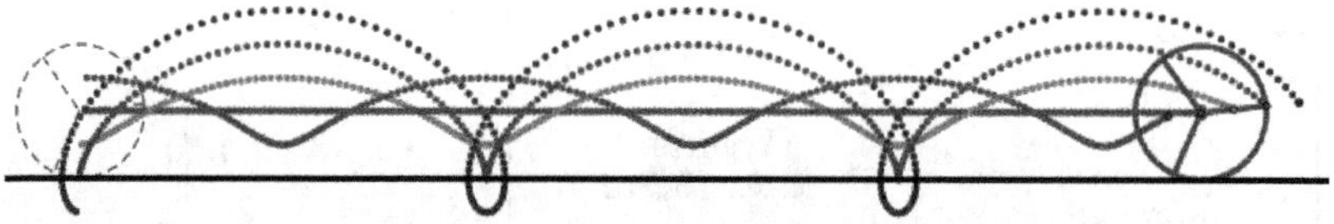

【案例 8-25】“人机对话”复习螺旋测微器和游标卡尺的使用

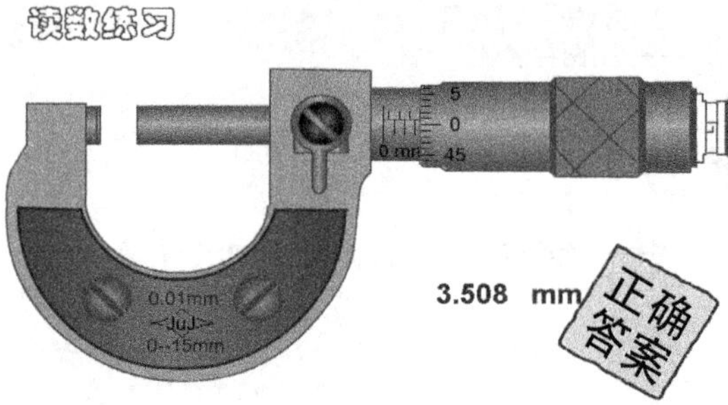

10分度游标卡尺的读数训练

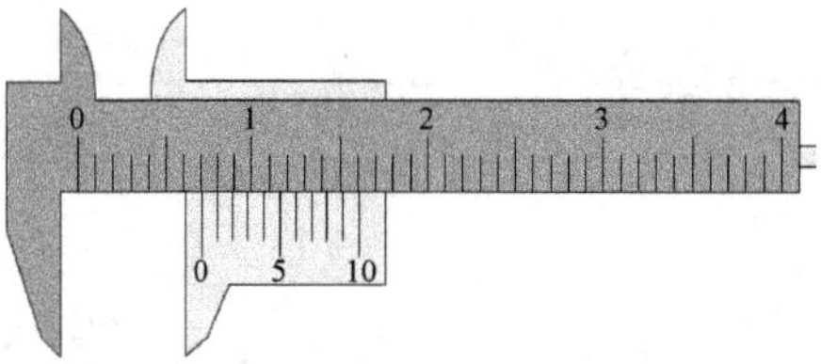

20分度游标卡尺的结构与读数

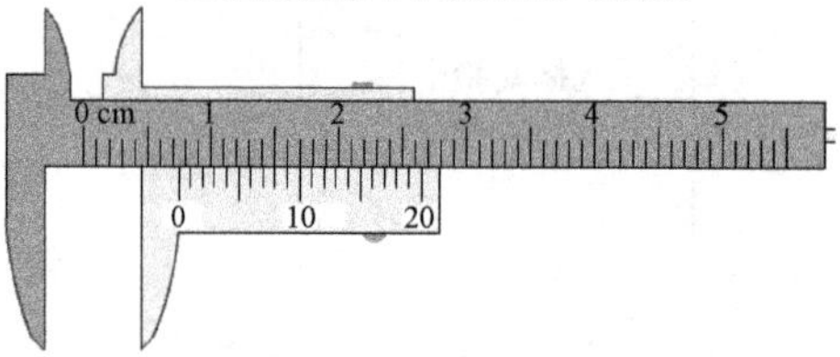

(5) 使用“双案”教学。

关于“双案”，前面已有阐述，这里不再赘述。需要强调的是，无论哪种类型的复习课，都必须重视学生的课堂训练和课外练习。“双案”中的“学案”提供的训练和练习的具体内容，必须高度重视。

4. 注重实效

复习效果如何，不是看教师是否如期完成了复习进度或复习任务，而是看学生是否从课堂上、从阶段复习中最大限度地掌握了基础知识和基础技能，学到了分析问题的方法，领悟到解决问题的技巧，真正得到了复习带来的“实惠”。这就要求教师根据实际的教学情况优化教学的策略和方法，关注教学的实际效果。在具体复习教学中，要密切地关注学生的学习反应。有时，用牺牲进度换来复习效果未尝不是一种划得来的做法。

第四节　实施测验与讲评试卷

任何一项教学活动，都离不开教学效果的检验环节。所以，实施测验与讲评试卷是学校日常教学中又一项十分重要的工作。

一、测验的目的与意义

测验是一种重要的评价形式（详见本书第九章）。一般认为，测验是指通过选择一组（也可能是一个）有代表性的试题，对学生在认知、操作等领域中的有关学习行为进行的测试。物理测验“通常称为物理考试，是衡量物理教学质量的一种手段”①。测验评分结果则是评定学生学习成绩的一个主要手段，也是衡量教师教学质量的重要参考，同时还是学科竞赛、等级测定和资格评定等领域的重要依据。

通过测验，教师可以在一定程度上了解自己的教学效果，并对教学进行改进。同时，学生也可以从测验中发现自己学习中存在的问题与不足，进而对自己的学习做出相应的调整。可以说，测验是教学过程和学习过程中一个十分重要的环节。

二、书面测验的编制

关于物理测验的“称谓”可谓名目繁多，有书面测验、口头测验、操作测验等，有随堂测验、单元测验、期中（期末）测验、升学测验等，有开卷测验、闭卷测验等，有定量测验、定性测验等，有诊断性测验、形成性测验、总结性测验等（参见本书第九章第二节），真是不一而足。但仔细分析一下就会发现，除了第一组中的“口头测验”和“操作测验”之外，其余各种“称谓”的测验一般都与“书面测验”发生关联。实践也证明，在所有物理测验的方式中，书面测验是一种能够在短时间内较为集中、全面地检查每个学生学业情况的测验。所以，书面测验自然也成为当今中学物理测验中最常用的一种测验方式。

如何编制书面测验呢？试卷是书面测验的基本工具，试卷的质量如何直接影响到测验的质量。为了编制出高质量的试卷，教师应当严格遵循科学的编制方法和程序。

（一）确定测验目的和目标

编制测验试卷，必须明确测验属于目标参照测验（即以课程标准或考试大纲中规定的教学目标作为参照物的测验），还是属于常模参照测验（即以学生团体中的平均成绩作为参照物的测验），要明确测验的内容以及测验所要达到的程度——测验的目标。

---

①　阎金铎，田世昆．初中物理教学通论［M］．北京：高等教育出版社，1989：215．

(二) 确定试题的形式

人们习惯将物理试题分为主观题和客观题两种形式①。主观题包括实验设计题、简答题、证明题、计算题、作图题等题型，这一类型试题的特点是能够反映学生的答题思路，方便教师了解学生在解题中出现的具体问题，如概念模糊、思维障碍和分析片面等，还能给学生提供创造的空间，提出独创性的见解。但主观题也有缺点，如题量通常偏少、知识覆盖面较小等。客观题包括选择题、是非题、配对题、填空题等题型，这一类型试题最大的优点是评分标准唯一、评判方式简洁，除此之外，它们还具有题量多、涉及的知识面广等优点。但客观题有一个"致命"的缺点，即无法反映学生的思维过程。关于试题题型的问题，将在本节第三部分做较为详细的说明。

(三) 制订命题计划

命题计划通常用一个测验的双向细目表来表示。该表一般应包括五个方面的内容：一是取样范围；二是行为目标；三是试题形式、数量、分值和难易程度；四是分数分配比例；五是相关说明。

【案例 8-26】 "物体的质量""用天平测物体的质量"②单元测验双向细目表

取样范围行为目标	知　道	会	总计(分)
质量的概念	A(4E)		4
单位及换算	2A(4E)	B(4E),B(4M),C(6E)	22
质量的属性	A(4E)	B(4E)	8
天平的使用	2A(4E),2A(4M)	B(4E),2B(4M)	28
质量的测量	2A(4E),2A(4M)	B(4E),B(4M),C(6M),C(8D)	38
总计(分)	48	52	100

说明：A,B,C分别表示选择题、填空题和计算题；A,B,C前数字表示题目个数，后括号内数字表示每题的分值；E,M,D分别表示容易题、中等难度题、难题。

【案例 8-27】 高中物理必修1第三章"相互作用"测验双向细目表

取样范围行为目标	了解	认识	理解	应用	总计(分)
重力 四种相互作用	A(3E)	2B(4E)	A(3M)		14
弹力	A(3M)	A(3M),B(4E)	B(4M)	C(5E)	19
摩擦力	2A(3E)	B(4E),B(4M)	C(6E)		20

① 高考试卷把题目的形式设定为选择题和非选择题两大类。

② 8年级物理下册第六章第一、二节。

续表

取样范围行为目标	了解	认识	理解	应用	总计(分)
力的合成	A(3E),A(3M)	B(4E)	B(4M)	C(8M)	22
力的分解	A(3E)	A(3M),B(4E)	B(4D)	C(6D),C(5E)	25
总计(分)	21	34	21	24	100

说明:A,B,C分别表示选择题、填空题和计算题;A,B,C前数字表示题目个数,后括号内数字表示每题的分值;E,M,D分别表示容易题、中等难度题、难题。

案例8-26将认知水平分为“知道”和“会”两个层次,案例8-27则将认知水平分为“了解”“认识”“理解”“应用”四个层次。两个案例列出的单元(章)测验双向细目表都不仅规划了测验的范围、每个知识点(每节)的测验分值、题型、各类题型的题量、行为目标等,而且还都规划了试卷的难易程度。

(四) 选编题目

根据所制订的命题计划——双向细目表选编题目。选编的题目数量最好超过试卷题量的2～3倍,以供筛选。具体的题目可以自己编写,也可以在成题中选择。题目选编好之后,最好经过自己的试做,尤其是自己编制的题目,最好请同行把好关。此外,要对题目的难度做粗略的估计,可以简单地用该题能够“通过”的人数占总人数的百分比来表示难度。这样才能对整个试卷的难度有一个大致的把握。

(五) 汇编试卷

汇编试卷时,题目的顺序要安排合理。通常,同类题型的题目要遵循先易后难、由简到繁的原则,以形成梯度。这样做的用意是遵循人的认知规律,减少学生不必要的精神压力,提高试卷的可测性、可靠性和测验结果的真实性。

(六) 审核试卷

首先进行“文字”上的校对,检查有无差错,有无歧义;其次进行试做,检查有无科学性错误存在。特别要注意数据是否合理。

(七) 提出实施要求和评分标准

测验必须统一时间,必须在同样的或非常接近的环境下实施;无论学生还是监考人都必须有统一的提问和指导用语,以杜绝任何启发性的提示言语、动作和暗示。此外,要制定详细的评分规则,尽量做到客观、公正。

在完成了上述几项工作后,测验的编制工作就算基本完成了。在实际使用后,一般总能发现不足之处,应该及时反思、修正,为下一轮应用提供参考。

三、书面测验的试题类型

下面重点介绍中学物理书面测验中最常见的选择题、填空题、简答题、作图题和计算题。

(一) 选择题

选择题具有以概念为主、问题简洁、知识面广和解答方式灵活等特点，可以有单选题或多选题，学生可在较短时间内完成大量的题目。选择题主要用于考查学生知识与技能的掌握情况，当然有时也可以考查更高层次的思维能力。但是，选择题存在以下不足：具有可猜测性，即使不会做，也有答对的概率；不要求学生写出分析、计算过程，因此对培养书写、运算、表达能力有局限性。所以，选择题在测验中所占的比例并非越多越好。

【案例 8-28】 两则典型的选择题

1. 下列四种现象中，其物态变化属于升华的是 ( )

A. 晾晒的湿衣服逐渐变干

B. 水蒸气在凉玻璃上形成水珠

C. 低温雨雪天气，树枝出现“雾凇”

D. 冬季，堆在户外的“雪人”没溶化却变小

2. 1922 年，美国物理学家康普顿在研究石墨中的电子对 X 射线的散射时发现，有些散射波的波长比入射波的波长略大。下列说法中正确的是 ( )

A. 有些 X 射线的能量传给了电子，因此 X 射线的能量减小了

B. 有些 X 射线吸收了电子的能量，因此 X 射线的能量增大了

C. X 射线的光子与电子碰撞时，动量守恒，能量也守恒

D. X 射线的光子与电子碰撞时，动量不守恒，能量守恒

编制选择题时要注意以下几点：第一，选择题主要用于考查学生知识与技能的掌握情况，尽量不要对物理概念和规律进行简单的重复，应设置一定的新情境或从新的角度切入。第二，选择题应尽量以定性或半定量的问题出现，少用或不用纯运算的问题，因为运算问题可以在后面的填空题、计算题等中体现。第三，选择题的题干应该由一个独立的问题组成，表述清楚准确，一般用肯定句，必须使用否定句时，应尽量明显地标记出来，可以加注着重号(如不正确的是)等。第四，选择题的正确选项应随机安排，干扰项应该具有似真性，是因错误解答可能得到的结果，这样有助于帮助学生在考试后更深刻地分析问题，认清物理概念、规律的本质。

(二) 填空题

填空题又叫填充题，其题干实际上是一个不完整的陈述句，在句首、句中或句尾有一处或多处空白，由学生根据题意，考虑并填入相应的文字、符号、数据等，使之变成一个完整的句子。该类试题设问明确、单一，针对性强，因而对答案的限制严格，即学生作答时要做到语言简练、表达准确。

从填空题作答内容来看，填空题大致有三种。

1. 识记式

要求对一些直接的知识性问题做出明了的回答。主要用于检查学生对一些基础知识、基本技能的掌握情况。例如，冰在溶化的过程中，温度________（选填“不变”、“升高”或“降低”），需要________（选填“吸热”或“放热”）。

2. 分析式

通过对题目所述的物理现象、物理过程的分析、推理，做出简明的解释或判断。主要用于考查学生综合运用知识进行分析、判断的能力。例如，检修工人在查看线路密集的电路板时，为了看清线路的连接情况，常透过一个较大的透镜进行观察。这个透镜应该是________透镜（填“凸”或“凹”）；工人看到的是放大的________（填“实”或“虚”）像，电路板到透镜的距离应________；检修时还用到了照明灯，这是为了照亮________（填“透镜”或“电路板”）。

3. 计算式

根据分析题意，运用物理规律，通过简单的计算得出结果。主要考查学生简单的分析、推理和运算能力。例如，绳上有一列简谐横波向右传播。当绳上某质点 A 向上运动到最大位移处时，其右方 0.30 米处质点 B 刚好向下运动到最大位移处。已知该波的波长大于 0.15 米，则该波的波长为________米。

编制填空题时要注意以下几点：一是不要单纯考概念和定律的文字表述或数学公式。题目应考查学生对物理概念建立过程与物理规律形成过程的理解，应将学生思维中容易混淆的概念和规律作为考点。不鼓励对物理概念、规律的死记硬背。二是应使要求填写的答案具体、简洁，避免出现歧义和含糊不清的语言。三是如果要求提供数字答案，应该标明单位，必要时还应写清楚要求的精确程度，如“请保留小数点后两位小数”“结果保留一位有效数字”等。

（三）简答题

随着物理课程与教学越来越重视学生的分析能力、表达能力和创新能力的培养，简答题的比重在测验中有加大的趋势。简答题具有内容丰富、取材广泛、形式多样等特点。学生答题时，在思维上不会有太大的障碍，但要表述得简洁、准确却绝非易事。所以，教师在平时教学中要加大简答题的训练力度。

【案例 8-29】　一则典型的简答题

题目：上海世博园采用了一种不用电、而用水来调节温度的江水源空调。江水源空调系统用水泵抽取黄浦江的水，利用江水与世博园内空气的温差实现制冷或制热，从而达到冬暖夏凉的效果。请回答下列问题：

1. 利用江水来调节温度主要利用了水的哪一种特性？
2. 从热传递的角度解释江水源空调为什么能达到冬暖夏凉的效果。

编制简答题时要注意以下几点：一是简答题不宜直接取用教科书中的内容，应有一定的拓展性和开放度,能从不同的角度、不同的层面考查学生对物理概念和规律的理解及运用,更真实地反映学生的水平。二是简答题通常采用直接提问的形式,不宜过于复杂,以方便学生回答和教师评判。三是简答题陈述的语言可以注重一些人文要素,但也要考虑科学、易懂和无歧义,所提供的数据也应该恰当合理。

(四) 作图题

作图题一般涉及作受力图、电路图、光路图以及根据实验数据作图等。这类题目不仅可以考查学生的基本作图技能以及读题的能力,还有利于培养学生分析论证的能力和严谨认真的科学态度。

【案例 8-30】　两则典型的作图题

1. 自动扶梯沿如图 1 所示的方向匀速运动,请画出站在扶梯上的人所受力的示意图。

2. 如图 2 所示,S_1 是光控开关,夜晚自动闭合,白天断开;S_2 是声控开关,有声音时自动闭合,安静时断开。请将图连成声光控楼道节能照明电路。

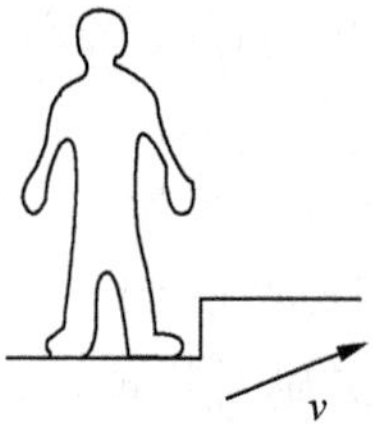

图 1

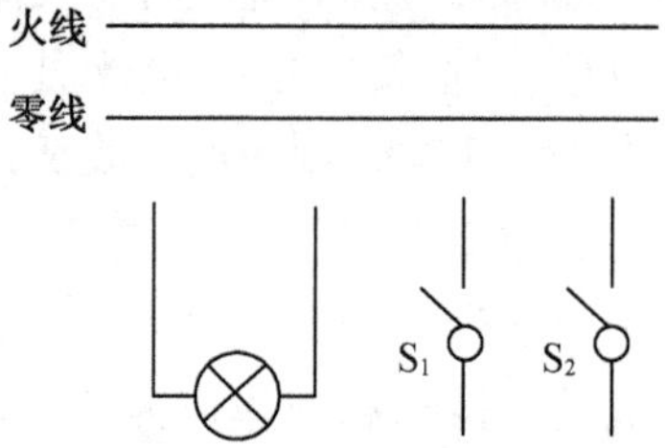

图 2

编制作图题时要注意以下两点:一是题目给出的图示要清晰、规范;二是题目应明确指出作图要求,试卷中应给学生留出足够的作图空间。

(五) 计算题

计算题是物理测验的基本题型,它具有分值较大、定量运算、综合性强等特点,在解决过程中可能需组合运用较多的物理基础知识和数学知识。解物理计算题没有一成不变的方法或模式,重要的是要正确理解物理概念和规律,准确分析题意,明确各物理对象或过程之间的内在联系,建立解决问题的思维模式和基本步骤,选择正确的公式和解题方法,遵循一定的解题格式和规范。

【案例 8-31】　两则典型的计算题

1. 雷电是一种常见的自然现象,它蕴藏着巨大的能量。设某次闪电时,云层间的电压约为 10^9 V,放电电量约为 16.8 C。求:

(1) 此次闪电所释放的电能是多少焦?

(2) 如果这些电能全部被人类所利用,可使多少千克 30 ℃的水温度升高到 70 ℃?[水的比热是 4.2×10^3 J/(kg·℃)]

(3) 请结合你所学过的物理知识和日常生活经验，谈一谈使用电能的优点。

2. 如下图所示，直角玻璃棱镜中$\angle A=70^\circ$，入射光线垂直于AC面，求光线从棱镜第一次射入空气时的折射角，并作光路图，已知玻璃的折射率为1.41。

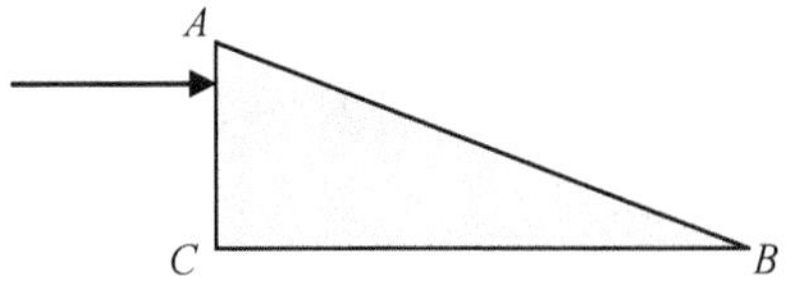

编制计算题时要注意以下几点：一是计算题不能只是简单地罗列条件让学生去套公式，而应从物理知识在生活、生产中的应用角度来创设物理问题情境，避免不切实际地罗列、拼凑一些条件或数据。二是计算题要注重对物理过程的理解和对物理方法的综合运用，而不要刻意追求解题的技巧，此外要少编只有用特殊技巧才能解决的题目。三是计算题的表述要符合学生的阅读习惯，语言要简明、易懂，避免无关或容易误导的线索，插图要清晰，布局要合理。四是计算题要注意梯度的把握，基础题和中档题要占有较大比例，以保证大部分学生能够顺利解答，保护学生的学习积极性；综合性强、难度大的题目也要有一定比例，给学业水平高、能力强的学生以一定的挑战。当然难题也不要让学生无法下手，应设计一些有梯度的问题，比如设计三个小问题，第一问简单一些，第二问难度大一些，第三问给学生以能力上的挑战。五是计算题可以设计成开放性的题目，增强对学生思维的灵活性、流畅性、敏锐性和深刻性等方面的考查。

【案例 8-32】　一则高考计算题

题目：如图1所示，一根竖直悬挂的不可伸长的轻绳下端拴一小物块A，上端固定在C点且与一能测量绳的拉力的测力传感器相连。已知有一质量为m_0的子弹B沿水平方向以速度v_0射入A内未穿透，接着两者一起绕C点在竖直平面内作圆周运动。在各种阻力都可以忽略的条件下，测力传感器测得的绳的拉力F随时间t的变化关系如图2所示。已知子弹射入的时间极短，且图2中$t=0$为A，B开始以相同速度运动的时刻。根据力学规律和题中（包括图中）提供的信息，对反映悬挂系统本身性质的物理量（例如A的质量）及A，B一起运动过程中的守恒量，你能求出哪些定量的结果？

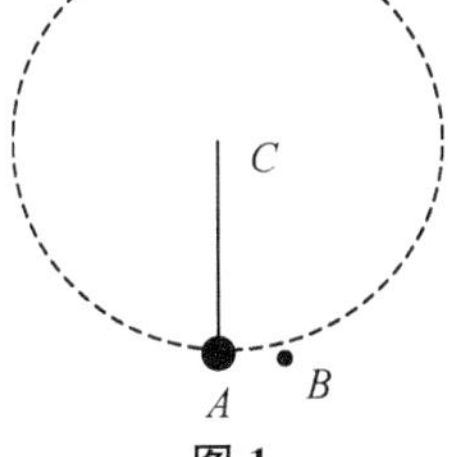

图 1

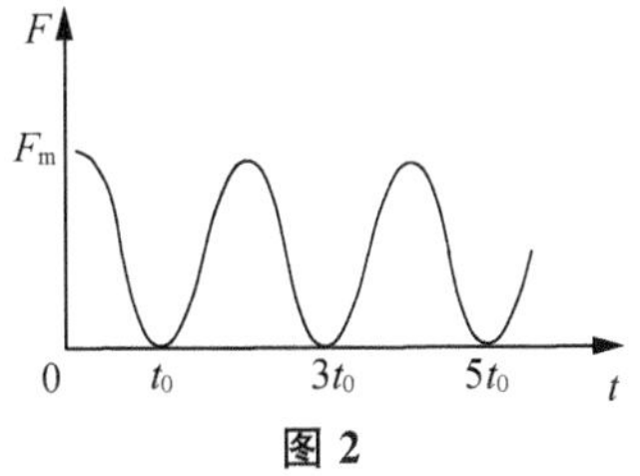

图 2

四、书面测验编制的注意事项

书面测验的编制是一项系统工程，除了要讲求科学的方法和程序外，还有许多值得注意的问题。

（一）体现“课标”“考纲”理念

物理测验编制一定要符合“课标”或“考纲”的要求，应体现它的理念，这是命题必须遵循的总的原则。在此总的原则之下，对试卷进行结构性规划（包括内容结构、难度结构、题型结构等的规划）。此外，命题也应该坚持“让所有人达到共同基础，让不同人各有所得，让优秀者脱颖而出”，即要特别注意以学生的实际情况为出发点，做到重点关注大部分学生，照顾部分基础较薄弱的学生，对相对领先的学生提出挑战。

（二）重视“双基”

要重视基础知识、基本技能的考查；减少记忆性内容的考查，注重理解和应用；减少难度太大、技巧过强的题目。例如，对于形成性测验，可以采用如下难度结构分配比例：基础知识占60%，基础知识的运用占30%，综合提高部分占10%。对于终结性测验，上述比例可根据实际情况做必要的调整。

（三）把控题量

命题分量要恰当，题量过多、过少都不利于调动学生思维的积极性。通常在编制测验时，可以把“中等学生能提前10分钟完成”作为一条基本要求。

（四）联系实际

要注意从学生熟悉的生活和生产实际中选取素材，考查学生在实际情境中提取信息、分析和处理问题的能力，引导学生联系生活实际和社会实际，关注科学技术的发展。

（五）呈现方式科学、合理

题目表述要科学严谨、流畅，问题明确、语言简洁、图形清楚、布局合理美观，便于学生审题、答题，杜绝模棱两可的表述和刻意诱导学生上当的语言。

（六）重视“科学探究”

要领会基础教育物理课程改革注重“科学探究”的要求，加强对科学探究能力的考查，引导教学注重探究过程和探究方法。

此外，要积极尝试走笔试由单一的闭卷考向闭卷与开卷相结合转变的改革之路。

五、试卷评讲的策略

测验有没有达成目的，学生的测验结果是否达到目标；测验是否全面、准确地考查了学生的学习情况，发现了哪些问题等都是阅卷之后必须考虑的问题。所以，阅卷后的第一项工作就是进行试卷分析。试卷分析从量上来看，就是做好统计工作，即准确统计试卷信息。中学阶段，教师常常比较关注两个方面：一是每题的得分率，尤其关注得分率较低和较高的题目；二是统计每题的典型错解和创新解法，并就典型错解分析原因。统计和分析为试卷讲评提供了第一手资料，也为试卷讲评确立了最根本的依据。

(一) 为什么要进行试卷讲评

试卷讲评是教学过程的又一重要组成部分，教师们常讲的“有讲必练、有练必(批)改、有改必评、有评必‘固’(含有‘加固、提高’之意)”很能说明这一点。上好物理试卷讲评课对纠正错误、巩固“双基”、规范解题、熟练技巧、开阔思路、提高学生解决物理问题的能力、培养学生的创新意识等有着重要作用。所以，教师要认真准备，精心设计试卷讲评课。

(二) 如何进行试卷讲评

如何进行试卷讲评不仅关系到测验的目的能否实现，而且关系到测验对教学的巩固、弥补、矫正、丰富、深化和提升等作用能否发挥。

1. 选择讲评的时机

讲评的时机很重要。通常，从测验结束到教师阅卷、统计、分析工作完成需要两天左右的时间。可能的话，可以在考试后的第三天(最多第四天)进行讲评。此时，一方面学生的心理需求比较旺盛，另一方面记忆还比较清晰，因此讲评的效果会比较好。

2. 把握讲评的要点

试卷讲评必须讲在重点、难点、关键点和价值点上，不能不分轻重，面面俱到。因为一般来说，对于试卷上的大多数题目，学生都已经能够自行解决或在测验后通过与同学交流能够自行解决，教师若再过度地讲解，不仅会使学生产生厌烦心理，还会影响“重要”题目的讲解。应根据课前统计、分析和调查结果，将讲评的主要精力、时间集中到学生出错最多和最想知道的内容上来，集中到教师认为可以进一步“发挥”(如举一反三、进行“类化”)的问题上来。这样，学生在解惑、释疑的同时获得了“新鲜感”，促进了对相关问题、其他问题的进一步探究。

3. 讲究讲评的策略

(1) 让学生课前“热身”。

应在讲评前一天发放试卷，让学生进一步熟悉试卷，并对自己的答卷做出一分为二的评析，可能的话，要让学生填写好答卷分析表。此外，要提醒学生对自己有能力更正的题目先行更正，对需要与同学商量解决的题目找机会与同学商量解决，对与同学商量都无法解决的问题要加以确认。

【案例 8-33】　**学生答卷分析表**

题号	考查的知识点	错误原因	正确解法	解题体会

（2）不吝啬“赞美之词”。

讲评开始时，教师要对成绩好、进步大的学生提出表扬，鼓励他们再接再厉，再创佳绩。这里，有三种做法值得借鉴：一是课前将特别优秀的学生答卷附上教师点评张贴在班级“学习园地”做示范；二是课前将特别优秀的学生答卷（或部分）复印，分发到班上每个学生手上，供欣赏、学习；三是在讲评过程中，对学生答卷上反映出来的“亮点”进行介绍。“亮点”通常包括卷面整洁，解题规范；思路清晰，思维敏捷；解法有独到之处、创造性等。讲评时，教师可以将具有上述“亮点”的试卷各选一二，用投影的方式展示于课堂，也可邀请“亮点”学生登台做介绍等。通常，这些做法都会产生非常好的效果。

（3）解决“学困生”问题要落到实处。

要特别关注成绩暂时落后学生的答卷，要善于挖掘“学困生”答卷中的闪光点，并在课堂讲评时予以充分肯定。当然，对于“学困生”来说，试卷讲评还要采取课内和课外相结合的办法，即除了课内正常的讲评之外，教师还要利用课外时间，与他们一起分享“成功”，并帮助他们发现问题、分析问题、寻找原因，增添他们的成功感，消除他们的压抑感，要鼓励他们增强信心，努力克服困难，奋起直追。

（4）归类讲解。

一般来说，试卷讲评不宜按题号顺序进行，而应该采用归类讲解的办法，使学生对试卷上的同类题目有一个整体感知。常用的归类办法有以下几种：一是按照题目的难易程度归类，即按基本题、中档题、难题进行归类。二是按知识点归类，即把试卷上涉及同一知识点或相近知识点的题目归在一起。三是按解题方法归类，即把试卷中涉及同一解题方法、技巧的题目归到一起。例如，把一份综合测验题分为整体法的应用、隔离法的应用、图像法的应用等。四是按答卷中出现的错误类型进行归类，具体有概念规律不清楚、审题不仔细、物理模型建立不当、受力分析有误、物理过程分析模糊、数学运算不过关等。

4. 做好评后再指导

讲评不只是为了纠正错误、修补漏洞，而是要调动学生的积极性，激发学生的求知欲，促进学生的后续学习。因此，在讲评结束后还要对学生提出一些“额外”的要求。例如，要求学生快速、准确地将做错的题目再完整地做一遍；将做错的题目记入错题本（或复印后剪贴），用红笔写明错误原因以及改正方法；简要地对测验进行总结，分析自己的得失，提出改进措施（或注意事项）；完成配套的矫正训练；等等。

信息栏 8-2

试卷讲评的几个要求

1. 巩固性要求。2. 针对性要求。3. 拓展性要求。4. 规范性要求。5. 主体性要求。

资料来源：张新华《例谈物理试卷讲评课的优化落实》，载《物理教学探讨》，2012 年第 2 期。

本章小结

结课是教师必备的一项基本教学技能。如何结课，在一定程度上影响着课堂教学的效果。常用的结课方法有归纳概括式、分析对比式、拓展延伸式、悬念激疑式等。结课的基本要求是体现教学目标、水到渠成、突出要点、首尾照应、拓展时空和领域等。

作业的布置、批改与辅导答疑是教学过程中两个不可或缺的重要环节。要像重视其他教学环节一样给予重视，以发挥它们的育人作用，促进学生主动地、富有个性地发展。

习题课和复习课之所以受到高度重视，是因为它们在帮助学生巩固、深化知识和技能，培养学生运用知识和技能解决实际问题等方面有着特殊的作用。习题课和复习课要重视发挥学生的主体作用，重视基础性、综合性和发展性。

测验是一种重要的评价形式，书面测验又是测验中最常用的一种方式。编制测验要严格按照科学的编制方法和程序进行。试卷讲评是实施测验后必须做好的工作，否则测验的效果将会大打折扣。试卷讲评要选好时机，把握要点，讲究策略，做好评后再指导。

做上学

1. 下面是某教师的“平抛物体的运动”结课：

平抛物体的运动是初速度水平、加速度恒为 g 的曲线运动。我们研究平抛运动的一般方法是把平抛运动进行分解，分解为水平方向上的匀速直线运动和竖直方向上的自由落体运动。水平方向用匀速直线运动规律来研究，竖直方向用自由落体运动规律来研究，而联系水平方向上的匀速直线运动和竖直方向上的自由落体运动的桥梁是时间 t，所以在解决平抛物体运动的问题时，运动时间往往是解决问题的关键。

请就这位教师的结课谈谈你的想法。

2. 学习了“动量”概念后，某教师给学生布置了下面两个作业题。你觉得如何？

(1) 质量为 5 千克的物体，运动速度为 2 米/秒，求该物体具有的动量大小。

(2) 质量为 6 千克的物体，运动速度为 3 米/秒，求该物体具有的动量大小。

3. 认真研读初高中教科书中的某一节课文，编制或选择课堂例题 1～2 题、课堂训练 2～3 题、课后训练 3～5 题(题型自定)。

4. 试画出高中物理必修 1 第一章“运动的描述”和第二章“匀变速直线运动”的知识网络图。

5. 以 8 年级物理下册第八章“力”为课题，设计一节复习课并编写“双案”。

[提示]可以从三个层面展开:①相关知识概述;②易错问题辨析;③典型问题剖析。

6. 编制一份高中物理必修1第四章“牛顿运动定律”单元测验试卷(要求先制定“双向细目表”)。

资源链接

1. 张新华:《例谈物理试卷讲评课的优化落实》,载《物理教学探讨》,2012年第2期。

2. 李臣之、孙薇:《发展主义作业观》,载《课程·教材·教法》,2013年第7期。

3. 凌瑞初:《重视物理作业设计　提升教师的专业水平》,载《物理教师》,2013年第12期。

4. 钟启泉:《让“练习”变得更自由、更快乐、更有趣》,载《中国教育报》,2014年5月7日6版。

5. 窦瑾:《机械能中两组概念两条规律的初步辨析》,载《物理教学探讨(高三版)》,1999年第3期。

第九章　评价教学

学习目标

• 了解教学评价的概念、功能和步骤，了解教学评价的类型，了解当前学生学习评价和教师教学评价中存在的问题。

• 理解基础教学课程改革倡导的学生学习评价、教师教学评价的基本理念，理解纸笔测验、成长记录袋评价的操作步骤和注意事项，理解教师课堂教学评价的着眼点，理解教学反思对促进教师专业发展的重要性。

• 运用纸笔测验、成长记录袋评价学生学习，运用量表评价教师课堂教学；运用写教后记等方式进行教学反思。

对一个完整的教学过程来说，在完成了从教学设计到实施的工作之后，还需要有一个最后的评价阶段。教学目标确定得是否合理、实现与否，课堂行为是否恰当，教学效果是否良好，等等，都要通过评价才能判断。本章从简单介绍教学评价的基本情况入手，重点讨论如何对学生学物理和教师教物理的情况进行评价。

信息栏 9-1

教育评价的三大趋势

1. 从外控到自治。2. 从单一主体走向多元主体。3. 从竞争到合作。

资料来源：苏婷《初中教育"备战"评价改革》，载《中国教育报》，2013 年 12 月 12 日 5 版。

第一节　教学评价的功能、类型和步骤

美国学者格朗兰德认为，评价可以简单地用下式表示：评价＝测量(量的记述)或非测量(质的记述)＋价值判断。这就是说，评价是在量(或质)的记述基础上进行的价值判断。格朗兰德的这一公式抓住了评价活动的实质。教学评价是一种特殊的评价活动，是以教学目标为基础，运用可操作的手段，通过系统地搜集有关教学信息，对教学活动的过程和结果做出价值判断，并为被评价者的自我完善和管理部门的科学决策提供依据的过程。

一、教学评价的功能

这里主要介绍教学评价的三大基本功能：诊断功能、发展功能和选拔功能。

(一) 诊断功能

诊断功能是指教学评价能够对教学活动中存在的问题进行揭示与分析，找到

症结所在和原因所在，进而提出改进和补救的意见、建议。例如，通过对学生的学习评价，一方面可以协助学生发现学习中存在的困难与不足，进而判断导致困难与不足的原因。另一方面也可以帮助教师明了自身教学上的不足与学生学习上的问题，为师生协同采取措施、改善教学提供信息基础。当然，教学评价还可以为教学管理部门提供诊断教学质量、提出改进意见和建议的依据。

(二) 发展功能

“评价最重要的意图不是为了证明，而是为了改进。”无论“诊断”结果如何，教学评价都能够使教师和学生获得有针对性的指导意见和建议，促进教师和学生进行反思，在认识自我的基础上，建立自信、发展潜能，改进教和学，促进教和学。具体来说，如果评判的结果是“正面”的，那么原先的教学就可以延续下去，甚至获得进一步的优化；如果评判的结果是“负面”的，教师和学生便会产生一定的焦虑感，进而“闻过则喜”，对原先的教和学做出修正或调整。总之，教学评价能够激励、控制、改进、完善教学，使教学朝着“最优化”的方向发展。

(三) 选拔功能

选拔功能又叫甄别功能、淘汰功能，是指教学评价具有区分优劣、程度、水平，做出鉴别、鉴定、分等、分类的作用。“以分取人”即是典型的将评价的选拔功能发挥到“极致”的例子。

二、教学评价的类型

不同的取向，便会有不同的教学评价分类。下面简要地介绍一下常见的三种分类。

(一) 相对评价、绝对评价和个体内差异评价

这是按照评价的参照标准不同对教学评价做出的分类。

1. 相对评价

这是为了对每个个体在群体中所处相对位置做出区分而进行的评价。实施这种评价时，通常需要从评价对象集合中选取一个对象(如达到考试的平均分者、恰好达“线”者等)作为基准，将其余人与此基准做比较，排出名次、区分优劣，因此也有人将相对评价称为常模参照评价。相对评价的作用主要有两个：一是有利于在群体内做横向比较，故可以作为选拔和甄别的依据；二是有利于学生在相互比较中判断自己的位置，激发竞争意识，增强学习动力。因此，这种评价一直是教师评价学生的主要方法。当然，这种评价方法具有的积弊也是非常明显的。

2. 绝对评价

绝对评价是以教学目标为基准，对每一个评价对象达成目标的程度做出的判断，故也有人称之为目标参照评价。例如，初中、高中毕业考试(或学业水平考试)就是根据规定的标准要求，对学生达标与否做出判断的。显然，通过绝对评价，可以明确学生发展状态与教学目标之间有无差距、差距多大，从而把教师和学生的注

意力吸引到实现教学目标上来。

3. 个体内差异评价

这是根据尊重个性、发展个性的观点提出来的。它是以评价对象自身状况为基准，就自身发展情况进行纵向（现在与过去）或横向（不同侧面）比较而做出价值判断的过程，故也有人称之为个人发展参照评价。显然，这种评价比较充分地照顾了学生的个别差异，有利于学生减轻心理负担和压力，增强自信心，强化学习动力。但不足的是，这种评价不能反映个体间的差异，也难以确定其达成教学目标的程度。所以，这种评价往往要与绝对评价、相对评价结合使用。

【案例 9-1】　　某中学某学生高考一轮复习各章测验成绩数据图

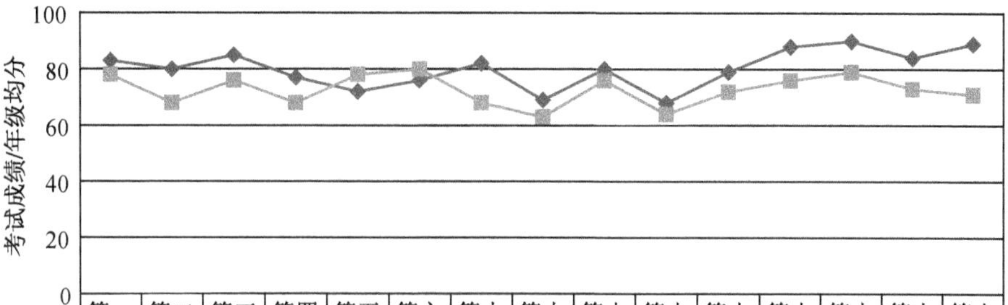

	第一章	第二章	第三章	第四章	第五章	第六章	第十一章	第十二章	第十三章	第十四章	第十五章	第十六章	第十七章	第十八章	第十九章
◆	83	80	85	77	72	76	82	69	80	68	79	88	90	84	89
■	78	68	76	68	78	80	68	63	76	64	72	76	79	73	71

（二）自我评价和他人评价

这是按照评价主体的不同对教学评价做出的分类。

1. 自我评价

自我评价是指被评价者自己参照评价指标对自己的活动状况或发展状况进行的自我鉴定。自我评价的过程实质上就是评价对象自我认识、自我分析、自我提高的过程。这种让评价对象直接参与到评价活动中来的做法，不仅有助于评价对象及时发现自己的问题并及时改进，而且有利于消除评价人员与评价对象之间可能出现的对立情绪，使评价结果更容易被评价对象所接受。所以，在当代的教学评价中，自我评价正越来越为人们所重视。当然，由于自我评价一般没有一个客观、统一的标准，主观性比较强，因而容易出现对成绩或问题估计过高或过低的现象。通常，开展自我评价时，要特别注意对自我评价者的引导，并把自我评价与他人评价有机地结合起来。

2. 他人评价

他人评价是指由其他相关方面的人员对评价对象所实施的评价。相对于自我评价来说，他人评价要更客观、真实一些。但是，他人评价也有不足之处。尤其当评价者与被评价者之间缺乏民主、平等的气氛，没有形成良好的关系时，他人评价的结果往往会受到被评价者的抵制和拒斥，不能为被评价者所接受。所以，被评价者和评价者之间能否建立和谐的关系，是决定他人评价成效的关键。

(三) 量化评价和质性评价

这是按照评价依据的性质对教学评价做的分类。

1. 量化评价

量化评价是通过对数字(数据)的分析与比较，对评价对象做出价值判断的。最常用的量化评价方法是测验法。由于量化评价具有数据的"准确性"和统计的方便性等特点，长期以来，一直是学校教学评价采用的最主要的方式。但是，量化评价的不足和消极作用也是十分明显的。

2. 质性评价

质性评价就是力图通过自然的调查，全面、充分地揭示和描述评价对象的各种特质，以彰显其中的意义，促进认识和理解。质性评价也被称为自然主义评价。它在认识论上反对科学实证主义的观点，反对把复杂的教学现象简化为数字，认为这种做法只能提供歪曲的教学信息，而且有可能丢失重要的信息。它主张评价应全面反映教学现象的真实情况，为改进教学实践提供真实可靠的依据。质性评价常采用写评语、行为观察和描述、写学习日记、情景测验等手段，记录被评价者的行为表现及思考，积累被评价者的各类作品(当然也包括历次考试的试卷)，以全面反映被评价者发展的过程和状况以及被评价者发展的独特性和差异性。质性评价是当代教学评价推崇并提倡的一类教学评价。本章第二节介绍的成长记录袋评价即属于此类评价。

除了以上三种分类方法外，还有按照评价目的的不同对教学评价做的分类，即诊断性评价、形成性评价和终结性评价，这些将在本章第二节予以介绍。

三、教学评价的步骤

教学评价是一项专业性和技术性很强的工作。按照科学的程序组织教学评价，对保证教学评价的质量、达到预期评价目的有很大的帮助。这里，我们简要介绍教学评价的一般步骤。

完整的教学评价大致要经历准备、实施、结果分析等步骤，其中每一个步骤又有若干项工作。

(一) 准备

评价是从评价的准备开始的。评价的准备包括背景分析、制订评价方案和建立一定的评价组织，解决好为什么要评价(基于什么考虑)、评价以什么作为标准、由谁来实施评价等问题。

(二) 实施

评价的实施是评价过程中影响最大的一个步骤。一般来说，评价的实施包括相互沟通、搜集信息、评议评分、汇总整理等工作。其中，搜集信息的环节尤为重要，这是因为教学评价是以对事实的把握为前提的。在学生学习评价中，常用的搜集信息的方法有量化形式的测验法和质性形式的观察法、成长记录袋法和调查法等，如表 9-1 所示。在教师教学评价中，搜集信息的方法主要有问卷征询、座谈会、行动观察和记录等。

表 9-1　评定的内容及采用的主要方法

评定的内容	采用的主要方法
知识的理解和运用能力	测验法
科学探究能力和实验技能	观察法、测验法
过程与方法	测验法、成长记录袋法
情感态度与价值观	观察法、调查法

（三）结果分析

评价的结果分析是评价实施的延续。教学评价结果分析不仅包括对被评价者教、学过程和教、学结果的分析，而且包括对评价本身的质量分析，后者通常为大家所忽略，但它确实是教学评价的一项重要工作。

信息栏 9-2

科学严谨的教学评价方式和方法

1. 建立科学的指标体系。2. 开发规范的评价工具。3. 设计严谨的评价程序。4. 运用有效的评价方式。5. 呈现公正客观的评价结果。

资料来源：俞水、李凌、宋伟涛《绿色评价，"体检"中小学教育》，载《中国教育报》，2013 年 7 月 25 日 3 版。

第二节　发展性物理学习评价

基础教育课程改革倡导"立足过程，促进发展"的发展性学生学习评价，即学习评价要突出重视学生的自我评价，强化活动表现评价，改革纸笔测验，采用更科学的结果报告方式等。但是，有专家①指出，目前学生学习评价依然存在着三个方面的问题：一是现有学习评价滞后于基础教育改革所提倡的基本理念。二是受文化传统、社会、经济等因素的影响，我国现有学习评价仍然以选拔、排序和管理为主要功能，服务于学生学习和教师教学改进的功能远没有得到充分发挥。三是现有学习评价在科学化和专业化程度上有待进一步提高。

① 杨向东. 学业测评还需深入思考[N]. 中国教育报，2013-03-06(9).

一、指导思想①

物理学习评价应以促进学生在“知识与技能”“过程与方法”“情感态度与价值观”方面的发展为目的。评价要有助于学生对科学知识的理解，有助于培养学生的科学探究和实验能力，有助于培养学生的思维能力，有助于学生运用物理知识和方法解决学习和生活中的问题，有助于学生保持对学习的兴趣、对自然界的好奇心和对科学的求知欲，有助于培养学生坚持真理、勇于创新、实事求是的科学精神。

（一）重视评价的诊断、激励和发展功能

评价的目的是促进学生的全面发展。应改变以往过分强调甄别与选拔的做法，充分发挥评价的诊断、激励和发展功能。通过评价活动，及时、客观地诊断学生在发展中的优势与不足，了解学生在发展中的需求，并在此基础上提出有针对性的指导意见，有效促进学生的学业进步和全面发展。

（二）促进学生全面发展，关注学生的个体差异

由于学生物理学习的内容是宽广的、过程是开放的、经历是丰富的，其体现和反映也应该是多元的。要在物理课程目标的指导下，制定促进学生全面发展的多元评价内容和评价标准，不仅要关注学生“知识与技能”的掌握情况，还应关注对于学生终身发展很重要的探究、沟通与合作、批判性思维和问题解决等能力的形成，关注“情感态度与价值观”目标的达成。此外，评价还应关注学生的个体差异，重视学生的学习与发展过程，激发学生内在发展的动力，帮助学生认识自我、建立自信、发展潜能。

（三）倡导多主体参与评价，采用多样化的评价方式

应改变过去仅由教师评价学生的单一评价方式，重视学生自我评价，使评价成为学生、同伴、教师等多主体共同参与和协商的活动，从不同的角度为学生提供学习、发展方面的信息，帮助学生更加全面地认识自我。此外，要明确评价的目的，对不同的学习目标和学习内容，采用不同的评价方法，发挥各种评价方法的优势，注重评价手段的科学性与可操作性。

二、评价内容

发展性物理学习评价应围绕以下四个主要方面进行。

（一）知识与技能的评价

对物理知识与技能的评价，主要要针对学生对物理知识的理解力和技能的掌握情况进行。这种理解力包括学生对物理概念和规律的理解，包括运用物理知识进行推理的能力和解决生产、生活中实际问题的能力；这种掌握情况主要包括实验技能、解决问题技能等的掌握程度。通常，可以通过对学生课堂活动表现

---

① 中华人民共和国教育部.义务教育物理课程标准[S].北京：北京师范大学出版社，2012：33-35.

（如听课时学生的神态、师生间和学生间的交流、板演纸练、操作等）和对学生的学习成果（如课堂笔记、实验报告、课后训练、考试成绩、各类作品等）的分析做出评价。

（二）过程与方法的评价

对过程与方法的评价，要注重评价学生在学习概念、规律过程中的表现，以及运用物理知识和科学方法解决实际问题的表现，即不仅要关注学生通过学习过程获得了什么，还应记录学生参加了何种活动、在活动中有什么表现和进步等。尤其要重点针对学生的各种能力，如观察能力、提出问题的能力、做出假设和猜想的能力、设计实验的能力、搜集信息与处理信息的能力、推理的能力、检验与评价的能力、交流与表达的能力等进行评价。由于对上述能力的评价是要渗透在整个学习过程之中的，所以对过程与方法的评价尤其要注意形成性评价与总结性评价相结合。

（三）情感态度与价值观的评价

情感态度与价值观的评价很重要，主要依据学生在各类学习活动中的表现，如是否有学习热情，是否积极参与，投入的程度，是否有求实的科学态度和宽容的人生态度，是否有学习的兴趣和审美情趣，是否有经常性的反思和内心体验，是否有学习的“冲动”和“顿悟”，是否具有科学价值与人文价值相统一的意识和人类价值与自然价值相统一的意识等。值得一提的是，由于情感态度与价值观指标很难直接测量，也难以量化，而且教师也不可能根据一时一事就对学生的价值观、态度、情感现状和变化做出评价，所以，要对学生进行较长时间的观察，搜集较多的信息才能得出近似的结论。此外，对情感态度与价值观的评价要重视学生对科学技术与社会（STS）问题的认识的评价。

（四）学生个性特长的评价

对学生个性特长的评价有利于学生的个性特长得到充分的张扬和表现。“特长认定”可以发现学生的特殊才能，激励学生的个性发展和进取精神。如学生竞赛活动（不限于学科类）、学生社团活动、等级考试、专家认定、升学加分等，都是评价学生个性特长的具体途径和方法。

三、评价方法

物理学习评价的方法有作业评价、测验、作品评价、成长档案袋评价等。下面重点介绍纸笔测验和成长记录袋评价。

（一）纸笔测验

纸笔测验是由“pencil and paper test”翻译而来的。物理纸笔测验也就是我们常说的书面测验（参见本书第八章第四节），是物理学习评价的一种重要手段，也是物理教学中最常用的学习评价形式。

1. 纸笔测验评价的类型①

(1) 诊断性测验。又称准备性测验,是在教学活动开始前或进行中对学生的学习准备情况或特殊困难进行的测验,是对教学活动的准备。它的作用主要有三个方面:一是确定学生的学习准备情况,明确学生发展的起点,为教学活动提供设计的依据;二是识别学生的发展差异,适当安置学生(如分层、分组、分班);三是诊断个别学生在发展上的特殊困难,以作为采取补救措施的依据。总之,诊断性测验能"使教学适合学生的背景和需求"。

(2) 形成性测验。又称过程性测验,是在教学过程中为调节和完善教学活动、引导教学过程正确而高效地进行而对学生学习结果和教师教学效果进行的测验。形成性测验的主要目的不是给学习者评定成绩或做证明,而是既帮助学习者也帮助教师把注意力集中在达到掌握程度所必须具备的特定内容上。所以,形成性测验的主要作用有引导学习活动的方向,强化学生的学习,及时发现教与学的问题并提供补救处方。

(3) 终结性测验。又称结果性测验,是在某一相对完整的教学阶段(如一个学期、一个教程或一个学程等)结束后对整个教学目标实现的程度做出的较为全面的测验,如期中和期末测验、毕业会考等均属于此类测验。终结性测验的主要作用是考查学生群体或每个学生整体的发展水平,为各种评优、选拔等提供参考依据;总体把握学生掌握知识、技能的程度和能力发展水平,为教师和学生确定后续教学起点提供依据。

2. 对纸笔测验的认识和理解

长期以来,纸笔测验以其具有的较强科学性(较高的信度和效度)和可操作性而被公认为学习评价中最有效的评价方式之一。基础教育课程改革在倡导"采用多样化的评价方式"、重视质性评价的同时,也指出"纸笔测验是较为常用的一种形式"。所以,任何排斥纸笔测验(本质上是排斥量化评价)的想法和做法都是不切实际的,也是不可取的。

在肯定纸笔测验重要价值的同时,要注意纠正在使用纸笔测验进行学习评价时,夸大其功能,使评价简单化、表面化、数据化、缺乏人性化等错误做法和错误倾向。因为,以学生纸笔测验的结果——分数作为判定学生"高""低"的唯一依据显然是有失偏颇的。分数不能完全而准确地体现学生的真实水平,这是有定论的。

纸笔测验要与物理教学目标联系起来,即不仅要重视对"知识与技能"的考查,而且应积极探索对"过程与方法""情感态度与价值观"的考查。要根据评价的目的和内容合理地设计试题的类型,有效地发挥各种类型试题的功能。纸笔测验要注

① 这里仅按测验评价目的的不同对测验评价进行分类。参见本章第一节。

重设置有助于学生理解和应用知识的实际问题情境，引导学生关心生产、生活中的物理现象，关注社会和科技的进步，保持学生学习物理的兴趣与热情，在解决实际问题中评价学生的能力。此外，在利用纸笔测验考查学生学习目标的达成情况时，要注意尽量淡化排名、少下定论。

要在继续发挥好纸笔测验在终结性评价中的作用的同时，更加充分地发挥其在诊断性评价和形成性评价中的作用。努力通过评价，实现“改进学生的学习和教师的教学、改进课程设计、改进教学过程，有效地促进学生的发展”的宗旨。

（二）成长记录袋评价

成长记录旨在体现学生发展变化的轨迹，使教师能够对学生的发展状况有清晰、全面的把握，促进学生的自我反思，激励学生的进步。成长记录可统一放进成长记录袋，其中的内容可包括作业、学习笔记、阶段总结、观察日记、调查报告、研究性学习小论文、小制作、研究报告以及教师对学生活动表现的记录资料等。学生成长记录袋评价是《义务教育物理课程标准》和《普通高中物理课程标准（实验）》中明确提出的重要评价方式。

成长记录袋评价属于质性评价范式，最早出现于20世纪80年代的美国。我国学者将其定义为：根据教育和教学目标，有意识地将各种有关学生表现的作品及其他证据收集起来，通过合理地分析和解释，反映学生学习与发展过程中的优势和不足，反映学生在达到目标过程中付出的努力与进步，通过反思与改进，激励学生取得更高的成就。用成长记录袋评价方法来了解学生的成长历程与发展进步，不仅具有设计上的创意和方法上的创新，而且符合“关注过程”、“强调质性评价”以及“教学与评价整合”的改革趋势。

1. 成长记录袋的类型与构成

由于成长记录袋没有标准化的限制，因此没有固定的分类方法和结构构成。但是，无论何种成长记录袋，都具有一些基本的构成与特点，例如，成长记录袋关注学生的学习与发展过程；成长记录袋中的内容与某一时期的教学和学习目标相一致；学生可以自己决定放入成长记录袋中的内容或项目，因此它能比较充分地反映和体现学生的个性，展示学生自己独特的物理学习过程；教师定期根据成长记录袋中的内容和项目对学生做出评价和反馈；成长记录袋评价不是给予好与坏的结论，而是注重对学生在学习过程中的成长和变化事件提出相应的发展、改进建议；成长记录袋评价既关注对达成目标程度及能力层面的评价，还考虑到学生学习基础、生活环境条件、个体资质等差异，对学生所付出的努力程度给予评价；等等。表9-2是美国南卡罗来纳大学教育学院教育心理学教授格莱德勤提出的以记录功能为标准的成长记录袋的分类与构成情况。①

---

① 李新乡，张德启，张军朋，等. 物理教学论[M]. 北京：科学出版社，2005：279.

表 9-2 成长记录袋的分类与构成情况

类型	构成	目的
理想型	作品产生和入选说明，系列作品以及代表学生分析和评定作品能力的反思	提高学习质量，通过一段时间的成长，帮助学生成为自己学习历史的思索者和非正式的评价者
展示型	主要是由学生选择出来的学生最好的和最喜欢的作品集，自我反思与自我选择比标准化更重要	给由家长和其他人参加的展览会提供学生作品的范本
文件型	根据一些学生的反映以及教师的评价、观察、考察、轶事、成绩测量等得出学生进步的系统性、持续性记录	以学生的作品、量化的和质性的评价，提供一种系统的记录
评价型	主要是由教师、管理者、学区所建立的学生作品集，评价的标准是预定的	向家长和管理者提供学生在作品方面所取得成绩的标准报告
课堂型	由三个部分组成：依据课程目标描述所有学生取得成绩的总结；教师的详细说明和对每一个学生的观察；教师的年度课程和教学计划及修订说明	在一定情境中与家长、管理者及其他人交流教师对学生成绩的判断

2. 成长记录袋评价的目的

（1）为学生提供一个能力发展的机会。学生本人是选择记录内容的第一决定人。这样，他们就获得了判断自己学习进步的机会，其自我意识、反省意识及能力、自我判断能力就会在评价过程中不断发展。

（2）为教师提供学生学习和发展的信息。对教师而言，成长记录袋为教师最大限度地提供了学生学习与发展的重要信息，有助于教师形成对学生的准确评价和预期，使评价与课程、教学整合起来，使课程、教学与学生的发展保持一致，提高评价的效果。

（3）体现学习评价的整体性、发展性和全面性。即成长记录袋评价关注每个学生，关注学生学业成绩，更关注学生整体物理素质；评价的作用在于促进学生的综合发展，而不是区分学生的优劣和简单地判断答案的对错，一次评价不仅是对一段活动的总结，更是下一段活动的起点、向导和动力；评价不局限于关注知识的掌握，更促进其兴趣、爱好、意志等个性品质的形成和发展。

3. 成长记录袋评价的优点

（1）激发学生的学习动机。成长记录袋评价的内容以学生的活动过程为主要形式，给予学生个性发展所需的空间，从而极大地激发出学生对活动过程的兴趣。

不仅如此，学生对活动过程的兴趣还能在学习中不断获得全方位的迁移。

(2) 增强学生的自信心。经历活动过程不仅让学生对世界的认识有了“发言权”，而且让他们在自己判断自己的过程中发现了自身的潜能，最终树立起对自己、对人生的自信心。

(3) 提高学生的交往能力。成长记录袋评价通常以小组合作形式进行，这为学生的交往创造了机会。随着交往次数的增多，小组成员之间逐渐了解和熟悉，他们敞开心扉，坦诚地面对自己或别人的长处和不足、成功与失败、领先与落后，相互激励，取得各自学习的进步和整体学习质量的提高。

(4) 体现了活动表现评价。成长记录袋评价弥补了纸笔测验无法评价学生“活动表现”的不足，使评价学生活动过程、活动表现如参与意识、合作精神、学习态度、操作技能、探究能力、分析问题的思路以及表达交流的技能等成为可能。

此外需要特别指出的是，研究发现，成长记录袋评价对于提升中等生和学困生的物理学习动机和物理学习自我监控能力的作用尤为显著。

可以认为，指导并帮助学生建立物理学习成长记录袋，在物理成长记录袋评价中引入自评、同伴评价、教师评价及家长评价等评价方式，具有强化自我认识、同伴互助、教师引领及家长认同等方面的显著优势。

4. 使用成长记录袋评价要注意的事项

这里大致罗列九个方面的注意事项：第一，系统了解成长记录袋评价的理念、设计原则、实施办法，坚信成长记录袋评价能够服务于教学目标的实现。第二，在制作成长记录袋之前，把课程学习目标具体转化为成长记录袋评价的目标要素，以界定重要的学习表现或学生需要达成的学习目标。第三，根据学习内容、活动形式、学生特点等确定成长记录袋的具体形式、内容和要求。必要时，教师要对建立和制作成长记录袋的具体过程进行示范，对学生进行相应技能的训练。第四，注意提高学生参与成长记录袋评价的兴趣和积极性，要与学生一道制定实施成长记录袋评价的目的、要求和规则，设计评价单。第五，指导学生对收录作品进行选择，如什么样的作品可以放入成长记录袋，如何保持作品的原貌(不做事后的修改)，如何进行必要的剪贴，如何保存教师或同伴的评语，如何在作品上标出自己的评价等。第六，督促学生在每一个学习环节上都能够自觉地、有目的地收集材料，逐步养成收集材料的习惯，并不断地从中获得乐趣。第七，充分利用学生成长记录袋进行教学反思，指导学生进行学习反思。在适当的时候与学生一起回顾学习过程，品味自己的学习作品，做出相应的评价，让学生体验学习的“喜、怒、哀、乐”。第八，通过多种形式保持与家长的联系，并对家长进行有效的培训，以便家长能够持续地配合学校、教师和学生，支持此项活动。第九，适时、适量、适度地举办成长记录袋的展示活动，在一定层面上进行交流、学习。

需要指出的是，成长记录袋评价和书面测验评价是两种互补的评价方法，两种方法有机地结合使用有助于对学生做出更加准确的判断。但是，在我国，成长记录袋评价还只是一种新兴的质性评价方式，很多观念上和操作上的问题尚待解决，所以，教师要通过经常性的反思和研讨，不断掌握成长记录袋评价的基本原理和要求，让成长记录袋评价更好地为物理教学和评价服务。

信息栏 9-3

中小学教育质量综合评价指标框架主要指标

1. 品德发展水平：行为习惯、公民素养、人格品质、理想信念。
2. 学业发展水平：知识技能、学科思想方法、实践能力、创新意识。
3. 身心发展水平：身体形态技能、健康生活方式、审美修养、人际沟通、情绪行为调控。
4. 兴趣特长养成：好奇心求知欲、爱好特长、潜能发展。
5. 学业负担状况：学习时间、课业质量、课业难度、学习压力。

资料来源：教育部关于推进中小学教育质量综合评价改革的意见，http://www.moe.gov.cn/publicfiles/business/htmlfiles/moe/s7628/201306/xxgk_153185.html。

第三节　物理教学评价

物理教师的教学评价涉及方方面面，如职业道德、学科知识、教育学和心理学知识、教学能力、教学效果、文化素养等。这里主要讨论物理课堂教学评价的相关问题。

一、课堂教学评价

中学物理课堂教学的评价问题，一直是理论工作者和实践工作者致力探索的重要课题之一。

（一）当前物理课堂教学评价存在的问题

当前，中学物理课堂教学评价主要存在以下三个方面的问题。

1. 评价重心偏移

当前，物理课堂教学评价所关注的焦点仍然未能跳出以教师"教"的行为表现为核心的圈子，而对作为学习主体的学生的"学"的行为表现很少关注或浮于表象，即课堂教学评价往往只关注教师在课堂上提出了哪些问题，进行了哪些演示，是不是紧紧围绕这些问题和演示结果进行了充分的解析；学生是否对教师解析的问题"听懂""理解"；课堂是否"热闹"；"问"和"答"多不多以及正确率高不高等。且普遍认为，如果在一堂课 45 分钟内，教师对"问题"和"结果"的解析能够达到面面俱到、丝丝入扣的要求，学生对教师的解析能够达到完全记住且"不再有问题"的要求，那这堂课便是一堂好课。

2. 评价主体单一

当前，物理课堂教学评价依然基本上是由单一层面的评价者主宰完成的，学校的管理者、教研人员和同行专家主宰着评价标准的制定并且成为课堂教学评价结果的实际裁定者。虽然目前也倡导包括被评价者本人在内的教师乃至学生参与到课堂教学的评价中来，但事实上，在绝大多数学校、绝大多数场合，这样的倡导和落实一直浮于口头和形式，没有真正“兑现”并起到实实在在的作用。

3. 评价目的异化

当前，物理课堂教学评价的结果常常被当作对被评价者实行奖惩甚至安排工作岗位的主要依据，而在很大程度上把评价能够促进被评价者职业操守提升，专业水平发展的激励、引领功能忽略了。

所以，建立促进学生全面发展、教学不断改进和教师专业水平持续提升的课堂教学评价体系依旧显得十分重要和迫切。

（二）物理课堂教学评价的基本着眼点

这是一个关于评价标准的问题，在国内外都受到了高度的重视，并有不同的观点。巴班斯基曾提出“八项标准”：对新事物的感受、教育分寸、本学科的知识、发展学生的思维、培养学生的一般学习技能、培养学生对学科的兴趣、以个别方式对待学生、学科课外活动的组织。我国有学者提出课堂教学评价应包括这样几个方面：教学目标确切、使学生积极参与教学、重视学生能力培养、重点突出难点准确、教学方法生动有效、注重概念原理教学、不忽视系统知识传授、语言表达简洁流畅。在教学实践中，许多中学（物理教师）都主张从教学目标、教学过程、教学效果等基本维度来评价课堂教学。“一千个读者就会有一千个哈姆雷特”，不同的学者、教师一般会有不同的课堂教学评价着眼点。但是，不管怎样，以“人的发展”为本，以教师有目的、有计划地引导和促进学生积极、主动参与有效学习活动，主动建构、形成对知识真正的理解，获得物理学习的积极体验与情感应该是评价课堂教学的根本出发点和落脚点。

根据基础教育物理课程改革倡导的评价理念，结合师范生的特点，这里提出用以下五个维度评价课堂教学的构想。

1. 教学目标方面

根据课程标准所确立的三维目标，结合每节课具体的教学内容、学生特点和社会要求，科学地、精确地确定每节课的具体教学目标。所确定的教学目标具有整体性、适切性、可测性和层次性，让学生明确应该掌握哪些知识与技能、过程与方法，锻炼何种能力，激发怎样的情感，培养什么样的态度和习惯，等等。同时，还应兼顾即时目标和长远目标。

2. 教学内容方面

全面把握教科书内容，在此基础上协调好知识、能力、情感、态度、价值观等各方面教科书内容；围绕教学目标筛选、组织教学内容，重视基础，突出教学重点，化解教学难点，把握关键点，揭示价值点，努力实现教学内容的“心理化”“结构化”“问题化”“操作化”;根据需要,或对照别的资料(包括其他版本的教科书),或联系社会和生产实际,恰当地介绍物理学的新知识和新技术,结合学生人生体验和学校周围的实际环境有效地组织利用好各种课程资源,努力使教学内容饱满且有适当的难度;注意科学性和人文性的统一,无思想性和科学性错误;等等。

3. 教学过程方面

重视课堂教学的过程性。导入新课、展开教学、结束新课符合教学内容本身的逻辑性,符合从感性认识到理性认识,从已知到未知,从发现问题、探究问题、概括结论到应用知识等基本的认识规律;创设有效的问题情境和情感氛围,强调学生参与和师生互动;课堂教学流程中各个环节时间分配合理,局部与整体的关系处理得当,既凸显阶段性又体现连贯性;教学过程具有开放性和动态生成性,教师和学生的心态愉悦、自由放松,教学过程充满情趣和活力。

4. 教学方法和技能方面

根据学科特点、学生实际和教师个性特长,灵活地选择和使用各种教学方法。教学方法体现较强的启发性;有效地指导学生开展自主学习、探究学习和合作学习,且使多样化学习有明显成效;承认学生发展存在差异性,能对不同的学生提出不同的教学要求,采取不同的方法,区别指导;教师具有良好的驾驭课堂的能力,能对变化了的学习情境组织相应的教学;教师具备良好的教学基本功和教学艺术,教态亲切、自然,教学语言简明流畅、庄谐并臻,板书布局合理、字体规范;能适时、适度、适量、有效地使用信息技术手段和实物实验手段,操作规范、熟练;在教学的设计和组织实施中体现创新性。

5. 教学效果方面

实现或基本实现预期的教学目标。学生掌握了应该掌握的知识和技能,理解并学会了应该理解和学会的物理知识、过程、技能与科学方法,学会本课时所涉及的课题探究,在情感、态度、价值观方面有所转变和提高,正确应对非预期出现的教学情况,实现非预期的教学目标。

(三) 物理课堂教学评价的基本要求

对照基础教育课程改革的要求,这里强调三点。

1. 课堂教学评价主体要多元

即领导、教研人员、同行专家和被评价者的同事是评价的主体,作为“被评价者”的上课教师也应当在评价过程中具有同等的主体地位,拥有对事物进行解释的权利和发表个人意见的权利。此外,学生甚至部分学生家长也应当参与到评价中来,并在某些特定领域内发挥评价主体的作用。当然,在多元评价主体共同参与课堂教学评价的实际操作中,应当把握好评价的效度问题。特别对来自学生及学生家长的评价信息更要做出必要的、理性的、实事求是的客观分析和合理的取舍与解读,因为学生及其家长在对教学“真”“善”“美”的理解和判断方面与教学“内行”还是有一定距离的。

2. 课堂教学评价方式要多样

即既有终结性评价，更有形成性评价；既有量化评价，更有质性评价；既有他评，更有自评，还有互评；等等。

3. 课堂教学评价内容要多维

即既要通过关注教师的课堂教学行为表现进行评价，更要通过关注学生的课堂学习行为表现进行评价；既要有课中即时评价，又要有课后延时评价；既要有对“讲”的评价，又要有对“演”的评价；既要有对预设和既定的评价，又要有对生成和建构的评价；等等。

【案例 9-2】　某中学物理课堂教学评价表

表 1①

执教者		年级、班级		时间		地点		
教学课题						测评者		
评价项目	指标	内容				权重	得分	备注
教学目标	1. 教学目标的依据							
	2. 教学目标的设计质量							
	3. 是否预先让学生了解目标							
教学内容	1. 教科书处理							
	2.“四点”和“结构”把握							
	3. 教学内容组织、“四化”落实							
	4. 联系实际							
	5. 容量与难度							
教学过程	1. 情境、氛围的创设							
	2. 教学过程的展开							
	3. 环节处理							
	4. 开放性和生成性							

① 表 1 是一张“赋分表”，其中的“权重”可根据实际情况(如课型)来确定。

续表

评价项目	指标	内容	权重	得分	备注
教学方法与技能	1. 教学方法				
	2. 教学技能				
	3. 教学手段				
	4. 创新性				
教学效果	1. 学生的情绪和态度				
	2. 学生参与度(含活动参与、思维参与等)				
	3. 学生的发言、练习等的质量				

对被评价者教学设计情况的了解记录：

对个别学生进行观察或访谈的结果记录①：

评价者和被评价者之间的交流对话记录：

被评价者对自己的评价记录②：

综合评价(包括肯定意见和改进建议)：

其他因具体课型和具体教学内容特殊性而需要评议的问题：

综合评价结论(优秀、良好、合格、不合格)：

① 见表2。

② 见表3。

表 2

执教者		年级、班级		时间			地点	
教学课题							测评者	
活动形式		活动记录		评价要点（评价等第用 A,B,C,D 表示）				
		时间	学生行为	活动内容	活动频度	活动组织	学生参与	活动成效
自主活动								
双边活动	师生活动							
	生生活动							
多边活动	小组活动							
	集体活动							

评价者课后对学生的观察、访谈记录：

综合评价					

评价者意见（主要围绕学生在课堂活动中自主学习的程度、探究学习的深度、合作学习的效度和幸福体验的丰度四个维度以及学生有没有提出新问题等方面）：

表 3

执教者		年级、班级		时间		地点	

评价项目	评价内容	评价等第			
		A	B	C	D
教学目标	落实程度				
教学内容	与学生生活体验的相关度				
	组织和落实情况				
	科学性和思想性				
教学过程	课堂生态				
	逻辑性和规律性				
	环节过渡				
	流畅性				
	开放性和生成性				
教学方法和技能	启发性和学生响应程度				
	多样化学习成效				
	教学手段使用效果				
	灵活性和创造性				
教学效果	学生情态反映的自我感知				
	知识与技能的预期掌握情况和实际反馈结果的相关度				
	过程与方法的参与和掌握				
	学生学习负担的承受情况				
教学反思	(可围绕以下问题展开:这节课的整体设计思路是什么?这节课最成功的地方在哪里?最遗憾的地方在哪里?造成的原因是什么?怎样弥补遗憾?估计学生会在哪些方面受益?受益面有多大比例?这节课所做的哪些是有效的,哪些是无效的?估计学生和评价者对这节课分别会有什么样的评价?这节课自己给出什么样的评价结论?对此有怎样的感受?)				

表 4

亲爱的家长，欢迎您参加我校“家长开放日”的评课活动，相信这将是一次我们彼此之间加强沟通、增进了解的机会。希望凭此机会，对我们的教育、教学提出您宝贵的意见和建议，同时架起我们协同教育的桥梁，共同为孩子创造出健康成长的家校环境。

欢迎您从表中所列的几个方面进行这次评课活动。

××初(高)级中学

评价项目	评价内容
对教师教学的评价	这堂课的教学重点是： 教师教学改革的尝试有： 您认为这堂课教师在哪些方面比较成功： 您认为这堂课教师在哪些方面还需要改进：
对孩子学习状况的评价	您观察到您孩子学习的特点是(可列出具体的观察指标，如听讲情况、思维情况、参与活动情况、课堂练习情况等)： 您认为孩子需要改进的地方有：

通过参加这堂课的教学活动，您有哪些启示？您对我们学校的教育、教学工作还有哪些意见和建议？

家长签名________

信息栏 9-4

另一个视角——六维度评价课堂教学效果

1. 实:从基础性教学目标的达成度来说,学生对必备的学科新知识和技能的理解、掌握与应用达到了目标要求,口头表述的准确度和回答问题的正确清晰度达到了具体要求,动手操作演练和计算的熟练程度达到了基本要求。

2. 广:学生在主体参与面上有广度。不同层次的学生都主动参与了搜集与处理信息、分析并解决问题的探索求知过程,学习精神状态良好,有自己的体验和思考。

3. 深:从对重点教学内容的理解和教学问题的认识深刻性来说,学生的思考有深度,学生有问题意识,能提出有见解和有深度的问题,思维能力得到发展。

4. 活:课堂教学机制灵活。在教材使用、内容呈现、方法运用、环节把握、时间分配等教学机制方面,教学表现出了灵活性和创新性,激活了课堂,使学生感受到了学习成功的喜悦。

5. 和:从教学矛盾关系处理上说,整个教学过程是和谐的。在整个教学过程中,教书与育人的关系、知识传授与能力培养的关系、教学任务与时间调配的关系、教与学的互动关系等各种关系处理得当,呈现出课堂教学的和谐性和艺术性,使学生在知识、方法、能力、思维等方面都有所提高。

6. 真:从课堂教学的生态性上说,教学真实、真情和真诚。课堂教学是在学生学习的常态下进行的,没有表演的成分,教师以真诚的教学态度、用真情激发学生的情感并使之产生迁移。学生不但喜欢教师的教学,而且还培养起恰当的学科学习情感、态度和价值观。

资料来源:赵印奖《六维度评价课堂效果》,载《中国教育报》,2009 年 11 月 20 日 7 版。

二、教学反思

教学是实践的,教学的最高智慧是实践的智慧,而这种实践的智慧的取得,在很大程度上要依靠教师的教学反思。

(一) 教学反思的内涵

20 世纪 80 年代以来,强调教学反思能力的教育思潮首先在美国、英国、澳大利亚等国的教师教育界兴起,之后迅速波及并影响到世界范围内的教师教育界。

简单地说,教学反思是教师对自身教学行为的自我检查、分析和评价总结,是教师自己用批判的眼光重新审视自己的教学行为,多角度地分析、反省自己的思想、观念和行为,并做出理性评价的过程。教学反思能力是教师专业能力的重要组成部分,是教师专业性的体现,它能够把教师从被动、常规性的行为中解放出来,以一种深思熟虑、目的明确的方式自觉地行动。教学反思一方面促进教师不断地审视自己的教学思想,避免新的教育理念与实际的教学行为脱节、成为空谈,另一方面还促进教师不断地审视自己的学生观、教材观和教学观等,自觉研究学生、研究教材、研究教学方法,及时发现问题、总结经验,提高自身制定教学策略、选择教学方法的能力和教学研究能力,最终落实到自己的教学行动中,实现自身的专业成长和专业发展。

(二) 教学反思的方式

教学反思本质上是一个“对话”的过程，自己和自己对话、理论和实践对话，间或还要寻找同行、专家的帮助和指导，和同行、专家对话。归纳起来，最常见的教学反思方式有下列三种。

1. 在头脑中想一想

这种反思方式是教师的自我内部对话。由于仅仅是“想一想”，这种方式的反思一般只能使反思者在短时间内激动或兴奋一下，很少能深刻地揭示问题背后的多种原因，反思中激起的“火花”不久就可能烟消云散。

2. 写教学日志

一般以“教后记”的形式记录教学过程中发生的“特殊”事件、教学的得与失、所思与所想，然后进行自我分析。本节下面的几则案例都是“教后记”。

3. 行动研究

行动研究的方式可以包括上述两种方式，是上述两种方式的综合和深化。关于“行动研究”，将在本书第十二章做专门介绍。

(三) 教学反思的内容①

教学反思一般是教师在教学行为发生之后的“有感而思”。所以，一切对教师有触动的教学活动都可以作为反思的内容。教学反思通常可以重点围绕以下几个方面进行。

1. 对教学观念的反思

教学观念主要包括学生观、学习观、“教材”观、教师观、教学观和评价观等。对教学观念的反思是指审视自己的教学理念是否正确，自己正确的教学观念是“空想”“空谈”，还是确实在教学中有体现、有落实。

【案例 9-3】　这样定义“两线”似乎更合适

各个时期的高中物理教科书对电场线、磁感线的定义不尽相同，由定义引出的“两线”基本特征及根据“两线”的密度说明电场强度和磁感应强度的数值意义更是千差万别。这给教师和学生的感觉一是繁杂，二是前后逻辑关系混乱。昨天准备“几种常见的磁场”这一节课时，突发“彻底”改造教科书相关内容的奇想。经过一番思考，感觉这样定义磁感线较为妥当：磁感线——在磁场中画出的一系列闭合曲线，且一是曲线上每一点的切线方向都和该点磁感应强度 B 的方向一致；二是磁场中任一点附近的磁感线密度在数值上等于该点的磁感应强度 B 的大小，即 $\Delta N/\Delta S_{\perp}=B$。这样的定义至少有两大优点：严密，即除了方向上的规定外，还直接地指明了磁感线密度和磁感应强度大小之间的定量关系；可“延展”，即可以极其

① 窦瑾. 做反思型教师：从写教后记开始[J]. 中学物理教学参考，2014(4)：62-65.

自然地由此定义推论出磁感线的基本特征。

今天按照这样的“改造”上课果然很“奏效”！回过头来思量，可以给前面的电场线下类似的定义：在电场中画出的一系列从正电荷出发到负电荷终止的曲线，且曲线上每一点的切线方向都和该点场强方向一致；电场中任一点附近的电场线密度在数值上等于该点处的电场强度，即 $\Delta N/\Delta S_{\perp}=E$。这样，“两线”打通，前后呼应，不仅理清了“头绪”，还可以给教和学带来极大的方便和效益。

今天的奏效进一步加深了我以往的认识：教学内容是教科书内容的“上位”概念。教科书内容是由少数专家选择、组织和编写的“专家经验”，不是我（执教者）的经验，更不是学生的经验。我要做的，是根据我的经验、学生现有的经验等对教科书内容进行必要的改造，使其成为教学内容。所以，教学内容是教科书内容基础上的学生本位化、教师个性（人格）化和环境适切化等的统整结果，其特定的文化含量显然大于教科书内容。改造教科书内容是教学设计中一个非常重要的环节。一方面，通过改造，能使凝固、干瘪的教科书内容生动、丰满起来。另一方面，通过改造，能使教学内容更加符合实际（包括学生实际、教师实际、教学环境实际等），更符合规律（包括学科知识的逻辑规律、学生的认知规律、其他教学规律等），更适合学生学好，更适合教师教好。

总之，教师不应该成为教科书的奴隶，要敢于解构教科书内容，善于建构教学内容，真正做到“用教科书教”。

2. 对教学方法的反思

尽管没有人能够区分哪种教学方法好、哪种教学方法不好，但教师们都知道，对教学方法使用的反思、改进不能停止。

【案例 9-4】　“平静”背后是教学方法的使用问题

今天这堂课是物理必修 1 第二章第一单元新课结束后的一堂习题课，课题是：“追及问题”分类解析。我在课前准备了四道题目，做了四页 PPT（如下所示），没有做任何动画修饰。

1. 两物不会相遇，但在某一时刻存在最短距离 例：乙在甲前 10 m 处，甲、乙同时同向运动，甲作 5 m/s 的匀速运动，乙作加速度为 2 m/s^2、初速度为零的匀加速运动。试分析甲、乙两者间距离的变化情况。	2. 两物会相遇，但在某一时刻存在最大距离 例：一辆汽车在十字路口等候绿灯。当绿灯亮时，汽车以 3 m/s^2 的加速度开始行驶，恰在此时一辆自行车以 6 m/s 的速度匀速从身旁驶过。试分析此后汽车和自行车之间距离的变化情况。

3. 两物恰好相遇，相遇时两物速度相等 例：乙在甲前 s 处，甲、乙同时同向运动，甲作加速度为 a_1 的匀减速运动，乙作初速度为零、加速度大小为 a_2 的匀加速运动。如甲恰好能赶上乙，则甲初速度多大？	4. 两物相互追逐，两次相遇 例：甲作初速度为零、加速度为 $2\ m/s^2$ 的匀加速直线运动，2 s 后乙从同一地点出发随甲作初速度为 10 m/s、加速度大小为 $1\ m/s^2$ 的匀减速运动。问两者能否相遇，何时相遇？

上课时，我逐一地将这四页 PPT 呈现给学生，当然是先让他们自己思考、尝试解决（美其名曰"自主学习"），稍后再由我和他们一起解决问题（算是合作学习吧），其间还出现了一些在解法问题上的小争论（也算是探究学习吧）。四道题（"追及问题"的四种常见类型）、一堂课，任务完成得很顺利。

在走回办公室的路上，我感觉有点失落：课上除了出现过一些小"争论"之外，课堂似乎一直很"平静"，几乎察觉不到学生的"生动"和"活泼"（包括思维的、言表的等）。是什么原因造成了这种"平静"呢？

从总体上来讲，今天的课主要采用了讲授法（当然结合板书）。讲授法是中学物理教学中最基本的教学方法，也是使用最广泛的一种教学方法。但它的最大缺陷是容易使学生处于被动地位，弥补这一缺陷的有效途径是增强讲授的启发性。

今天的课之所以"平静"，最主要的原因是在例题的呈现方式上：在由我"代理"的、对"追及问题"的分类"冠名"下呈现例题。这样的呈现方式不仅缺乏启发性，而且还束缚了学生的大脑，扼杀了学生的联想、思维碰撞和情感体验，也使其后的"自主"囿于框框、就事论事，其后的"合作"流于形式、无关"痛痒"，其后的"探究"限于表面、未及"灵魂"。

原来，今天是我在"喂饱"学生。

如何使明天在另一个班级的讲授富有启发性，让课堂生动、活泼起来呢？我做了以下改进。

一、教学准备

1. 去掉每道题目前面的关于"追及问题"类型的"冠名"，"冠名"（即归类）工作交给学生自己完成。

2. 除第一个例题外，其余三个例题的出场顺序视学生想象、分析、讨论问题（见下面的教学环节）的情况而定。

3. 准备好联系生产、生活的事例。

二、教学环节

（一）引导

以第一题为导引，让学生初识"追及问题"，领会追及问题的分析要关注会不会相遇;会,则何时何地相遇;不会,则有没有“最值”距离,何时出现“最值”距离;如何求解追及问题。(函数解析和图像解析)然后,师生一起完成第一题的分析和求解。

(二) 引申

启发学生思考,“追及问题”中的相遇有没有可能是恰好相遇、相遇一次、相遇两次等情形?能否联系生活和生产实际列举事例?接着给学生足够的时间,让他们展开想象。

(三) 聚焦

在展开想象的基础上,通过集思广益,师生共同将要分析、讨论的问题集中到另外三种情形上来。接着,根据课堂实际情况,逐一将另外三种情况对应的例题呈现出来,引导学生分析、解决。

……

期待明天的课能够在学生自己“喂饱”自己中生动、活泼起来。

3. 对教学技能的反思

教师在课堂上的教学行为是无形的教学思想、教学理念和教学能力的表现,这种表现的基本形式就是教学技能。拥有多元、稳固、高效的教学技能,无疑对教师站稳讲台、提高教学质量有着重要的意义。

【案例 9-5】　一次意外引发的思考

今天讲“波的干涉”。

提前 3 min,我走进教室。打开电脑,插上优盘,依次点击“我的电脑”和“可移动磁盘”——点不开!再试,还是老样子。没办法,急忙请来信息技术老师,结果得到回复:“可能是电脑中毒了。”正在这时,上课铃响了。底下有学生建议:去多功能会议室!我疑惑:难道电脑不行,我就不行了吗?考虑到今天上课的内容里有比较复杂的示意图,我请信息技术老师去帮我找样东西——细线(用于画双缝干涉中波的叠加图),自己便开讲了。

……

少了多媒体,我依旧把课上好了。当然,因为花在作图上的时间多了些,所以教学进度比原先的安排慢了一些。不过正是通过这个作图的过程,进一步加深了学生对干涉图样成因的理解。

今天的意外,引起了我的思考:随着多媒体技术的广泛使用,多媒体课件的制作和运用技能也成了教师必备的教学技能。但是,随着这一现代教学技能日益被重视,另一些传统的教学技能如板书板画技能、实物演示技能、语言表达技能等被弱化了。“课堂教学去黑板化”“实物演示边缘化”“口头语言视觉化”等现象以及由此引发的“离开多媒体就无法上课”等问题的出现就是很好的例证。事实上,多媒体可以成为教学成功的一个有利因素、重要因素,但绝不是唯一因素和决定因素。

更何况，过度、不当地使用多媒体所带来的萎缩学生思维、阻碍师生交流、抑制课堂生成等负面影响是非常明显的。所以，在多媒体使用的问题上，既要改变“一支粉笔一本书、一块黑板一张嘴”的“不作为”现象，也要改变过分依赖多媒体、用而不当的现象。尤其不能在重视键盘、屏幕、鼠标和音响的同时，冷落粉笔、黑板、实物和嘴巴。只有让传统教学手段（技能）与现代教学手段（技能）完美结合，各显其长，相互补充，才能使教学手段（技能）发挥其应有的作用和最大的效益。

4. 对“过失”的反思

“人非圣贤，孰能无过”，但“过而能改，善莫大焉”。教师，尤其是初上讲台的年轻教师，难免会出现这样或那样的失误和差错。有时，同事和学生可能会发现和指出这些失误和差错，但多数情况下，要靠自己来意识、改正这些失误和差错。显然，具有反思意识的教师会更加容易地意识到自己的“过失”。

【案例 9-6】　承认错误、纠正错误之后的感觉真好

昨天备课高中物理选修 3-4 第十三章第 7 节“光的颜色　色散”，突然心跳加快，意识到前不久有一处“知识”被我“表达”错了。

我将备课笔记翻到本章第一节部分，板书设计中“折射率是一个反映介质的光学性质的物理量，大小由介质决定”一行字赫然在列！我又将教科书翻到第一节那一部分，发现课文中“可见常数 n 与介质有关系，是一个反映介质的光学性质的物理量”也白纸黑字地躺在那里。两种表述似乎差不多，但所反映的意思却截然不同①。

怎么办？学生不一定会发现我的差错。

真是惭愧！经过一番思想“斗争”之后，我决定像上次一样，实事求是地向学生公开说明情况，承认错误，表示道歉。

今天，上课铃声响过后，我便向学生做了“自白”：前几天老师犯了个错误，今天想请同学们给我一个改正的机会。接着，我请同学们将他们的听课笔记翻到本章第一节部分，请他们把听课笔记中“折射率是一个反映介质的光学性质的物理量，大小由介质决定”改正为“折射率与介质有关系，是一个反映介质的光学性质的物理量”。之后，我诚恳地向同学们表示了歉意，并提醒学生在学完这节课之后，帮我指出我的错误所在。

今天的课上得特别舒坦，学生也格外地配合。下课前，学生非常爽快地指出了我的错误所在。

下课了，还像往常一样，我在学生们“老师，再见”的招呼声中走出了教室。

嘿，承认错误、纠正错误之后的感觉真好。

---

① 同种介质对于波长不同的光的折射率是不同的，色散现象就是由此形成的。

5. 对师德的反思

“学为人师，行为世范”，这是北京师范大学的校训。启功先生对此的阐释是：“所学足为后辈之师，所行应为世人之范。”如果说教师的专业素养是其专业成长之本，那么教师的道德素养就是其专业成长之魂。所以，教学反思不能忘了对师德的反思。

【案例 9-7】　“两次对话”引发的思考

今天讲“光的折射”。

去上课时，一只手提着三角板。对面走来一位教师：“怎么还高兴带这玩意儿？”

我愕然。

带着三角板、细线（替代圆规）上课已经不是第一次，我也要求我的学生自备好作图工具。开始时学生不习惯，但时间长了他们就习惯了。我自认为我的做法和对学生的要求并不苛刻。

今天路上的对话让我想起了上学期的一次课：那天正好上“牛顿定律的应用举例”，学校的三位视导员课前来到我上课的教室，听了接下来的一节课。课后，其中的一位老师对我说：“你上课有激情，恰当地使用了多媒体，和学生的互动也很有效。不过，课上你把 $\cos^2\alpha$ 读成了扣撒因（cos）平方阿尔法（α），这实在是不妥。”老先生们听得如此认真、仔细，令我佩服！

两次对话，折射出了对待工作、对待做学问的两种不同态度。

经常听领导在各种场合谈加强师德建设，但总是很空泛。其实在我看来，师德具体表现为一种对待责任、对待规范的态度。我想，只要教师的责任意识、规范意识真正地确立了，教书育人的工作也就基本上能做到位了。

（四）“反思”应该注意的问题

反思本身不是件难的事情，难的是能长期坚持反思并达到一定的理性水平。下面三点是教学反思应该注意的问题。

1. 加强学习

反思受人的专业知识、教学观念、文化修养等支配。所以，要加强学习，尤其要加强专业知识、教育理论等的学习，更加充分地做好教学的本体性知识和条件性知识的储备，拓宽专业视野，养成用教育理论解读自己教学理念和教学活动、反思自己的教学理念和教学活动与教育理论之间差距的习惯。

2. 培养问题意识

反思本质上是一种研究，而问题则是研究的直接“原动力”。所以，具有问题意识是教师反思的前提。教师要发展对问题的敏感性，敏感于教育实践中的所见、所闻，不放过任何可能引发问题的细节和现象，从中筛选出“关键事件”，深入思考、勇于批判，在不断地发问和系统地反思中培养对问题、对教学的感悟力和对经验的洞察力。

3. 争取合作和交流

每个人都是自己独特经验的产物，同时也受到自己独特经验的制约。对于教学这种复杂现象，多视角的思考、审视有助于得到更深刻、更趋科学的理解。更何况，个人周围环境中蕴含着丰富的教师成长所需要的资源。所以，建立一个教学和反思的共同体，通过相互观摩、共同反思、坦诚对话，获得工作伙伴、名师乃至教育理论工作者的帮助和支持、引领和指导，获得对自己的教学、伙伴们的教学、行家的观点的了解，无疑会使教师教学水平、反思能力、个人信念取得长足的发展和进步。甚至经常听一听学生的想法和意见，同样有益于提高反思的广度、深度和效度。尤其要像公开而真诚地讨论各自成功的经验一样，公开而真诚地讨论各自失败的教训。

本章小结

教学评价是学校教学活动的基本环节，也是保证学校教学活动沿着正确的方向发展的重要手段。学生物理学习评价和教师物理教学评价是物理教学评价的主要组成部分，与中学物理教师的日常教学工作有着密切的联系。

物理教学评价要改变过分强调甄别与选拔的功能，发挥评价促进学生发展、促进教师提高和改进教学实践的功能。物理教学评价要改变将纸笔测验及其结果作为唯一的评价手段、评价依据的做法，积极倡导评价主体多元化和评价方式多样化。

优秀的物理教师除了要具备关于教育、教学的一般性知识和技能之外，还需要具备能够促进自身获得专业发展的意识和能力，包括自我更新意识和自我更新能力，而获得这种意识和能力的重要途径就是教学反思。

做上学

1. 谈谈“他人评价”的主要不足。

2. 结合你的中学学习生活，谈谈对“成长记录袋评价”的体会。

3. 结合你迄今为止“受教育”期间的某一“重要事件”，写一篇述评（字数不少于 800 字）。

资源链接

1. 周卫勇：《走向发展性课程评价——谈新课程的评价改革》，北京大学出版社 2002 年版。

2. 杨震云、刘建成：《问题与问题解决：物理》，江苏教育出版社 2008 年版。

3. 俞水、李凌、宋伟涛:《绿色评价,"体检"中小学教育》,载《中国教育报》,2013年7月25日3版。

教学做合一

1. 试以"一堂好课的标准是什么"为主题,进行一次小组讨论。

2. 传统的评价观念认为,评价就是一种检测,通过评价来了解教师的教学情况和学生的知识掌握情况,重在对知识的学习结果进行评价。请谈一谈这种评价观念的主要问题。(提示:可以从评价的"功能""内容""方法""主体"等方面展开)

3. 2014年5月27日《中国教育报》登载了《揭秘"解题神器"》一文。请阅读该文,并在小组内交流你的"读后感"。

4. 波斯纳(Posner,1989)曾提出一个教师成长的公式:经验+反思=教师的成长。试对此谈谈你的看法。

第三篇

课外拓展

课外拓展是课前准备、课堂教学的继续和补充，是学生差异发展、教师特色发展的重要途径，也是学生和教师陶冶情操、健全人格、感受快乐、实现可持续发展的重要渠道。

课外拓展包括开展课外活动、参加教研活动及规划专业发展等。

第十章 开展课外活动

学习目标

- 理解物理课外活动的意义，了解三种常见的物理课外活动。
- 根据三种物理课外活动的一般步骤组织开展相关的课外活动。

课外活动是课堂教学的补充和延伸，是全面落实《基础教育课程改革纲要（试行）》提出的培养学生“创新精神、实践能力、科学和人文素养、环境意识”以及“适应终身学习的基础知识、基本技能和方法”目标的又一重要途径。本章主要谈三种常见的物理课外活动：物理探究实践、综合实践活动和物理竞赛。

第一节 物理探究实践

探究实践是学生在教师的指导下，从自然、社会和生活、学习中发现、选择和确定专题进行探究，并在探究中主动地应用知识、解决（解释）问题、获取知识、获得体验的学习活动。

【案例 10-1】 研究声波的干涉①

一、课题的提出

（学习了声波的知识后，陈明、密媛姗、何磊三位学生受教科书上“做一做”栏目的启发，向教师提出了一个很有意义的问题。）

陈明：老师，波的两个基本特征是干涉和衍射。水波的干涉和衍射现象体现了波的这两个特征，而作为机械波的声波也应该具有这两个特点。声波的衍射现象非常明显，而声波的干涉现象却较难观察到。我们能否用实验的方法研究一下声波的干涉现象呢？我们想做一下这方面的工作。

陈君达老师（以下简称陈老师）：课本上提到过这方面的实验，但上课时我们没有安排这方面的实验，主要是因为做这个实验有一定的难度。你们想做这个实验，非常好，我会全力支持！对于你们需要的器材，实验室可以提供。同时，为了加强研究力量，我们可以先组成一个课题小组。

（教学活动是学生获得课题的源泉。教师在教学过程中，根据学生提出的问

① http://lunwen.cnkjz.com/edu/308/edu_87514.html.

题，适时加以引导，是诱发学生进行探究实践的重要时机。）

二、成立课题探究小组

学生：高二(1)班陈明、密媛姗、何磊。

指导教师：物理教师陈君达、实验教师于龙夫。

（成立课题探究小组，一方面有利于培养学生的团队精神，另一方面也是为了更好地发挥学生的创造性。一个好的团队往往就是一个非常好的创造集体。）

三、探究实践过程

（一）第一套方案

陈老师：设计实验首先应有一个大致的方案或要点，然后逐步实施，你们准备怎么着手？

（教师有意识引导学生进一步明确实验目的、原理和实施方案。）

何磊：对于这个问题，我们三人已经讨论过了，做这个实验关键有两点：一是要找到相干波源，二是要找到显示干涉的方法，因为声波是不能直接被看到的，而且我们也不想仅凭我们的耳朵来感受干涉。为此，我们有个初步的实验方案：实验装置由发声系统和探测系统两部分组成。发声系统由一个低频信号发生器和两个间距可调的同型号小扬声器（阻抗为 8 Ω 的玩具小喇叭）组成，探测系统由动圈话筒和一台多功能录音机组成。我们的设想是这样的：低频信号发生器推动两个扬声器发出两列相干声波，在空间形成稳定的声波干涉现象，这时用移动话筒去探测，在录音机上应该能听到强弱变化明显、有序的声音。

陈老师：你们试过了吗？

密媛姗：试过了，但从录音机上听到的声音强弱变化不明显，也就是观察不到明显的干涉现象！

（这个实验结果在教师的意料之中，但让学生亲手做一下印象会更深刻，教学中有时失败比成功更能获得良好的效果！）

陈老师：你们分析过原因吗？

何磊：我们认真分析过了，实验原理粗看起来十分完美，其实有重大漏洞：录音机发出的声波与扬声器发出的声波相互干扰，影响了“正常”干涉的观察。

陈老师：那么这个问题你们是怎么解决的呢？

陈明：关键是要消除录音机上发出的声音干扰，但要是录音机不发出声音的话，我们同时也就观察（听）不到声波的干涉现象了。正当我们陷入困境时，实验室于老师为我们出了个主意：“示波器是用来观察波形的常用设备，你们可以用它来试一试！”在他的启发下，我们又设计出了另一种实验方案。

（学生进行的探究实践，源于书本而高于书本，有时给予适当的帮助是必须的，但应是有限度的，点到为止是一个原则。）

（二）第二套方案

陈明：我们把原来的探测系统改成由话筒、音频放大器及示波器组成。话筒将探测到的干涉信号通过音频放大器放大后再用示波器显示。

陈老师：具体试过了吗?

密媛姗：我们在实验室里反复试验过，但不很理想。话筒在空间不同位置探测时，发现在有些区域观察到的现象与理论符合得很好，在振动加强区，观察到的波形的波幅较大，在振动减弱区，观察到的波形的波幅较小；但在有些区域波形波幅的变化比较无序。通过反复研究，我们发现话筒在桌子附近或者在柜子、墙壁附近时，波形的波幅变化特别无序(常会出现一些新的波峰)。

（透过现象看到本质，在这种手脑并用、观察与思考同步进行的活动过程中，学生学习的潜力得到有效开发，情商不断得到提高，这种效果在课堂上是很难达到的。）

陈老师：你们考虑过这是什么原因吗?

密媛姗：我们分析过了，其原因主要是，周围表面比较光滑的物体对声波的反射比较强，对扬声器发出的声波具有很强的干扰作用，影响了对正常干涉现象的观察。

陈老师：那么对于这个问题，你们怎么解决呢?

何磊：这个问题我们也讨论过了。做好这个实验的关键是要控制反射波，但要消除反射波是不可能的，因此我们遇到了很大的困难。

陈老师：要控制反射波，并不是要消灭反射波，只要把反射波的影响控制在很小的范围内就可以了。再努力一下，希望就在眼前!

（关键时推学生一把!）

（三）第三套方案

何磊：老师，我们成功了!

陈老师：别急，慢慢说。

何磊：起先我们是这样考虑的，为了减小反射波，是否可用棉布把桌面或墙面遮挡起来，或者把实验装置放入类似蚊帐之类的空间内做实验，但由于一时材料准备有困难，没有马上实施。后来我们在上体育课时突然想到，操场不就是一个最佳的天然实验环境吗！于是，一个新方案产生了。新方案的实验器材与第二套方案完全相同，仅改变了实验场所：我们把实验器材放到操场草坪的中央，然后进行实验。因为操场很空旷，周围建筑物对波的反射影响比较小，同时草坪对波有良好的吸收作用，这样反射声波的影响就可忽略，也就能顺利观察到清晰的声波的干涉现象了。

（一个头脑有准备的人随时能产生创造的火花！教育的最大成功不在于教给学生多少知识，而是要让学生成为一个头脑时刻有准备的人!）

陈老师：你们讲解一下实验过程好吗?

何磊：我们已经认真实验过了。把两个小型扬声器 S_1 和 S_2 相距 68 cm 左右放置，用频率 $f=1\,000$ Hz 的低频信号发生器推动它们发出声波。这时，我们用探测系统反复探测，测出S_1和S_2之间共有五处振动加强区，四处振动减弱区（边说边画出示意图）。保持S_1和S_2间距不变，改用$f=1\ 500$ Hz的声波做实验，我们探测到了七个振动加强区和六个振动减弱区。改变S_1和S_2的距离及声波的波长，同样得到了类似的结果。实验现象非常清晰和稳定，实验结果与理论分析得出的结论完全一致！

陈老师：你们做得很漂亮，祝贺你们取得成功！不过，能否“跳出”“S_1和S_2之间”做些工作呢？

学生：哦！对了，我们接着干。

四、汇报总结

陈老师：通过这次研究活动，你们有什么感想？

陈明：有点成功的感觉。

何磊：做实验太有趣了，比做题有意思。

密媛姗：我学会了思考，学会了发现问题和解决问题。您常讲的实验的精髓在于控制，现在我有点体会了！

（通过这次探究实践活动，学生很有“物理味道”地围绕“控制”展开探索研究，并初步领会实验的精髓在于控制，这是非常难得的。）

陈老师：真是太好了！下面有两个任务，一是以小论文的形式把这次活动的体会小结一下；二是明天你们向全班同学汇报演示一下你们的成果。

（以小论文形式总结，有利于培养学生语言表达能力，总结成功经验，为下一次活动打下基础；汇报演示，可以起到示范和达到共鸣的效果，有利于全体学生开展探究实践活动，同时也是对学生最好的鼓励。）

（次日课外活动时间，三位学生在操场上向全班同学展示了他们的成果。先由密媛姗介绍实验的全过程，包括失败的教训和成功的经验以及实验的关键之处，然后进行具体的操作演示。演示前，为了使实验更形象、更生动，事前进行了认真的调试，并且很有创意地用红色小旗和白色小旗在草坪上分别标出了振动加强区和振动减弱区的位置。整个实验表演非常成功，充分展示了学生的聪明才智。）

一、物理探究实践的特点

物理探究实践具有以下四个方面的鲜明特点。

(一) 实践性

实践性是探究实践最突出的特点。探究实践以观察、实验、逻辑推演等活动为主要展开形式，强调学生亲身参与、亲自实践，在活动中发现并提出问题、分析并解决问题或对问题做出合理的解释，由此建构具有个性化的知识和经验，获得实践的快乐。

(二) 探究性

探究性是探究实践的又一重要特点。探究实践不是要求学生去学习和掌握所涉及领域的现成知识，也不是要求学生一定要探究出问题的严格结论，相反，由于探究实践通常是在复杂多变的现实场景中进行的，因而整个过程都具有探究性。

（三）自主性

自主性指探究实践主要是由学生自己独立完成或与同伴合作完成的。

（四）生成性

探究实践的全过程（见下面的“基本步骤”）呈开放、能动的态势，实施过程又强调学生的亲身经历和实际的发展性体验，所以无论其目标、过程还是归宿，都具有生成性的特点。

【案例 10-2】　探究“弹簧振子的振动周期与振子质量的关系”中振动周期的确定

进行“弹簧振子的振动周期与振子质量的关系”这一课题的探究时，学生对周期的测量产生疑问：应该测量多少个全振动的时间来确定周期呢？有人根据在单摆实验中得到的经验，选择了测量 30～50 个全振动的时间，也有人为了提高精度，将测量的次数定为 200 次。

这时，有学生提出：确定测量全振动次数的依据到底是什么？

为了搞清这个问题，学生们调整了一下当时的探究方向：先去探讨测量的误差问题。通过对误差理论的学习以及对学生在实验中开表和停表过程中产生的平均误差的实际测量，学生们弄清楚了所需测量的全振动次数取决于振子的振动周期和结果所要求的相对误差大小，即在相对误差一定的情况下，振动的周期越长，需要测量的全振动次数也就越少。将次数定为 30 次的实验，在振子的振动周期较小时，很难满足对相对误差的要求；将次数定为 200 次的实验，在振动周期较长时也是没有必要的。

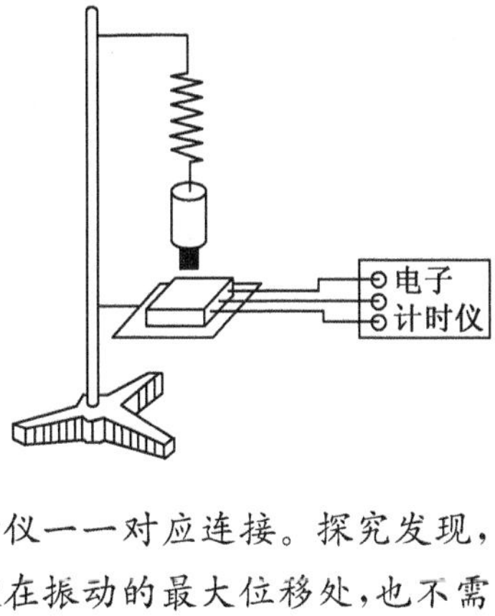

接着，学生又发现“在振子过平衡位置开始计时”的要求在实际操作中很难落实，因此，为了计时尽可能精确，想改变手工计时的方法。为此，他们将探究的重点临时转向了尝试用光电门和传感器测定“时间”。右图是他们利用集成开关型霍尔传感器设计的测量装置图。一根弹簧固定在支柱上，弹簧下端固定一个砝码，砝码下再固定磁钢，使其 S 极向下，然后把集成开关型霍尔传感器固定在磁钢正下方一个合适的位置，把传感器的 3 个引脚与电子计时仪一一对应连接。探究发现，由于传感器计时精度比较高，计时的起点完全可以设在振动的最大位移处，也不需要测量很多次全振动所用的时间。

此外，学生在探究过程中，逐步弄清了集成开关型霍尔传感器的工作原理和特性，了解了传感器在工农业生产和日常生活中的应用。

二、物理探究实践的基本步骤

探究实践一般包括选题、组建课题组并制订探究计划、实施探究、处理结果和撰写报告、交流评价等五个步骤。

(一) 选题

探究实践的课题一般是由学生自己提出或是在教师的指导下由学生提出的，最好是与学生的生活世界直接关联的、切口较小、学生力所能及的。例如，学生感兴趣的事物、学生生活中的经验、学科知识、科技热门话题等都可以作为选题的来源。

(二) 组建课题组并制订探究计划

组建课题组一般采取学生自愿组合、教师适当调整的做法。课题组建立后，应着手制订探究计划。探究计划中要有明确的探究目标、探究方法、探究程序、小组分工、指导教师配备等，必要时可以聘请校内外有关人士对探究计划进行可行性论证。

(三) 实施探究

这是探究实践最核心的部分。根据计划中的规定，各小组成员在指导教师的指导下，承担自己的职责，通过到图书馆查阅、上网查询、参观访问、问卷调查、实验观测等途径广泛收集资料。在此阶段，学生要做好详细的活动记录，并随时随地地把自己的收获、感受和体会记录下来。

(四) 处理结果和撰写报告

面对研究中获取的各种资料，小组成员要仔细地进行分析与比较、筛选与归类、提炼与加工，实事求是地将研究结果表达出来并提出自己的认识和见解。

(五) 交流评价

通过交流、研讨共同分享成果，进行思维碰撞，可以使认识和情感得到提升。之后，指导教师要和学生一起，通过对研究过程和研究成果的进一步反思，对本次探究实践做出综合评价。

三、探究实践的评价取向

探究实践强调对所学知识、技能的实际运用，注重探究的过程和探究的体验，所以，其评价与学科课程学习的评价有所区别。探究实践评价的基本价值取向包括以下几个方面。

(一) 重视过程

探究实践评价关心学生探究的结果如报告、论文、作品等，但更注重探究的过程，即评价要贯穿于整个实践活动过程的时时、处处、事事，尤其重视对学生探究的积极性、主动性和创造性等的评价。

(二) 重视体验

探究实践的评价关心学生知识和技能的获得，但更加重视学生在探究实践中对科学研究一般过程、方法、原理等的体验，十分强调使命感、责任感、自信心、进取心、意志、毅力、气质等的自我觉醒、自我认识和自我教育。

（三）重视合作

探究实践强调每个学生都有充分的学习潜能，这为全体学生进行不同层次的探究并在探究中全面合作、取得各自基础上的发展提供了可能。

（四）重视应用

探究实践评价强调把学到的基础知识、基本技能应用到实际问题中去，在应用知识和技能解决实际问题的同时，加深对知识内涵的理解和掌握、对知识价值的反思。

【案例 10-3】　**学生探究实践评价表（教师用表）**

<table>
<tr><td>被评者</td><td colspan="2"></td><td>班级</td><td colspan="2">学号</td><td></td></tr>
<tr><td>研究课题</td><td colspan="2"></td><td>探究时间</td><td colspan="3"></td></tr>
<tr><td>评价项目</td><td>评价指标</td><td>权重</td><td>自评</td><td>小组评</td><td>教师评</td><td>综合评</td></tr>
<tr><td rowspan="3">准备</td><td>1. 知识准备（基本原理、步骤、方法、注意事项等）情况</td><td>5</td><td></td><td></td><td></td><td></td></tr>
<tr><td>2. 探究实践所需的工具、材料准备情况</td><td>5</td><td></td><td></td><td></td><td></td></tr>
<tr><td>3. 探究态度及社会生活经验</td><td>10</td><td></td><td></td><td></td><td></td></tr>
<tr><td rowspan="2">参与程度</td><td>4. 探究兴趣、好奇心</td><td>5</td><td></td><td></td><td></td><td></td></tr>
<tr><td>5. 探究的主动性、参与性、领导能力、协作能力</td><td>10</td><td></td><td></td><td></td><td></td></tr>
<tr><td rowspan="2">实践能力</td><td>6. 实践能力（包括提出问题、实验设计、操作、观察与记录数据、处理等）</td><td>10</td><td></td><td></td><td></td><td></td></tr>
<tr><td>7. 应用</td><td>5</td><td></td><td></td><td></td><td></td></tr>
<tr><td rowspan="2">协作性</td><td>8. 合作态度</td><td>5</td><td></td><td></td><td></td><td></td></tr>
<tr><td>9. 合作能力和团队精神</td><td>10</td><td></td><td></td><td></td><td></td></tr>
<tr><td rowspan="2">创新精神</td><td>10. 创新意识、创新能力</td><td>10</td><td></td><td></td><td></td><td></td></tr>
<tr><td>11. 智能状态、个性发展状态、探索精神</td><td>5</td><td></td><td></td><td></td><td></td></tr>
<tr><td rowspan="2">完成程度</td><td>12. 努力程度</td><td>10</td><td></td><td></td><td></td><td></td></tr>
<tr><td>13. 目标达成度（包括成果的价值、个人成长情况等）</td><td>10</td><td></td><td></td><td></td><td></td></tr>
<tr><td colspan="2">总体评价：

指导教师签名：</td><td>100</td><td></td><td></td><td></td><td></td></tr>
</table>

四、教师在物理探究实践中的角色扮演

在探究实践活动中，教师和学生一道参与探究，同时不断地“做中学”“学中教”，由此建立起新型的师生关系。

(一) 指导者

尽管探究实践强调学生自主探究和发现，但不能因此忽视教师的指导作用。实践证明，教师有针对性的指导是学生有效开展探究实践的保证。并且，教师的指导应贯穿于整个探究实践活动的全过程，即贯穿于学生发现问题、确定研究课题、选择研究方法、搜集资料信息、设计课题方案、实验观测和数据分析处理、撰写结题报告、组织结题答辩和交流等全过程、各阶段。

(二) 合作者

在探究实践活动中，尽管教师不一定是活动的发起者，但教师要参与学生的课题组活动，了解学生开展探究实践的进展情况、存在的问题和即时需求，和学生一起，平等地经历整个活动过程。

(三) 服务者

教师要为学生开展探究实践活动创设和提供良好的软环境和硬条件。例如，要帮助课题组创设和谐的研究氛围，要通过各种方式争取学校、家长、社会等方面的关心、理解、支持和参与，与学生一起开发和利用好对实施探究实践有价值的教育资源，协调好各种关系等。

第二节　综合实践活动

综合实践活动是一类基于学生的直接经验、密切联系学生自身生活和社会生活、体现对知识的综合运用的活动。综合实践活动更加立足于教育这种文化现象的整体性和人的个性的整体性，立足于学生全面、和谐地发展。

一、开展综合实践活动的目的

开展综合实践活动的主要目的在于激发学生认识自然、改造自然的探索热情；将物理学习与生活、社会结合起来，获得直接感受，积累和丰富解决问题的经验；提高认识社会、探究社会问题的基本能力，初步形成综合思考问题的能力，树立可持续发展的社会责任感，养成良好的公民品质。

二、综合实践活动的设计原则

因为综合实践活动的开放性很强，所以要取得良好的活动效果，首先要精心设计活动。

(一) 安全性

不容置疑，这是设计和开展任何一项综合实践活动的最基本原则。

（二）适切性

学生是综合实践活动的主体，只有立足于学生，才能使活动的设计满足学生发展的要求，体现综合实践活动的价值。此外，实践证明，学生的年龄特点、兴趣倾向、生活经验和发展需要等对综合实践活动的选择、开展影响很大。例如，初中学生对各种现象都有强烈的好奇心，参加活动的积极性也高，但他们还没有形成比较稳定的学习能力和自我控制能力，所以在活动项目的选择上不能要求过高，而在活动的指导、管理等方面应该注意有所加强。

（三）重视学生的生活经验

物理知识与生活、社会有着广泛的联系，所以，综合实践活动要与学生的生活经验和社会经验密切联系，使物理学习置于真实、复杂的生活情境、社会情境之中，使物理知识回归生活、回归社会。

（四）重视与现代科技、其他学科发生关系

学生普遍喜欢与现代科技如航空、生物工程、计算机、新能源等相联系的教学活动，而这些现代科技几乎无一例外地间接或直接地与物理学发生着关系。联系现代科技开展综合实践活动，能够增进学生对物理知识价值的理解和科技发展的了解，激发他们参与谈论、探究物理知识及科技知识的兴趣和热情。此外，综合实践活动还要注意创设情境和条件，加强与其他学科知识内容的联系，促使学生从不同的角度去观察和思考问题。这是当前进一步开拓综合实践活动领域的一条重要思路。

（五）重视开发和利用综合实践活动资源

要因地制宜地开发、利用社区、图书馆（室）、农机站、部队、科研院所、厂矿企业乃至民间工艺、乡土民俗、文物古迹等区域资源，充分利用网络资源，构建具有区域和学校特色的综合实践活动内容，提升综合实践活动的特色化水平。

三、综合实践活动的主要形式

这里介绍两种物理综合实践活动：物理社会调查和物理科技活动。

（一）物理社会调查

物理社会调查属于课题研究类综合实践活动。组织中学生开展物理社会调查，关键是要通过整个调查过程，解决某一认识问题，获得一种切身体验，初步形成一种正确的科学态度、价值观和思维方式，获得一定的社会实践和科学研究的能力。

1. 物理社会调查的选题

（1）选题的内容和范围。物理社会调查的领域和题材是非常广泛的。但是，中学生开展物理社会调查应该从实际出发，即调查所选的题材应该是与中学生所在地的经济和社会发展高度相关、与学生学习和生活经验密切相连、切合实际的问题。正是由于从实际出发进行选题，所以物理社会调查必然带有学科（包括知识、方法、手段等)综合性的特点,即选题所涉及的范围一般都比较广。例如,“放射性的应用调查”就可能涉及同位素、放射性、半衰期等有关概念及计算公式;可能涉及调查家庭成员、学生的就医史或体检情况,了解医生使用过什么样的与放射性有关的医疗器件;可能涉及安全利用放射性的有关知识,如安全地接受辐射的极限强度,如何避免放射性辐射等;涉及了解放射线在作物育种、选种、食品防腐、保鲜及其他领域的应用;等等。

(2) 选题的方式。首先,选题的过程既要鼓励和保护学生的积极性、自主性、创造性,也要加强指导教师的科学指导。一般来说,指导教师可在学期初或学期末根据教学内容、所在地区特点、学校自身的情况以及学生的兴趣和爱好等,初步拟定调查的课题方向,供学生参考。在确定调查的主题后,再由学生自己讨论确定相关的子课题并采取自由组合和指导教师合理搭配相结合的办法成立课题组。在此基础上,由各课题组列出本(下)学期开展物理社会调查需解决的问题细目。指导教师与学生一起就问题细目中的问题逐一进行讨论,考察解决问题的可行性,最终明确调查的具体指向。

2. 物理社会调查的开展

(1) 制订调查计划。物理社会调查一般涉及考察、访谈、问卷调查等多种形式。为了确保物理社会调查的各项工作朝着有“的”、有序和有效的方向进行下去,制订周密的调查计划显得十分必要。调查计划一般包括这样几个方面:调查的课题,调查的时间、地点,调查人和调查对象(单位或个人),调查的形式(考察、访谈、问卷等),调查内容和预期结果提纲,等等。一般来说,调查计划制订得越明确、细致、具体,就越便于实施。

(2) 开展调查与研究。物理社会调查是一项强调以社会调查为形式的综合实践活动,但这并不否认对调查结果进行理性思考的必要性。事实上,任何一项调查都不是为了调查而调查,调查的目的是明确问题、研究问题、解决(解释)问题。可以说,没有研究成分的调查不是真正的调查,开展没有研究成分的物理社会调查也无法落实综合实践活动的总目标。所以,与一般的社会调查一样,物理社会调查在程序上是先调查再研究。这里要特别指出的是,获得关于调查课题的翔实资料是进行有效研究的前提,因为只有调查获得的资料翔实,研究才有必要,研究结果才有实际意义。还需要指出的是,在具体进行调查时,难免会出现意外(计划之外)情况,这就要求调查人和指导教师一起,一方面及时地分析情况,鉴别真伪,处置“意外”,另一方面合理调整计划、调整策略,使整个调查活动得到优化。

3. 撰写调查报告

(1) 前言。通常是写调查的起因或目的。

(2) 调查的内容和形式。是对调查的基本情况(包括调查对象、调查内容、调查形式等)的详细叙述。

(3) 调查结果和分析。即展示调查结果，做出基本分析。

(4) 结论和建议。提出解决问题的方法、对策或下一步改进工作的建议；或总结全文的主要观点，进一步深化主题、提出问题，引发人们的进一步思考；或展望前景，发出鼓舞和号召。

4. 交流和评价

学生把自己或小组的调查报告在小组或班级（甚至可以跨班级）中进行交流，指导教师给予及时的、以肯定和激励为主的点评。在此基础上，按照一定的评价方案（可以是学校的，也可以是指导教师自己的），由学校或年级的考核小组（一般由教师和学生代表组成）对调查小组和个人做出适当的评价。特别要强调的是，对物理社会调查的评价是针对学生参加调查的表现、体验以及取得的成果所进行的评价，是对学生参与调查过程的水平、质量的检验，所以，应该从学生选择调查课题和调查形式（开题）、实施调查步骤、收集和整理调查资料（过程）、发布调查结果（结题）等环节全面考察、考核学生的学习情况。这与学科课程学习的评价是有区别的。

下面是几个物理社会调查的选题，供组织和开展物理社会调查时参考：××城市光（电磁、噪音）污染的调查、输电线周围的电磁场、光纤与远距离通信、寿命（人、动物、天体等）、生活中的静电问题、家中的电、××学校学生视力及矫正情况调查、菜刀上的力学问题、自行车中的物理、关于“桥”的调研、弦乐（管乐）器中的物理学、汽车中的传感器、医学中的光（红外、紫外、激光）、军事侦察技术中的物理、游乐场中的物理、良种选育中的物理技术、核能——利益与风险调查、航母中的物理学、访××大学物理系。

【案例 10-4】　从伽利略望远镜到哈勃望远镜——人类宇宙认识史①

一、课题意义

通过对人类宇宙认识史的调查了解，知道数千年来人类认识宇宙的艰难历程，学习天文学家在观测宇宙过程中锲而不舍的精神，掌握天文学的基本研究方法；通过对天文资料的查找和整理，增进对宇宙的认识，了解天文研究的发展对其他相关学科的促进作用及对人类生产、生活的意义。

二、知识准备

1. 学习并掌握图书馆相关书目的检索方法。
2. 学会上网查阅资料的方法。
3. 学会有关面镜反射和透镜折射的基本光学知识。

---

① 唐云龙，朱春晓. 高中研究性学习指导用书（下册）——学科课程类研究性学习[M]. 南京：东南大学出版社，2001：85-87.

三、调查目的

1. 了解望远镜未发明之前，古代人们研究宇宙的方法及成就。

(1) 你了解的古代中、外天文学家有哪些？

(2) 古代是如何观测天象的？

(3) 古代记录中有哪些较为著名的天文史观？

(4) 古人是如何对所观测到的天文现象进行解释的？其成功之处在哪？不足之处又在哪？

(5) 在古代天文研究中，有哪些在当今看来仍有价值的成果？

(6) 对古人在天文学上的贡献，你是如何评价的？

2. 了解望远镜的基本种类和工作原理。

(1) 最早的望远镜是什么时候出现的？发明人是谁？

(2) 望远镜的发明对促进天文学发展有何重要意义？

(3) 望远镜的种类有哪些？结构和工作原理有何不同？

(4) 如何自制望远镜？

(5) 如何利用望远镜观察天象？观察时应该注意哪些事项？

(6) 如何通过望远镜对天文现象进行拍摄？

3. 了解用于宇宙研究的航天器和航天站。

(1) 现代社会是如何进行天文研究的？

(2) 人类已经向宇宙发射了哪些探测器？

(3) 近几年来重大的宇宙探测活动有哪些？

(4) 探测器已经到过的星球有哪些？人类到过的星球有哪些？有哪些重大的发现？

(5) 目前，人类建立了哪些空间站？人类在空间站上是如何生活的？

4. 了解世界上规模较大的天文研究基地。

(1) 世界上著名的天文台有哪些？除此以外，还有哪些著名的天文研究基地？

(2) 天文台的建立对于天文观测有何重要意义？

四、调查过程

1. 分组，制订调查计划。根据所要调查的项目，将本课题调查组的成员按照自愿组合的原则分成若干个小组，确定小组长和指导教师，分头制订各个小组的调查计划、明确调查任务，小组间定期相互通报，交流调查进展情况。

2. 开展具体的调查工作。

(1) 相关知识学习。

(2) 调查、查找和整理资料(文字的、音像的、实物的、模型的等)。

(3) 实验——测量透镜焦距。

(4) 制作望远镜。

(5) 观察和记录。实际观察时采用厂家生产的专用天文望远镜对月球、土星、木星等进行观察并记录。

3. 筛选资料和分析数据、图表等。

4. 形成调查报告。

5. 交流和评价。

(二) 物理科技活动

下面简单介绍一下物理科技活动的目的和主要内容。

1. 物理科技活动的目的

开展物理科技活动的目的是要让学生进一步了解物理知识与技能在生活、生产中的应用,让学生更加亲近物理、关注科学技术的现状和发展趋势,进一步发展学生的好奇心与求知欲,发展学生科学探究的兴趣,了解物理、科技与经济、社会的互动作用,进一步提高学生的科学素养,进一步落实中学物理课程标准提出的课程总目标。

2. 物理科技活动的主要内容

(1) 趣味实验演示。以点燃学生好奇心、激发学生兴趣为主要目的,选择、设计实验项目并让学生自己进行演示。如典型、有趣的实验项目有高压下的小鸟——高压静电屏蔽实验,高压静电除尘,用漏斗做纺锤体爬坡实验,链条爬坡——惯性实验,跳绳发电——导体在地磁场中切割磁感线发电,"千人震"(断电自感)实验,发电机系列小实验,电磁灶点灯,用电饭煲中的磁缸进行高温去磁实验,两种色光的混合,用空易拉罐做小孔成像实验,用遥控器演示红外线的热效应,用黑布和白布包裹温度计演示太阳的热辐射,多普勒效应实验,双耳效应实验,系列声控实验,系列光控实验,等等。

(2) 科技制作竞赛。通过举行科技制作竞赛,激发学生创造热情,培养学生创新精神和实践能力,使学生在"发明""创造"过程中和"作品"展示过程中运用知识、生成知识,获得成就感。如常见的学生作品有水棱镜、水火箭、大轮车、生活用传感器、潜望镜、针孔照相机、双筒望远镜、水位自动报警器、潜水艇模型、力的合成演示器、摩擦力演示仪、蜂音器、液体内部的压强演示仪、简易铅笔芯滑动变阻器、直流发电机模型、验磁器等。

信息栏 10-1

小制作、小发明技法

1. 组合法;2. 移植法;3. 补短法;4. 替代法;5. 缺点列举法;6. 缺点逆用法;7. 希望点列举法;8. 特性列举法;9. 类比发明法;10. 综合法。

资料来源:

1. 王加微、袁灿《创造学与创造力开发》,浙江大学出版社 1986 年版,第 88 页。

2. 张冯新《基于任务驱动的初中物理助学案"课前自学"的设计思考》,载《物理通报》,2014 年第 4 期。

(3) 科技影视展播。飞速发展的信息技术为开展物理科技活动提供了新的资源和活动模式。将平时收集到的涉及物理知识在生活和生产中的应用、高科技发展与应用、物理学发展现状及发展趋势等视频资源，通过编辑进行展播，是最受广大师生欢迎和喜爱的科技活动项目之一。例如，汽车碰撞试验、2008 年汶川大地震专题、“神舟八号”飞船与“天宫一号”目标飞行器对接、2009 年 7 月 22 日“日食”、能源的开发与利用、量子信息技术发展、探索反物质以及科教片《宇宙与人》《哈勃望远镜十五年探索》《时间简史》《斯蒂芬·霍金的宇宙论》等。

(4) 科普教育基地活动。《中华人民共和国科学普及法》第 15 条规定：“科学研究和技术开发机构、高等院校、自然科学和社会科学类社会团体应当组织和支持科学技术工作者和教师开展科普活动，鼓励其结合本职工作进行科普宣传。有条件的应当向公众开放实验室、陈列室和其他场地、设施，举办讲座和提供咨询。科学技术工作者和教师应当发挥自身优势和专长，积极参与和支持科普活动。”基于此，学校可以会同上级主管部门或其他学校，积极争取在大学、科研院所、重点实验室、科技馆等设立科普教育基地，利用合适的机会，带领学生前往参观。通过看图片、看实物、看实景、听介绍、听讲座、听报告等形式，接受科普教育。此外，还可以采取“请进来”的做法，邀请上述单位[还有如学校所在地的科技委(科技局)、气象局(站)、农技站、发电厂等单位]的专家、教授来校做科普讲座和宣讲报告。

下面列举一些常见的科普讲座题目，供参考：我国古代物理学成就、世纪之交的物理学革命、沈括和《梦溪笔谈》、爱因斯坦和相对论、光的本性、热的本质和能量守恒与转化、测量的科学、物理学与体育运动、杂技的奥秘、能源危机和能源的利用与开发、信息传播与物理学、物理学与农业现代化、“超导”的发展前景、物理学与航天科技、核能的利用、激光的应用、国防工业中的高科技。

第三节　物理竞赛活动

组织物理学科竞赛是目前许多中学尤其是重点中学一项常抓不懈的工作，它对发现和培养优秀人才、促进教师专业发展、提升学校整体办学实力和知名度起着相当重要的作用。

重要的物理竞赛共有三项：国际奥林匹克物理竞赛、全国中学生物理竞赛和全国中学应用物理知识竞赛。下面谈一下如何指导学生参加全国中学生物理竞赛。①

一、组建精良的教练队伍

由于全国中学生物理竞赛不是一项普及性的活动，所以任何一所学校都不可

① 窦瑾.物理竞赛指导点滴谈[J].现代物理知识，2010(4)：52-54.

能在指导学生参赛中投入很多的人力。许多学校采取的主教练(有的称首席教练)负责制不失为一种合理、有效的做法。在这一机制下,除了主教练全面负责全校物理学科竞赛的组织、指导工作外,另有 1～2 位教师协助并分担部分竞赛课程的教学和辅导工作。自然,为了使竞赛指导工作取得好的成效,主教练、教练的综合素养非常重要,事实也证明,学生之所以优秀,很大程度上是因为其老师优秀。首先,担当主教练和教练重任的教师必须具有实事求是、严谨治学的作风和善于吃苦、乐于奉献的精神,必须具有既能独当一面、又能团结协作的意识和能力。其次,竞赛指导教师必须具有坚实的学科基础。最后,指导教师必须具有较强的教学能力。这里主要包括两个方面,一是能吃透学生,善于因材施教。二是熟练掌握基本的解题方法,如对称法、等效替代法、叠加法、微元法、割补法、类比法、解析法、归纳法等。另外,随着竞赛指导工作的不断深入,指导教师“师”的角色成分将越来越被遮掩,相反地,“友”的角色成分将越来越凸现。所以,除了上述三点外,指导教师还应该勇于面对和接受学生的“围攻”,具有坦荡的胸怀。

信息栏 10-2

《全国高中物理竞赛大纲》条目摘录

1. 第一部分“力学”之运动学:

参照系,质点运动的位移和路程、速度、加速度,相对速度;向量和标量,向量的合成和分解;匀速及匀变速直线运动及其图像,运动的合成,抛体运动,圆周运动;刚体的平动和绕定轴的转动;质心、质心运动定理。

2. 第七部分“数学基础”:

中学阶段全部初等数学(包括解析几何);矢量的合成和分解,极限、无限大和无限小的初步概念;不要求用复杂的积分进行推导和运算。

3. 第八部分“实验基础”之第三条:

对有些没有见过的仪器,要求能按给定的使用说明书正确使用仪器。例如电桥、电势差计、示波器、稳压电源、信号发生器等。

资料来源:http://www.51edu.com/gaozhong/wljs/beisai/wljs/3672503.html。

二、精选智、情、意兼优的竞赛“苗子”

竞赛对学生智、情、意的要求较高,所以在选择竞赛“苗子”时,一定要注意考查学生的综合素质和发展潜力。第一,必须有对物理的强烈兴趣。一般来讲,从高中入学到参加竞赛差不多有两年的准备时间,在这两年中,学生不仅要完成初中到高中的跨越式适应,还要在完成正常学业之外,学习竞赛大纲规定的大学物理相关内容,练习相当数量和难度的习题。可以想象,学生如果缺乏对物理的强烈兴趣,上述学习任务是无法完成的。第二,必须有较为出众的智力。简单地讲,智力是一种综合的能力,是人类对客观事物的认识能力,是获得知识的能力,是认识、理解事物和运用知识与经验解决问题的能力。竞赛本身的特点决定了接受竞赛指导、成为竞赛选手的学生必须具有较为出众的智力，这包括较为出众的观察力、判断力、记忆力、想象力、推理力等。第三，必须有坚定的意志。在准备竞赛的两年时间里，学生很容易受到外界各种因素的干扰和诱惑，如果抵制不住种种干扰和诱惑，那将半途而废、前功尽弃。所以，除了指导教师的动之以情、晓之以理、循循善诱外，学生自身的抗干扰能力、拒诱惑意志十分重要。第四，必须具有扎实的数学功底。解竞赛题目和解普通的高中物理题不同，通常在弄清物理情境、建立物理模型后，选择什么数学方法便成为了得出正确结果的关键。参赛选手常常抱怨说：过程分析合理，布列方程也正确，可结果就是拿不出来。其实这恰恰是数学功底不扎实造成的。如第 15 届全国中学生物理竞赛有这样一道题目：

1 mol 理想气体缓慢地经历了一个循环过程。在 P-V 图中，这一过程表示为一个椭圆，如图 10-1 所示。已知此气体若处在与椭圆中心 O 点所对应的状态时，其温度 $T_0=300$ K。求在整个循环过程中，气体的最高温度 T_1 和最低温度 T_2 各是多少。

有不少参赛学生列出了下面两个相对独立的方程，即气体循环过程的椭圆方程和理想气体的状态方程。

$$(V-V_0)^2/(V_0/2)^2+(P-P_0)^2/(P_0/2)^2=1 \quad (1)$$

$$PV=RT \quad (2)$$

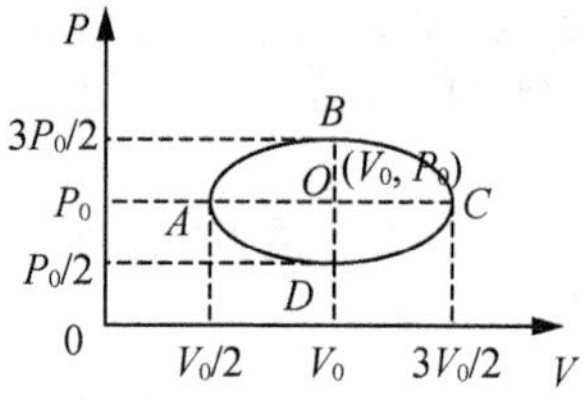

图 10-1

这两个方程中含有三个未知量 P,V,T。直接对以上两式进行演算，求出循环过程中的最高温度 T_1 和最低温度 T_2 在理论上是完全可行的，但实际上相当困难。如果在这里能灵活地运用数学知识中的参数方程将上面的式(1)表示为 $V=V_0+(V_0/2)\cos\alpha$，$P=P_0+(P_0/2)\sin\alpha$，结合式(2)并考虑到 $P_0V_0=RT_0$，即可方便地得出最高温度 $T_1=549$ K 和最低温度 $T_2=125$ K。

三、培训出色的参赛选手

这是指导学生参赛工作中最为实质性的工作了。

(一) 帮助学生建立、健全知识体系

对照《全国高中物理竞赛大纲》要求，通过学校正常的课堂教学、课后学生自学、定期教师辅导等形式帮助学生全面、系统地掌握竞赛所必备的知识体系。这里尤其要注意两点：一是要高度重视高中物理知识教学，绝不能避“轻”就“重”，否则于竞赛、于高考均不利。二是注意补充必要的跨学科知识和理论联系实际的知识。请看第 17 届全国中学生物理竞赛(预赛)试题第二大题：

一半径 $R=1.00$ m 的水平光滑圆桌面，圆心为 O。有一竖直的立柱固定在桌面上的圆心附近，立柱与桌面的交线是一条凸的平滑的封闭曲线 C，如图 10-2 所示。一根不可伸长的柔软的细轻绳，一端固定在封闭曲线上的某一点，另一端系一质量 $m=7.5\times10^{-2}$ kg 的小物块。将小物块放在桌面上并把绳拉直，再给小物块一个方向与绳垂直、大小为 $v_0=4.0\ \mathrm{m/s}$ 的初速度。物块在桌面上运动时，绳将缠绕在立柱上。已知当绳上的张力 $T_0=2.0\ \mathrm{N}$ 时，绳即断开，在绳断开前物块始终在桌面上运动。(1) 问绳刚要断开时，绳的伸直部分的长度为多少？(2) 若绳刚要断开时，桌面圆心 O 到绳的伸直部分与封闭曲线的接触点的连线正好与绳的伸直部分垂直，问物块的落地点到桌面圆心 O 的水平距离为多少？已知桌面高度 $H=0.80\ \mathrm{m}$。物块在桌面上运动时未与立柱相碰。取重力加速度大小为 $10\ \mathrm{m/s^2}$。

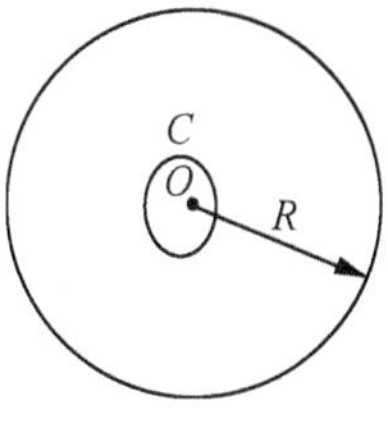

图 10-2

这是一道较为简单的考查圆周运动、平抛运动知识的题目，物理新课教学或高考复习时均可以选用。

(1) 绳断开前，物块在沿桌面运动的过程中，其速度始终与绳垂直，绳的张力对物块不做功，故物块速度的大小保持不变。设在绳刚要断开时绳的伸直部分的长度为 x，若此时物块速度的大小为 v_x，则有 $v_x=v_0$。绳对物块的拉力提供物块向心力，故有 $T_0=\frac{mv_x^2}{x}=\frac{mv_0^2}{x}$。由此得 $x=\frac{mv_0^2}{T_0}$，代入数据得 $x=0.60\ \mathrm{m}$。

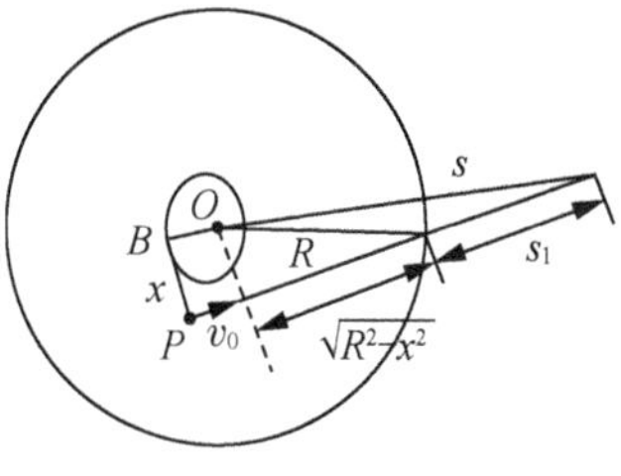

图 10-3

(2) 设在绳刚要断开时，物块位于桌面上 P 点，BP 是绳的伸直部分，物块速度 v_0 的方向如图 10-3 所示。由题意可知，$OB\perp BP$。因物块离开桌面时的速度仍为 v_0，物块离开桌面后便作初速度为 v_0 的平抛运动，设平抛运动经历的时间为 t，则 $t=\sqrt{\frac{2H}{g}}$。物块作平抛运动的水平射程 $s_1=v_0t$。由几何关系知，物块落地点与桌面圆心 O 的水平距离 $s=\sqrt{(s_1+\sqrt{R^2-x^2})^2+x^2}$。由以上各式并代入数据得

$$s=\sqrt{\left(v_0\sqrt{\frac{2H}{g}}+\sqrt{R^2-x^2}\right)^2+x^2}\approx 2.5\ \mathrm{m}。$$

(二) 加强科学训练，培养解题能力

能力是由多方面因素构成的。科学训练、培养解题能力是提升学生竞赛所需要的综合能力的极佳途径。一方面，教师在课堂教学和定期辅导中要有意识地渗透思维方式和解题方法教育，要重视培养学生从生产和生活中提取物理问题、将物理问题转化为数学问题、运用数学知识解决问题等能力。另一方面，教师要启发学生积极尝试“一题多解”“多题一解”训练，实现知识、方法和能力的融会贯通、主动迁移和拓展创新。请看第 22 届全国中学生物理竞赛预赛最后一题：

如图 10-4 所示，水平放置的金属细圆环半径为 a，竖直放置的金属细圆柱(半径比 a 小得多)的端面与金属圆环的上表面在同一水平面内，圆柱的细轴通过圆环

的中心 O。一质量为 m、电阻为 R 的均匀导体细棒被圆环和细圆柱端面支撑，棒的一端有一小孔套在细轴 O 上，另一端 A 可绕轴线沿圆环作圆周运动，棒与圆环的动摩擦因素为 μ。圆环处在磁感应强度大小 $B=Kr$、方向竖直向上的恒定磁场中，式中 K 为大于零的常量，r 为场点到轴线的距离。金属细圆柱和圆环用导线 ed 连接。不计棒与轴及与细圆柱端面的摩擦，也不计细圆柱、圆环及导线的电阻和感应电流产生的磁场。问沿垂直于棒的方向以多大的水平外力作用于棒的 A 端才能使棒以角速度 ω 匀速转动。

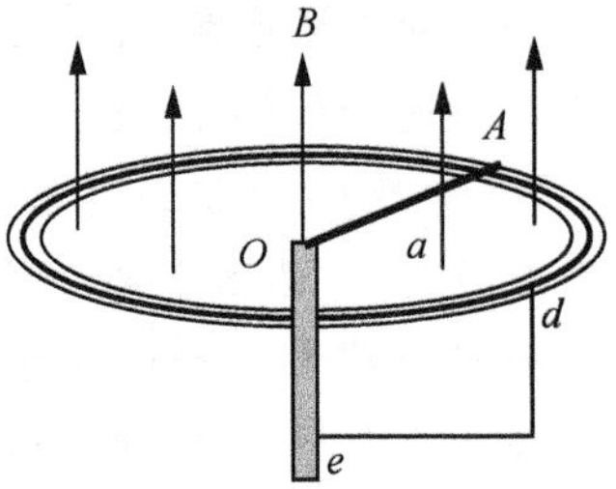

图 10-4

这里，用“微元法”（当然也可以用“积分法”）求得均匀导体细棒作切割磁感线运动时，通过导体棒的感应电流和作用在导体棒上的安培力力矩（对轴 O）分别为 $I=\frac{K\omega a^3}{3R}$ 和 $M=\frac{K^2\omega a^6}{9R}$。当导体棒匀速转动时，由平衡条件或能量转化和守恒定律得

$$fa=M+\frac{1}{2}\mu mga \text{ 或 } f\omega a=I^2R+\frac{1}{2}\mu mg\omega a$$

据此都可以求出水平外力 $f=\frac{1}{2}\mu mg+\frac{K^2\omega a^5}{9R}$。

（三）狠抓实验环节

实验历来是学生的弱项。竞赛的实验题大多为设计性实验，它一方面要求学生不仅具备实验的理论知识，而且能自觉地将理论知识用于对实验进程的指导。另一方面，它要求学生在弄清实验目的的前提下，正确地选择和使用实验仪器，观察和记录自己不熟悉的实验现象，分析和处理实验数据，得出和解释实验结论等。所有这一切能力非平时教师嘴上讲实验和黑板上画实验所能获得，非平时科学、规范地亲历训练不可获得。

（四）重视心理教育

其实，心理教育应该贯穿于竞赛指导工作全过程。从确定“苗子”到确定参赛选手，通常要经历一个层层筛选的过程[通常在参加全国初赛前已经经历了班级、学校的选拔和县(市)、区的选拔]。既然有人出现在“阳光”下，那肯定会有人置身于“阴影”下。所以，培养竞赛“苗子”也好，指导参赛选手也好，都不能忽视对他们进行经常性的心理教育。要通过提供成功机会，帮助他们树立自信；要通过提供榜样力量，教育他们重视学习过程，学会欣赏成功中的精彩；要对他们进行挫折教育，引导他们发现失败中的美丽，使他们能正视挫折，及时从挫折的阴影中走出来。总之，指导教师要从学习、生活、工作等方面全面关心每一位学生，让他们在和谐的环境中，生动活泼地开展学习上的竞争和合作，形成良好的物理素养，最终取得好的参赛成绩，积累坚实的发展后劲。

最后需要指出的是，组织开展物理竞赛活动要正确处理好竞赛指导和正常教学、物理竞赛活动和其他学科竞赛活动、竞赛指导教师和本学科教师、师生付出和回报等方面的关系，只有这样，才能真正体现培养优秀学生、实现教师专业发展、提升学校办学品位这一开展物理竞赛活动的宗旨。

本章小结

物理课外活动是课堂教学的必要补充和延伸。物理课外活动是促进基础知识、基本技能向实际能力转化的重要途径，它同时有利于发挥学生的个性与特长，促进非智力因素的发展。

常见的物理课外活动包括物理探究实践、物理社会调查、物理科技活动和物理竞赛活动。

组织和开展物理课外活动要明确目标、合理规划、精心实施，要妥善协调、处理好与物理课堂教学之间的关系。

做上学

1. 你认为应该如何对学生进行探究实践活动的评价？下面列出某重点中学在探究实践活动评价中的几个百分比数字，供参考。

在评价内容上：参与探究活动的态度占 20%，探究活动中的体验占 40%，创新性和实践性占 30%，取得的成果占 10%，其中取得高峰体验或有创新性表现的可加分 20%。

在评价主体上：个人自我评价占 20%，小组集体评价占 20%，指导教师评价占 60%。

2. 以小组为单位，开展一次物理社会调查。

3. 找一份最新的“全国中学生物理竞赛”试卷和“全国中学生应用物理竞赛(初、高中)”试卷，试着做一下。

资源链接

1. 赵文超：《促进学生富有个性地学习——以苏科版物理教材中的“综合实践活动”为例》，载《物理教师》，2013 年第 12 期。

2. 邢海根：《如何引导学生参与科技小制作与小发明活动》，载《中学物理》，2013 年第 5 期。

3. 教育部基础教育司、教育部师范教育司：《普通高中新课程研修手册——综合实践活动的实施与管理》，高等教育出版社 2004 年版。

第十一章　参加教研活动

学习目标

- 了解教研活动的组织机构、特点和实践功能以及常见形式。
- 理解说课的意义，理解说课说什么、怎么说；理解观课和评课的意义，理解观课和评课中应该注意的问题。
- 按照说课、观课和评课的一般流程进行说课、观课和评课。

参加教研活动是物理教师本职工作的一部分，也是保证物理教学质量、提高物理教学研究水平、实现教师专业发展的重要渠道。

第一节　物理教研活动

粗略地说，物理教研活动是指以研究和解决（或改善）物理教学中出现的问题为直接指向的教学研究活动。物理教研活动可以是个体的活动，也可以是群体的活动；可以是校内的活动，也可以是校外或校际的活动；可以仅仅有一线教师参与，也可以有理论工作者或专业人员共同参与；等等。它强调理论指导下的实践性研究，既注重解决实际问题，也注重经验的总结、理论的提升和规律的探索。

一、物理教研活动的组织机构

中学物理教研活动的组织机构通常有四级：学校物理教研组、区（县、市）中小学教学研究室（简称教研室）物理组、市（指地级市）教研室物理组和省教研室物理组。其中，与一线物理教师关系最为密切的当属学校物理教研组和区（县、市）教研室物理组。每个学年、每个学期，各级教研机构都会计划、安排、组织、落实一系列教研活动，这给一线物理教师提供了较多的参与机会和展示机会。

【案例 11-1】　××区（县）2012—2013 学年度第二学期中学物理教研工作安排表

（初中部分）

星期 周次	一	二	三	四	五	六	日	项目
一	18	19	20	21	22	23	24	第一周： 初三物理教师集中研训（2 月 18 日）
二	25	26	27	28	3.1	2	3	第二周：

续表

星期 周次	一	二	三	四	五	六	日	项目
三	4	5	6	7	8	9	10	物理教研组长会议(具体时间待定) 第三周: 物理初三中考复习现场会(时间:3月8日;形式:讲座、观摩课、学校汇报、专题研讨) 第四周: 物理教研员教学实践周 第五周: 与××市××区物理联片教研(具体时间:待定;主题:初三物理高效复习课堂观摩、研讨) 第七周: 物理教师命题、解题专项能力竞赛(具体时间待定) 第八周: 初中物理教师实验专项能力竞赛(具体时间待定) 第十周: 中学期中考试(4月24—26日);初三"一模"(4月26—28日) 第十三周: 初三学生理化实验考查(具体时间待定) 第十五周: 初三物理"二模"(5月27—29日) 第十九周: 初中一、二年级期末考试(6月24—25日) 注: 1. 除特殊情况外,每周五下午为物理项目教研时间 2. 中考时间:6月16—19日
四	11	12	13	14	15	16	17	
五	18	19	20	21	22	23	24	
六	25	26	27	28	29	30	31	
七	4.1	2	3	4	5	6	7	
八	8	9	10	11	12	13	14	
九	15	16	17	18	19	20	21	
十	22	23	24	25	26	27	28	
十一	29	30	5.1	2	3	4	5	
十二	6	7	8	9	10	11	12	
十三	13	14	15	16	17	18	19	
十四	20	21	22	23	24	25	26	
十五	27	28	29	30	31	6.1	2	
十六	3	4	5	6	7	8	9	
十七	10	11	12	13	14	15	16	
十八	17	18	19	20	21	22	23	
十九	24	25	26	27	28	29	30	
二十	7.1	2	3	4	5	6	7	
二十一	8	9	10	11	12	13		

【案例11-2】 ××高级中学2012—2013学年度第二学期物理教研活动计划表

星期 周次	一	二	三	四	五	六	日	项目
一	18	19	20	21	22	23	24	第一周:学习学校教学工作计划,商讨本学期教研组工作 第二周:复习课专题研讨(高二年级) 第三周:教学理论学习 第四周:高二学业水平测试 第五周:高三第一次模拟考试
二	25	26	27	28	3.1	2	3	
三	4	5	6	7	8	9	10	
四	11	12	13	14	15	16	17	
五	18	19	20	21	22	23	24	

续表

星期 周次	一	二	三	四	五	六	日	项目
六	25	26	27	28	29	30	31	第六周:教学工作“常规检查” 第七周:清明放假 第八周:骨干教师“示范课”研讨 第九周:组织备课组长赴兄弟学校考察、学习、交流 第十周:期中考试 第十一周:“五一放假”,教研课题阶段性检查 第十二周:复习课专题研讨(高三年级) 第十三周:教学理论学习 第十四周:青年教师“对比课”研讨 第十五周:教学工作“常规检查” 第十六周:高考 第十七周:备课组长会议 第十八周:教研组工作总结,论文交流 第十九周:期末考试、阅卷
七	4.1	2	3	4	5	6	7	
八	8	9	10	11	12	13	14	
九	15	16	17	18	19	20	21	
十	22	23	24	25	26	27	28	
十一	29	30	5.1	2	3	4	5	
十二	6	7	8	9	10	11	12	
十三	13	14	15	16	17	18	19	
十四	20	21	22	23	24	25	26	
十五	27	28	29	30	31	6.1	2	
十六	3	4	5	6	7	8	9	
十七	10	11	12	13	14	15	16	
十八	17	18	19	20	21	22	23	
十九	24	25	26	27	28	29	30	
二十	7.1	2	3	4	5	6	7	

二、物理教研活动的特点和实践功能

《普通高中课程方案(实验)》明确指出:“学校应建立以校为本的教学研究制度,鼓励教师针对教学实践中的问题开展教学研究,重视不同学科教师的交流与研讨,建设有利于引导教师创造性实施课程的环境,使课程的实施过程成为教师专业成长的过程。学校应与教研部门、高等院校等建立联系,形成有力推动课程发展的专业咨询、指导和教师进修网络。”在这样的观念引导下,确定物理教研活动应该具有以下特点和实践功能。

(一) 物理教研活动的特点

1. 教研活动的主体是教师,对象是日常遇到的物理教学问题

这是不言自明的,其中的物理教学问题主要包括学生学习中急需解决的问题、教师教学中急需解决的问题、课程改革中急需解决的问题等三个方面。

2. 教研活动的主阵地在学校

物理教研活动强调实践过程与研究过程的结合,边实践边研究、边研究边实践。自然,其主要的阵地在学校。

3. 教研活动重视吸纳理论工作者、教研员等参加

教研活动通常是一种由各方人士参与的活动。通过活动、交流，排除障碍，形成平等、互信、互补、共生的关系，建立学习共同体、研究共同体、实践共同体和反思共同体。

4. 教研活动研究的问题和结果具有情境特定性

中学物理教研活动比较重视当下问题的解决或改善，所以研究的结果直接指向特定的情境，一般不具有类推性和推广价值。

5. 教研活动重视研究过程本身

即中学物理教研活动高度关注研究过程本身所能带给众人的启发和借鉴价值。

（二）物理教研活动的实践功能

1. 解决问题，改善教学

教研活动可以帮助物理教师解决在教学中遇到的问题，加深对物理教学的理解，进而改善教学、学会教学。

2. 促进教师专业发展

教研活动引起的教师发展是多方面的，其中包括激发对教学问题的理性关注、研究动机；学习新的教研技术、方法、策略等知识；增强发现问题、提出问题和分析问题、解决问题的能力及创新、实践的智慧；促进与同事相互理解、和睦相处、解放思想、张扬个性、共享智慧；改进教学观念、教学态度和教学方法，突出在教学实践、教学研究中的主体地位，提升工作的效能和创造性；消解职业倦怠，优化专业生活，提高职业幸福指数，体现生命价值；等等。

3. 促进学生的发展

教研活动促进教师更加科学、有针对性地“备课”“讲课”“组卷”，更加合理、规范地引导学生的学习行为。

4. 促进学校发展

教研活动和课程改革、教学改革、教师专业成长、学生发展等结合起来，是学校整体改革和后续发展的重要途径。

5. 教研活动引起的理论工作者、教研员等的发展也是多方面的

具体体现：教研活动为理论工作者、教研员提供了了解真实教学情境、获得一线教学信息的机会；为理论工作者、教研员找到了丰富理论研究成果、重新建构教学理论的源泉；为理论工作者落实了应用理论研究成果、检验理论研究成果真伪的场域；为理论工作者创造了变革研究方式，走出“象牙塔”、走出书斋、走进教学现场的条件；等等。

6. 促进青年教师的培养

无疑，教研活动具有“以老带新”、“榜样示范”、培养青年教师的功能。

三、物理教研活动的常见形式

物理教研活动的形式有很多，下面选择几种予以简单介绍。其中，“说课”和“观课与评课”将分别在本章第二节和第三节做详细的介绍。

（一）主题研究

主题研究是为解决教研组（备课组）教师共同关心的某个问题（课题）而开展的一种教学研究，它的教研流程可以粗略地用图 11-1 表示。其中，“课例实践”环节通常可以由“个体尝试、集体研讨”多次循环构成，也可以采取“同课异构、集体研讨”的方式进行。

主题产生 → 文献研究 → 课例实践 → 总结提炼

图 11-1　主题研究教研流程

（二）说课

“说课”是近几年来被广泛采用的一种教研活动形式。说课活动的一般流程如图 11-2 所示。

确定课题 → 说课准备 → 撰写说课稿 → 进行说课 → 交流评价

图 11-2　说课的一般流程

（三）观课与评课

观课与评课是传统教研活动的一种主要形式，也是基础教育课程改革背景下开展教研活动的主要形式之一。通过观课与评课可以感受到鲜活的教学案例，能够学到许多操作性极强的教学技能和实践经验，对理解课程理念并付诸行动也有积极的作用。

（四）案例开发和研究

教学一线的广大教师在长期的课堂教学中积累了大量的、丰富而具体的实践经验。如果能将教学中所经历的有意义的事件或事件的片断进行提炼、加工和整理，同时进行深入的理性分析和研究，挖掘“事件”或“片断”背后所反映的教学思想，从中获得知识和策略，获得特定教学情境下的教学经验，并逐步实现从教学实践经验到教育教学理论的升华，无疑会对教师个人业务素质及教研组（备课组）整体教学水平和教研水平提高起到积极、深远的促进作用。所以，开发和研究课堂教学案例已经成为教研活动的又一种重要形式。①

除了上述四种形式之外，常见的教研活动形式还有集体备课、集体出卷（阅卷）、专家讲座、教研论文交流、读书心得交流、教学竞赛等。另外值得一提的是，利用网络实现上述形式的教研活动正成为一种新的、便捷的、有效的教研“时尚”。

---

① 郑金洲. 认识“案例”[J]. 上海教育科研，2001(2)：43-48.

信息栏 11-1

网络教研

网络教研又称信息化教研(或虚拟教研),是一种利用信息技术(或网络技术)的跨时空的教学研究活动形式。网络教研冲破了传统的教学研究观念,突破了原有的地域限制和经费限制,扩大了教师教学研究的渠道、途径、视野和领域,实现了教研方式的现代化。如果说地域差异和教师差异使网络教研显得有必要和有价值,那么,网络教研所具有的民主平等、开放共享等特质将使其日益受到广大教师的关注并被越来越多的教师所接受和参与。物理学科开展网络教研可以从以下几个方面进行:利用网络进行教学设计,利用网络观摩课堂教学,利用网络进行专题学习,利用网络进行专题研究等。

资料来源:窦瑾《物理教学论》,江苏教育出版社 2008 年版,第 237 页。

四、开展物理教研活动应该注意的问题

基础教育课程改革的过程是一个教学研究的过程。在此背景下,进一步规范教研活动、创新教研活动是保障学校课程改革顺利推进,促进教师专业发展和学生和谐发展,建设学校新的教研文化的一项紧迫任务。

(一) 找准真问题是教研活动的基础和起点

要开展一次成功的教研活动,找准要解决的问题是关键。发现教学中存在的困惑并且提出问题,是教研活动的起点,它从根本上决定了教研活动能否正确、顺利地开展。要通过认真研究,敏锐地发现问题的实质,从而将问题转换成一个明确的研讨主题。一般来说,只有那些能够满足教师专业成长需要、解决教师工作中的困惑问题的教研活动,才能激发出教师内在的主动学习、研究和实践的动机和欲望。

(二) 确保教师的主体地位是教研活动的关键

“教师是教研活动的主体”,首先表现在教师享有确定主题的知情权、参与权,即教研活动的主题应是教师从迫切需要解决的教学实际问题中选择出来的。这样,教师便能清楚地知道为什么要开展教研活动,教研活动要达到什么目的,自己应该如何去主动参与。其次,教师在教研活动中应该享有选择权,即在教研活动中教师可以自己去确定应该展示什么、用什么方式展示,表达什么、用什么方式表达等。正是因为选择权掌握在教师自己手中,教师才能够表现出一种积极的主动精神,从而从“要我参加教研活动”变为“我要参加教研活动”。

(三) 恰当的组织形式是开展教研活动的基础

内容和形式是相辅相成的,好的内容必须要有好的形式来体现。例如,上“对比课”进行主题研究,可以使教师在活动过程中进行对比观察和对比分析,寻找产生不同效果的原因,激发教师在讨论过程中产生认识冲突,探讨解决问题的具体对策。又如,案例开发和研究可以借助必要的媒体手段(如录音、录像),运用一定的观察与诊断技术,对某一现象、情节进行深入的剖析和反思,寻求更有效的对策等。

（四）适宜的环节安排是教研活动顺利开展的保证

一个有实效的教研活动，其展开的各个环节必定是环环相扣的。环环相扣的教研活动能够一步步地引领着教师，在经历了多次思想碰撞之后，获得认识的提升。当然，这需要教研活动组织者事前对活动的精心设计和事中对活动的周密组织等。

第二节　说课

说课，指教师以现代教育理论为基础，以课程标准和某节（部分）教科书为依据，针对学生情况和教学条件等因素，在没有学生参与的情况下，面向其他同行、教研人员、学科教育专家等，以口头表述的形式系统阐述该节（部分）课的教学设想及其理论依据，达到相互交流、共同提高的一种教学研究形式。说课作为教学理论和教学实践、教学反思的中介，能较为全面地考察说课人的学科专业水平、教育理论水平、驾驭教科书的能力和实施教学的能力，所以，除了作为“一种教学研究形式”外，说课已被广泛地用于师范生培养、教师选聘、师范生或教师教学技能竞赛等领域和场合。

一、说课的常见类型

有两种常见的说课分类方法：一是按时序分类，有课前说课和课后说课；二是按功能分类，有汇报性说课、研究性说课、示范性说课和评比性说课。下面仅对后一种分类中的四类说课做简要说明。

（一）汇报性说课

一般是说课人（如教学新手、师范生）应学校领导、（指导）教师的要求或安排而进行的说课，旨在检查、了解、督促说课人当前的工作和学习。

（二）研究性说课

研究性说课是为了突破某一教学难点、解决某一关键问题（如教学手段、教学方法等）而进行的说课，是一类较高层次、较高水平的说课。在中学，研究性说课通常的做法是先由教研组（或备课组）集体备课，然后其中一位教师（通常是中年骨干教师）进行说课，最后集中研讨。显然，这种说课不仅能够加深对教学问题的认识，找到解决问题的良策，而且还突出地体现了说课的教学研究作用，对教研组（备课组）良好教学研究氛围的形成具有很大的促进作用。

（三）示范性说课

示范性说课是为了帮助教师进一步认识教学规律、提升分析和解决问题能力等而进行的说课，通常是由教学经验丰富、理论功底扎实的模范教师来担此说课重任。当然，示范性说课间或也是一种为了帮助教师认识“说课”、提升说课能力而进行的说课示范。

（四）评比性说课

评比性说课是一类特殊情形（如师范生或教师教学技能大赛、新教师招聘考核）下进行的说课，旨在评估说课人教育教学理论功底、学科专业知识掌握程度、教学技能等，以便做出甄别、筛选。

二、说课的基本内容

说课要说些什么呢？请先看一个案例。

【案例 11-3】 “实验：探究功与速度变化的关系”①说课实录②

尊敬的各位老师：大家下午好！

今天我说课的课题是人教版高一物理必修 2 第七章第 6 节“探究功与速度变化的关系”，这是学生在高一第二学期学习的内容。

（板书：探究功与速度变化的关系）

我的说课共由六个部分组成：教科书分析、学情分析、教学目标与教学重难点、教法与学法、教学流程和板书设计。

首先是第一部分：教科书分析。

通过前面几节内容的学习，学生对重力做功、弹力做功以及重力做功、弹力做功与重力势能变化、弹性势能变化之间的关系有了一定的认识。接下来的内容是前面几节内容的继续，用功与能量变化的关系学习另一种形式的能量——动能。

作为过渡和铺垫，本节暂不直接涉及动能这个物理量，而是先找一个学生比较熟悉的、与动能密切相关的物理量——速度，研究功与速度变化的关系。本节内容和下一节内容共同构成了一个较为完整的体系。

这里需要特别指出的是，本节教科书安排的探究实验在设计思路上实现了对课程标准的超越，其要求也明显高出了课程标准的要求。这是教学中需要特别注意的。（见本文学情部分课程标准对本节教学的总体要求）

接着说一下学情。

第一，在知识储备方面，学生通过之前的学习，已经初步树立了力是速度变化的原因，功是力的空间积累效应等观点，而力对物体做的功与物体速度的变化间存在着什么关系的问题正是学生想要进一步了解的。引入“探究功与速度变化的关系”这节内容正所谓应学生所需。但是，如果用恒力做功的方式来探究功与速度变化间的关系，则可能会使学生产生审美疲劳，因为我们在“探究加速度与力、质量的关系”时已经做过类似的实验探究。所以，教科书在这里选择了利用橡皮筋的弹力

---

① 高中物理必修 2 第七章第 6 节。

② 邹玉，窦瑾．“探究：功与速度变化的关系”的说课设计[J]．物理教学探讨，2011，29(1)：69-72.

做功，更加接近学生生活，容易使学生产生亲近感，能够消除“恒力”这一定势，凸现变力做功所具有的一般性意义。

第二，在能力储备方面，高一学生的思维还处在从感性经验向理性经验过渡的时期，知识的建构在很大程度上依赖着感性经验。当然，与初中学生相比，高一学生已经具有了一定的实验设计、动手操作及数据处理的能力。

然后说教学目标和教学“四点”。

课程标准对本节教学的总体要求是：“通过实验，探究恒力做功与物体动能变化的关系。”据此并结合上述教科书分析和学情分析，我制定的本节课的教学目标如下。

知识与技能维度：通过具体生活事例发现做功与物体速度变化之间存在一定的关系；能设计出合理的实验方案；分析并处理实验数据，得出正确的结论。

过程与方法维度：经历功与速度变化关系的探究过程；通过对变力做功问题的处理，体会科学方法的精妙，掌握用图像法寻找物理规律。

情感态度与价值观维度：经历实验探究过程，体会学习的快乐，激发学习的兴趣和求知欲；通过分组实验，养成合作交流意识及团队意识。

关于教学的“四点”，我是这样认为的：教学重点有两个，一是探究功与速度变化关系的物理过程和所用方法；二是用图像法分析、处理实验数据。教学难点也有两个，一是探究思路的形成及实验条件的控制；二是用图像法分析、处理实验数据。教学的关键点是引导学生发现外界对物体做功与物体速度变化之间存在一定的联系，理解实验的原理(包括对橡皮筋弹力做功处理)。教学的价值点是进一步认识实验在规律发现中的作用和信息技术在处理实验数据中的作用，激发学生探究事物变化、发展规律的热情和运用信息技术学习物理的兴趣。

为了达成上述教学目标，突出重点、化解难点、抓住关键点、揭示价值点，本节课我采用的教法和学法是通过启发和引导，使学生体会到力对物体做的功与物体速度的变化间存在一定的关系；通过启发和讨论，使学生理解实验的设计思路；通过多媒体辅助，使学生加深对实验探究过程和结论的把握与理解；通过阅读和思考，了解实验要探究的内容、实验的方法与技巧；通过分组实验，获得橡皮筋对小车做的功与小车获得的速度的对应数据；通过试探性作图，获得功与速度变化的定量关系。

再说一下具体的教学流程，这也是我说课的重点部分。

我的整个教学流程将包括创设情境，引入新课；设计实验，操作记录；分析数据，得出结论；诱导思维，迁移运用四个环节。下面我就以这四个环节为主线说说具体教学流程。

第一，创设情境，引入新课(约 3 min)。

在此环节，我设置如下两个情境(播放两段视频)：离手的铅球被掷向远方和离弦的箭被射向远方，让学生感受到物体的速度发生变化是外界物体对它做了功的缘故。接着，我将请学生举出生活中做功改变物体速度的其他例子。最后，我会提出问题：外界对物体做的功与物体速度变化之间究竟有着怎样的关系，进而启发学生考虑用实验的方式进行考察。

第二，设计实验，操作记录(约 20 min)。

(板书：目的、原理)

在确定采用实验的方式探究“功与速度变化的关系”后，我将向学生介绍课堂上所能提供的实验器材以及它们的作用。

接着，安排学生进行小组讨论，自己选取实验器材，设计实验方案，并把设计的方案画在稿纸上。一段时间后，我会请小组代表将小组设计的实验方案通过投影仪展示出来，并做相应的介绍。

此时，可能的设计方案会有以下三种，如图 1、图 2 和图 3 所示。

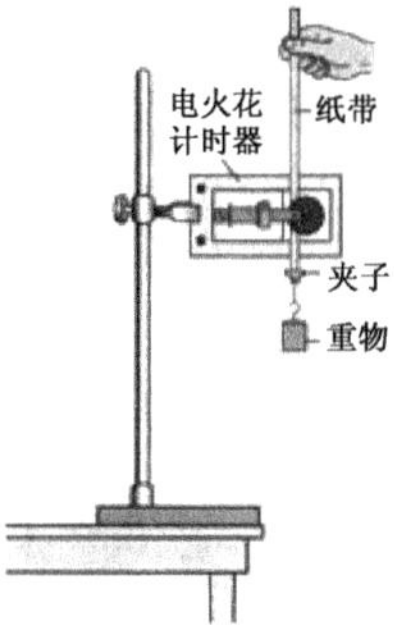

图 1

图 2

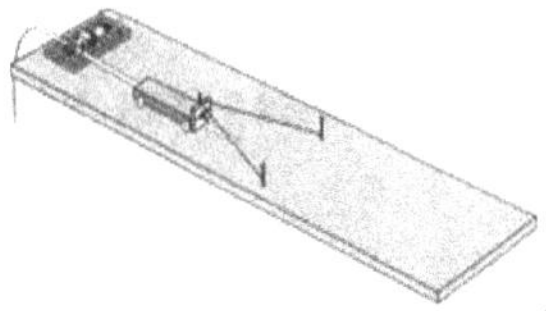

图 3

方案 1：利用自由落体实验探究重力做功与物体速度变化之间的关系。

方案 2：利用钩码通过定滑轮连接细绳拉动水平木板上的小车，研究水平方向拉力做功与物体速度变化之间的关系。

方案 3：利用橡皮筋拉动位于水平木板上的小车，探究弹力做功与物体速度变化之间的关系。

我会对三个方案做必要的点评。最后指出，方案 1 和方案 2 均属于恒力做功，方案 3 则是橡皮筋的弹力做功，属变力做功。变力做功是生活中最常见的做功方式。显然，探究变力做功具有普遍意义。但是，变力做功问题要比恒力做功问题复杂。我们能不能知难而上，采用此变力做功的方案探究功与速度变化的关系呢？

在初步确定了实验方案之后，还有几个问题必须解决好：橡皮筋对小车做的功如何确定？小车的速度又该如何确定？如何选取和利用纸带？实验中应该注意些什么？

抛出这一系列问题的主要目的是激起学生探究的欲望和探究的主动性、积极性，让他们在思考、争辩和体验中获得合理解决问题的办法。

上述问题解决后，我将安排学生认真阅读教科书 P69 的“探究的思路”部分。体会教科书对橡皮筋弹力做功处理的巧妙，并进一步了解实验的原理及步骤。

（板书：步骤、注意事项——①平衡摩擦）

对于注意事项，在教学中我将这样来处理。我先向学生逐一地提出小车在木板上滑行时，摩擦会不会影响实验结果、如何消除摩擦力对实验结果的影响等问题。然后通过启发和引导逐一地解决问题。

（板书：②先“打”后“放”。③如何选“带”。④数据处理：作图）

对于这些注意事项的处理方法和前面一样。这样层层推进设疑、释疑，最终便水到渠成。

接下来则安排学生分组实验。在学生实验操作过程中，教师巡视学生们的操作，并及时给予必要的指导与帮助。

第三，分析数据，得出结论（约 10 min）。

在学生实验完成之后，我将先让各小组关闭电源。然后，让他们分析各自的实验数据，并猜想功与速度变化之间是什么关系。此时我将不做出任何肯定或否定的回答。

学生猜想后，我再提出：如何更直观、简便地分析功与速度变化的关系呢？

学生会联想到以前实验数据的处理，尤其会很自然地想到在坐标纸上作图，通过图像直观地找出功与速度变化之间的关系。接着，让各小组在坐标纸上建立坐标系，利用各自的数据，按各自的猜想作出 $W-V$ 图像、$W-V^2$ 图像或其他关系图像。

随后，我将根据学生们的“习作”展开讨论和分析。最后总结：当物体初速度为零时，外力对物体做的功与物体速度变化的平方成正比。

有了人工作图比较繁杂的感受后，学生一般都会产生用机器替代人工作图的愿望。

接着，我将用学生通过实验得到的数据借助 excel 表格做数据处理的展示：第一次先输对应的速度与功，然后选定速度与功，插入图表选取 X，Y 散点图，并输入对应的坐标标称等相关信息，最后把所有点连接起来，即得到 $W-V$ 图像，如图 4 所示。第二次先显示出速度的平方，选取速度平方及对应的功，插入图表选取 X，Y 散点图，并输入对应的坐标标称等相关信息，最后把所有点连接起来，即得到 $W-V^2$ 图像，如图 5 所示。用同样的方法可以作出 $W-V^3$ 图像，如图 6 所示。然后让学生将三个图像做对比，明显看出功与速度的二次方成正比。

这样，通过 excel 表格对实验数据进行了处理演示，让学生更加直观、准确地看到了实验的结果。

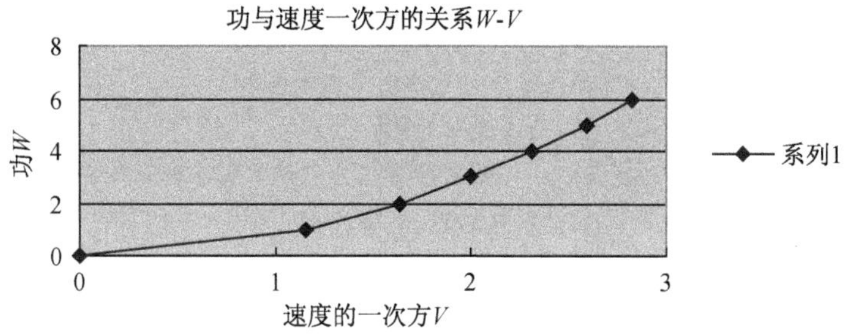

图 4

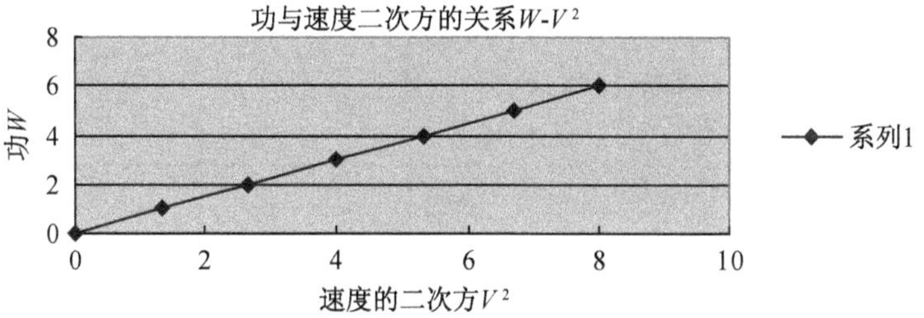

图 5

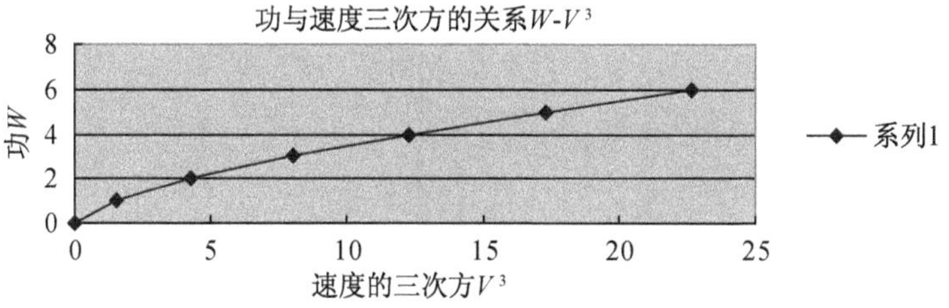

图 6

第四，诱导思维，迁移运用(约 10 min)。

(1) 问题探究。实验结束后，我将引导学生用“规范”的语言解释开头视频中出现的两个情境。

(2) 课堂小结。以上问题探究后，我将安排学生从知识、知识的建构过程和方法、个人感受三个方面对本堂课进行自我小结，最后我做补充与总结。采用这种方式，目的是锻炼学生的自我表达能力和自我评价能力，增进对学习过程的体验，同时也有利于教师了解本堂课的教学效果。

(3) 布置作业。为了让学生在课后及时巩固本堂课所学内容，我将布置以下两道开放性作业题：第一题是让学生进一步体验用 excel 表格处理实验数据的优越性；第二题是让学生思考物体的初速度不为零时，外力做的功与物体速度变化之间可能有怎样的关系。学生可以用理论知识来推导，这正是下一节课的教学内容，正好为下节课的学习做准备。

接下来是本次说课的最后一步——板书设计。请看屏幕(图7)。

7.6　探究功与速度变化的关系
实验目的:探究功与速度变化的关系。
实验原理:橡皮筋拉小车做的功可以用橡皮筋的条数来确定, 小车的速度可以通过纸带算出。
实验步骤:(略)。
注意事项: ①平衡摩擦。 ②先“打”后“放”。 ③合理选“带”。 ④数据处理:作图。
实验结论:$W \propto V^2$(初速为0)。

图7

这样设置是为了使“课堂”的脉络以及实验探究的目的、原理、注意事项等更加清晰化、条理化,有利于学生学习、消化、理解和巩固。

以上就是我通过这六个部分进行的本次说课的全部内容。整个教学过程我将给学生问题,让他们自己去讨论;给学生时间,让他们自己去思考;给学生权利,让他们自己去选择;给学生空间,让他们自己去创造,力求较好地实现三维教学目标。

我的说课到此结束,请老师们批评指正。

谢谢各位老师!

综上案例看出,说课的内容很宽泛,但其基本和主要的内容大致可以概括为以下几方面。

(一) 教科书内容的地位和作用

要读懂教科书内容,了解这部分内容在整个物理教科书中的地位以及与其他章节的联系,也就是这部分内容与学生之前已经学习的知识和技能有怎样的关联;在今后的物理学习中,哪些物理知识和技能的学习要以这部分内容为基础或与这部分内容有关;这部分内容在生活和生产实际中有哪些应用;这部分内容的学习对于学生掌握物理科学方法和培养学生的能力、情感、态度、价值观有哪些作用等。

(二) 学情分析

学情是指与学生学习相关的一切因素,包括学生的学习态度、学习基础、学习习惯、学习能力、兴趣爱好、家庭环境、年龄特点、心理特点等各种因素的综合。

学情分析是说课过程中必不可少的环节。要结合物理学科的特点,对物理学习中学生的现有知识和能力状况进行分析,并就如何利用学生潜在的智力因素和非智力因素展开教学加以论述。

（三）教学目标和教学“四点”

教学目标是教学的出发点和归宿，也是检查教学效果的标准和尺度。说教学目标要说得正确、具体、全面，并切合实际。所谓“正确”，是指要根据课程标准和教科书内容的要求来说，要结合这部分内容在教科书体系中的地位来说。所谓“具体”，是指明确必须达成的具体指标，以便在教学实践中实施和课后评价，切忌把教学目的说得空洞、抽象。所谓“全面”，是指在知识与技能、过程与方法、情感态度与价值观等方面不要有缺漏。所有这些，都与本书第三章指出的确定教学目标需要注意整体性、适切性、可测性等是一致的。

把握好教学的重点和难点以及关键点和价值点是实现教学目标的重中之重。要在认识和理解教科书内容的基础上，依据课程标准和教科书的内容，结合学生实际，科学、准确地确定“四点”，并阐述怎样突出重点、化解难点、把握关键点、揭示价值点。

（四）教法和学法

教法是为完成教学任务、实现教学目标而采取的师生相互作用的一系列活动方式。通常情况下，说教法要说明本课教学中贯彻什么样的教学原则；选择何种教学方法，以哪种教学方法为主、哪种或哪几种教学方法为辅，怎样将主要的教学方法与辅助的教学方法有机结合起来；采用什么教学手段辅助教学以及采用该教学方法的依据和优势何在、预期效果如何；等等。

学法是指学生学习知识、掌握知识的方法和途径。说学法要结合具体的教学环节，说明在特定环节下，教师为指导学生学习或学会解决问题所采取的对策；还要结合教学内容，说出在教学过程中如何指导学生学习或使用什么学习方法，即通过什么活动养成学生哪些学习习惯，学会哪些思维方法，通过什么途径掌握哪些学习技能或锻炼哪些学习能力以及如何巧妙地组织课堂教学、指导学生形成良好的学习心态；等等。要使学生在学会知识的同时，知道学习这类知识的学习方法。

值得注意的是，教法是通过学法来体现和实现的，教学过程本身也是教与学对立统一的发展过程，因此，教师要努力做到“学生怎样学教师就应该怎样教，教师怎样教就应该指导学生怎样学”，要努力使学生在获取知识的同时掌握学习方法，帮助学生构建适合自己的学习风格和学法体系。

（五）教学流程

教学流程是说课的主要内容之一。说教学流程要说清各教学环节的名称、主要的教学内容和教学活动的组织安排、各环节教学活动的大致时间安排、所使用的教学手段等，即要说清计划在哪个教学环节教哪些知识点或训练哪些技能，提出哪些问题或做哪些练习，组织哪些教学活动，进行哪些实验，采取什么方式以解决哪些问题，等等，尽量勾画出课堂教学的概貌。

（六）板书设计

板书是教师根据教学需要，用文字、图形、符号等直观展示教学目标、主要教学内容、主要教学活动等教学信息的可视化手段。说板书设计要说明板书内容、板书设计的整体布局，说清教师是如何根据学生的直觉和注意特征，借助板书将信息要点、结构展现给学生，帮助学生加深理解、强化记忆，将知识系统化。

（七）教学效果

课前说课的内容主要包括前面六个部分，而课后说课除了这些内容之外，还应该结合上课的实际情况，说一说教得怎么样、还有些什么改进措施等。具体来说，课后说课在说教学效果时要重点就“落实”“成败”“改进”等说清楚。

1. 说“落实”

课前的教学设计和说课说到底都是一系列假设（设想）。这些课前的假设（设想）在实际教学中“落实”了没有、“落实”得怎样，即课前教学设计和说课中关于“教什么”“教到什么程度”“怎么教”“为什么这样教”等的内容在实际教学中的效度如何，是课后说课的一项重要内容。

2. 说“成败”

说“成败”是在说“落实”的基础上，进一步突出地说课前教学设计和说课与实际教学之间存在的差距，即说出哪些假设（设想）落实得好，其原因何在；哪些假设（设想）落实得不理想甚至失败了，其原因又如何；等等。

3. 说“改进”

这是在说“成败”的基础上，针对“不理想”和“失败”进行反思，进而提出改进意见。此外，实践证明，教学设计做得再完美，双案写得再周全，课前说课说得再动听，在实际教学中，总还会有新的问题出现。如何解决好新问题，也是在说“改进”时需要说清楚的。

三、好的说课的一般标准

尽管没有“好的说课”的统一的标准，但粗略地说，好的说课应该符合以下一些条件：首先，要能让听说课的人听懂所说的内容，这是最基本的条件了。其次，好的说课应该让听说课的人不仅听清楚说课人说了些什么，还能让听说课的人在听完之后明白说课人将要（已经）在上课时讲（了）些什么、做些（了）什么、怎么讲（的）、怎么做（的）、为什么这么讲（的）、为什么这么做（的）。这一条展开来说，就是好的说课给人的感觉应该是说课人有较新的教育观念；能很好地理解课程标准和教科书的要求，熟悉学生；能准确地把握教学的重点、难点、关键点和价值点，并能有效地进行处理；能合理、有效地利用教育学、心理学等一般原理，采用符合学生认知规律、学科特点及所处教学环境的教学策略；说课逻辑性强，条理清晰，层次分明，语言准确、形象、生动，富有启发性和感染力；能反映出说课人具有较强的确定教学目标、筛选教学内容、选择教学模式和方法及应用教学技术等能力；等等。当然，如果说课人对所涉及的问题有独特的见解，那就更好了。

四、说课应注意的问题

说课要注意的问题很多，下面只做简要说明。

（一）充分准备，精心设计

说课前要充分地做好学、析、写、“演”等准备工作。学，是指研学课程标准和教科书，学习必要的教育教学理论；析，是指分析学情，明确基本的教学思想，确定教学目标；写，是指写出说课稿，重点要围绕“教什么”和“学什么”、“怎么教”和“怎么学”以及“为什么这么教”和“为什么这么学”等三组问题展开，而且侧重点是后两组问题；“演”，是指说课前的“排练”，包括说课人面向自身的“自演”和面向他人的“公演”。“演”是教学新手、师范生在说课之前必须做的准备工作。

（二）“说”态自然，感情丰富

说课和上课一样，是教师的一次形象展示和感情表露。因此，说课时要精神饱满、充满激情，要使听说课的人首先从表象上感觉到说课人对说好课的决心与自信，“先声夺人”，感染并吸引听说课的人。

（三）简练准确，突出特色

说课以教学设计（主要对象是学生和教科书，内容主要涉及“教什么”和“学什么”、“怎样教”和“怎样学”以及教学的具体程序）为基础，是对教学设计的成果进行进一步的理论上的反思和提升。所以，说课的语言表达要更加简洁明快。如果说课的对象是教师、教研人员等，他们一般都是学科教学的行家，那么，在说课时，有关“教什么”和“学什么”以及教学程序中的具体内容就只需做简单介绍，使听说课的人明白就可以，而“怎样教”“怎样学”“为什么这样教和学”的问题则是听说课的人最关心的，说清楚这些问题自然是说课最关键的。此外，还要从自己的优势出发，努力说出自己对课程、对教科书、对教法和学法等的与众不同但卓有成效的理解和处理。这一点，对于研究性说课、示范性说课和评比性说课尤为重要。

（四）说演结合，提高实效

说课的落实主要靠说，但仅仅靠说还不一定能够使信息交流得最通畅、最有效。实际说课时，要将说与板演、演示等结合起来。此外，（除非有特殊规定）将说课的内容做成多媒体课件，说课时，边说边“演”，既能节省说课时间（一般会对说课的时间做限制性规定），又能表达清楚，还能吸引人。所以，多媒体辅助说课实在是一种非常好的说课方式。

除了以上四点注意事项外，说课之后进行交流和分享也是说课值得注意的问题，这里就不再赘述了。

第三节 观课与评课

课堂是教学活动的主阵地，课堂教学是提高教学质量、落实教学目标的主渠道。所以，为了感受课堂、了解课堂、评价课堂、改进课堂，观课和评课便成为大多数学校开展物理教研活动的首选形式。观课与评课活动的大致环节有观课前的准备、观课中的观察与记录、观课后的整理与反思以及其后的评课等。

一、观课及其目的

观课，即通常所讲的听课，不过这里更加强调了在“听”的同时所进行的课堂观察。观课的目的不外乎三个方面：一是现场感受鲜活的、真实的教学案例，学习一些操作性极强的教学技能和实践经验，促进对课程理念和教学理念的理解并付诸实际行动。二是总结和推广先进的教学经验和方法，促进教师特别是年轻教师的学习提高和成长。三是了解学校和教师的教育教学质量和水平，了解学校和教师贯彻落实教育教学法规、政策和要求等情况。就学校教研组层面的教研活动来说，观课的目的主要在前两个方面。

二、观课前的准备

观课前的准备工作很重要，否则观课人很难真正融入课堂、理解课堂、获得收益。观课前，要做的准备工作至少有下面两项。

(一) 了解教学内容

观课前，要了解一下上课的内容，并把课程标准、教科书找来看一下，熟悉一下教科书上写了些什么，是怎么写的，教学的目标和教学的重点、难点、关键点和价值点各是什么。再设想一下，如果自己来上这节课，将如何进行教学设计。这样，一方面可以促进观课人积极主动地、有重点地进行观课，另一方面可以通过比照，发现差异，有利于课后有针对性地与上课教师进行对话、交流并进行评课。

(二) 了解上课教师和学生的情况

在多数情况下，观课人是对自己所在学校、自己熟悉的教师进行观课，但在有些情况下，所观的课并不是自己所在学校的课，上课的教师并不是自己所熟悉的教师，这时，通过正面接触上课教师，预先了解一下上课教师的个人情况(如教龄、学历、职称等)是很有必要的。同样，提前了解一下观课班级的学生情况(如学生的学风、班级的班风、观课班级在同年级中所处的水平等)也是有必要的。这样，学生的“恐惧”心理会得到有效的消除，上课教师和观课人之间的“紧张”关系也会在一定程度上得到缓和，观课人也就会更加自然地参与课堂教学活动，更加有的放矢地参与观课活动。

三、观课中的观察与记录

观课中的观察与记录是获取可靠的课堂教学信息、开展有效的课堂教学评价的基础和关键。

(一) 观察

观察贯穿于课前、课中和课后全过程。

1. 课前观察

观课人一般要提前5分钟左右的时间进入课堂，选择教室里合适的位置坐下，以便能够清楚地观察整个课堂(包括教师的“表演”和学生的“表现”)，并尽可能地把对课堂的干扰降低到最小限度。进入课堂后，观课人可以利用课前这段短暂的时间进一步观察学生的课间活动状况，了解学生对本次教学活动的看法和准备情况。

2. 课中观察

如果观课人是年轻教师或师范生，那么观察的重点可以放在以下三个方面。

(1) 教学思路的展开。

所谓教学思路，是指上课教师根据教学内容、教学辅助条件等设计出的上课的脉络和主线，它反映了一系列的教学环节是怎样编排的，各环节之间是怎样衔接过渡的，怎样筛选和组织教学内容的，怎样安排教师的讲与学生的学等。观课人首先要把上课教师怎样创设情境、导入新课，怎样展开课题、逐层讲授，怎样突出重点、分解难点、把握关键点和揭示价值点，怎样小结、巩固新课，怎样设计多种形式的练习、加强知识的应用与迁移等观察清楚。其次要把教师在过渡环节时使用的衔接语言、反映教师教学智慧的关键语言以及教师对某些问题的新见解和思考方法等观察清楚。此外，要把各教学环节所投放的时间、教师和学生各自支配的时间等观察清楚。

(2) 学生的课堂反应。

学生是学习的主人，教学中的一切活动都要围绕学生这一中心来组织。所以在观课中，要十分重视观察学生的学习情绪、学习习惯、参与状态，重视观察学生回答问题时表现出来的推理水平、理解程度。此外，由于每个学生都有自己的思维，他们会从各自的角度去考虑问题，因而有时他们会针对同一个问题提出不同的见解和发现，这些见解和发现可以拓宽教师的教学思路，提高教学水平，也能为课后评课、开展教学科研积累鲜活的素材。所以，学生的课堂反应也是观课中要观察的重要内容。

(3) 上课教师的教学基本功。

教师的教学基本功包括教师的教态、语言、板书和教具、多媒体的使用等。观课中要注意从上课教师言行举止入手，观察教师的教态是否自然、庄重、亲切；语言是否清晰有效、庄谐并臻；板书、板画是否言简意赅、条理清楚、重点突出并给人以美感；能否根据教学的需要，适时、适量、适度地运用教具和多媒体等教学手段及操作的熟练程度如何；能否灵活地调控教学，能否在学生提出不同的见解和发现后及时应对和处置，实现教学的开放和教学的生成；等等。

对于入职时间较长、教学经验较为丰富的观课人来说，可以把注意力集中在以下几个方面①。

(1) 教师和学生的特性。如上课教师是热情还是冷漠，学生是乐于合作还是各行其是，师生的精神状态是否饱满等。

(2) 言语交互作用。如上课教师与学生如何相互交流，谁在讲话，讲了些什么，提出的问题以及做出的回答是什么，课堂上实际使用的语词及语言表达得怎样等。

(3) 非言语行为。如上课教师和学生的动作、姿态、面部表情等。

(4) 活动。如课堂上开展的各式各样活动的类型(个人、小组、全班、教师与个别学生、教师与小组、学生与小组、小组与小组等)有哪些，活动的数量和质量(可从学生的参与程度及激发学生智慧程度来衡量)如何，学生活动时教师在干什么等。

(5) 管理。如课堂常规情况，上课教师或小组召集人的管理方式、管理与教学的关系等。

(6) 教学辅助手段的使用。如上课教师是如何使用视听辅助设备(电视、录音机、语音设备、电脑等)的。

(7) 认知水平。如回答问题所需要的推理水平，学生对概念、规律所表现出来的理解水平等。

(8) 社会方面。如上课教师与学生在课堂上分别承担的角色，建立起来的规范和规则，各自的社会背景以及所体现出来的权利等。

(9) 情感水平。如上课教师与学生之间的情感关系、相互间的融洽程度等。

(10) 教学材料的使用。如教科书、模型、实物、器材、板书、图画等的运用等。

(11) 时间。如教学各环节所用的时间、上课教师和学生各自支配的时间等。

3. 课后观察

一般认为，下课铃响后，观课人的观察与记录也就结束了。其实不然，许多有用的信息都是在课后生成的，这些信息对观课人全面、真实地认识和理解课堂具有十分重要的参考价值。例如，观课人可以通过与学生交流，了解到学生对本节课教学的体验和满意程度，了解到学生对本节课教学内容的掌握情况等，从而初步确定教学的期望目标与实际达成情况之间的相关程度。又如，观课人可以通过观察，了解到学生下课后是否仍沉浸在“课堂”，在回味“课堂”，这也是检验课堂教学效果高低的重要标准。

---

① 郑金洲. 基于新课程的课堂教学改革[M]. 福州：福建教育出版社，2003：243.

（二）记录①

记录，主要涉及两个方面的问题：记录什么和如何记录。下面分别进行介绍。

1. 记录什么

观课中观察的对象、着力点明确之后，记录的内容（记录什么）自然也就基本明确了。当然，实际记录时，除了上面所说的之外，观课人还要将课中值得肯定和借鉴的出彩之处、需要改正和补救的失误之处、有待研究和澄清的疑惑之处记录下来，将课中特殊情境或偶发事件出现时观课人头脑中产生的思维火花记录下来，以免因时过境迁而烟消云散，失去它们宝贵的价值。

2. 如何记录

这是一个涉及记录的技能与技巧的问题，这里结合记录的方式来介绍。

（1）实录式。

即将课堂上师生间的对话尽可能全面地记录下来。显然，实录式记录在“忠实”反映师生对话、“精准”把握对话细节等方面具有较大的优势。但是，实录式记录对观课人的记录速度提出了较高的要求（事实上，实录式记录正逐渐被录音、录像等手段所取代）。此外，实录式记录还存在以下明显不足：观课人几乎没有思考的时间，无法鉴别所记内容的价值，即不能甄别应该记什么和不必记什么，对课堂的评判（根据师生言语）也只能在重新翻阅了记录之后做出；实录式记录主要反映教师和学生的言语行为，师生的面部表情、身体姿态以及环境变化情况等都不容易被记录下来，而这些方面透露出来的信息却也是课堂上极为重要的信息。

（2）简述式。

简述式记录是观课人从自身的角度出发，仅将课堂里发生的“重大”和“重要”事件、出现的可供借鉴的亮点和存在的可供讨论的问题等概括地记录下来。这种记录的方式有四个方面的长处：第一，没有“必须马上记下来”的压力，观课人可以从容地判断和选择要记录的内容。第二，在课中记录时，可以比较方便地把握课堂教学的各个环节，明了环节与环节间的关系。第三，可以较全面地捕捉课堂各个方面的信息，如课堂氛围、环境、教师和学生的非语言行为等。第四，可以明确课堂上还存在哪些需要进一步讨论的问题、这堂课的研究价值有哪些等。

（3）分类系统式。

即将要观察的内容分为不同的项目，分别进行观察并记录。借助这种方式进行的记录，可以为观课人提供较为详尽的某一方面或几方面的定量信息。例如，观课人为了分析、研究观察对象（学生或教师）的某些行为，可以预先编制出行为核查记录表，按照一定的类别列出要核查的行为，就行为是否出现、出现的时间、出现的频率等进行核查记录。学生课堂行为记录表见表 11-1。

---

① 窦瑾，潘明明．听课记录：为何和何为[J]．当代教育研究，2011(16)：41-43.

表 11-1　学生课堂行为记录表

学生编号	回答问题（次数）	提出问题（次数）	阅读教科书（时间）	讨论（时间）	听课（时间）	实验操作（时间）	……
1							
2							
3							
4							
……							

（4）图式记录。

图式记录是借助位置图、环境图等图式，直接呈现相关信息的一种记录方式。例如，观课人为了分析、研究上课教师的课堂提问是否照顾到全体学生，可以预先绘出学生座位示意图，如图 11-3 所示（图中一个方框代表一名学生）。在观课中，将上课教师的提问情况，用数字或符号在方框中予以表示。框中字母 C，W 分别表示学生回答问题正确和错误，数字表示教师提问的次数。显然，就该图所反映的情况而言，上课教师的课堂提问具有明显的倾向性——基本集中在教室中部学生身上。此外，还可以用线条、箭头等在该图上绘出上课教师在课堂中的行进路线图，以分析、研究上课教师上课时位置有无固有的倾向等。

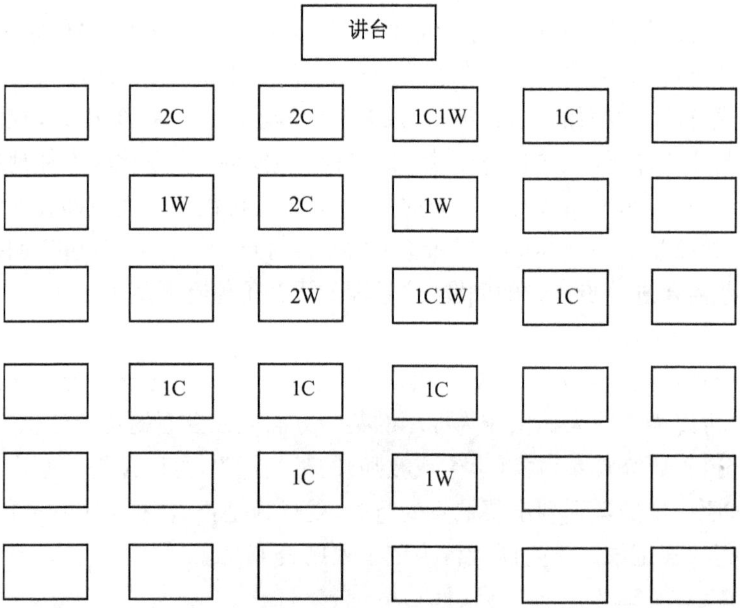

图 11-3　学生座位示意图

四、观课后的整理与反思

由于受多方面因素的影响，课堂观课中的观察和记录难免挂一漏万、失之偏颇。所以，在通常情况下，对记录的整理和辅助工作也是十分重要的。记录的整理是指对观课记录进行必要的“修补”，以改正记录错误的地方，补充记录遗漏的内容，因为在许多情况下，观课人对整节课的认识和理解是随着教学过程的逐步展开而不断深入的。记录的辅助是指在条件允许的情况下，借助录音、录像等手段将课堂“实况”进行回放，以便对课中观察和记录的不足进行弥补和修正，使记录更趋真实和完整。

观完课后，观课人还可以结合自身经验和体会写一篇观课后记，全面表达对“课”的认识和观课收获。这一点对实习生、年轻教师显得尤为重要。这里需要特别提醒的是，教学观念决定着上课教师在课堂上的教学行为，也决定着观课人对课堂的评判，所以，观课人在分析和总结观课认识和收获前，要反思自己的教学观念，明确自己所持的立场和态度，绝不能将自己的教学观念、立场、态度强加于上课教师，要注意换位思考、换位分析，通过比较研究，取长补短。

五、评课及其作用

评课是观课活动结束后，上课教师和观课人对课的得失、成败进行评议的一种活动，是开展观课与评课教研活动的一项重要内容。如果单从对“课”产生影响的角度来看，评课有利于优化上课教师的教学理念，优化课的教学目标，优化课的教学内容，优化课的教学方法和教学手段，优化课的教学过程，优化课的作业设计，优化课堂教学管理和优化教师教学基本功。如果从评课这项活动所能产生的对学校系统长远发展的效果来看，评课至少具有四大促进功能，即促进课堂教学质量提高，促进学生学习效益的提高，促进学校教研文化的建设，促进教师专业素质尤其是教学反思能力的提高。

六、评课的方式、内容与标准

（一）评课的方式

评课的方式有很多，可以根据具体情况确定采用何种评课方式。

1. 个别面谈式

即观课人与上课教师进行面对面的单独交流。这种评课方式更容易进行双向沟通，既可以保护上课教师的自尊心，也能够使探讨问题更加深入、有效。当然，这种评课方式一般仅限于观课人只有一两个人的情形。例如，校领导或教研组长陪同教研员观课时的评课一般就是采用这种方式。

2. 小组评议式

这是一种最常用的评课方式。例如，学校层面的汇报课、研究课和示范课通常采用这一评课方式。评课的一般程序：先由上课教师“说课”、谈感受，再由观课人交流和评议，最后由校领导或教研组长做小结。

3. 调查问卷式

由于评课受到时间、空间、人数等因素的影响，有时评课不采用上述两种方式，而采用调查问卷的方式。例如，区（县、市）及以上层面的评课通常就采用这种方式。这里的问卷（常常设计成评价表的形式）一般有三种：学生调查问卷、观课教师调查问卷和上课教师调查问卷。

除了以上三种评课方式外，有时还根据需要，采用陈述答辩式、师生评议式和专家会诊式等评课方式。这里不再赘述。

（二）评课的内容

评课的内容可以根据前面谈到的观课中观察和记录的要点来确定。当然，比较传统但很有效的做法是将评课的基本着眼点集中在教学目标、教学内容、教学过程、教学方法与技能、教学效果等五个方面（详见本书第九章第三节相关内容）。

（三）评课的标准

在现实教育系统中，几乎每一所学校（甚至每一个教研组）、每一个教研室，都会有自己的一整套评课标准。但评课到底有没有标准？这确实是一个人人关心、但又让人人"无奈"的问题。"折中"的回答是有标准，但无绝对的标准。原因很简单：课堂教学是一项繁杂的系统工程，内容、课型、对象、方法手段等都在变化、发展中。所以，在处理评课的标准这一问题上，应该采取既实事求是又"求大同、存小异"的态度（见本节第七部分）。本书第九章第三节谈到的从观课教师、上课教师、学生乃至学生家长等角度制定"标准"不失为一种有意义的做法。

信息栏 11-2

不同课型物理课堂教学评价要点

一、概念课

1. 教师对感性资源的选择（数量，针对性，是否符合学生年龄特征，是否符合最近发展区原理，可见度如何等）。

2. 教师演示（操作是否有差错，是否有针对性地提示学生观察重点，是否结合演示启发学生思维等）。

3. 教师分析的质量（分析是否遵循由感性到理性、由现象到本质，推理是否合理，学生参与程度如何，学生接受情况怎样等）。

4. 概念的巩固性教学（例题的数量、针对性、拓展性、启发性，学生主动性、接受情况，学生创新性等）。

5. 作业布置（数量、质量、实效性、层次性、趣味性、实践性等）。

二、规律课

1. 一般应有学生的实验探究活动。

2. 探究活动的内容选择（是否针对学习的"四点"，是否有利于体会"过程"与"方法"，是否有利于培养学生的情感、态度和价值观）。

3. 探究活动中的器材选择(简单、实用、安全、巧妙、有创意等)。

4. 探究活动的安排(是否有必要的事先指导,探究过程中教师的干预行为是否适度并有效,突发事件的处理是否及时和得当,是否对学生的探究活动给予及时的激励和引导,学生的积极性如何等)。

5. 学生探究结果的处理(教师是否让学生充分展示其探究的过程和结果,是否有学生的自我评价,教师的点评是否合理和公正,是否能利用"意外"的探究成果进行教学,是否能引导学生将探究的结论上升为物理规律等)。

6. 规律的巩固性训练(例题的质量和难度是否合适,是否向学生提供独立思考的机会,是否符合最近发展区原理,教师分析问题和解决问题的示范作用是否突出,是否有训练的小结,训练的拓展性如何,学生的参与情况怎样,训练的实效性如何等)。

7. 作业布置(数量、质量、针对性、拓展性、实践性等)。

三、习题课

1. 习题课设置(是否紧紧围绕"四点",是否必要等)。

2. 例题的选择(数量、相关性、难易度、基础性、发展性、探究性、挑战性等)。

3. 教师的作用发挥(策略性指导,是否针对学生差异进行适时、适度的点拨和总结,是否以点带面和举一反三,教师的干预是否合理,是否对学生进行激励等)。

4. 学生活动(参与程度尤其是学生思维的量和思维的深度,活动时间安排是否合理,学生的掌握程度等)。

5. 作业布置(数量、质量、巩固性、发展性、实践性、实际效果等)。

资料来源:李容、陆建隆《走进高中新课程:物理》,江苏科技出版社 2005 年版,第 52-53 页。

七、小组评议式评课中应注意的问题

小组评议式评课要注意以下八个方面的问题:一是评课要在观课后及时举行,地点宜安排在事先定好的干扰少的场所,评课的时间一般控制在 1 小时左右。二是为保证评课尽量做到客观、公正,应要求参与评课的人数不能太少,且应广泛吸引具有丰富课堂教学经验的教师参与评课。三是全体评课人要始终保持积极的态度,保持合作人而不是审判人的立场。四是在评价人发表观课意见之前,要让上课教师有足够的时间做一次(课后)说课,以表达自己对"课"的认识和感受。五是评课是以对课堂的事实性把握为前提的,所以评课前,观课人最好先将观课记录完整地呈现给上课教师,并允许上课教师对某些情节进行补充回忆和说明。六是在上课人自我评价了教学的优缺点之后,所有观课人都要持论公允地阐明自己对课的感受和看法。要注意杜绝"非黑即白"的对立思维模式,采取非审判性的方式。具体来说,要做到:说话注意分寸,既不"一团和气",也不"剑拔弩张",尤其不能以自己有限的教学经验去直接评价;不以偏概全、一边倒,不只凭一节课就给上课教师的教学能力下定论。此外,评课中所谈的一切要尽可能不外泄到其他场合。七是要尽可能多地听取学生的意见,使学生的感受和观点为教师改进教学注入新鲜的活力。如果有必要,还可以采取“形成性检测”的形式,进一步从学生的角度了解实际教学效果,揭示教学的得失和成败。八是观课和评课活动可以邀请校外的学科教育专家参与,这样一方面可以使整个观课和评课活动开展得更加周密,另一方面可以使评课活动不断地朝着更加客观和更加理性的方向发展。

此外,评课要注意结合上课人的年龄(或教龄)特征和课的性质,用恰当的方法和标准来评课。例如,对教学新手的汇报课,要重点关注常规和基础,要善于捕捉闪光点,发现并指出上课教师的教学潜能以及发展前景,以增进他们对未来工作的信心(关于这一点,CCTV“青歌赛”赵易山评委的做法非常值得借鉴);对骨干教师的研究课、探索课,要重点关注所研究、探索的问题,着重在其研究、探索方向上观察目标的达成度;对优秀教师的示范课,要在关注教学活动全过程的同时关注细节,观察上课教师的教学风格及学术思想在课堂上的体现,发现其独具的特色和创新点等。

最后,在小组评课的基础上,上课教师、全体评课人、学生代表(随机指定,5～6人)要认真地填写好相应的“课堂教学评价表”(参见本书第九章第三节)交评课召集人(通常为教研组长)汇总,并由评课召集人(或指定专人)客观、公正、实事求是地写出评课报告。评课报告和所有书面材料一并交学校教务部门,由学校教务部门审核后归入教师个人业务档案。

本章小结

作为一种在我国中小学持续了60多年的教学研讨制度,教研活动一直是联系学校教师和教学的重要纽带,也是中小学教师工作的一部分,更是促进教师专业成长的重要途径。

基础教育课程改革倡导中小学建立以校为本的教学研究制度,鼓励教师针对教学实践中的问题开展教学研究。

教师个人的自我反思、教师集体的同伴互助和专业研究人员的专业引领是开展学校教研活动的三种基本力量。

物理教研活动的形式主要有主题研究、说课、观课与评课、案例开发和研究、集体备课、集体出卷(阅卷)、专家讲座、教研论文交流、读书心得交流、教学竞赛等。其中,说课、观课与评课是师范生最需要了解的两种学校教研活动形式。

基础教育课程改革背景下的学校教研活动正在逐步实现三个方面的转型:从熟练的技术操作取向向实践反思取向转型,从研究教科书和教法向全面研究学生、课程资源和教师行为转型,从重在组织活动向重在培育研究状态转型。

做上学

1. 观摩某中学的一次教研活动,借机了解一下该中学近年来开展教研活动的情况，并进行小组交流。

2. 以初中或高中某节教科书内容为基本素材，设计说课稿，制作PPT课件，在小组内进行说课训练，并交流、评议。

3. 谈谈说课和上课的联系与区别。

4. 去中学观课，做好观课记录，写观课后记，并和教师们一起参加评课。

5. 谈谈你对“网络教研”的看法。

资源链接

1. 王洁、顾泠沅：《校本教研：行动与文化的变革》，载《中国教育报》，2007年7月13日5版。

2. 余文森：《论以校为本教学研究的三种基本类型》，福建师范大学基础教育课程研究中心。

3. 金春兰：《校本教研文化研究》，载《教育研究》，2007年第4期。

4. 周静忠、冯建跃：《从实践层面谈学校教研共同体建设——以高中物理开展有效教学活动为例》，载《物理教师》，2014年第3期。

5. 郑永圣：《点击高效听课的五个关键词》，载《物理教学探讨》，2011年第2期上。

第十二章　规划专业发展

学习目标

• 了解教师专业发展的必要性和重要性，了解物理教师专业发展的一般阶程。

• 理解物理教师应具备的基本素养。

• 知道教育研究、校本课程开发对教师专业发展的意义，了解物理教育研究的一般方法，了解物理校本课程开发的一般流程。

实践证明，教师专业发展在所有教育改革策略中居于中心地位——没有它，改革策略就仅仅是理想，而不能变为现实。教师不仅要“育人”，还要“育己”，只有教师不断完善自己，才能更好地促进学生不断完善。

第一节　明确专业发展目标

教师专业发展贯穿于教师的整个职业生涯，且不同的发展阶段具有不同的特质。明确专业发展目标，是教师专业发展的头等大事。

一、认同教师专业角色

自从人类出现了以教育、教学为职业的人——教师以来，人们对教师的角色认识就从未停止过，并因此形成了各种各样的“教师观”，如将教师比喻为“蜡烛”“春蚕”“园丁”“人类灵魂的工程师”等。随着教育改革的推进，教师的新称号不断涌现，如“专家型教师”“反思型教师”“研究型教师”“学者型教师”等，频繁出现的教师“新型”称谓都在一定程度上集中、概括地呈现了教师身份的内涵与特征。

（一）教师专业认同的内涵与意义

对于作为教育教学专业人员的教师而言，教师的专业认同主要是指教师个体或全体在教育教学专业实践过程中逐步形成的对自己身份的理解与看法，是教师对自己“我是谁”“我该怎么做”“我为什么要这么做”“我要成为怎样的教师”等的认知、思考和看法。它对于教师理解自己的工作情境、赋予其意义并采取积极有效的行动，有着十分重要的意义。从某种程度而言，教师的专业认同是促进其自身专业发展的内源性动力，也是深化课程改革、推进教师教育的关键所在。

教师的教育教学工作既是传递文化、传承文明、培育新人的过程，同时也是教师个体彰显生命意义与追寻个体价值的过程。因为，教师首先是一个“人”，一个具体、真实的生命存在体，其次才是一个职业人或者专业人员。从接受师范教育到成为新手教师再到成为有经验的教师，是一个教师的专业素养不断丰富、专业能力不断发展的过程，也是一个教师不断感知专业生活、体验专业实践、内化专业价值、获得专业技能、逐步认同自身从事的专业活动并积极投入的过程。这一动态过程充满了教师对于自身价值和经验的感知与理解。其中，教师对于自己是谁，自己想成为什么样的教师，如何看待自己的教师角色等问题的思考，是其专业成长的基石和出发点，对教师专业实践起着基础性的作用。

面对纷繁复杂的教育教学领域，不论是刚入职的新手教师还是颇有经验的老教师，都需要不断建构自己的专业认同，以期不断调整自我对外部环境（如课程、学生、同事等因素）的感知与理解，并采取有效的应对措施。教师的认同不是固定不变的，也不是预设的，而是通过个体实践经验与理性感受协调建构的。

（二）教师的教育教学是专业

“专业”，也称“专门职业”，是指专业化程度较高的职业，其成员须经过专门教育或训练，具有较高深和独特的专门知识与技术，按照一定专业标准进行专门化的处理活动。1994 年 1 月 1 日开始施行的《中华人民共和国教师法》规定“教师是履行教育教学职责的专业人员”，第一次从法律角度确认了教师的专业地位。1999 年 5 月颁布的《中华人民共和国职业分类大典》也将教师列入了“专业技术人员”的行列。

（三）新时期的高要求

从 20 世纪 80 年代联合国教科文组织发布的《学会生存》一书中提出的“教师的职责现在已经越来越少地传递知识，而越来越多地激励思考；除了他的正式职能外，他将越来越成为一个顾问，一个交换意见的参考者，一个帮助发展矛盾论点而不是拿出现成真理的人”，到 20 世纪 90 年代初我国倡导的素质教育提出“要面向全体学生，让每位学生都能全面发展，而且个性受到尊重，得以生动活泼地发展”，再到 21 世纪初《义务教育物理课程标准》提出的“满足每个学生发展的基本需求”和《普通高中物理课程标准（实验）》提出的“为学生终身发展、应对现代社会和未来发展的挑战奠定基础”等，都可以体会到现代社会对教师专业提出了相当高的要求。

以物理教师为例，要履行物理教育教学职责，除了需要具有和其他教师一样的、在教育教学活动中充当复杂角色外，还需要具有与物理学科密切相关的专业特点。例如，物理学科是一门实验科学，它以观察实验为基础，通过理性思维提出假说后，仍要回到实验中去检验，这就决定了物理教师要言必有物（现象、事实）、以物论理、言必有据（概念、规律的建立是在观察、实验之后）。又如，作为物理教师，要求其在观察和实验操作上能做示范，心灵手巧，能让学生从生活走向物理。再如，物理学理论体系充满着唯物辩证的观点，在表述世界的物质观、运动观、多样统一性、联系与发展性等方面，决定了物理教师是唯物辩证法的传播者。再如，物理学科不仅体现出求真务实的科学精神，还体现出社会伦理、爱国情怀、求美信善的人文精神，其丰富的情感、态度、价值观方面的内涵决定了物理教师在工作实践中需要体现科学精神与人文精神相结合等。显然，要做好上述工作，需要一个“专业成长”的过程。

二、物理教师的专业素养

教师的专业素养是现代教师质量的集中体现，物理教师的专业素养主要包括知识结构、专业技能、科学素养、信息素养、教育研究素养等。

(一) 知识结构

知识结构是知识体系在个人头脑中的内化状况，反映知识层次的构成情况。合理的知识结构是一个完整的系统，具有开放性、自我调节性、层次性、稳定性等特点。随着时代发展，教师要满足学生发展的需要，完成教学任务，其知识结构不再局限于“学科知识＋教育学知识”的传统模式，而是强调多层复合的结构特征，知识结构必须相应于教育形式的变化而不断地更新、优化。

1. 普通文化知识

教师专业知识结构的最基础层面是有关当代科学和人文两方面的基本知识，以及工具性学科的扎实基础和熟练运用的技能。这是教师维持正常教学和不断自我学习的基本前提。

2. 物理学知识

物理学知识是物理教师胜任中学物理教学工作的基础性知识。物理教师应具备层次清晰、内容完整、结构合理的物理学知识体系，要“精通中学物理知识，熟悉普通物理内容，明确近代物理观点，了解现代物理学进展”。此外，物理教师还应注意了解物理与生活、社会的广泛联系，关注物理知识在现代科技中的应用，明确物理学应用给经济、社会带来的利与弊，扩充与物理学联系紧密的其他自然科学知识，掌握物理实验内容、原理、现象、方法，加强物理实验操作能力的培养，知道物理学的发展史和趋势。

3. 教育学科知识

教育学科知识涉及教师对“如何教”问题的理解。在教与学领域中，教学过程被看作教师将其具有的学科知识转化为学生可以理解的知识的过程。教学的中心任务就是对学科知识做出教育学的解释，这种解释要依据学生的具体实际，包括学生已有的学科知识及其理解程度、不同学生的特点等。因此，物理教师不仅要熟悉普通教育学、心理学、教育心理学知识，而且要熟悉和掌握物理课程与教学论的知识。

以上三个层面知识是相互支撑、渗透和有机整合的，体现了物理教师知识结构的多层复合性。物理教师在教育实践中要根据“教书育人”的要求，不断发展、更新、优化自身的知识结构，有意识地沟通理论性知识和实践性知识，更好地实现物理课程目标。

（二）专业技能

教师的专业技能包括教学技能和教学能力两方面。教学技能是引导学生的学习活动，控制课堂气氛和学生的注意力，使教学活动顺利完成的教师行为方式。主要有引入技能、讲解技能、提问技能、教学媒体使用技能、应变技能、强化技能、结课技能等，这些前面已有比较详细的阐述。

教学能力是指教师达成教学目标、取得教学成效所具有的潜在可能性，反映了教师个体顺利完成教学任务的直接、有效的心理特征。物理教师应具备的教学能力主要包括以下几项。

1. 语言表达能力

准确、清晰地表达自己的观点，普通话标准，声音洪亮，语速适中，语言生动，表述流畅，明白易懂；板书规范，有条理。

2. 实验操作能力

物理实验操作准确、规范；熟悉中学所用的基本器材的构造及使用方法，掌握一定的设计、制造、改进实验器材的基本知识；根据教学内容和学生实际设计科学探究活动，把科学探究活动与学生物理知识、科学方法的学习以及科学思维、科学情感、态度、价值观的培养有机地结合起来。

3. 教学设计能力

综合运用已掌握的物理学专业知识和教育教学知识，从学生的实际出发，确定恰当的教学目标；分析和组织教科书，选择、开发和利用课程资源，编写“双案”；开发适合教学的实验项目和科学探究的活动方案，变革实验器材和方法；能够预计到教学设计产生的教学效果。

4. 教学组织能力

与学生建立民主、平等的师生关系；具有组织学生参与教学活动，指导他们进行科学探究、实验的能力和维持良好教学秩序的能力；能根据学生的实际情况、教学活动中遇到的实际问题和事件，灵活地调整教学计划和教学方式，创造性地驾驭课堂；具有感召力，善于控制自己的感情和情绪，通过自己的情感和意志影响学生。

5. 教学评价能力

具有设定评价目标和标准的能力，以发展性评价、“一切为了学生发展”、多元智能等教育理念对学生进行评价；具备选择评价方法和收集评价资料的能力；具备反馈和校正的能力；能有效发挥评价的激励功能和促进作用。

6. 现代教育技术应用能力

熟悉现代教育技术，具备将信息技术与物理课程整合的能力；能将信息技术应用到实验室，敢于尝试开发和应用中学物理实验软件，能够通过计算机实时测量、处理实验数据，分析实验结果等；能利用现代教育技术开发物理课程资源，将网络技术和多媒体技术“带进课堂、面向学生、辅助教学”，促进学生学习物理知识和技能，培养学生搜集信息、处理信息、传递信息的能力。

（三）科学素养

提高全体学生的科学素养是物理课程教学的总目标。自然，广大物理教师必须首先具备较高的科学素养，才能担负起培养学生科学素养的重任。

关于科学素养的构成模式，著名科学教育家米勒在 1983 年提出了这样三个方面：一是关于科学知识本质的理解；二是关于科学过程和科学方法的认识；三是关于科学、技术和社会的相互关系的认识。我国学者对科学素养也有多种概括，典型的有科学精神、科学态度、科学方法、科学思维、科学实践意识及应用科学知识解决问题的能力等。

1. 科学的本质

什么是科学，什么不是科学？这是首先要弄清楚的问题。但不幸的是，关于上述问题的回答至今未能形成共识。这里综合科学哲学、科学史和科学社会学的视角，从以下几个方面来认识科学的本质：科学是一种解释自然现象的尝试；对自然界的好奇心是科学发展的基本动力；科学知识具有可变性；科学知识极大地依赖于观察、实验验证、理性辩论和怀疑，但并非全部如此；不存在科学研究的唯一途径；规律和理论在科学中具有不同的作用，因此应注意到即使具有充分的证据，理论也不一定能成为规律；来自各种文化的人们都对科学做出了贡献；必须明确而公开地表达新知识；科学家具有创造性；科学史揭示了科学的进化性和革命性；科学是社会和文化传统的一部分；科学和技术相互作用；科学观念受社会和历史背景的影响；等等。

2. 科学探究的本质

探究是科学发展的精髓，也是科学素养的基础。从字面上来讲，“探究”就是探讨和研究。在“探究”前面加上“科学”二字隐含其主体是“科学家”，其对象是“科学问题”。科学探究强调的是逻辑、想象以及以证据为基础的思维来形成并修正科学解释、识别和分析各种模型、交流并捍卫自己得出的科学结论。在物理教学中，“科学探究”不再是指科学家进行的探究，而主要是指“学生们用以获取知识、领悟科学的思想观念、领悟科学家们研究自然界所用的方法而进行的各种活动”。“探究”的主体是学生，探索的对象相对于人类社会来讲是已知的，而相对于学生来讲是未知的。因此，从这个意义上来说，科学探究是一种学习方式，即探究学习（详见本书第二章第二节）。在理解、把握和运用探究学习时，要注意使科学探究“形”“神”兼备。“形”就是科学探究的基本程序：提出问题、猜想与假设、制订计划与设计实验、进行实验和收集证据、分析与论证、评估、交流与合作等。“神”就是科学探究的基本精神，即自觉无知、鼓励发表不同意见、讲究证据等。这样，可以避免把科学探究的基本步骤程序化，也可以防止把科学探究做表面化理解。

3. 科学是一种思维方式

科学不仅是一种知识体系，更是一种思维方式。一个具备科学素养的人应能"使用科学知识和科学思维方法以达成个人和社会的目的"。科学家如何认识自然界、如何解决科学问题、如何做实验等传递了一种解决问题的科学思维方式。在学习科学知识的过程中，重要的是学习科学家解决问题的思维方式和科学方法。这就要求教师要学习科学观点的历史发展，了解科学是如何通过归纳和演绎而发展的，认识科学的实证性和客观性，理解假定、证据、证明的作用，养成科学的思维习惯，等等。

4. 科学、技术和社会的相互关系

科学和技术是两个具有密切关系的不同概念，科学的目标是探求自然界，而技术的目标是改造自然界以满足人类多重需要。当然，一个实际问题往往涉及科学和技术两个方面。在传统的物理课程教学中，前者占绝对地位，后者则通常只是作为前者的"应用"而提及。随着技术在现代社会生活中的作用越来越显著，技术受重视的程度也正在日益加强。需要强调的是，科学和技术的应用具有两面性，在给社会创造巨大财富、给人们的生活带来极大方便的同时，它们也会给人类带来不便，甚至带来灾难。因此，在了解科学和技术广泛应用的同时，也要关注科学和技术给人类社会带来的负面影响。

5. 科学精神和人文精神

科学精神是科学素养的统领，它表达的是一种坚持科学思想的勇气和不断探求真理的意识，具有丰富的内涵和多方面的特征。具体表现为求实精神、实证精神、理性精神、创新精神、怀疑精神、独立与合作精神、原理精神等。需要指出的是，科学是一种由人（包括个人和团体）发现和创造的文化，因而从其源头到其精神都是人文的。所以，物理教师在具备科学精神的同时，还应具备人文精神。更何况，教学从根本上来说是一项文化活动，且是一项最具人文意义的文化活动。

（四）信息素养

随着信息时代的到来，在人才培育的目标模式中，有一个新概念——信息素养，正在引起世界各国越来越广泛的重视，并逐渐加入从小学到大学的教育目标与评价体系中，成为评价人才综合素质的一项重要指标。一般认为，信息素养的内在结构由以下三个层次组成：第一层次包括高效获取信息以及批判性地评价和选择信息的能力、有序化地归纳和存储以及快速提取信息的能力、运用多媒体和网络表达信息以及创造性使用信息的能力等三个方面。第二层次是由以上一整套驾驭信息的能力转化成的自主、高效地学习与交流的能力。第三层次是信息文化环境中个人的道德、情感、法律意识与社会责任。

对物理教师而言，信息素养主要包括有强烈的获取新信息的意识；能通过网络等信息技术手段，准确、快速地获取信息；对信息有较强的敏感性，能批判性地选择所需信息，能高效地利用新信息解决实际问题；具有良好的信息道德和信息安全意识；具有将信息技术与物理课程整合的能力；等等。

(五) 教育研究素养

苏霍姆林斯基说过："如果你想让教师的劳动能够给教师一些乐趣，使天天上课不至于变成一种单调乏味的义务，那你就应当引导每一位教师走上从事一些研究的这条幸福的道路。"这句话阐明了教育研究对于教师自身的成长与发展、自身价值的实现都有着重大的意义。事实上，教育研究的意识、知识和能力已经成为当下专业化教师的必备素养。

教师的教育研究素养主要表现在三个方面：一是有研究的意识，对教育教学中出现的问题和社会上发生的与教育有关的事件，新的教育问题、思想、方法等有职业的敏感性和探究的欲望。二是掌握教育研究的基本方法，了解不同研究方法的特点和操作步骤，能够根据不同的问题选择恰当的研究方法。三是善于运用科学研究解决教育教学实践过程中的问题，且在教育研究过程中，教师不只是教育研究的对象、原始资料的提供者和教育成果的推广者，还是教育研究的真正参与者和实施者。

三、物理教师的成长阶程

物理教师的成长可大致分为以下几个阶程。

(一) 调整磨合期——最初 3 年

新教师刚踏上工作岗位，有很多的理想和冲动，有让人羡慕的激情。但是，由于缺乏对教师岗位和职业的更深层次的了解和认识，新教师在工作中常常会因缺乏经验或不善于与人交流、沟通而产生一些困惑。尤其是新教师因对教育教学的对象和教学过程缺乏完整的了解而可能出现心理上、教学上和管理上的困难。身处这个时期的教师一方面要加强自身的学习、实践和反思，另一方面要自觉、虚心地接受同行教师的扶持和指导。

调整磨合期物理教师的主要特征：初步了解物理课程标准内容；基本熟悉物理教学过程的基本环节；基本掌握现代教育技术辅助教学的策略；能独立指导学生学习小组活动；能主动接受高水平教师的指导，并有固定的指导教师。

(二) 适应发展期——第 4～6 年

通过一到两个循环的教学磨炼，教师对教科书的整个知识体系有了比较全面的了解，对物理教学的全过程也有了清晰的认识，开始适应教学岗位的要求，由此进入一个较为顺利的发展时期。

适应发展期物理教师的主要特征：熟悉学生的现状；能比较全面地了解物理课程标准内容，比较熟悉物理教学过程的基本环节，能独立开展物理教学工作；熟练掌握信息技术辅助教学；能独立指导学科活动，且有一定效果；能利用业余时间比较自觉地学习和提高业务能力。

（三）成熟提高期——第 7～10 年

经过了适应期后，教师会因为个人职业的理想和发展需求，产生进一步提高和发展的欲望。这个阶段教师可能开始接受更高层次的职业培训和进修，进一步提高自己的专业技能。

成熟提高期物理教师的主要特征：熟练掌握物理学科课程标准，熟悉中学物理教学的全过程要求，能有意识和有目的地开展物理教学工作，课堂有活力；积极开展教育研究工作，并有初步的成果；能恰当地整合信息技术与物理课程，能建立体系较完整且符合个人教学需求的学科资源库；能够根据自己的专业发展需要，有选择性地接受业务进修与培训，初步成为学校的学科教学骨干。

（四）反思创新期——10 年以后

在经历了 10 年的教学生涯后，教师职业的经验和能力得到了充分的发展，教师成为学校的骨干教师甚至把关教师，开始进入自觉反思阶段，开始尝试教学创新，积极追寻符合个人特色的教学风格，实现从经验型向学者型教师的转变。

反思创新期物理教师的主要特征：能全面、深刻地理解物理课程标准，系统把握学科内容，能结合本学科发展的需要不断更新、充实教学内容；教学态度认真、严谨，教学风格鲜明，教学成效显著，能注意学生创新精神和实践能力的培养；熟练掌握信息技术与学科整合的策略；具有较强的创新意识和教研、科研能力，掌握教学改革和发展的最新动态；积极参与课程改革和实验室建设，取得显著成绩；能独立指导青年教师专业成长并有成效。

从物理教师专业成长的阶程可以看到，物理教师在由不成熟到成熟的发展过程中，其教育态度、价值观、教学策略、能力等都在不断地发生变化，且在不同的发展阶段，其成长的速度和侧重点是不同的。所以，每位物理教师要认清自己的发展位置，预期自己的发展方向，并以此为参考制订自己的专业发展计划。另外，教育行政部门要根据处于不同专业发展阶段的物理教师的不同需求、不同特征和不同发展目标来定位、设计物理教师专业发展活动，从而更有效地促进物理教师的专业成长。

信息栏 12-1

“五年教龄现象”

一些教师工作五六年后，思维与教学方法渐趋“凝固”，满足于已有的教学经验，习惯性地用“老套子”进行教学，教学水平再也不会明显提高，专业发展停滞不前，找不到前进的动力，很难再上一个新的台阶。人们通常把这种现象称为“五年教龄现象”。

资料来源：顾伟清《不应忽视“五年教龄现象”》，载《中国教育报》，2014 年 1 月 15 日 10 版。

第二节 尝试教育研究

在教师专业化发展中，教师已由传统的“传道、授业、解惑”转为教学活动的组织者、设计者、合作者。教师这一职业角色、职能的转化要求其自身发展是持续的。从国际教师专业化探索过程来看，教师要想获得持续发展，适应教育教学变革及新要求，只做一名“教学者”是不够的，还需要有能力对自己的教育教学行动加以省思、研究、改进，即树立“教师即研究者”的专业发展理念。目前，教师成为研究者或教师即研究者已经成为教师教育改革中一个具有国际影响力的运动，也成为教师专业化发展的重要趋势与教育改革的必然要求。

一、教育研究的性质

对于研究活动，人们寄予这样一种内在的期望：研究预示着改进，即教育研究将有助于教育教学实践的改善。

(一) 教育研究的基本功能

一般而言，所有的教育研究都有一个或两个目的：知识的拓展和问题的解决。研究既应帮助理论工作者做出理论上的决策，也应为教师解决非理论性的教学问题提供信息。理论工作者和教师的长远目标都是改善教育教学过程——教师更注重当下的情况，而理论工作者则假定教学理论的演化将提高教学过程的效率。

(二) 教育研究的基本特征

教育研究从根本上说是一种活动或一个过程。尽管研究的过程多而不同，但某些基本的特征将有助于确定研究的性质。下面是教育研究的几个基本特征。

1. 研究应是经验的

教育研究是以典型的经验主义方法为特征的，即所有的知识是从感觉经验中获得的。

2. 研究应是系统的

教育研究过程通常由 5 个环节组成：确定问题、查阅文献、收集资料、分析资料、得出结论。当然，不同的教育研究类型在如何完成这些步骤上存在较大弹性。有些研究如实验研究、验证假设的研究，其问题就早已经确定了。

3. 研究应是有效的

不管研究的形式是怎样的，也不管研究指向哪个目标，我们都期望研究是有效的，也就是具有效度。

4. 研究应是可靠的

即教育研究应该具有信度。信度是指研究的前后一致性以及研究的方法、条件和结果能在多大程度上重复。

5. 研究的方法可能有多种

教育研究的方法有多种，鉴别和描述不同方法的教育研究将帮助我们形成对教育研究的范围及各种研究的差异的理解。

二、物理教育研究的基本方法

下面简单介绍几种基本的物理教育研究的方法。

(一) 实验研究

实验思想是近代科学的一大支柱，实验方法与其他方法相比，最具科学方法的特点，即重事实、可重复、可积累、可证伪。但是，实验研究易受技术上和方法上误差的影响。所以，单就进行并完成一项合理的实验设计来看，需要缜密、仔细的计划，这样方能对误差提供最好的防备。实验研究要注意以下几点。

1. 充分的实验控制

充分的实验控制指对实验条件有足够的控制，以便研究者能解释结果。

2. 不加人为修饰

实验是在不加人为修饰的背景下进行的，以便其结论能应用于真正的教育领域。

3. 比较的基础

需要通过某种方式进行比较以确定是否有实验效果。在一些实验中，我们使用了控制组，即不受到实验处理的组。

4. 通过数据获得充足的信息

数据必须足以检验实验假设，应有对假设做出判断的足够的精度。

5. 非污染的数据

数据应充分反映实验效应，但不应被实验中出现的蹩脚的测量或误差所影响。

6. 无相关变量间的干扰

这一准则与充分的实验控制密切相关。实验中可能存在其他正在操作的对因变量有影响的变量。如果这样，这些影响不应被错误地理解为实验效应。我们必须设法分离、控制这些效应。

7. 代表性

研究者常常希望将实验的结果推广到一些个体、条件、方法等中去。为了获得具有代表性的实验结果，研究者常采用某种随机方式，或者通过对实验被试的选择，或者通过对接受实验处理的被试的分配。

8. 省力原则

省力原则是指如果所有其他特征相同，我们更倾向于采用较简单的设计，而非较复杂的。简单些的设计常常更易完成，解释起来也更方便些。

(二) 调查研究

调查研究是教育研究中使用最广泛的非实验的方法。调查研究包括一系列详细步骤,每一步骤都应当仔细计划。图 12-1 总结了调查研究的步骤,该图的左边包括了几个主要步骤,右边则展示了在每一步骤下的一些具体活动。

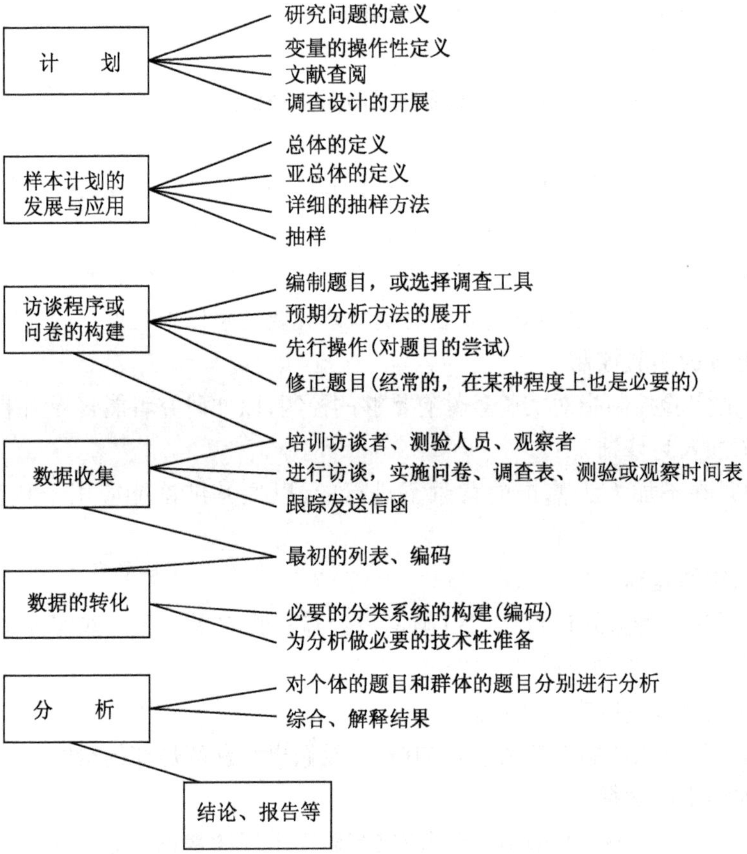

图 12-1　调查研究的步骤

调查可以分为介入性调查与非介入性调查两种。前者指调查者与被调查者之间有某种接触关系,如问卷调查与访谈调查显然都属于介入性调查;后者指调查者与被调查者之间没有接触关系,如文献调查就属于非介入性调查。

1. 问卷调查

问卷调查通常是指对较大人群样本采取提问的方式获取数据资料,从而对所关心问题的现状进行统计性的描述、评价、解释和预测的一种研究方法。问卷调查法与实验法是两种最常见的采用定量手段收集资料的研究方法。

2. 访谈调查

访谈是通过调查者与被调查者之间一问一答的方式获取资料的调查方法。采用访谈而不是问卷方法往往出于两个原因,一是被调查人不能阅读问卷,二是研究问题具有特殊性质。然而,访谈在时间和精力上所花的代价是昂贵的。近年来,电话访谈得到了大面积使用,并作为面对面访谈的替代形式。当然,无论面对面访谈还是电话访谈，预先做好计划是非常有必要的。

3. 文献调查

文献调查又称案头研究、文献研究。文献调查是一种通过收集、鉴别、整理和分析文献资料，形成对事物及其规律的认识的方法。台湾著名历史学家许倬云先生将文献比为“哑巴”，文献调查就是要让“哑巴”说话，所以又被称为“无反应调查”。显然这不是一件比问卷调查和访谈调查更容易的事。

需要特别指出的是，这里的“文献”(document)与文献综述里的“文献”(literature)在英文中具有完全不同的含义，因为它们在研究过程中的作用不同：前者是用于证明自己假说的证据，后者是前人研究成果的文字记载。

文献研究一般具有比较清楚的研究问题，而且既可以是定性研究也可以是定量研究，研究设计的灵活性也比较大。

4. 其他调查

许多教育调查的资料是通过问卷和访谈之外的其他方式来获得的。在这些调查中，资料的收集被高度“标准化”，而且为那些经常使用的已出版的测验和量表所控制。

(三) 历史研究

历史研究是寻找事实，然后使用这些信息去描述、分析和解释过去的系统过程。当我们从教育的角度考察历史时，历史研究会有很广泛的研究范围。

历史研究是研究过去的事件，在很大程度上，这些事件是自然地发生而非人为地发生。它研究的是过去，过去是一个模糊的概念：或像上一年这样近，或可以上溯几个世纪。历史研究探索资料而非产生资料，过去的变化已经产生，人们无法去操纵它们。

历史研究的方法覆盖教育问题研究的许多领域：一般教育史、教育专题史、教育法史、学制史以及教育政策研究等。历史研究的问题一般都具有连续性的特征，许多重要的教育问题的研究首先要依靠历史研究提供的观点，例如，课程改革常以过去的哲学、观念、发展和课程情况为根据。此外，在历史研究基础上产生的解释往往能够帮助确定研究现在教育问题的行动路线、观察视角等。

(四) 教育行动研究①

教育行动研究是教育领域的实际工作者(教师)在有关人员的指导和合作下，以反思与实践为主要手段，通过行动与研究的结合，解决自己在教育实践中出现的问题，进而加深对自己教育实践活动的理解、改善教育实践活动、提高教育实践能力的教育研究。教育行动研究具有以下基本特征。

---

① 窦瑾，高忠，王泽农．中小学教师开展教育行动研究之必要性与有效性[J]．教学与管理，2011(15)：5-7.

1. 教育行动研究的主体是教师，对象是学校日常遇到的教育问题

这是由教育行动研究本身的性质决定的。学校教育在本质上是实践性质的，并在实践中普遍存在着问题，所以在教育的情境中，适合行动研究的范围很广，其中包括学生发展中急需解决的问题、教师教学中急需解决的问题、课程改革中急需解决的问题等。

2. 强调行动过程与研究过程的结合，边行动边研究、边研究边行动

研究者必须亲历教育发生的现场，从常态下学校的教育实践中发现问题、分析问题、研究问题、取得成果，并在实践中应用成果、消费成果。一句话，教育行动研究是一种源于行动、研究行动、服务行动的研究，这实际上也体现了"教师成为研究者"是一种"合二为一"，即行动和研究的主体合一、行动和研究的过程合一——"教师即研究者"。

3. 教育行动研究是一种系统的、开放的循环研究

这是因为，一方面，"加深理解"和"改善"本身就是一个难有终结的目标，所以，教育行动研究应该是一种没有"最好"、但求"更好"的循环研究。具体表现为，教育行动研究过程是一个包含下列基本环节的螺旋式、多周期"闭合"回路：教师（即研究者，下同）对教育中遇到的问题进行分析和界定，找出问题产生的原因；制订解决问题的具体计划和方案；实施、监控教育行动研究；评鉴实施结果；撰写并公开研究报告等。另一方面，由于问题背景可能发生变化，教师的认识在加深，同一问题可能会有不同的归因和解决办法，行动和研究中时常会有新的问题出现等原因，在教育行动研究的每一个基本环节上，也总是需要进行不断地诊断和分析、制订计划和方案、实施、评鉴等，这样使得每一基本环节也成为一个螺旋式、多周期"闭合"回路。所以，如果将教育行动研究在整体上看作一个大回路，那它的每一个环节就是一个嵌套在大回路上的小回路。

4. 重视教师、理论工作者、专家和工作伙伴以及学生和家长的合作

教育行动研究是一种合作研究，需要教师与理论工作者、专家、学校行政领导、工作伙伴、学生乃至学生家长、督导、政府官员等进行合作。通过沟通，排除障碍，形成平等、互信、互补、共生的关系，建立学习共同体、反思共同体、研究共同体、实践共同体。尤为重要的是，在教育行动研究中，来自专业研究人员的专业支持不可缺少，这至少表现在以下一些方面：向教师提供必要的理论见解和参考文献；促进教师理性地看待经验和困惑；指导教师建立研究规范和研究程序；帮助教师提升体会与经验，使其更具说服力和实践意义；保持理论与实践之间的冲突、教师与专业研究人员之间的差异，使行动研究获得促进因素和发展动力。此外，教师专业敏感的诱发、专业自信的确立、专业自觉的养成、专业形象的树立、专业成长的实现等看似一蹴而就、理所当然，实则滴水穿石、需待时日，这都需要外部的"智力"来提供帮助。

5. 教育行动研究的结果一般不具有类推性

教育行动研究的问题或对象具有情境特定性(如某学校、某年级、某班级、某门学科、某项教育内容、某位教师等),因而研究的结果直接指向上述特定情境下的问题解决和教育实践活动的改善,一般不具有类推性和推广价值——教育行动研究从本质上来讲是一种为了"自己"的研究。事实上,从中小学教师的"设身处地"来看,教师成为教育的研究者后所做的研究与专业研究人士所做的研究应该有着比较明显的区别,即前者的研究不必像后者的研究那样目的在于理论的发展和构建,过程强调客观、精确和可控,结果在于具有普遍的推广应用价值等。所以,教育行动研究强调具体和特殊的情境且不排斥其结果在相似情境下的推广价值,但教育行动研究更重视当下问题和实践在研究过程中的不断改善、研究者在研究过程中获得的持续成长以及研究过程本身给他人的启发、借鉴价值。

三、教育研究的一般过程

图 12-2 大致反映了通用的科学研究的一般环节。其实,作为教育研究者,仅仅有流程图中的五个环节往往还不够,还要在解释现象即得出理论或结论的基础上,尽可能地联系实际问题提出一些"建议"或"对策"。"建议"或"对策"是基于研究发现并结合前人研究成果的一种推论。如果这些建议被应用于实践,在实践检验后就有可能要提出新的研究问题,这样研究便又很自然地重新"回归"到图 12-2 所反映的"五环节"回路。

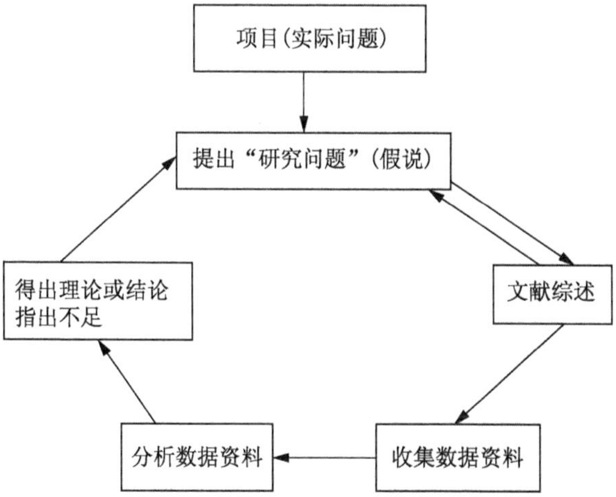

图 12-2　科学研究的一般环节

(一)"研究问题"的提出

研究问题的提出是研究过程的初始活动,非常关键,有时也是最困难的,因为研究问题在很大程度上决定了后面各环节的内容。研究问题确定了,假说——在研究之前对研究对象的某些特性与各种影响因素(变量)之间关系的一种"猜想"和推测也就确定了。所谓"确定",主要包括三个方面:研究的自变量、研究的因变量、各种变量的定义域。

（二）文献综述

文献综述是针对上一步找出的研究问题和有关变量进行集中的、系统的文献阅读和评价，从中发现前人对这些变量关系的已有认识程度和不足之处，为自己的新研究提出需进一步探讨的问题和一系列变量之间的关系。具体来说，文献综述的内容包括关于这个领域或主题已经做了哪些事情，各种变量之间存在什么样的关系，哪些研究已经完成，哪些研究还要继续等。

进行文献综述有以下三个方面的作用：一是通过文献综述了解前人在本领域的研究结论和水平，从而找出自己的研究方向、问题及其意义。二是了解本领域的已有研究都用了什么方法、手段，这些方法和手段是否合适、有效，存在什么问题、漏洞，从而找出自己的研究思路、方法或修改意见。三是对于学生而言，文献综述的作用还包括展示自己对本领域知识了解的广度和深度，因为这不仅是自己当前研究的基础，还是今后继续学习、工作和研究的必备技能。

（三）收集数据资料

收集数据资料是研究过程中最富技术性的环节。收集资料之前，研究的手段必须明确。事实上，所谓实验方法、调查方法、历史研究方法等，就是根据收集资料方法上的差异来划分的，因为这些方法之间的最大差异不在于怎样提出假说、怎样做文献综述，也不在于怎样分析资料、怎样报告研究结果，而在于怎样收集资料。所以，图 12-2 中的其他环节在不同的方法中有不少相似之处，而收集资料这一步却通常不一样。学习研究方法关键和最丰富的内容也就是学习收集资料的方法。而且更重要的是，一项研究的科学性和其对知识的贡献也主要体现在数据资料收集这个环节上。

（四）分析数据资料

通过分析，结果就出来了，数据阐述也同时被组织和综合起来。经过对资料的总结、加工及抽象概括，就得到了论述和验证假设所需要的信息。如果有统计分析，也是在这一阶段完成。这个阶段是消耗精力（脑力）的阶段，也是考验研究者们分析、推理能力，独立思考能力，持之以恒精神的阶段。

（五）得出研究结论及提出新问题

研究结论是对数据资料进行分析后自然产生的结果的理论概括。分析资料得到结论后，研究者必须明确自己准备提供什么信息并准备研究报告。这一工作常常需要反复，但这项工作的重要性无论怎样强调都不过分。因为它是将研究结果归结为新的知识和理论以及与已有理论相结合的途径，从根本上说这是研究的目的。

在完成了研究的全过程并得出结论后，还需对自己的研究进行系统的反思。此时，很有可能又会提出新的研究问题，这又很自然地回归到“五环节”回路中，进行新的循环。科学研究的积累性也在此得到体现。

综上所述，一般方法论意义上的研究种类都适用于教育研究；研究目的决定研究类型；教育研究可以放到科学方法的背景中去，且无论教育研究还是科学研究方法，都不能看成僵硬的、不变的、死板的程序设定；教育研究可以在许多领域进行，如课程、教学、学习、教育管理等；研究可以在不同层次进行；各种方法的教育研究必须兼容并蓄；等等。

四、物理教育研究的成果表达

教育研究成果有多种呈现方式，包括期刊论文、调查报告、实验报告、学术报告、开题报告、学位论文等。下面以期刊论文形式为代表进行介绍，其他形式的成果表达可以通过阅读具体的“范文”进行了解。

（一）明确论文写作的目的和意义

明确论文写作的目的和意义是写好论文的第一步。论文写作的根本意义有三点：第一，论文写作是研究活动的重要组成部分。一项研究发现必须发表才能被引用、被积累，才能对科学和人类有所贡献。第二，近代以后科学研究已经不是个人行为，任何研究成果必须得到学术圈的承认才有价值。有效的交流离不开良好的论文，而良好的论文必须符合共同的规范，因此，研究论文的质量直接影响研究成果被学术圈承认的程度。第三，论文写作过程也是对自己研究工作的一种坚持，它可以使研究的问题更清晰，可以发现研究的不足之处，从而做出必要的补救或为进一步的研究做出有的放矢的计划。

（二）研究论文的结构框架

古人作文有所谓“凤头、猪肚、豹尾”的说法。“凤头”是说作品的开头要像凤凰的头那样秀气、漂亮；“猪肚”是说文章内容要像猪肚那样内涵丰富、充实；“豹尾”是说作品的结尾要像豹子尾巴那样刚健、有力。与文学艺术作品的结构不同，研究论文要求更具体的规范和更普遍的结构形式。这个规范和形式不仅可以使交流的效率提高，而且可以使研究成果的表述更符合科学思维的逻辑。

从形式上看，研究论文通常包括“题目、摘要、引言、主体、结论、致谢、参考文献”七个基本部分；而“主体”部分又可分为“文献综述、研究方法、研究结果、讨论”等多个部分。从内容上看，研究论文的最大特点在于从数据资料的分析中得出结论，让数据自己“说话”，而不鼓励出现“我认为”“笔者认为”这样的主观词句。

当然，研究论文的结构也不完全是千篇一律的固定形式，只要能够达到结构完整、层次分明、逻辑严密、条理清楚的要求，在写作形式上是可以做适当调整的。

1. 论文题目的拟定

题目是论文的“眼睛”。好的论文题目能够告诉读者它的研究主题、研究问题、研究对象、研究方法和创新之处。首先，题目应该尽可能传达“研究问题”的信息。例如，“模型、建模与物理教学”，题目中的变量为模型、建模与物理教学；“以实验探究教学促进有效学习”，也有变量之间的关系信息，即实验探究与有效学习。其次，题目也是论文创新点的高度概括，如“科学素养的意义及其本土化诠释”，科学素养的意义已经少有人注意了，但又给出了中国本土化的诠释，显然是一种创新。最后，论文题目还常常包含研究方法的信息。

此外，题目的语义要明确、精练、得体，既要能清晰、明白地表述论文的研究对象、研究问题和方法等，又要言简意赅。好的论文题目还能方便同行检索，同时也提高了论文的被引用概率。因此，题目应该包含最关键的词语，突出创新之处。关键词指的是专业词汇，而不是“初探”“浅析”“探讨”“探析”“研究”等普通词语。

2. 摘要的写法

不同期刊对摘要的长度要求不同，但一般要求 200 字左右。摘要写作的几个要点如下：摘要是对研究过程和结论及其科学性的全面的概括性表述；摘要的内容一般包含研究问题、研究方法和结果（结论）；摘要往往在文章写好后再写，每一句话大致代表正文每一部分的主题，但句与句之间要连贯（实际上，如果文章内容逻辑严密，这一点是自然而然的）；不能将摘要写成“简介”或“意义”，后者属于引言部分的内容。

3. 引言的写法

引言是正文开始前的一段文字，可长可短。可以用小标题“引言”二字标明，也可没有小标题。

引言通常包含 4 个方面的信息：研究领域和研究背景、研究目的和研究问题、研究方法、实践意义和理论意义。总之，引言的目的是简要地告诉读者关于作者“为什么研究”“研究什么”“怎样研究”等类似的问题。期刊论文由于受长度要求的限制，引言常常与文献综述合并。

4. 文献综述的写法

文献综述的内容一般包括以下方面：在横向上对文献按主题、理论、学派或其他分类指标（如国别、地区等）分别进行概括性的介绍与评价，在纵向上揭示不同研究之间的继承和衔接关系，展示研究或理论发展的走向。写作这两个部分时，要注意符合逻辑地、顺畅地从一个主题转到另一个主题，从一种观点转到另一种观点，从一个历史阶段转到另一个历史阶段。除此以外，在文献综述中，对有些与自己的研究问题关系极大的前人成果要做说明，如“该理论将作为本研究的访谈提纲设计基础及资料分析框架”。在文献综述的末尾，要指明所考查的文献与自己的研究问题的关系，即要对前面的内容加以概括，对重点研究成果加以强调，要指明前人的成就与不足、哪些地方有深入研究的必要、自己将做些什么工作等。

5. 研究方法部分的写作

包括选择该方法的合理性论证、研究设计、收集数据资料的方法、分析数据资料的方法、研究的信度与效度等。

6. 结果与讨论

研究结果实际上是对用既定研究方法获得的数据的分析结果。如果是定量调查的结果，其主要形式为一系列充满数据和数学符号的图表。但对于定性研究的论文，结果的呈现形式主要是定性的文字描述。

“结果”与“讨论”之间最重要的区别是前者强调客观、准确，不带主观猜测，而讨论部分的解释往往是带有个人观点的，也是需要今后继续发现的内容。

（三）研究论文的类型

根据研究论文对科学发展的直接贡献大小，可将其分为四大类。

1. 原创性研究论文

所谓原创性研究，一般指从收集第一手观察资料开始的研究，如实验、调查等。它既可以是实证的，也可以是自然主义的；既可以是定量的，也可以是定性的。因为它的数据是首创的，因此它对可以积累的科学大厦贡献了一块砖瓦。进行这样的研究，研究者付出的劳动是很大的，对科学的贡献往往也是最大的。

2. 文献研究论文

文献研究论文产生于前述的文献调查方法，从文献中获取数据资料进行分析，发现新规律，产生新理论。历史研究和比较研究常用文献研究方法。虽然此类论文的数据资料可能不是首创，但在分析资料环节也可以具有很高的创新性。

3. 综述性论文

所谓综述，就是对前人在相关领域或相关主题的研究内容、研究方法和研究结果的概括和总结。因此，综述性论文的主体是对大量的、主要的相关研究文献进行整理、分类和评述，然后高度概括出其中重要的发现和结论，并指出其中的不足，从而在最后高屋建瓴地提出该领域应该继续研究、探索的方向。在研究方法上，综述性论文基本上采用文献研究方法。有些综述性论文可以产生一些重要的发现或理论。

4. 思辨论文

思辨论文是以已有理论和名人的观点为主要依据，以概念分析、逻辑推理为主要手段，以捍卫或批判一种观点、提出另一种观点为目的的文章。其结构常常由论点、论据和论证三要素构成。

值得注意的是，任何一个论点都可以找到大量的论据，尤其是以已有理论和名人观点为论据的情况。此类论文并不容易写，它需要作者具有深厚的本专业知识积累和宽广的知识面，有较好的语言表达能力、修辞学技能和逻辑推理能力。

五、物理教育研究的成果推广应用

教育研究的根本目的是解决教育实践中的问题，一方面改进、完善、丰富、发展教育教学方式，另一方面探索和完善理论体系，以更好地指导教育教学实践，提高教育教学质量。教育研究成果的推广和应用既是一个教育思想转化的过程，也是一个教育行为实践的过程。

(一) 教育研究成果推广应用的内涵和主要内容

教育研究成果应用是指教育研究成果进入教育教学实践环节，产生社会经济效益；推广是指教育研究成果扩大使用面，发挥更大更好的效益。教育研究成果应用与推广是把教育研究和教育教学的实践活动相衔接，使研究成果转化为社会生产力的过程，也是使研究产生的财富服务于社会、造福于人类的必要途径。

教育研究成果的推广应用有广义和狭义之分。广义的教育研究成果推广应用，是指包括传播、学习在内的一切扩大教育研究成果使用范围或起作用范围的活动。它包括教育研究成果的传播交流、自发运用以及有组织地推广应用三种类型。狭义的教育研究成果推广应用，则是指有组织、有计划、有步骤地将教育研究成果的思想、内容和方法等在一定范围内应用，使之为其他教育工作者所接受，并经理解、内化、改造而转化为教育教学效益的过程。

与“物性”范畴的自然科学研究不同，教育科学研究主要是一种“人学”范畴的研究。就内容而言，教育研究成果的推广应用主要包括教育思想和教育行为两个方面。一是先进的教育思想。只有当研究成果中先进的教育思想、教育观念得到传播并被社会认可时，它才有推广应用的市场。为解决教育教学改革实践中不断出现的新问题，广大教育工作者迫切需要学习、掌握和遵循教育研究成果所揭示和总结的科学规律和原则。同时，研究成果中所蕴含的科学思维方式也可启发广大教育工作者持续改善自己的思维方式，用新的视角去分析和解决教育教学中的新情况和新问题。二是先进的教育行为，即先进的教育教学策略、方法和手段。为解决广大教育工作者在教育教学实践中遇到的疑难问题，使他们的教育教学水平在原有基础上得到提高，我们有必要将研究成果中所包含的新颖而实用的策略、方法和手段及时加以推广和应用。

(二) “研究成果推广应用”的操作

这里从推广和应用两个方面来介绍。

1. 推广操作

成果拥有者不要有保守的心态，要主动地把自己的成果公开出来供别人学习，实现资源共享。教育行政部门和学校要打开视野，结合自己的区情或校情引进先进成果。成果推广的形式主要有以下几种：

(1) 文献式推广。即把成果通过出版著作、发表论文等形式公开。

(2) 制度式推广。教育行政部门或学校通过制度的刚性作用，要求教师应用别人的先进成果。

(3) 会议式推广。即通过召开成果交流会、成果研讨会、聘请专家或成果的“当事人”开设讲座等形式进行推广。

(4) 活动式推广。即通过组织成果展示活动等形式进行推广。

2. 应用操作

成果使用者不仅要有主动学习的精神，还要有尝试应用成果的勇气。这样，成果的价值才能得到体现，教育教学的"推陈出新"局面才能形成。

成果的应用形式主要有以下几种：

(1) 专题式应用。即由学校或教研组组织的针对某项成果进行的应用活动。同时上几节成果应用的课，再进行比较研讨，或进行应用体会、应用经验的交流。

(2) 渗透式应用。结合自己的情况，将别人的成果一点一滴地应用于自己平时的教育教学或管理工作中。

(3) 课题式应用。分为两种情况：有意识的课题式应用和无意识的课题式应用。前者是为了应用而设立课题，即觉得别人的某项成果具有先进性，且适合本校校情或本班班情，因此专门确立一个应用成果的项目；后者是先设立课题后找方法(学习别人的成果)。

(三)"研究成果推广应用"的总结

"研究成果推广应用"的总结与"研究成果"总结是一样的，只是总结的要点不一样。只要把自己在应用别人的成果时做了哪些工作、有哪些创新和探索、产生了哪些效果等总结出来就行了。

(四)"研究成果推广应用"成效分析报告的写法

成效即成果和效果。报告中涉及两个成果，一是原成果，即被应用的成果，是别人的成果；二是新成果，即应用后产生的成果，是自己的成果。

1. 标题

成效分析报告的标题应该有正标题和副标题，正标题提炼出新成果的特点或核心，副标题说清楚原成果名称。如"物理学科分层教学实践探索——'有一种智慧叫放弃'应用成效分析报告""小班化管理的新探索——'我育我学'成果应用实践报告"。

2. 内容

(1) 选用成果的应用价值分析。即成果与现实嫁接。实际上就是回答清楚两个问题：一是你选用了谁的什么成果？要说清楚原成果的出处(原成果名称、成果形态、结题或发表时间、主研人员或撰文作者及其所在地区、单位等)。二是为什么要选用该成果？一般包括自己在教育教学中面临的问题剖析；原成果的哪一点对自己的"症"。例如，发现"我育我学"中的小班化学习正好可以解决自己的班额过大、教师的指导和学生的学习落不到实处的问题。

(2) 选用成果对教育教学现实产生的影响。即成果解决了自己在教育教学中的哪些问题，这是摆出自己的应用效果。放到第二部分写是为了突出重点，因为实效性是重点。

(3) 应用与创新探索。即具体的应用与创新探索措施和活动。实际上就是回答如何应用的问题，重点写清楚自己在原成果基础上做了哪些创新探索。

(4) 效果分析。即以数据、案例为依据，具体回答有哪些效果，其效果的呈现形态是什么。主要针对第二部分内容进行分析。

(5) 认识与探讨。反思本推广应用实践还存在的问题及其改进措施和今后继续深化应用的打算。

第三节　开发校本课程

在我国，校本课程是相对国家课程、地方课程而言的，也是相对于专家开发的课程而言的。它是基于学校立场，以教师为开发主体，旨在满足学生多样化的兴趣和发展需求的课程。就本质而言，校本课程开发的价值追求有三方面：学生个性的发展、教师专业的成长、学校特色的形成。自然，校本课程开发是教师专业发展的重要途径之一。

一、校本课程开发的内涵及理念

“校本课程开发”的思想源于 20 世纪 60—70 年代的西方发达国家，针对国家(州政府)课程开发的弊端，把一部分权力下放给学校，主张学校的教师、学生、学生家长、社区代表等参与课程的决策，以学校为基地进行课程开发，实现课程决策的民主化。校本课程开发是当今世界课程改革的一种潮流。

2001 年 6 月，《国务院关于基础教育改革与发展的决定》指出：“实行国家、地方、学校三级课程管理。国家制定中小学课程发展总体规划，确定国家课程门类和课时，制定国家课程标准，宏观指导中小学课程实施。在保证实施国家课程的基础上，鼓励地方开发适应本地区的地方课程，学校可开发或选用适合本校特点的课程。”这一政令的颁布，保证了校本课程在国家课程方案中的地位，并超越了原来存在于中小学中的自发性的课程建设活动，如学校自主设计的活动课或选修课。

(一) 校本课程开发的内涵

从世界范围来看，校本课程的开发主要涉及两种情形。一种是英国、美国、加拿大、澳大利亚等地方分权国家的做法：国家或省(州)政府制定、颁布课程门类、标准，学校依照教育法规自主选择、改编教科书，自主决定教学内容。另一种是俄罗斯、日本、法国等中央集权国家的做法：中央政府提供课程计划框架，并规定好大多数课程的具体内容，留出一小部分给学校。我国的情形与后一种类似。基于这样的认识，可以对目前正在倡导的校本课程做如下概括：校本课程是指学校在保证国家和地方课程基本质量的前提下，通过对本校学生的需求进行科学评估，充分利用当地社区和学校的课程资源而开发的多样性的、可供学生选择的课程。

(二) 校本课程开发的核心理念

为什么要进行校本课程开发，它的实质是什么，这些都涉及校本课程开发的理念。下面介绍校本课程开发的三个核心理念。①

1. 学生的差异性、独特性是校本课程开发的根本出发点

这也是校本课程开发的本质性、标志性特征，是用以判断一项课程开发活动是否是校本课程开发的主要标准。众所周知，学校课程的实质是满足学生发展需要、促进学生全面发展的重要资源。国家课程具有“普适性”意义，是全体学生必须掌握的基本内容。但是，这种“标准”“划一”的课程，具有内在的不可克服的局限性，即它很难顾及不同学校学生的发展需求。校本课程要满足的就是这种差异性、独特性需求，其根本目的是实施“个性化教育”，促进学生的个性发展。因此，校本课程开发必须基于本校学生差异性、独特性的需要，否则，它就失去了存在的价值及意义。

2. 学校及教师是校本课程开发的主体

这是校本课程开发内在的规定性要求，也是校本课程开发中必须坚持的基本理念。如果说国家课程和地方课程的开发主体是代表了国家及地方意志的代理机构和有关专家，如教育行政部门及其领导下的学科专家等，其开发出的课程具有某些“普适性”，那么，校本课程开发针对特定学校的实际，而只有学校最了解自身发展需要、学生发展需求、教师状况、社区特征以及家长需要，因此，学校作为课程开发的主体机构，可以集中一切有利于学生发展的教育资源，形成特定的校本课程；广大教师最了解学生实际，他们开发出的课程最贴近现实，最能满足不同学生的差异性需求，这些优势是校外专家教授所无法比拟的。所以，与国家及地方课程不同，校本课程开发内在地、必然地规定了学校及教师是课程开发的主体，舍此别无他路。此外，由于教师课程开发权是伴随着教师专业“自主化”程度的不断提高而获得的，作为自主的专业人员，教师理应享有课程开发权，这是“教育自由权”的重要内容，它和教师作为“人”所获得的其他权利同样重要。所以，从某种意义上来讲，教师作为校本课程开发的主体也是教师“教育自由权”的回归。

3. 校本课程是基础教育课程体系中的重要组成部分

从校本课程开发活动的产生来看，它是针对国家及地方课程难以照顾到不同学校、不同学生的差异性需求而产生的。因此，就其地位而言，它不应该是孤立的，而应当是国家和地方课程重要的、独特的补充，与国家和地方课程一起共同构成完整的基础教育课程体系，三者缺一不可。具体来讲，第一，在整个课程框架中，要为校本课程留下一定的空间和时间，不能让校本课程受到无理的“挤压”；第二，校本课程的开发要注意与国家课程、地方课程相互协调和补充，不能让校本课程成为独立于国家课程、地方课程之外的“孤岛”。

---

① 吴永军. 再论校本课程开发的内涵及核心理念[J]. 教育发展研究，2004，24(3)：5-8.

信息栏 12-2

当代中小学课程设计的理念追求

1.关注人的主体的回归。2.关注整体的人的发展。3.关注人的共同文化素养的同时，关注人的多元发展。

资料来源：程振响、王一军《课程教学理念与实践引领》，南京师范大学出版社 2006 年版，第 1-2 页。

二、物理校本课程的开发①

校本课程开发是一项系统工程。从已有的课程开发实践来看，校本课程的开发流程一般分为建立课程开发组织、分析课程开发条件和现状、拟定课程目标、组织课程内容、课程实施、评价和修订课程等步骤。这里仅对其中的课程目标确定和组织课程内容两个方面做简单的介绍。

(一) 校本课程目标的确定

校本课程的开发不是随意的，而是要有比较明确的目标指向。校本课程的目标包括两个层级，一是总目标，二是具体目标。确定课程目标，不仅有助于明确物理校本课程与学校办学目标的衔接关系，与国家课程、地方课程的衔接关系，从而明确课程编制工作的方向，而且有助于校本课程内容的选择、组织和校本课程的实施、评价。

确定物理校本课程目标的主要依据是学段培养目标、学生的现实情况和发展需要、国家课程和地方课程的实施情况、学校情况等。目标的具体叙述方式可以参照《义务教育物理课程标准》《普通高中物理课程标准(实验)》中的相关部分。

(二) 物理校本课程内容的组织

通常，校本课程内容的组织可以按以下几个步骤进行。

1. 确定内容范围

物理校本课程的内容一方面来源于对物理学科课程的补充、拓展和整合，另一方面来源于不断向前发展的社会生活与生产、科学与技术、经济与文化。物理校本课程的内容不仅要包括事实，而且要包括原理、概念、技能、态度、价值观等。课程内容的选择一般应注意适应性、生活性、趣味性和开放性等。

(1) 适应性。

课程内容的选择一要注意以地方、学校及学生的现实和需求为基础；二要能调动学生的学习积极性，有助于学习活动的持续与完成，因此，在选题的难易上应根据“最近发展区”来设计。

---

① 窦瑾，王泽农. 叩开高中物理选修课之门——高中物理选修课教学实践研究[M]. 北京：世界图书出版公司，2009：47-48.

（2）生活性。

对学生来说，来源于他们实际生活的课题是具体的，即是可见、可及、可感的。真实的生活容易为学生的发展提供必要的经验基础，使学生将所学的知识同现实世界建立联系，从而有助于知识的理解和掌握，同时为学生了解社会、增强生活责任感提供条件与可能。另外，真实的生活主题往往不单纯属于某一学科，而是打破学科的界限，必须综合各方面的知识才能解决，正是这种课程的综合性能为学生的情感体验提供开放的空间。

（3）趣味性。

"兴趣是最好的老师"，课程内容的选择只有符合学生的兴趣和爱好才能激发学生的探索动机，从而促使学生在学习活动中变被动为主动，这样也有利于学生克服和战胜在学习过程中遇到的各种困难，最终实现课程目标。

（4）开放性。

校本课程与学科课程相比，更注重情感目标和全面发展，所以其内容在条件与结论上都应具有一定的开放性，即不确定性，也就是每个活动主题应有多种解决问题的途径和方案。这样，思维水平、知识水平、生活经验不同的学生，通过自己的努力都能获得不同程度的成功和体验。

【案例 12-1】 **"生活·社会·物理"校本课程内容范围**①

1. 无处不在的力：生活中的力学，游乐场上的力学，体育场上的力学，其他。

2. 亲密接触太空：火箭，人造卫星，空间站，航天飞机，其他。

3. 现代交通：汽车，火车，飞机，游轮，其他。

4. 神奇的光：光与生活，自然界中的光现象，看不见的光，激光，光学器件和光学产品，光纤通信，其他。

5. 电磁世界：神奇的静电，涌动的电流，功不可没的地磁，孪生的电和磁，其他。

6. 不可或缺的热：热与生活，热与热机，气体、液体和固体，其他。

7. 原子探秘：原子和原子核，放射性和医学、农业，核电站与核武器，其他。

8. 能源与可持续发展：形式多样的能源，能源的利用和开发，能源和可持续发展，其他。

9. 奇特的声：声之谜，动人的音乐与讨厌的噪声，超声波与次声波，其他。

2. 拟定课程纲要

课程纲要是课程实施的指导性框架，是课程教师编写教学指导用书、开展教学活动和进行教学评价等一系列活动的依据。课程纲要一般由两个部分组成：说明部分、正文部分。前者主要说明这门课程的名称、开发的目的、课程的类型（是限选

---

① 周延怀. 新课程教学资源丛书：生活·社会·物理[M]. 南京：南京师范大学出版社，2006：59.

课还是任选课)、适用年级和教学时数,后者则规定课程的具体目标、具体内容、教学方式和实施意见等。

【案例 12-2】 **校本课程"光学仪器与观察视野"课程纲要**

一、说明部分

1. 课程名称:"光学仪器与观察视野"。

2. 开发人员:××高级中学"科学学科拓展性校本课程的开发与实践研究"课题组。

3. 课程资源:

(1) 人教版《全日制普通高级中学教科书(必修加选修)物理》第三册。

(2) 人教版《普通高中课程标准实验教科书物理选修 2-3》第 2 章。

(3) 13 位接受过国家"2049"课题组培训的科技教师,有一定的科技教育经验。

(4) 实验设备、图书馆、青少年科学研究工作室、网络等相关资源。

4. 研发类型:课程改编(对原有高中物理课程的内容、结构进行拓展和重组)。

5. 课程类型:主题活动(选修)。

6. 授课时间:6 周(每周 1 课时)。

7. 授课对象:高中二年级全体学生。

8. 课程背景:当前,我国正在实施"2049 计划",该计划明确提出了"2049 年人人具备科学素养"的奋斗目标。中国科协也正在实施《全民科学素养行动计划(2049 计划)》中的《青少年科学素养行动计划》,以改变学生科学素养薄弱和发展不平衡的现状,使学生能适应未来时代发展的需要,迎接科技革命的挑战。我校具有科技教育的优良传统,是中国科协科技教育实验学校。我校学生对科技活动颇感兴趣,在南宁市、广西壮族自治区以及全国科技创新大赛上都有众多学生积极参与并多人次获奖。学生为了提升自己的科技创新能力,需要丰富自己的知识储备,练就创造和制作的操作技能。为了满足学生学习需求和学校发展需要,我校构建了以科技教育为中心的校本课程开发体系。为了使我校有更多的学生能学习和感受科技创新所需的物理基础知识、方法和能力,有效地落实课改精神,迫切需要相关的校本课程支撑。校本课程"光学仪器与观察视野"为此而开发。

二、正文部分

(一) 课程目标

1. 知识与技能目标。学习光学仪器所涉及的光学知识(人教版《普通高中课程标准实验教科书物理选修 2-3》第 2 章),知道眼睛的调节和视角;理解透镜成像规律、透镜组二次成像特点以及望远镜、显微镜和照相机的工作原理;了解照相机的组成、曝光量的控制、镜头参数、照片景深等基本知识;掌握凸透镜焦距的测量方法。

2. 过程与方法目标。能根据小组收集到的材料,设计一个具有一定放大倍数的简易望远镜(或显微镜)的制作方案(含光路图和结构示意图);能按照本组的设计方案,动手制作简易望远镜(或显微镜);编写一本说明书(小册子),解释所制作的望远镜(或显微镜)各部分的功能、参数(如放大倍数)和使用方法;能正确使用光学照相机或数码相机,跟踪制作小组的活动,并拍摄自己小组活动的过程照片和作品照片。

3. 情感态度与价值观目标。演示并向其他组的同学介绍望远镜(或显微镜)的工作原理,让其他同学用你们自制的望远镜(或显微镜)观察月亮(或蚂蚁),分享你们的快乐;制作PPT演示文稿(课件),出一期展示该作品的专题板报,在学校科技节的成果展示中,宣传望远镜(或显微镜、照相机)的发展情况、应用范围及其在推动科技进步、社会文明中的作用,从中感受到物理学的价值和魅力。

(二) 课程内容

本课程的活动主题是"让我们看得更遥远、更细微、更精彩",这一主题共分为以下四个专题。

1. 请留下精彩的瞬间——照相机的使用和现场拍摄。

2. 让我们看得更细微——简易显微镜的制作与观察。

3. 让我们看得更遥远——简易望远镜的制作与观察。

4. 我们的世界真精彩——出版专题板报,展示光学仪器所呈现的美丽世界。

(三) 课程实施建议

1. 教学方式及学习方式。教师采取主题活动方式开展教学活动。学生在教师组织和指导下,采用"做中学"的方式,分组进行合作学习和动手制作活动。学生通过动手制作简易望远镜(或显微镜)或使用照相机,自主学习所需的物理知识,并通过小组合作探究活动,寻找制作简易望远镜(或显微镜)的可行办法。

2. 组织形式。4名学生为一组,每组在简易望远镜和显微镜中选做其中一个,且每组有一名学生负责使用照相机在活动现场跟踪拍照(班级规模为30人)。

3. 课时安排(见下表)。

<table>
<tr><th colspan="2">课时</th><th>内容安排</th><th>场地</th><th>设备</th></tr>
<tr><td rowspan="2">第1课时</td><td>课堂上</td><td>1. 复习:光的折射、透镜成像规律、公式及光路图的作法
2. 弄清眼睛看物体的光学原理
3. 了解照相机的基本原理,学习使用照相机
4. 分小组选项目(在望远镜和显微镜中选一项)</td><td>科技活动室</td><td>照相机</td></tr>
<tr><td>课后</td><td>1. 自学教科书,小组讨论增大视角的方法
2. 查阅相关资料并进行实验准备
3. 根据教科书所涉及的实验,列出小组实验所需的器材清单并交实验室,请实验室老师准备(学生自己能收集到的材料由学生自己收集)</td><td>教室、阅览室</td><td>图书资料</td></tr>
</table>

续表

课时		内容安排	场地	设备
第2课时	课堂上	1. 分组做实验:用凸透镜组做显微实验并根据实际数据画出光路图,用凸透镜组做望远实验并根据实际数据画出光路图 2. 分组讨论:制订计划,设计方案,明确分工 3. 挑选凸透镜(通过实验测出透镜焦距)	光学实验室	凸透镜、光具座、光源、光屏
	课后	修改完善设计方案		
第3课时	课堂上	1. 画出设计施工图(要求:标出尺寸、所用透镜焦距、预计的放大倍数,写出相关材料等) 2. 收集、制作所需材料,并将材料加工成零部件	科技活动室	1台微型机床/组、基本手工工具
	课后	收集制作所需的材料,并将材料加工成零部件(可以利用家庭力量和社会力量)		
第4课时	课堂上	1. 安装:按照施工设计图把部件安装成望远镜或显微镜 2. 调试:对安装好的望远镜或显微镜进行调试 3. 记录:安装、调试情况	科技活动室	凸透镜2个/组、基本手工工具1套
	课后	完成课堂上未完成的工作		
第5课时	课堂上	1. 编写说明书(小册子),解释该望远镜(或显微镜)各部分的功能、参数(如放大倍数)和使用方法 2. 制作电子演讲文稿	电脑教室	电脑(每组1台)
	课后	完善电子演讲文稿		
第6课时	课堂上	1. 成果展示报告会:实物展示(各组制作的光学仪器)、经验汇报(各组派代表向其他同学介绍本组作品的工作原理、制作过程及体会) 2. 应用报告:用PPT叙述本组所做这一类光学仪器的发展情况、应用范围以及在推动科技进步中的作用 3. 观察体验:和其他同学一起利用自制的望远镜(或显微镜)进行观察	小会议室	电脑1台
	课后	用自制的望远镜(或显微镜)观察月亮(或蚂蚁)	学校操场	
学校科技节举办的主题展览(邀请家长和社区人士参观)		1. 作品展览:展出各组的作品实物、说明书、活动过程剪影、体会等 2. 专题板报:宣传望远镜、显微镜、照相机的发展情况、应用范围以及在推动科技进步中的作用	科技节活动现场	

(四)学习评价建议

采用成长记录袋评价形式,重视量化和质性评价相结合。

（五）设备要求

焦距不同的凸透镜10组，微型机床12台（包括车、铣、刨、锯、钻、开齿轮、磨等），基本手工工具1批，配置能上网的电脑10台，小型天文望远镜、显微镜、照相机各1台，塑料管若干。

3. 设计内容的呈现方式

虽然校本课程的编排在体例上不必追求知识体系的严密性，但要体现其灵活性和趣味性。在依据课程纲要编制校本课程时，既要充分考虑到学生的兴趣爱好、知识基础和发展潜力，又要充分考虑到本地区的资源条件、学校的现实状况和发展前景。实践表明，采用“呈现材料—提出问题—专题研究—专题小结”的形式编制校本课程不失为一种可行而有效的做法。

三、校本课程开发的意义

校本课程的开发、实施与管理是一个多方参与的过程，其意义也是多重的。

（一）满足学生的成长需要

校本课程在开发主体、课程内容、课程形式上都可以弥补国家课程和地方课程的不足，能够关注到学校和学生的差异，更加贴近学生真实的学习和生活。除了满足学生群体的需求之外，校本课程进一步强调学生个体的差异性与唯一性，为其成长提供了更多的机会和广阔的空间。

（二）促进教师的专业发展

教师是学校中的主要教育力量，他们的专业意识、专业知识、专业态度、专业技能都直接决定着教学质量、学生发展和学校建设。长久以来，我们的一线教师处于课程开发的边缘地带，校本课程的开发唤醒了教师的课程意识，提升了教师的课程建设能力，它赋权于教师，并给教师发展的机会与空间，在课程实践的过程中，促进专业发展。

（三）形成学校特色

校本课程以校为本，是基于学校的历史传统、教育哲学、课程能力和课程资源等之上的，是学校与学校相互区别的重要“名片”。校本课程的开发、实施与管理是校内开展专业合作与支持、学校各个部门相互配合的过程，是加强学校意识和实践学校教育哲学的过程。

（四）提高社会的课程参与意识

校本课程的开发无疑将校外的社会力量引入其中。除了大学的课程专家以外，家长、社会中介机构也通过参与开发过程、提供课程资源与咨询意见等形式参与到校本课程开发的过程中，增强了课程的丰富性、多样性和适切性①。

---

① 崔允漷，何珊云．“丛林之旅”：校本课程十年——校本课程的回顾、省思与展望[J]．基础教育课程，2010(Z1)：142-145．

信息栏 12-3

物理校本课程评价

校本课程的评价说到底是对校本课程设计、编制、实施、改进等过程的一种质量监控，一般包括对学校环境、课程目标、课程组织和课程实施的评价，甚至包括对课程评价本身的评价(即元评价)。下面是一份物理校本课程评价样表，由 5 个一级指标、26 个二级指标组成，供参考。

评价项目	评价指标	评价分值				
		5	4	3	2	1
学校环境分析	学校领导重视物理校本课程					
	学生有需求，有热情					
	物理教师、物理实验员积极参加					
	物理校本课程开发者具备基本的开发课程能力					
	学校具备相应的教学资源					
物理校本课程目标分析	课程目标与学校的教育目标一致					
	课程目标为培养学生的科学素养服务					
	课程目标联系实际，能够达到					
	课程目标细化成物理教学目标					
物理校本课程组织分析	选择合理的课程组织方案					
	选择具有适应性、开放性、兴趣性和实效性的课程内容					
	课程内容的组合符合学生的认知结构					
	向物理教师和学生提供可供选择的课程内容、教学方式					
	学生和物理教师理解教学目标					
物理校本课程实施分析	准备工作充分，得到学生、家长、教师、社区的理解、认可和支持					
	物理校本课程的实施有时间和空间的保证					
	能照顾到学生的个性差异					
	课程活动有一定的灵活性					
	考虑课程与物理学科课程的联系和配合					
	教师的态度、行为得到改善，有实际的收获					
	学生有收益(需要满足、能力锻炼、见识增广、心灵进化等)					
	在学校之间产生一定的知名度					

续表

评价项目	评价指标	评价分值				
		5	4	3	2	1
元评价分析	学校建立专门的课程评价机构					
	收集信息的渠道畅通					
	重视物理校本课程参与者包括学生家长的反馈意见					
	制定进一步完善物理校本课程的措施					

资料来源：胡炳元《物理课程与教学论》，浙江教育出版社 2003 年版，第 226-227 页。

本章小结

教师专业化发展已成为国际教师教育改革的趋势，受到许多国家的重视。

一名有专业素养的教师是而且必须是一名有专业伦理和专业能力的人。简单地说，对教师的基本要求是“肯负责、有本钱”(叶圣陶语)。“肯负责”，指向专业伦理；“有本钱”，指向专业能力。

在教师专业化发展中，教师越来越成为教育活动的组织者、设计者、合作者。为此，教师必须树立正确的发展理念，需要对自己的教育行动加以省思、研究、改进，真正落实“教师即研究者”。

校本课程开发是教师专业发展的有效途径之一。校本课程开发过程能使教师在成就学生的同时成就自己。

教师专业发展是一个持续不断的过程，贯穿于教师的整个职业生涯，不同的发展阶段具有不同的特质。有志于终身从教的人，必须把教师的专业发展作为内在的不懈追求。

做上学

1. 社会赞美教师，像红烛一样燃烧自己照亮别人，像园丁一样用心血、汗水浇灌幼苗，像春蚕那样到死丝方尽，“红烛”“园丁”“春蚕”成了教师的象征，谈谈你对教师专业角色的认识。

2. 你心目中的物理教师应该具备哪些专业素养？你准备如何去提升自身的专业素养？

3. 查阅校本课程开发的案例，学习校本课程开发的过程。

资源链接

1. 朱永通：《教师，何以在阅读中生存——教师阅读三问》，载《中国教育报》，

2013年11月18日9版。

2. 顾伟清:《不应忽视"五年教龄现象"》,载《中国教育报》,2014年1月15日10版。

3. 顾世文:《基于"创新能力"培养的实验课程——"高中物理'四小'创新实验课程"的开发与实践》,载《物理教学》,2014年第3期。

4. http://www.phy.hk。

5. 格物致知学习网站,http://memo.cgu.edu.tw/yun-ju。

教学做合一

1. 以小组为单位,设计一份学校"科技节"的活动方案。
2. 针对当前物理教育实践,提出一个问题,采用适当的研究方法进行研究。
3. 你对自己的职业生涯有怎样的规划?请在小组内交流一下。

参考文献

[1] 姚梅林.学习规律[M].武汉:湖北教育出版社,1999.

[2] 江苏省中小学教学研究室.高中综合实践活动指导[M].南京:南京师范大学出版社,2000.

[3] 王丹.西方现代教育思潮[M].桂林:广西师范大学出版社,2003.

[4] 杨启亮.困惑与抉择——20世纪的新教学论[M].济南:山东教育出版社,1996.

[5] 张华.课程与教学论[M].上海:上海教育出版社,2000.

[6] 胡炳元.物理课程与教学论[M].杭州:浙江教育出版社,2003.

[7] 封小超,王立邦.物理课程与教学论[M].北京:科学出版社,2005.

[8] 李新乡,张德启,张军朋,等.物理教学论[M].北京:科学出版社,2005.

[9] 李为,王泽农.中学物理课程与教学论[M].长春:东北师范大学出版社,2006.

[10] 朱慕菊.走进新课程——与课程实施者对话[M].北京:北京师范大学出版社,2004.

[11] 廖伯琴,张大昌.物理课程标准(实验)解读[M].武汉:湖北教育出版社,2004.

[12] 教育部基础教育司,教育部师范司.普通高中新课程研修手册——综合实践活动的实施与管理[M].北京:高等教育出版社,2004.

[13] 教育部基础教育司,教育部师范司.普通高中新课程研修手册——校本教研与教师专业发展[M].北京:高等教育出版社,2004.

[14] 新课程实施过程中培训问题研究课题组,教育部基础教育课程教材发展中心.新课程与评价改革[M].北京:教育科学出版社,2001.

[15] 郑金洲.基于新课程的课堂教学改革[M].福州:福建教育出版社,2003.

[16] 刘炳升,仲扣庄.中学物理教师专业技能训练[M].北京:高等教育出版社,2004.

[17] 李冲锋.教学技能应用指导[M].上海:华东师范大学出版社,2007.

[18] 阎金铎,田世昆.中学物理教学概论[M].北京:高等教育出版社,2003.

[19] 许高厚.课堂教学技艺[M].北京:北京师范大学出版社,1997.

[20] 阎金铎.物理教学论[M].南宁:广西教育出版社,1996.

[21] 蔡铁权.物理教学丛论——基础教育课程改革视野下的中学物理教学[M].北京:科学出版社,2005.

[22] 皮连生.学与教的心理学[M].上海:华东师范大学出版社,2006.

[23] 阎金铎,田世昆.初中物理教学通论[M].北京:高等教育出版社,1989.

[24] 方明.陶行知教育名篇[M].北京:教育科学出版社,2005.
[25] 张红霞.科学究竟是什么[M].北京:教育科学出版社,2003.
[26] 魏冰.科学素养教育的理念与实践[M].广州:广东高等教育出版社,2006.
[27] 桑新民.学习科学与技术[M].北京:高等教育出版社,2004.
[28] 申继亮.教学反思与行动研究[M].北京:北京师范大学出版社,2006.
[29] 刘炳升.走进高中新课改物理教师必读[M].南京:南京师范大学出版社,2005.
[30] 郑金洲.教师如何做研究[M].上海:华东师范大学出版社,2005.
[31] 施良方.学习论[M].北京:人民教育出版社,2001.
[32] 乔际平,邢红军.物理教育心理学[M].南宁:广西教育出版社,2002.
[33] 陶洪.物理实验论[M].南宁:广西教育出版社,1996.
[34] 钟志贤.信息化教学模式——理论建构与实践例说[M].北京:教育科学出版社,2005.
[35] 朱铁成.物理教育研究[M].杭州:浙江大学出版社,2011.
[36] 张红霞.教育科学研究方法[M].北京:教育科学出版社,2009.
[37] 石中英.教育哲学[M].北京:北京师范大学出版社,2007.
[38] 张楚廷.教育哲学[M].北京:教育科学出版社,2006.
[39] 朱建廉.高中新课程实践引领:物理[M].南京:南京师范大学出版社,2009.
[40] 阎金铎,郭玉英.中学物理新课程教学概论[M].北京:北京师范大学出版社,2008.
[41] 教育部.教师教育课程标准(试行)[S].2011.
[42] 钟启泉.为了未来教育家的成长——论我国教师教育课程创新的课题[J].教育发展研究,2011(18):20-26.
[43] 冯建军.论教师生命发展的策略[J].当代教育科学,2006(10):27-30.
[44] 杨启亮.教师职业专业发展的几种水平[J].教育发展研究,2009(24):54-58.
[45] 林崇德,申继亮,辛涛.教师素质的构成及其培养途径[J].中国教育学刊,1996(6):16-22.
[46] 叶澜.新世纪教师专业素养初探[J].教育研究与实验,1998(1):41-46.
[47] 钟柏昌,付小连.论面向新课程需要的教学设计[J].当代教育科学,2004(20):27-29.
[48] 祝智庭.中国教育信息化十年[J].中国电化教育,2011(1):20-25.
[49] 何克抗.多媒体课件及网络课程在教学中的应用[J].中国大学教学,2007(5).
[50] 徐秀萍."物理学案导学"复习课的设计[J].物理教师,2007,28(3):61-62.
[51] 张义超.讲评课教学行为的转变[J].物理教学探讨,2003(21):14-15.
[52] 魏军.求准 求活 求实——浅谈物理试卷讲评[J].中小学教材教学:中学理科,2003,21(3):47-48.
[53] 肖立.为学生打开自主学习的空间——一个高中物理教学案例与思考[J].物理通报,2006(3):1-2.
[54] 徐赛月,任伟.三实践二反思——校本教研下的"电阻定律 电阻率"教学研究案例[J].中学物理教学参考,2006(7):10-12.
[55] 解腊梅,梁建梅.中小学教师怎样进行课题研究(十)——教育科研成果的表达[J].教育理论与实践,2008(29):42-44.
[56] 吴刚平,余闻婧.论教师的研究意识[J].中国教育学刊,2010(12):60-63.

[57] 顾泠沅,杨玉东.教师专业发展的校本行动研究[J].教育发展研究,2003,23(6):1-7.
[58] 郭元婕."科学素养"之概念辨析[J].比较教育研究,2004,25(11):12-15.
[59] 李春密,徐月.新课程下中学物理教师的知识结构[J].教师教育研究,2005,17(3):35-38.
[60] 赵春娟.论教师素养新内涵——来自基础教育课程改革的挑战[J].教育探索,2006(2):116-118.
[61] 杨秀玉.教师发展阶段论综述[J].外国教育研究,1999(6):36-41.
[62] 朱小蔓.谈谈"教师专业化成长"[J].南通师范学院学报(哲学社会科学版),2001,17(1):87-92.
[63] 吴永军.再论校本课程开发的内涵及核心理念[J].教育发展研究,2004,24(3):5-8.
[64] 吴刚平.校本课程开发的思想基础——施瓦布与斯腾豪斯"实践课程模式"思想探析[J].外国教育研究,2000(6):7-11.
[65] 崔允漷,吴刚平,傅建明.普通高中校本课程开发建议书[J].当代教育科学,2003(22):9-11.
[66] 傅建明.校本课程开发与教师专业发展[J].教育发展研究,2002,22(5):18-22.
[67] 赵凯华.从物理学的地位和作用看对中学物理教师的要求[J].大学物理,2000,19(7):32-34.
[68] 于海波,孟昭辉.论优秀物理教师成长的四个阶段[J].中小学教师培训,2001(10):13-14.
[69] 王洁,顾泠沅.校本教研:行动与文化的变革[N].中国教育报,2007-07-13(5).

后　记

本书是在原江苏人民出版社《物理教学论》一书基础上经改编而成的。

编写这本《物理教学论》是基于五个方面的考虑:一是体现"晓庄师范"的优良传统,践行陶行知先生的"教学做合一"思想。二是联系基础物理教学实际,反映新一轮基础教育课程改革要求。三是理论联系实际,凸显实践取向,让师范生知道今后"做什么"和"怎么做"。四是探索物理教学论新内容与新形式的有机结合。五是配合物理教师专业发展,满足不同层次的读者需求。

本书作者一部分来自高校,但大都具有在中学任教的经历,如主编窦瑾曾长期在中学从事物理教学工作和学校教学管理工作,近几年又一直在高校从事物理教学论及相关课程的教学和研究。另一部分作者则完全来自中学教学一线和教研一线,且都具有很强的教学和研究"实力"。所以,我们有理由认为,本书是编者们在中学物理教学领域学习、思考、实践的智慧结晶。

本书由"课前准备""课堂教学""课外拓展"三篇计十二章组成。其中,第一章由蔡稚梅、窦瑾编写,第二章由鲍森、窦瑾编写,第三章由窦瑾编写,第四章由陈维维、张亮编写,第五章由孟耀俊、窦瑾编写,第六章由窦瑾、蔡稚梅编写,第七章、第八章由窦瑾、蒋鸣编写,第九章由孟耀俊、窦瑾编写,第十章由李云辉、窦瑾编写,第十一章由李云辉、孟耀俊、窦瑾编写,第十二章由张敏、张亮编写。全书由窦瑾统稿、定稿。

在本书编写的过程中,张波教授、刘维周教授、刘光祥教授、陈善卿教授、李伟教授、龙琪教授等给了我们大量的指导和帮助;学校学科教育研究所高忠所长自始至终关心本书的编写和出版情况,并为此做了大量的幕后工作;河海大学出版社对本书的完成和出版给予了强有力的支持。谨在此向他们表示衷心的感谢。

此外,在编写本书时,我们参考、引用了许多教师的研究成果。由于种种原因,有些成果的"出处"已无法在短时间内查清,所以未能在脚注或参考文献中一一予以注明,在此谨向这些成果的实际拥有者表示深深的歉意和由衷的感谢。

鉴于编者经验、水平有限，加之时间仓促和篇幅的限制，书中有些地方并未能实现我们的最初愿望，且肯定存在疏漏与差错，恳请读者不吝指正、赐教。

请通过邮箱 nj7774400@163.com 与我们联系。

编 者

2018 年 3 月